南京大学郑钢基金

ZHENG GANG FUND OF NANJING UNIVERSITY

南京大学郑钢基金

ZHENG GANG FUND OF NANJING UNIVERSITY

由南京大学郑钢基金资助出版

折射集
prisma

照亮存在之遮蔽

Robert C. Koons

Realism Regained:
An Exact Theory of Causation, Teleology, and the Mind

当代学术棱镜译丛 · 当代逻辑理论与应用研究系列

丛书主编 张一兵　副主编 周宪 周晓虹

重塑实在论:

关于因果、目的和心智的精密理论

（修订版）

［美］ 罗伯特·C.孔斯 著　顿新国　张建军 译

南京大学出版社

谨以本书纪念乔恩·巴威斯

朋友与导师

《当代学术棱镜译丛》总序

自晚清曾文正创制造局，开译介西学著作风气以来，西学翻译蔚为大观。百多年前，梁启超奋力呼吁："国家欲自强，以多译西书为本；学子欲自立，以多读西书为功。"时至今日，此种激进吁求已不再迫切，但他所言西学著述"今之所译，直九牛之一毛耳"，却仍是事实。世纪之交，面对现代化的宏业，有选择地译介国外学术著作，更是学界和出版界不可推诿的任务。基于这一认识，我们隆重推出《当代学术棱镜译丛》，在林林总总的国外学术书中遴选有价值篇什翻译出版。

王国维直言："中西二学，盛则俱盛，衰则俱衰，风气既开，互相推助。"所言极是！今日之中国已迥异于一个世纪以前，文化间交往日趋频繁，"风气既开"无须赘言，中外学术"互相推助"更是不争的事实。当今世界，知识更新愈加迅猛，文化交往愈加深广。全球化和本土化两极互动，构成了这个时代的文化动脉。一方面，经济的全球化加速了文化上的交往互动；另一方面，文化的民族自觉日益高涨。于是，学术的本土化迫在眉睫。虽说"学问之事，本无中西"（王国维语），但"我们"与"他者"的身份及其知识政治却不容回避。但学术的本土化绝非闭关自守，不但知己，亦要知彼。这套丛书的立意正在这里。

"棱镜"本是物理学上的术语，意指复合光透过"棱镜"便分解成光谱。丛书所以取名《当代学术棱镜译丛》，意在透过所选篇什，折射出国外知识界的历史面貌和当代进展，并反映出选编者的理解和匠心，进而实现"他山之石，可以攻玉"的目标。

本丛书所选书目大抵有两个中心：其一，选目集中在国外学术界新近的发展，尽力揭橥域外学术20世纪90年代以来的最新趋向和热点问题；其二，不忘拾遗补阙，将一些重要的尚未译成中文的国外学术著述囊括其内。

众人拾柴火焰高。译介学术是一项崇高而又艰苦的事业，我们真诚地希望更多有识之士参与这项事业，使之为中国的现代化和学术本土化做出贡献。

丛书编委会
2000 年秋于南京大学

中文版前言

衷心感谢南京大学张建军教授和顿新国教授为本书中译所做的出色工作。本书能在汉语世界面世，是我莫大的荣幸。

本书运用当代分析哲学的许多资源，诸如模态逻辑、情境理论、非单调推理、非标准模型等，对亚里士多德四因说中的动力因和目的因进行了精密的理论刻画。这两种因果形式都在当代哲学中扮演着越来越重要的核心角色，但用来理解因果作用的全面逻辑框架的发展却一直滞后。在语言哲学中，自索尔·克里普克在 20 世纪 70 年代的开拓性工作以来，关于指称与意义的因果理论不断成长；在与之并行的心智哲学领域，特别是关于感知、知识、意向和行动的理论中，因果理论也与日俱增。另外，在关于知识（普兰廷加）、意向性（米利肯和德雷斯克）和伦理（新亚里士多德主义德行伦理）的目的论说明形式中，目的因或目的论研究也获得了复兴。

与此同时，越来越多当代哲学家开始不满意现存的各种逻辑工具，包括经典谓词逻辑、模态逻辑以及（由罗伯特·斯托内克尔和大卫·刘易斯发展的）反事实或虚拟条件句逻辑。因果和目的论的反事实理论在 20 世纪 80 年代经历短暂流行之后，便陷入不断增长的有力反驳的包围之中。而在本书中，我以斯坦福大学的巴威斯和佩里在 20 世纪 80 年代提出的情境理论作为基础。情境理论用包含部分性世界或"情境"的本体论补充标准模态逻辑。这使得我能使用三值或四值的非经典逻辑。我还利用了最近 30 年来相关计算机科学家和哲学家在"人工智能"领域的可废止逻辑或非单调逻辑成果。这些工具使我能精确地表征科学、常识或日常生活中使用的因果推理的独特逻辑性质。

在本书第一部分,我提出了因果的三个形式模型,即决定论的、非决定论的和概率的,最后一个模型的说明最普遍也最全面。这些模型使用了作为因果关系者项的情境,我论证了这种选择恰好对应直觉上正确的因果推理模式。在第二部分,我利用这些模型界定目的论现象(或者固有功能),并用所获得的理论解释了一些经典哲学问题,包括意向性、知识、幸福和德行的本性。我将我的工作看作在当代哲学中广泛复兴亚里士多德传统的一部分。其中所获得的关于人类心智的理论避免了笛卡尔二元论和唯物主义还原论。

罗伯特·C. 孔斯

奥斯汀,得克萨斯

2012 年 8 月

前　言

因果关系，即原因到结果的关系，长久以来被认为是哲学最核心的主题之一。在逻辑实证主义时代这一主题被相对忽视之后，随着哲学家们接连不断提出关于这种或那种现象的"因果理论"，20世纪后期见证了因果兴趣之复兴。这些现象诸如指称与意义、同一性与持续性、感知与知识、信息与表征。同时，包括模态逻辑（可能性与必然性的逻辑）、概率理论、部分学（整体与部分的理论）、可废止逻辑或"非单调"逻辑（从表征常识推理的人工智能领域发展而来）以及部分性语义学（最著名的是巴威斯、佩里和埃切曼迪的情境理论）在内的形式学科的发展，为一种精密而全面的因果理论提供了必要的工具。

时至今日，关于因果关系的形式说明一直囿于大卫·休谟所肇始的经验主义视域。这样的因果说明把因果概念边缘化（使因果概念依赖我们对时空位置、主观条件、经验及经验知识等理论装置的在先理解），从而与认识论和心智哲学中已经非常流行的一些因果理论相抵牾，这些流行的因果理论要求因果扮演核心而非派生的角色。在本书中，我（利用前段中所提到的技术性工具）构建了一种非休谟的或实在论的因果理论；我将表明这种说明如何让现有因果理论及其突出问题清楚地呈现出来。在此过程中，我将勾勒一种仅利用相当少量初始元素的形而上学理论，它包含关于这些元素的容易理解的数学理论，以及用这些元素对取自常识经验和科学知识的广泛现象的精确说明。这些现象包括信息、目的性和生物功能、心理表征、可感受性和心理因果、逻辑、数学和理论科学知识、时空结构、物理客体的同一性和持续性、伦理价值的本性和客观性。

我提出一种可称作"自然主义"的规范性维度的说明，即对理解意向性和伦理都非常根本的正确性和适当性标准的说明。该说明以德雷斯克(Dretske)、斯坦佩(Stampe)、米利肯(Millikan)和其他人近期关于目的论规范理论的工作为基础，并对之做了改进。同时，本书的部分论证针对一种狭隘的唯物主义本体论。我们需要承认许多(非物理)状态而非仅仅物理状态的存在，对此我提供了七种论证路线。我们尤其必须承认模态事实的存在，包括逻辑事实、数学事实和自然的必然性。通过将这些模态事实引入因果范围，我解释了我们何以可能获得关于它们的信息。从而，我能捍卫下述意义的**实在论**立场——既包含传统真理符合论的某种变体，又包含这样一种本体论，其中心理状态、可感受性、数和集合、客观规范和模态事实都是一等公民。

感谢下列出版社慷慨允许从如下文献中摘录部分内容重印：

"Teleology as Higher-Order Causation：A Situation-Theoretic Account," *Minds and Machines* 8 (1998)：559 - 585. Published by Kluwer Academic Publishers；reprinted on pages 82 - 90，95 - 96，115 - 116，135 - 143，and 203 - 215.

"Situation-Mereology and the Logic of Causation," *Topoi* 18 (1999). Published by Kluwer Academic Publishers；reprinted in chapter 3，pages 35 - 49.

"A New Look at the Cosmological Argument," by Robert C. Koons, *American Philosophical Quarterly* 34 (April 1997)，pages 194 - 199 and 202 - 207；reprinted in chapter 9，pages 146 - 159.

"Information，Representation and the Problem of Error," by Robert C. Koons，in *Logic，Language，and Computation*，edited by J. Seligman and D. Westerstahl，published by the Center for the Study of Language and Information，Stanford，California，1996，pages 333 - 345；reprinted in chapter 11，pages 181 - 184.

1997 年春季学期，奥斯汀得克萨斯大学大学研究院的教师研究课题使得完成本书得以可能。该学期的大部分时间我在布卢明顿访问，感谢在此期间邓恩(Michael Dunn)、印第安纳大学哲学系和高级研究院给我的支持。感谢古普塔(Anil Gupta)和罗森伯格(Gregg Rosenberg)，他们对本书的初稿提出了非常有益的反馈意见。

巴威斯(Jon Barwise)为本书所使用的形式框架和情境理论提供了启迪。在本课题开始之际，巴威斯教授特别慷慨地付出大量时间，给我很大激励。巴威斯教授是我们这个时代最具原创性的哲学家之一,我非常怀念他。

我对我的老师们深怀感激。他们是牛津奥瑞尔学院的查尔斯(David Charles)、洛杉矶加州大学的亚当斯(Robert M. Adams)、卡普兰(David Kaplan)和马丁(Tony Martin)。我对我的博士生导师伯奇(Tyler Burge)的感激之情无以言表。

通过和得克萨斯大学自然主义读书会的波尼瓦(Daniel Bonevac)、莱特(Brain Leiter)、尤尔(Cory Juhl)和索萨(David Sosa)进行讨论,本书几章的初稿得到很大改进。同事阿舍(Nicholas Asher)对我关于非单调推理的想法的展开起了不可或缺的作用。我在奥斯汀的岁月中,宋(T. K. Seung)教授一直指导我,使我对柏拉图晚期哲学的当代相关性有所颖悟。毛翊女士和牛津大学出版社的两位匿名评审给了非常有益的反馈意见。感谢编辑奥林(Peter Ohlin)对课题的不懈支持。最后,感谢我的妻子黛比(Debbie)的耐心与支持。

罗伯特·C. 孔斯

奥斯汀,得克萨斯

1999 年 8 月

目　录

1

导　言

物理学家目前正在寻找一种他们称为"万有理论"的东西。然而，他们头脑中的"万有"显然远不是万事万物。略举几例：物理学家们的万有理论没有言说心理现象、能动机制（agency）、价值、规范、目的性或意向性。事实上，物理学家也很少谈论其理论中基本要素（如粒子、场、空间和时间）的本性。

目前这样的物理学没有为此受到任何批评，这毫不奇怪。物理学家谈到未来的"万有理论"时，他们（或者，至少老练的物理学家）并不是当真的。构建"万有理论"是形而上学而非物理学的领地。本书是一部以彻底的科学精神为指导、货真价实的形而上学专著。我希望该书有助于激发人们回归哲学关注的永恒主题。

1.1　一种全面的实在论

当满足以下两个条件时，即能够给予一组命题以实在论解释：

1. 有些命题可以评估为真或假。

2. 该组命题的真或假是由某个事实集决定的，并且在说明我们关于该组命题之真或假的知识时，该事实集不可或缺。

第一个条件不是充分条件，因为命题的真值可以由关于群体断言行动或投射（projection）行动的事实决定。在此情形下，就可以给命题以非实在论解释。第二个条件所引入的因果因素是关键性的，因为它明确了一个非对称的依赖方向：我们的知识因果上依赖确立相应命题之真或假的事实。由此可推断，决定这些真值条件的事实并不包括我们关于那些命题的态度的事实，因为因果依赖不能循环。

我将论证，提到下述东西的命题能够并且应该得到实在论解释：

- 自然属性和关系
- 情境与事件殊型
- 模态性与客观概率
- 因果关联
- 数
- 固有功能（目的功能）
- 心理状态
- 第二性质
- 持存物
- 价值和规范

尽管我的立场是一种全面的实在论，但我给出了一幅相对简单而统一的世界图景。上面清单中的前三项被当作初始项，而其余各项都用这些更为根本的实体、性质和关系来解释。每个被假定为存在的东西之所以被假定存在，是因为它在世界因果网络中扮演的角色。我的进路是坚定的非二元论：我摒弃任何关于笛卡尔或新笛卡尔式不可科学地通达的主观性领域的假定。

同时，我不以任何先验的或独断的要求为出发点。我的目的不是构建某种唯物主义、物理主义或自然主义的心智理论。在方法论上，以独断的承诺来开始形而上学探究是不负责任的。我们必须只服从证据导向。如果证据导向唯物主义，那当然好，但如果它的导向偏离了唯物主义（正如我自己对几个方面的说明那样），我们必须乐意对这些事实而不是对哲学潮流负责。

内容理论、意义理论和依据因果关联的表征理论已经非常盛行。许多哲学家把因果内容理论当作价值（Mackie,Harman）、数（Field）和心智（the Churchlands）方面的反实在论理由。在我看来，这副反实在论担子对内容理论来说太重而难以承受。但是，如果一种因果内容理论能够设计成关于价值、数和心智的实在论，并且得到了辩护，那么这样的理论会在下述两方面都给我们带来最大好处：对内容的合理、丰富而简单的说明，以及容纳我们关于世界的大多数常识性观点。本书将尝试提出这样一种理论。

1.2　形而上学方法

3

本书是一部货真价实的形而上学理论著作。有幸的是，盲目的反形而上学偏见已不像以前那样普遍。相反，许多人会合法地追问形而上学事业的基本法则。丹尼尔·豪斯曼（Daniel Hausman,1998）在最近一部论因果的著作中，提出了评价形而上学理论的五个标准：

1. 直觉上适当。
2. 经验上恰当，与我们对世界的所知一致，包括我们最好的科学知识。
3. 认知上可达——该理论应该包括我们何以能知道其为真的某种说明。
4. 超越竞争者——该理论应该吸纳其先前理论的成功之处。
5. 形而上丰产性——该理论应该对各种形而上学问题有启发作用。

我想为该清单增加的唯一标准是简单性或优雅性。一个好的形而上学理论应该不需要特设性拯救或者无休止的本轮修补。

本书的主要动机是**统一**。我的目标是为意向性和知识提供一个统一说明,对我们关于时空中的客体和事件的思想与知识,以及我们关于逻辑事实、数学、自然律和客观机遇的思想与知识这两者给予完全一致的说明。只要统一的说明是可能的,就不应该接受关于思想和知识的分立的析取说明。与统一的好处相比,假定真实的模态事实(正如我所做的)的理论代价很小。

1.3 　物理主义和神秘主义的择代者

既然因果关系在我的形而上学中起根本作用,那么用"因果主义"表达我的进路或许是恰当的。近年来,有些人对心智的形而上学采取了一种本质上可以描述为因果主义的进路。譬如,阿姆斯特朗(Armstrong)、米利肯(Millikan)、德雷斯克(Dretske)、帕皮诺(Papineau)和莱肯(Lycan)。心智的因果主义理论把意向性等同于某种因果属性(可能涉及高阶因果关联),并认为意识经验的独特性质可用其意向性解释。在所有这些案例中,因果主义被看作一种反对各种关于意向性和意识的异议而捍卫唯物主义的策略。这些进路的反对者,包括塞尔(Searle)和麦金(McGinn),被贴上"神秘主义者"的标签,因为他们主张可以期望发现一个关于内在意向性或意识本性的非增知性说明。

不幸的是,参与这些争论的人都忽视了如下事实:因果主义是可以与物理主义或唯物主义承诺分离的。非物理主义的因果主义可以包括对心理状态本性的有意义说明,而不必坚持万物最终能用原子或虚空解释。我将论证,心智的因果主义理论的所有现有反对意见,实际上是反对因果主义和物理主义的合取。非物理主义的因果主义为恰当地回应这些反对意见提供了资源。另外,我将论证有一些与心智哲学无关的独立理由摒弃物理主义。

1.4　因果内在主义

在语义学、心智和意向性哲学、认识论以及科学哲学领域,因果性观念是近来哲学工作的绝对核心。唐奈兰(Donnellan)、克里普克(Kripke,1980)和普特南(Putnam,1975)的工作,有助于使因果联系成为对指称与意谓之说明的不可或缺的部分。这反过来催生了德雷斯克(Dretske,1981)、福多(Fodor,1990)及其他人关于信息和内容的因果理论。葛梯尔问题导致了戈德曼(Goldman,1979)、阿姆斯特朗(Armstrong,1968)、波洛克(Pollock,1986)和普兰廷加(Plantinga,1993)等人的因果知识理论的复兴。因果性还被植入近年来关于个人同一性理论和心理状态之本性的理论[如刘易斯(Lewis,1986b)和普特南(Putnam,1975)的功能主义]的很多工作中。在科学哲学领域——譬如韦斯利·萨尔蒙(Wesley Salmon,1984)的因果证据理论,以及物理学内外的理论科学领域,因果性继续鹤立鸡群。

另外,因果推理在理解和预测事件时起着核心作用。近年来,人工智能领域的一些成果又使因果推理重新凸显。譬如,广泛讨论的耶鲁射击问题[根据多数人的判断,特别参见珀尔(Pearl,1988)]揭示了记录和使用我们关于世界的信息节点之间的因果联系的绝对必要性。

通过解释消除因果或者用某种纯统计规律性(无论是否附加某种心理学装饰)来替换它的各种想法,都被证明是极其失败的。用演绎-律则模型解释因果方向性(它毫无疑问是因果性的最根本特征之一)的各种努力也都失败了。这样的因果性模型产生悖论的速度要比为它们发明特设性解决方案快得多。

如果对实在的强固感觉导致我们承认因果关联是我们本体成员中的一等公民,那么,我们也必须给那些能作为因果关系关系者项的特殊种类客体留一席之地,而不管是否把这些客体称作可能"事实""情境"

5 　或"事态"。如果我们要准确捕捉支配因果术语的逻辑关系,就必须把这些客体与命题和准语言表达式区别开。恢复这样一些类事实实体的受尊重地位,也成为近来哲学著作的一个共同主题,包括哲学语言学和巴威斯与佩里(Barwise and Perry,1983)的斯坦福情境理论。

用因果(或目的-因果)术语来构造统一的意向性和知识理论这一任务面临的主要障碍是,如何说明关于**模态**事实的知识,即关于必然和可能(包括逻辑与数学模态)的事实、关于反事实条件句的事实、关于客观机遇或倾向(作为客观模态的一般化)的事实、关于具体化在**自然律**中的物理或自然必然性的事实。这一障碍是保罗·贝纳赛拉夫问题(Benacerraf,1983a)的一般化。贝纳赛拉夫(1983b)在数学中提出这样一个问题:假如关于指称和知识的最好理论,涉及我们的思想与思想的实在目标之间的因果关联,那么确定地指称数学客体以及关于它们的真正知识何以可能? 贝纳赛拉夫问题可以推广到我们关于自然定律、一定情境中某些种类事件的客观机遇以及各种关于可能性和必然性的思想。每种情形下,我们似乎都有意指称一些东西并具有关于它们的知识,而哲学传统长期以来却认为这些东西是因果迟钝的。

克服这一障碍要求对标准的因果图景进行革命性反思。我把这幅标准图景称为因果的**水平或外在论**模型。我提出的替代图景是**因果内在论**的,它支持**垂直因果**的实在性。

根据标准的水平模型,原因和结果是互斥的、物理的、时空性局部状态与事件。不管因果联结是一种必然的、随机的还是惯常的联系,它总在原因和结果这两者之外。这就是我之所以称之为**因果外在论**的原因:因果联结完全外在于原因和结果这两者。水平/外在论模型能说明我们关于在时空位置中实现的偶然属性的知识,但因此遗漏了整个模态领域,从而在心智和认识上不可通达。

我的替代建议是把联结原因和结果的模态(或惯常的或随机的)事实看作**内在于**原因或结果。原因使其结果必然、概然或可能,这取决于因果说明的细节。根据内在论模型,给定原因使其结果成为必然这一事实本身,是整个原因的一个不可或缺的部分,而不是居于原因-结果对偶之外或之上的某种东西。因此,模态事实和偶然物理事实一样,是有因果效应的各个节点,因而为人类所有思想和知识提供一个统一的因果理论不存在障碍。譬如,基于每个自然定律都进入某些而非所有因果关联之中这一事实,我们可以思考这些定律并获得关于它们的知识。当我们观察到真正由某特定惯常事实(如万有引力定律)导致的某种规则性(如行星的椭圆轨道)时,观察就为我们提供了与该惯常事实的意向性认知联系。

下面是我在第 I 部分所做的关于因果本质的一些重要断言:

1. 因果联结不是在原因和结果之外或之上的某种东西,而是由完全内在于原因和结果的事实构成的。这一因果内在论观点使我承认,存在从模态和惯常事实到一般时空事实的**垂直因果**,这对给出一个关于意向性和知识的统一因果说明非常关键。

2. 存在模态事实,包括关于逻辑必然性和数学必然性的事实。这些事实不可还原为关于世界的偶然事实或随附于其上(包括其纯粹现实的规则性)。存在任意复杂的逻辑类型(否定、合取和析取等)是关于世界的真实事实。

3. 有一些强有力的理由拒斥强决定论,这些理由独立于自由意志问题(第 4 章和第 5 章)。

4. 只存在现实情境,但在为模态逻辑建构模型时,引入纯粹可能的虚构的甚或不可能的情境乃方便之举。

5. 我对因果的辖域或范围问题提出了一个新的解答,即每个完全偶然的状态都有一个原因。在此原则基础上,我证明了存在一个必然的第一原因(第 8 章)。

6. 有可能为含有因果信息的可废止或非单调逻辑提供一个原则性基础。这种(在附录 B 中展开的)逻辑演算,产生一些关于已知或假设状态的概然后果的丰富且合理的结论。

6

我的因果理论旨在提供一个精密的数学模型，它满足下列目标：

1. 定义因果关联和次序应该不参照时间和空间，但允许构造一个非循环的时空因果理论。

2. 为了解释逻辑和数学知识、身心交互作用以及目的功能的本质，它允许高阶的或**垂直**的因果联系的可能性。

3. 为因果和因果说明的形式属性提供自然的说明，这些形式属性包括传递性、非对称性和真实性。

4. 与关于各种形式因果推理之有效和无效的直觉所提供的材料匹配。尤其是，它应该解释经典等值替换在因果语境中失效（参见第 3 章），解释因果说明的普遍性这一默认假定（第 8 章）。

5. 它应该能成功处理以因果性为一方和以模态与统计关系为另一方的复杂关系。它不应该把因果看作原初的、与相互作用或必然性没有内在关系，但必须避免把因果性还原为统计关系的各种尝试所产生的悖论。

6. 应该与非决定论相容，与原因和结果之间的纯概然性联系相容（第 5 章和第 6 章）。

7. 应该为因果推理的模块性（或局部性）提供说明：在面对非相干信息（附录 B）时，因果在使我们能够导出正确的默认结论中所起的作用（近年人工智能领域的研究者做了很多探讨）。

最后一项要求特别重要，因为任何没有说明因果推理特殊价值的因果理论是严重不完备的。朱迪亚·珀尔（Judea Pearl，1988）等逻辑和人工智能领域的研究者发现，指涉因果关系在我们关于世界的常识推理中起着不可或缺的作用。麦克德莫特（McDermott）和多伊尔（Doyle）的耶鲁射击问题（在附录 B 中讨论）是关于期望变化推理问题的极好例子，而期望变化要求对情境进行信息丰富的因果描述。我论证了因果性的根本特征是马尔可夫性质:若一个事实被第二个事实的一个原因与第二个事实因果地隔断,则第二个事实基于该原因的条件概率独立于第一个事实。这一根本特性说明了因果性在常识推理中的重要性。这为我们在可废止推理中排除因果不相干信息(与由前提所预期的结论因果隔开的信息)提供了辩护。

1.5　因果本体论

要弄清因果关系的含义,必须能够把关系的"部分"(以及与此相联系的部分学机理)应用到因果关系者项。这意味着我们必须承认具体存在物——殊型的实在性。殊型可以扮演具体事件和状态(或"情境")的角色。除了这些情境-殊型,我们还需要抽象的、可重复的情境-类型。情境-类型表征情境-殊型的内在性质或特征。这样来选择初始元素,源自巴威斯、佩里和埃切曼迪(斯坦福情境理论)的工作。

情境-殊型能充当命题的真值制造者,扮演"事实"在奥斯汀(Austin)、伯格曼(Bergmann)和霍赫伯格(Hochberg)哲学中所扮演的角色。当"那只猫在席子上"是真的,就存在一个使之为真的、具体的、猫-在-席子上的情境-殊型 s。这个殊型 s 属于猫-在-席子上这一类型。

8

利用否定和析取等逻辑算子,复杂的情境-类型可以从简单些的情境-类型构造出来。这些算子应该用强克林(Kleene)三值真值表或四值的邓恩(Dunn)真值表(见附录 A 中的说明)解释。

除殊型和类型以外,还有一个因果在先关系 $\prec$,即情境-殊型的严格偏序关系(传递、非自返、非对称)。如果 $s \prec s'$,那么,s 有资格作为 s' 的原因的部分。直观上,我们可以认为,$s \prec s'$ 的意思是 s 完全在 s' 的后向时间锥上。

在第 5 和第 8 章,我提出这样一个论点,一个殊型的所有因果前件对其同一性来说是本质性的:如果它们中的任何一个不存在,该殊型自身就不会存在。如果接受这一论点，就可以这样定义因果在先关系：$s \prec s'$ 当且仅当 s 和 s' 部分学上不相交（即它们没有公共部分），并且除非 s 存在，否则 s 的任何部分都不会存在。

我定义了两种因果概念：（1）全部因果（s 是 s' 的全部原因）和（2）INUS 因果。INUS 因果指的是麦凯（L. Mackie）对原因的说明——原因是结果的一个充分但非必要条件中的非充分而必要的部分（Mackie，1965）。全部因果和 INUS 因果都引入了一个模态或统计元素：一个全部原因必定使其结果有条件地成为必然，或者至少有条件地使其比原来更可几得多。一个 INUS 原因是某个全部原因的不可缺少的部分：s 是 s' 的一个 INUS 原因，当且仅当，存在一个 s' 的全部原因 s''，s 是 s'' 的一部分，并且 s'' 的不包含 s 作为其部分的任何部分不再是 s' 的一个全部原因。

1.6　非决定论模型之需要

在第 4 章，我提出因果的决定论模型，在该模型中一个全部原因使其结果成为必然。但我发现了一些不满意这种模型的独立理由：

　　1. 我们很清晰地直观到，在一个非决定性的世界里，因果应该是可能的。

　　2. 如果原因必然产生其结果，且结果必然有其原因（因为原因的同一性对其自身的同一性是本质性的），那么原因和结果是**模态**不可分的。

　　3. 在应用于特定例子时，必然化模型额外产生一些因果关联，并且扩张因果说明的最小内容。

然而，几个难题使得构建一个非决定论的因果模型面临严重问题。首先，一旦我们拒斥以严格必然化作为标准，证明因果的传递性就不再不足道。证明因果的真实性也非不足道。另外,下述两种情形表明仅概率相干既不充分也非必要:(1)原因与其结果没有统计相干性甚至是负相干;(2)被取代的原因预先具有正统计相干性,但它们不是原因,因为某独立因素预先决定了它们的运行。最后,存在我上面提过的马尔可夫独立性原理,它对说明因果推理的模块性很关键,但在非决定论背景下也难以拯救。在第 6 章,我将以一种新颖的方式用刘易斯/斯托内克尔(Stalnaker)条件句理论来克服这些难题。

1.7　信息的因果-概率理论

我对心理表征的目的论说明严格依赖能够不指涉心理性或目的功能来定义信息。为此,我大量借用了德雷斯克(Fred Dretske, 1981)的著作,在该著作中信息是用客观概率来定义的。德雷斯克认为,事实 p 负载信息 q,当且仅当 q 基于 p 的条件概率等于 1,德雷斯克把后者的含义解释为 p 必然产生 q。

这一说明的首要困难是对错误或错误信息的可能性进行说明。如果 p 负载信息 q,那么 p 为真而 q 为假是不可能的。有两种流行方案解决这一难题,但没有哪一个真正令人满意。我们只能要求 q 基于 p 的条件概率居于 1 的某个小的有限区间内,或只能要求 q 基于 p 的条件概率高于 q 基于 $\neg p$ 的条件概率。但是无论哪种情况,复印原理都会失效。该原理说信息是传递的:如果 p 负载信息 q,q 负载信息 r,那么 p 负载信息 r。

第二种流行策略(德雷斯克自己采取的)是添加某个表达正规性或规范性训练条件的条件 N,并要求 q 基于合取式 $p\,\&N$ 的条件概率等于 1。这些正规性条件通常是参照一些显著的历史事实回顾性地制定的。在第 9 章,我将论证这些回顾性策略是不恰当的,并提出两个替代性方案,一个利用极小量概率,另一个则利用条件功能。

殊型 s 在世界 w 中牢固地负载信息 p,当且仅当,w 中每个包含 s 作为部分的 s' 都负载信息 p。这意味着 s 负载信息 p,并且 s 在 w 中的每个扩充也负载这一信息。牢固信息是知识的前认知类似物。当一个人是在牢固信息基础上知道某东西时,他就免于陷入葛梯尔式反例。

1.8　为什么是精密理论?

一个形式或精密理论是一种用逻辑和数学来表征特定主题的某个概念(或概念家族)的尝试。例如,牛顿数学涉及用演算来表征运动的物理概念。

形式的或精密的形而上学不应该被设想为概念分析或纯逻辑的一个分支。也不应该把它等同于对常识世界观(隐含在日常语言和实践中的关于世界的观念)的阐明,尽管形而上学典型地以这一任务为出发点。

某形而上学主题的精密理论,譬如因果的精密理论,试图以一种尽可能可证伪和可修正的方式,来表达我们关于该主题之真理的最好、最有学识的猜想。替代发展精密理论的方式是,对预感和直觉的杂录进行操作,不加限定且不系统地从一个应用域转到另一个。没有精密理论,很难察觉不一致性。鲜少发现意外的推论,并且推理经常饱受结论不合逻辑和无意的模棱两可之苦。

定义和探究一种表达因果推理的恰当的形式语言这一任务尚未完成。珀尔(Pearl,1988)、珀尔和维尔马(Pearl and Verma,1991)以及斯波特等人(Spirtes,1993)近年来的成果建设性有限,因为所有这些成果都认为因果关系在**动态变量**的固定列举中成立。然而,在日常因果推理中,我们通常认为复杂事实和事件是因果因素。在第 I 部分,我定义了一种因果推理的形式语言,它能把任意复杂的事实处理为原因和结果,并能消解许多突出的逻辑疑难。

我相信我在第 I 部分展开的因果理论足够清晰和准确,是可证伪的。在任何出错的地方（我想有很多地方会出错），都可能构造清楚明白的反例，这些反例或来自真实生活或来自想象，伴有真实可能性的强烈直觉。

上个发展阶段，因果主题经历了在分析哲学中的复兴。在认识论、心智哲学、科学哲学和语言哲学中，涉及因果的理论和论证激增。然而，很少有在这些领域工作的人尝试对因果做系统而精密的说明，并且就我所知，没有哪一种说明和这里所给出的说明一样，与如此广泛的突出哲学问题直接相关。

1.9　主要成果：第Ⅱ部分概览

在本书中，我提出了一个因果理论，并把它应用于大量重要的哲学问题。包括下列议题：

定义固有功能（目的论）

- 心理表征语义学
- 身/心问题（包括自由意志）
- 逻辑与数学知识和认知的因果基础
- 归纳问题（包括古德曼疑难）
- 持存实体及其同一性条件
- 时间和空间的构造
- 价值和道德规范的客观性

显然，我不可能同等对待关于上述任何议题的海量文献。但在上述每个议题中，因果概念都起着核心作用，并且，至少在没有用这些问题域所提供的资料来检验该理论之前，我不能宣称自己提出了一个合适的因果理论。基于这个原因，我被迫把网撒得很开。

我不敢妄言本书所说的东西对这些主题中的任何一个都具有决定

性意义，但我确实相信我这里提出的关于因果的新颖说明，使我能够对每个主题都做出真正原创性的贡献，希望它能激发进一步的讨论。在每种情形中，混淆因果的本性和条件总会陷入僵局。引入精密的因果说明，加上提出一些新颖建议，有助于使讨论转向更富成效的境地。

本研究的整体结构如下。因果和信息理论（在第一部分展开）被用来构造一个作为高阶因果（第 12 章）的某种形式的目的功能理论，以及一个关于逻辑和数学事实的因果效能的说明（第 15 章）。在综述近年来关于心理表征的说明之后，综合我的信息理论和目的论，我得到了关于心理表征语义学的说明（第 14 章）：一个心理表征负载内容 p，当且仅当，它有负载信息 p 的目的功能。而后，心理表征理论用来展开关于心/身交互关系、可感受性、自由意志（第 16 章）、知识和归纳（第 17 章）的理论。我在第 18 章提出一个关于持存实体及其历时同一性的因果/目的论理论。在提出伦理学的幸福快乐说（第 19 章）时，我用到了目的论理论和心理表征理论这两者，而幸福快乐说反过来又被用来勾勒对道德实在论的说明（第 20 章）。

12

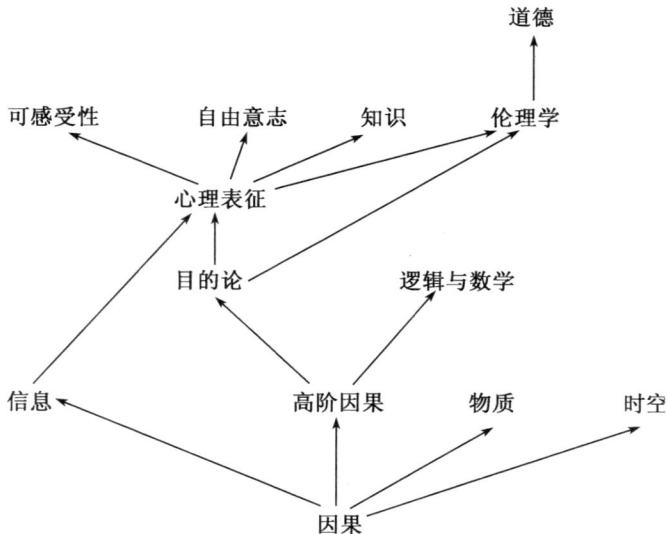

图 1.1 概览

下面是一些我在第Ⅱ部分所做的更重要的断言：

1. 信念语义学和知识论之间有紧密联系：一旦有正确的语义学，知识论就只不过是其推论（第 14 和 17 章）。

2. 有一些有力的理由拒斥唯物主义（我认为它至少包括把因果关系限于时空对象），这些理由独立于心智哲学中那些众所周知的问题（参见第 21 章对这些理由的概述）。

3. 关于数学思想与知识的简单因果理论是可能的，它把关于数学知识的理论和关于经验与科学知识的理论统一起来（第 15 章）。

4. 太关注功能导致一种非常武断的伦理实在论，它不是把客观性等同于某种理想化的主观性，而是复兴柏拉图和亚里士多德的幸福快乐论（第 19 和 20 章）。

5. 采用事件部分论和非经典（三值或四值）解释导致比现有的更复杂的随附性、类型同一性和殊型同一性概念。这些复杂概念，使我们能解决心理因素问题（第 16 章）。

本书目的是终结自现代之初亚里士多德型形而上学（包括其"形而上生物学"）衰败以来一直伴随哲学的二元论。施特劳斯（Leo Strauss）、麦金太尔（Alisdair McIntyre）和麦克道尔（John McDowell）这些注释家把身心二元论、事实价值二元论和主客观二元论植根于现代早期科学事实与规范性的分离。在我看来，现代早期对亚里士多德的背离既不必要又是灾难性的。根据现代知识，亚里士多德的"形而上生物学"比其原来更为可行，重新认识这一事实能极大地重新融合我们的世界观。

同时，我坚决反对建筑在狭隘物理主义基础上的假融合。物理主义者坚持我们关于实在的知识不能扩展到因果网络之外，这是正确的。因此，他们对假定有一个超越科学所及的主观的、规范领域进行质疑也是对的。但是，他们错误地认为，科学告诉我们只有处于时空框架中的物理状态才有因果效能。事实上,尽管杂乱,但科学确实提供了关于物理、数学和逻辑模态的因果效能的大量证据。

没有必要严格按照先后顺序阅读本书章节。事实上,我料想极少读者对涵盖的所有话题都感兴趣。例如,如果你对逻辑或因果推理的形式理论不感兴趣,你可以忽略附录 A 和 B 而不影响你对本书其余部分的理解。如果你不热心学习因的形而上学细节,我建议只粗略地读第Ⅰ部分就尽快地进入其在第Ⅱ部分中的应用。你可以直接跳到第Ⅱ部分,而只在必要的时候回过头来参看第Ⅰ部分(我希望交叉参考文献、索引和内容目录会提供所需的所有指导)。如果你打算读第Ⅰ部分中仅够掌握我对因果的说明纲要的那些部分,我建议阅读第 3、第 4(特别是从 4.1 一直到 4.8)和第 9 章,而跳过诸如证明和具体例子之类的技术性材料。

或者,如果你的兴趣仅在于哲学逻辑或因果理论,你就没有必要去阅读第Ⅱ部分。另外,你可以随心所欲地在第Ⅱ部分内自由地来回跳动:章节的次序不重要。我仅提议,在阅读第 14、16、17、19 或 20 章之前先读第 12 章,在阅读第 16 或 17 章之前先读第 14 章。

1.10　符号表

14

尽管本书包含相当数量的符号逻辑公式,但这些公式的含义差不多都用简单的自然语言进行了清楚解释。下面一些逻辑和数学符号是读者需要熟悉的:

逻辑符号

- ¬表示否定:"并非……"
- ∨表示相容析取:"或者……或者(或两者都)。"
- & 表示合取:"两者都……"
- →表示条件句:"如果……那么……"

- ↔表示双边条件句："……当且仅当……"

- ∀x 表示全称量化："每个个体 x 如此这般……"

- ∃x 表示存在量化："至少存在一个个体 x 如此这般……"

- □表示必然，◇表示可能。

- □→表示一个非真值函项条件句：(ϕ□→ ψ)意思是（客观地讲）在条件 ϕ 的基础上，ψ 是极度可几的。这些条件句为可废止推理提供保障。

- $\phi[t/x]$表示在整个公式 ϕ 中都用 t 替换 x。

- $Pr(A/B)$表示 A 基于 B 的条件概率。

元语言符号

- ⊢表示相对于某个模型，一殊型（或一模型中的殊型）和一类型之间的这样一种关系，M,s ⊢ϕ 是真的，当且仅当（根据模型 M）s 支持类型 ϕ。与标准数学实践一致，我有时也用符号⊢表示公式或命题之间的逻辑后承或蕴涵关系（特别是在附录 A 中）。

- ≈表示非单调或可废止后承关系，在附录 B 中给予定义。

- ⊢用来表示逻辑系统中的推理规则。符号⊣⊢表示双向的或可逆的推理规则。

- ‖t‖，‖ϕ‖表示符号 t 和 ϕ 在所讨论模型中的解释。 15

集合论符号

- ∈,⊆分别表示属于和包含于。

- ∪,∩分别表示并和交。

- ∅ 表示空集。

- $R[\{A\}]$是 A 在关系 R 下的像，也就是，通过 R 与 A 中某东西关联起来的所有个体的集合。

除了这些熟悉的符号，还将用到大量特殊符号。我会在文本中合适的地方介绍它们，但为了以后参照方便，还是把它们都放在这里为好。

部分论符号

- ⊑表示非严格的部分-整体关系(每事物和它自身都具有这种关系)。

- ⊏表示真部分关系(非对称的)。

- ⊔和⊓分别表示部分论的并和交。

- ○表示部分论的交叉关系(有一个公共部分)。

- $\mathcal{x}\,\phi$ 表示满足开公式 ϕ 的所有事物的部分论和。

特殊初始符号

- As 表示情境 s 的现实性(它作为现实世界的部分)。

- ⊨通过用它联结情境-殊型和类型来形成高阶类型,即表达式 $(s \models \phi)$ 表示由任一殊型 s' 所实现的类型,只要 s 支持类型 ϕ。⊨是元语言符号 ⊢的对象语言对应物。

- ≺表示因果在先关系。(在第 5 章它是初始的,但根据第 6 章所构造的模型,它是可定义的。)

16 **定义的符号**

- ≺₀表示即时因果在先关系: $s \prec_0 s'$,当且仅当 s 先于 s',并且没有任何东西在 s 的任何部分与 s' 的任何部分之间。

- ▷表示完全原因关系:如果 s 是 s' 的全部原因, $s \rhd s'$。

- ⤳表示麦凯的 INUS 条件意义上的因果:一个充分但非必要条件的必要而非充分部分。我也用这个符号表示一个事实和另一个事实因果相干性的紧密相关观念。

- ⊢表示类型之间的因果约束关系。

- N 代表即时因果后继关系: sNs' 的意思是 s' 是紧随 s 之后的所有情境的部分论和。

- ≫和↦表示简单负载信息和牢固负载信息。

- 表达式 $(s:\phi)$ 用来表示由情境 s 和类型 ϕ 构成的有序偶。这些有序偶通常用来表达现实事实或可能事实。

第 I 部分

一个关于因果和信息的理论

2

走向统一的因果理论

20世纪关于因果的文献纷繁复杂。我在此只做粗略概述,以指明已经用于第Ⅰ部分其余章节所提出的形式理论的一些要素。我的主要目标是以这样一种方式整合因果理论,即为科学哲学家、人工智能领域的研究者以及心智和意向性哲学家提供某种有用的东西。

近年来因果研究的分野主要来自对事件-类型间因果关系的关注和对事件-殊型间因果关系的关注。迫切需要对这两类关系给予统一说明。关注事件-类型是典型的广义休谟传统,包括演绎-律则模型、概率因果统计理论以及麦凯的 INUS 说明。相反,戴维森、大卫·刘易斯等人的反事实说明,库切拉(Kutschera)等时间分支理论家,南希·卡特莱特(Nancy Cartwright)、迈克尔·图利(Michael Tooley)、大卫·阿姆斯特朗等一元论者以及韦斯利·萨尔蒙、詹姆斯·费尔(James Fair)、菲尔·道(Phil Dowe)、道格拉斯·埃林(Douglas Ehring)等本体论-联结理论家都主要强调具体的事件-殊型的出现。

我在说明中努力同等公正地对待殊型和类型这两个层面。我的说明本质上是对因果的模态说明,条件必然性或客观机遇等模态关系在殊型事件之间与在事件-类型之间同样成立。我的框架使我能在**单一因果**的存在性问题上保持中立:我可以表征殊型-事件之间单一关联的可能性,但我的理论中没有任何东西迫使我把它当作现实的可能性。

2.1 律则/演绎传统

休谟主张因果概念不能是一个初始的不可定义概念,因为我们没有对这样的因果关系的感知。他建议可以用事件-类型的规律性联系来定义因果(或有可能用另一被定义的概念替代)。休谟传统认为科学的任务是发现自然律,即事件-类型发生的某些种类的规律性。如果一个事件的类型能用真自然律从另一个事件的类型演绎得出,那么第二个事件引起了第一个事件。这就是著名的"律则/演绎"模型。

律则/演绎模型遇到了许多问题:

- 已经证明,对因果方向和原因/结果关系的非对称性给出令人满意的说明是不可能的。
- 因果和时间之间的关系仍然是一个未解释清楚的谜题。特别是,有这样一个来历不明的赤裸裸的约定:原因必定先于其结果。
- 难以把这一模型扩展到覆盖概然原因和其他种类的非决定论。
- 休谟主义者没能对自然律和纯偶然概括之间的区别进行合理说明。
- 该模型有一些顽固的反例,包括被取代的可能原因、世界之间显然可能相互关联但没有任何因果作用。

同时,承认律则/演绎进路的许多优点特别重要。在取代该模型时,我们必须找到一个能容纳其成功之处的模型。

- 它要对因果作用和相互关系之间的关联提供解释。
- 它要明晰地处理事件-类型之间的因果关系。
- 它要为因果解释提供合理模型,该模型从解释和演绎的类比中得出。

2.2　概率因果理论

赖欣巴哈（Reichenbach）、萨普斯（Suppes）、伊尔斯（Eells）、汉弗莱斯（Humphreys）和斯基尔姆斯（Skyrms）等休谟式经验主义者创造了非常可观的成果，把律则/演绎说明扩展到概率因果理论和统计数据领域。随着研究的发展，我们可以看到一个从休谟的严格还原论向这样一种说明的明显转变，在其中，因果相干或因果在先关系被当作不加分析的初始概念。我们发现斯基尔姆斯和伊尔斯的因果说明大致属于如下模式： 21

> C 是 E 的**肯定性原因因素**，当且仅当，$P(E/CH) > P(E/\neg CH)$，在此 H 包括除 C 自身以外所有与 E 相干的原因因素，以及受 C 因果影响的那些因素。

注意，这一定义并不试图把所有因果概念还原为纯统计或概率的概念，其中"是……的相干原因因素"这一关系并未被分析。标准概率进路的第二个特征是它专注于类型层面上的因果关系，而对一殊型是另一殊型的原因的含义谈得很少。

2.3　戴维森和事件-殊型

与安斯科姆（Anscombe）和迪卡斯（Ducasse）的早期著作一样，唐纳德·戴维森的因果著作关心的是作为具体事件-殊型之间的一种关系的因果作用。戴维森的进路是坚定的非还原论，因而避免了律则/演绎说明的那些反例。

这种对殊型及其关系的关注是对休谟传统的重要修正,但戴维森最初对事件-类型的处理有严重缺陷,他没有区分事件的内在特征和事件的任意真描述。譬如,恺撒被谋杀的内在特征包括关于刀刺入的次数、角度和时机等事实,而不包括下述外部描述中提到的特征:被恺撒的妻子预见、内战的原因或恺撒暴政之后果。然而,殊型支持因果关系乃其内在类型之故。

戴维森通过把所有原因和结果包含在每个个别事件的本质当中来个体化事件。这意味着任何特定事件的发生使其自身的过去和随后的整个历史进程都成为必然。在此戴维森只对了一半:一个特定情境-殊型的现实性使其所有因果在先而非因果在后的殊型的现实性成为必然。正是这种非对称性造就了过去的固定性和未来的开放性(见 5.3节)。

2.4　刘易斯的反事实说明

和戴维森一样,大卫·刘易斯认为因果作用主要是事件-殊型之间的一种关系。利用其关于逻辑和反事实(虚拟)条件句语义学的成果,刘易斯的理论有联结因果性和模态属性(如必要性和充分性)的优点。

简言之,刘易斯(Lewis,1986b,pp. 164－167)这样来定义殊型 x 和 y 之间的因果依赖:

1. 如果 x 没有出现,那么 y 不会出现。

2. 如果 x 出现,那么 y 也会出现。

3. x 和 y 都出现。

条件(1)说的是, x 的出现对 y 的出现是必要的,但这不是绝对的必要性而是在现实情形中的必要性。条件(2)说的是, x 的出现对 y 的出现是充分的(也是在现实情形中)。刘易斯把因果作用定义为因果依赖性的传递性闭合。

在我看来,刘易斯依赖反事实条件句来定义因果作用是把分析顺序弄反了。反事实条件句语义学的恰当说明必须结合因果观念。斯托内克尔(1986)和刘易斯(1973)关于反事实条件句逻辑及关于这些条件句的形式语义学成果,给人非常深刻的印象并且十分成功,但一个概念要有资格在形而上学中当作基本概念使用,仅有逻辑和语义学的形式理论是不够的。一个基本概念必须有统一和固定的指称,由于其对语境和实践兴趣的敏感性,我相信反事实条件句不满足这一条件。

另外,刘易斯没有给出因果的传递性的理由,而是武断地把这一条件置入其定义之中(通过采用**世代相传**的因果依赖关系)。再者,刘易斯不能保证因果是非对称的,并且他对因果方向性的说明似乎是循环的。

反事实说明先验地排除了必然事实作为原因的可能性。除了把它们都当作空洞的真来对待之外,并不清楚如何来评价有不可能前件的反事实条件句。因此,任何必然事实都是包括其自身在内的任何事物的空洞原因。必然事实完全有资格作为原因,这是我的说明的一个本质特征。例如,这在我对逻辑和数学知识之中所隐含的因果关联的说明中起着关键作用。

最后,大量的取代和超定例子表明,除非加上弱推动本轮[拉马钱德兰(Ramachandran,1997),诺多夫(Noordhof,1997)],否则刘易斯的说明是错误的。例如,如果 e 是 c 引起的,e 自身先于 d,且要是它没有被 e 取代的话,d 本来会引起 e,那么 e 不反事实地依赖 c,因此,刘易斯的说明不会把 c 当作 e 的一个原因。再者,难以看出刘易斯的说明怎么能扩展到概率因果,或更一般地,扩展到非决定性世界中的因果[孟席斯(Menzies,1996)]。

拉马钱德兰近来提出了一种反事实分析(Ramachandran,1997),它可以避免这些反例,且类似于我在第 I 部分中给出的说明。拉马钱德兰首先定义了 a 的一个 M-集:

  S 是 a 的一个 M-集,当且仅当,S 是这样一个极小集,要

是 S 中没有任何一个元素出现,那么 a 原本不会出现。

继而,拉马钱德兰用 M-集定义原因:

23

　　　　c 是 e 的一个原因,当且仅当,c 属于 e 的一个 M-集,且不存在 e 的这样的 M-集 R 和 S,R 包含 c 且 S 与 R 不同之处仅在于 S 包含一个或多个替代 c 的非现实事实。

　　拉马钱德兰的定义(与下节要讨论的麦凯的 INUS 条件一样)试图形式化这样一个事实——**在现实环境中**,原因对其结果来说是必要的。拉马钱德兰定义的致命缺陷是他对 M-集的定义。M-集的极小性完全用集合的属于关系定义:不存在满足反事实条件的真子集。没有什么东西阻止 c 属于 M-集,即便 c 自身包含一个完全不相干甚至因果在后的亚事件(作为部分)。为定义恰当形式的极小性,需要用第 3 章展开的关于事件-殊型的部分论理论。

　　因果的反事实说明还有另外两个缺陷。第一,该说明没有提供在预测和解释中使用因果事实的任何指导。在把因果描述用于该情境之前,我们必须已经知道在各种假想情境下,何事会发生以及何事不会发生。在导出这些反事实关系时,因果概念不起作用。相反,根据我在附录 B 中所描绘的说明,因果信息对预测和反事实投射非常关键。因此,刻画不预设关于反事实联系的完全知识的因果关系是有价值的。

　　第二,刘易斯和拉马钱德兰都没有提供任何关于事件同一性原理的完整说明。他们依赖以个案为基础的、多少有点混乱的直觉。我对殊型因果的说明包括对事件-殊型同一性条件的清晰而准确的说明(4.3.5 节)。

2.5　麦凯的 INUS 条件

　　在其论文《原因与条件》("Causes and Conditions")(Mackie,1965)中,J. L. 麦凯引入了关于 INUS 条件的观念。INUS 条件是某事件-类

型充分但非必要条件中的必要但非充分部分。麦凯是在广义的休谟经
验主义传统下进行研究的,因而他主要关注情境-类型之间的关系。但
他开始认识到殊型之间关系的重要性,以及清楚地区分事件-类型和事
件-殊型的重要性。实际上,在转向殊型场景时,INUS 观念的效果比
麦凯本人所认识到的更好。当 a 是殊型 c 的一个不可或缺部分,c 出现
是 b 出现的充分条件时,我们可以说,殊型 a 是另一殊型 b 的 INUS 条
件。说"c 的一个不可或缺部分",我的意思是,c 中不包含 a 的部分没
有哪一个是 b 的充分条件。这一 INUS 条件清楚地阐明了我们用自然
语言对因果的多数言说(正如我在第 3 章所论证的)。

2.6　雅布罗的理论

24

在致力于心理因果理论的研究时,斯蒂芬·雅布罗(Yablo,1992)
提出了一种因果理论,该理论与我自己的理论有点类似。他还研究事
件和状态殊型的本体论和**包含关系**,这种关系与我运用的部分关系有
关。根本说来,状态 s 包含 s',$s \geqslant s'$,当且仅当,s' 是 s 的一个部分($s' \sqsubseteq s$)且 s 和 s' **一致**。当两个殊型占据同一时空位置时,它们就是一致的。
因此,雅布罗的理论只适用于有时空位置的殊型。另外,雅布罗的理论
不能用来给出时空的因果定义,因为在其构述中预设了时空关系。

殊型的本质对应于该殊型所支持的内在类型集。雅布罗假定所有这
样的类型在下述意义上都是持续的:如果 $s \sqsubseteq s'$ 并且 s 属于类型 ϕ,那么 s' 也
属于类型 ϕ。这意味着如果 $s \sqsubseteq s'$,那么 s 的本质是 s' 的本质的子集。用雅
布罗的术语就是,如果 s 包含 s',那么 s' 的本质是 s 的本质的子集。

雅布罗用反事实条件句来定义因果性的两个先决条件:偶然性和
适当性。

$$\text{偶然性} (\neg Oc \;\square\!\!\rightarrow\; \neg Oe)$$

$$\text{适当性} (\neg Oc \;\square\!\!\rightarrow\; (Oc \;\square\!\!\rightarrow\; Oe))$$

这些条件非常类似刘易斯在其反事实因果定义中所使用的条件。雅布罗不同于刘易斯之处在于，他用包含关系来刻画某种形式的麦凯INUS 条件。一个殊型 c 对 e 来说是**必备的**，当且仅当，对 c 的每个真部分 c' 来说，如果 c 没出现时 c' 出现，那么 e 不会出现。雅布罗的必备条件可以看作对偶然性条件的改进或澄清。因为它告诉我们，假定 $\neg Oc$，在检验 Oe 是否会出现时，我们必须考虑 c 自身不出现而 c 的某个真部分出现的每种可能性。必备条件保证在这些情形下，c 的每个部分对 e 的出现都是必要的。作为这样的必备殊型的部分的任何状态殊型都是结果的一个 INUS 条件，因为它是部分论意义上极小适当（准充分）条件的不可或缺部分。

雅布罗对未加分析的反事实条件句的使用，使得其说明也具有刘易斯和拉马钱德兰说明所具有的那些缺陷。

在把其理论应用于心理因果时，雅布罗表明其事件-殊型概念比戴维森的或刘易斯的更抽象。显然，有逻辑上"不可穷尽"的殊型对应于每个具体出现。譬如，如果存在一个殊型**约翰在走路**，那么也存在一个截然不同的殊型**约翰在走路或简在吹口哨**，在此，第一个殊型包含在第二个之内。另外，还存在**某人在走路**和**约翰在做某事**这些不同的殊型。这导致实体的极度增加。根据我给的模型，实现某真正析取类型的任何殊型必定实现其一个或另一个析取支。这相当于把每个殊型看作世界的一个具体部分。

2.7　分支时间模型

贝尔纳普（Belnap，1987）、麦考尔（McCall，1976）和冯·卡特斯切尔（von Kutschera，1993）的著作以时间逻辑的分支时间模型为基础。例如，在冯·卡特斯切尔理论中，一个事件 a 是 b 的原因，当且仅当，a 的出现保证事件 b 的出现。当然，在所有这些模型中，时间关系都被当作初始项,因果顺序寄生于时间顺序。这使得时间旅行和逆向因果绝对不可能。它还妨碍我们给出关于时空的因果理论。

2.8 人工智能与因果推论模型

近年来,朱迪亚·珀尔(1988)和其 UCLA 的同事在下述两个领域取得了相当大进展:因果推论理论(在没有关于因果或时间在先的先验信息的情况下,从统计资料推断因果结构)以及因果观念在可废止的常识推理中的作用。更晚近一点,斯波特等人(Spirtes,1993)在珀尔成果(也属赖欣巴哈传统)的基础上,为明确定义的因果推论程序给出了能行算法。

在整个工作中,赖欣巴哈的"隔断"概念起着核心作用。大致说来,如果一个因素把第二个因素与其结果之一隔断,那么,该结果基于原因的条件概率独立于那个被隔断的因素。这一原则就是以俄罗斯数学家名字命名的著名的马尔可夫规则。

在珀尔、斯波特、格莱莫尔(Glymour)和夏因斯(Scheines)等人提出的因果推论理论中起关键作用的另一原则是奥卡姆剃刀。这一成果包含对因果假说相对简单性的严格定义。

这一批成果有两个主要缺陷:第一,它没有清楚地区分殊型和类型;第二,它只处理逻辑简单的因素,没有致力于把这些想法扩展到任意逻辑复杂的类型。在附录 B 中,我提出了一种因果演算,它以这一传统为基础但克服了这两个缺点。

2.9 图利和卡特莱特

在《因果:一个实在论进路》中,迈克尔·图利(1987)令休谟传统陷入一系列强有力的反对意见之中。图利证明单一因果（殊型之间的因果）并不随附在因果定律和关于世界的非因果事实之上，这一洞见已被融入我自己的说明之中。图利的肯定性说明把因果处理为属性（共相）之间的一种关系。需要把共相或类型当作我们本体论中的一等成员，在这一点上我赞同图利。

26

  在《自然的能力及其测度》中，南希·卡特莱特（1989）提出并辩护了两个论点，我自己的说明也吸纳了这两个论点。第一，她和图利主张单一因果不可还原为类型层面的关系。卡特莱特用服避孕丸与患血栓症之间因果的复杂性来证明殊型层面因果的先在性（Cartwright，1989，p. 99）。通常说来，怀孕是患血栓症的肯定性原因因素，通过降低怀孕的概率，服用避孕丸会降低患血栓症的概率。然而，在许多案例中，服用避孕丸直接引发血栓症。因果概括的真理性必须不仅对事件组之间的统计关系敏感，还要对殊型层面因果关系的出现或不出现敏感。第二，卡特莱特坚持所有因果概括都是可废止的或者允许例外。后一洞见在第 5 章我的因果非决定论模型中起核心作用。

2. 10 过程理论与连接理论

  近些年提出了很多因果理论，它们坚决主张在殊型层面上原因和结果之间有真实的关联。这一连接被理解为一种不可还原的实在元素。根据韦斯利·萨尔蒙（1998）的说明，原因和结果是被某种叫作过程的东西连接起来的。大卫·费尔（1979）提出这种连接在于能量的转移；菲尔·道（1992，1995）认为连接在于某种守恒量的转移，而对道格拉斯·埃林（1997）来说则是性质趋向的转移。

  我同意所有这些说明中的这一观点——殊型原因与殊型结果之间一种非休谟式的真正连接是必要的。但我把这种连接置于模态关联之中：殊型结果对殊型原因的非对称性必然化（参见 5. 3 节）。所有其他本体论连接理论的主要困难是它们太狭隘了。它们每个都覆盖了某些而不是所有实际因果情形。例如,萨尔蒙的过程说明不能处理不在场的因果情形,并且它无视量子力学要求有超距作用这一事实,而武断地排除了超距作用的可能性(正如萨尔蒙自己所承认的,1998,p. 231 n. 19)。

本体论连接理论的第二个缺点是它们缺乏明晰性。看来要能区分真过程与伪过程,我们必须使用一个没得到清晰阐明的因果概念。这也适用于把能量、电荷或某种趋向的真正转移与同一属性或趋向的纯粹偶然转移区分开。

第三,本体论连接理论家相信因果是一种只涉及因果关联起来的殊相的纯局部的内在事实。但这一内在性断言有很多明显反例。例如,有一些双重阻止情形:在这些情形中,A 通过阻止 B 的潜在阻止者的出现而引起 B。警卫歼击机可以通过击落拦截机而参与引起一次成功的轰炸,否则的话,拦截机可能会击落轰炸机。在这样一些情形下,没有以因果联系为内在特征的单一的紧致过程。派遣轰炸机是最终损害的原因取决于歼击机的外在出现,类似地,歼击机的行为是轰炸损害的原因取决于轰炸机的外在出现。

最后,本体论连接理论要求我们使用一种跨时的守恒量或趋向同一性的初始关系。相反,我给出了所有同一性的历时的因果说明。因此,这些守恒量和守恒趋向的因果理论对我无用。

2.11 梅勒的理论

D. H. 梅勒(D. H. Mellor)在近期的一本书中(1995)把因果作用分析成涉及客观机遇的模态关系的事实之间的关系。若一个事实增加了另一个的客观机遇,则说第一个事实引起了第二个。我在 4.5 节和 5.4.2 节对因果解释或事实/事实因果作用的说明非常接近梅勒的说

明。主要区别如下:

- 梅勒认为事实/事实因果作用比殊型/殊型因果作用更为根本,而我认为这两者同等根本。梅勒的立场以不在场或否定性事实能作为原因和结果这一观点为基础。我同意这一假定,但我坚持否定性原因或结果绝不会是纯粹的不在场:它们涉及某个情境殊型在世界因果网络的某个确定位置对某否定性属性的支持。于是,一旦有不在场因果,就有殊型层面因果的事例。

- 尽管梅勒坚持高阶或迭代因果是可能的(Mellor,1995,p.108),但他从未解释根据他的说明这种因果何以可能,因为这会涉及高阶客观机遇这一成问题概念。

- 梅勒接受经典等值语句在因果语境中的替换,而我在第3章论证只有强克林等值才可这样替换。

- 梅勒用结果的客观机遇的提高(与某背景水平相比)来定义因果,正如我在6.5节所讨论的,这面临大量反例。我自己的说明用的是麦凯的 INUS 条件和殊型之间的部分论关系,它避免了这些反例。

28

- 梅勒否认否定属性或复合属性的存在,但这样的属性在我对目的论、逻辑和数学知识以及心理因果的说明中扮演关键角色。

- 因果定律在梅勒的因果说明中起核心作用,但他从未对这类定律的语义或逻辑形式进行说明。相反,我对阐明因果本性时所使用的模态约束概念的逻辑和语义给予了清楚说明。

2.12 因果非对称性说明

因果性的一个基本特征是其方向性和非对称性；原因和其结果之间的关系不同于结果和其原因之间的关系。关于这种非对称性有四种占主导地位的说明：诉诸叉形非对称、诉诸熵、诉诸人的动因和可操作性以及诉诸时间。第一种由赖欣巴哈（1956）首创，近年来大卫·帕皮诺（1992）对之进行了辩护。叉形非对称性指的是世界事件之间概率性联系网络的一种整体特征。在对该说明的详细研究中，丹尼尔·豪斯曼最近得出结论，隐藏在这一说明背后的假定是"有益逼近"，但叉形非对称性的出现既非因果方向性存在的必要条件也非其充分条件（Hausman,1998,pp. 239 - 242）。休·普赖斯（Huw Price, 1992）论证了"叉形非对称性作为世界的一个特征并没有根本和普遍到可成为原因和结果之间的差别"。正如我在附录 B 中所讨论的，叉形非对称及共同原因对概率依赖性的隔断，在因果知识论和利用因果进行的推理中都扮演重要角色，但我同意豪斯曼和普赖斯的下述看法——在形而上学上征用它们来分析因果方向性的本质是一种误用。

用熵的增加来说明因果方向面临类似难题。尽管不太可能，但原因到结果熵的减少似乎并非本质上不可能。

通过诉诸人的动因，譬如我们操控原因是**为了产生结果**而不是相反这一事实，来说明原因和结果的非对称性有两个问题。第一，这一说明太窄，因为它把因果从那类因其太大或太小、太快或太慢而不能被人控制的事物中排除。第二，它否定因果非对称的客观性，把它还原为纯粹以人为中心的现象。

自休谟以来，流行参照时间来解释原因和结果之间的区别：原因总在其结果之前。这有两个主要缺点。第一，它无充分保证地排除了逆向因果。例如，量子力学的一些晚近解释严肃地对待时间上的反向因

29 果,关于超光速粒子和费曼电子的讨论也预设了逆向因果的可能性
(Price,1996)(Cramer,1986)。第二,它会排除任何关于时间的因果
理论,否则这一说明会陷入循环。正如我在4.10.2和4.10.3中所建
议的,因果方向看来有望作为对时间方向的说明(与作为穿越局部时空
的轴的时间一起,该轴与其邻域因果的主要方向一致)。

在第5章,根据殊型结果对其殊型原因的非对称必然化,我对因果
非对称性进行了说明。那些因果先于某给定殊型的殊型对其同一性是
根本性的:要是那些因果在先的东西被添加进去或被抽取出来,它就不
会是它所属的那个情境殊型。这种非对称性对应于过去的固定性和未
来的开放性。事件同一性的这种脆弱性在说明取代情形时被证明是非
常有用的。我在10.2节总结了这一非对称性说明的优点。

2.13　我的理论的特点

要言之,我的因果理论具有五个突出特点:

1. 原因在先性被处理为殊型之间的模态关系,而不是附
着在一般的非因果事实上(如戴维森、卡特莱特和图利就是这
样看的)。

2. 该理论包含明确的事件-殊型同一性条件,即部分、内
在类型和因果前件的相同性。

3. 模态(可能性和必然性)和客观概率在因果关系的定
义中起关键作用。存在一个涵盖决定论和非决定论因果的天
衣无缝的一般理论,它在概率因果性理论与斯基尔姆斯、伊尔
斯和珀尔著作中的因果推论以及斯波特、格莱莫尔和夏因斯
合著中的因果推论之间建立了联系。

4. (关于整体与部分的)部分学理论被用来构造麦凯的
INUS条件的改进形式。

5. 该因果理论是全面的,既包括殊型层面和类型层面的
关系,也包括事件、状态、意图以及模态和因果事实之间的因
果关系。

尽管在我的部分性模态逻辑模型中,我会用到仅仅可能,甚至不可
能的情境,但它们被看作模型的纯人工构造物。唯一真正存在的情境
是现实的情境(这是现实主义论点)。① 模态是类型的属性而非非现实
殊型的属性。② 某些情境类型具有可能而非现实地被例示的属性。如
莱布尼茨、康格尔(Kanger)和克里普克所发现的,用仅仅可能的世界
或情境在形式模型中刻画这些可能性是很方便的,但使用这些模型不
应被看作承诺这些仅仅可能的世界实际存在。这是因为,对仅仅可能
的情境采取这样一种工具主义的观点,我就能平和地接纳不可能情境
和一些非常有用的结果。

可以毫不犹豫地说,我的说明是反休谟的和非经验主义的。我没
有给非模态属性、偶然属性或者我们亲知的那些属性以特殊的优先权。
我不把时空结构看作在我的因果说明之前就被给予了:相反,我寻求为
时空的因果理论打下根基。纯外延概括意义上的自然定律在我的说明
中不起什么作用,我们碰巧发现这些概括引人注目或很经济,或者它们
碰巧形成了关于世界的简单而有力的理论。因果不被看作心智的投
射,或者我们的实践或偏好的功能。如果不认为因果性是实在的,那就
没有任何其他东西能被认为是实在的。

30

---

① 对现实主义(actualism)的辩护,参见 Adams(1981),Fitch(1996)和 Menzel
(1991)。

② 严格来讲,我该说模态类型是现实情境的属性。对每个情境-类型 ϕ,存在一
个相应的模态类型 $\Diamond \phi$,它在某个现实情境 s 中为真,当且仅当 s 支持 ϕ 的可能例示。

3

情境理论与因果

3.1　情境理论之需要

3.1.1　裸不定式与情境理论

在其开创性著作《情境与态度》(Barwise and Perry,1983)中,乔恩·巴威斯和约翰·佩里介绍了情境理论的基本要素。这些要素包括:存在世界的具体部分,即所谓的情境或情境-殊型,对抽象情境-类型的实在论态度,对情境-殊型和情境-类型之间的关系使用部分性非经典语义学。巴威斯和佩里使用三值逻辑的强克林真值表,这三个真值是真、假和未定义。

下面是否定、析取和合取的强克林真值表。

$\neg$	p		
	T	F	U
$\neg p$	F	T	U

$(p \vee q)$		p		
		T	F	U
	T	T	T	T
q	F	T	F	U
	U	T	U	U

$(p \,\&\, q)$		p		
		T	F	U
	T	T	F	U
q	F	F	F	F
	U	U	F	U

激发早期情境理论的主要材料,是巴威斯关于感知语境中裸不定 32
式的语义学研究。例如,比较下述两个语句:

> 玛丽看见约翰正在笑(Mary saw that John was smiling)。
>
> 玛丽看见约翰笑(Mary saw John smile)。

第一个语句在补语位置有一个"that"从句,衍涵玛丽知道她正看
着约翰,并且清楚约翰正在笑。第二个语句以一个裸不定式作补语,这
两者它都不衍涵:即便玛丽相信她正看着保罗抽搐,该语句也可以是
真的。

巴威斯和佩里主张,理解裸不定式感知报道的最自然方式,是把感
知的对象当作世界的一个部分——在"看"这种情形下,就是**场景**。一
幅场景使得某些语句为真其他语句为假,使得另外一些语句既不真又
不假。场景和语句之间的语义关系具体体现在强克林真值表中:如果
某场景 s 使析取语句($p \vee q$)为真,那么它必定使 p 为真或使 q 为真。
如果 s 使($p \& q$)为真,则它必定使 p 和 q 两者都为真。

巴威斯和佩里认为,下列关于裸不定式报道的原则直觉上是合理
的(Barwise and Perry,1983,pp. 181 - 182)。

1. 真实性原则:如果 b 看见 ϕ,那么 ϕ。

2. 替换原则:如果 b 看见 $\phi(t_1)$,且 $t_1 = t_2$,那么,b 看见
$\phi(t_2)$。

3. 从确定摹状词进行存在概括:如果 b 看见 ϕ(那个 π),
那么,存在某个事物$_1$,b 看见 ϕ(事物$_1$)。

4. 否定:如果 b 看见$\neg\phi$,那么 b 没有看见 ϕ。

5. 合取分配:如果 b 看见($\phi \& \psi$),那么 b 看见 ϕ 且 b 看
见 ψ。

6. 析取分配:如果 b 看见($\phi \vee \psi$),那么 b 看见 ϕ 或者 b 看
见 ψ。

7. 非确定摹状词的分配:如果 b 看见 $\phi(a\pi)$,那么存在一

个 π_1,b 看见 $\phi(it_1)$。

举例来说,巴威斯和佩里认为,如果阿尔法看见奥特卡特或者霍特卡特藏了某封信,那么或者阿尔法看见奥特卡特藏了它,或者阿尔法看见霍特卡特藏了它。

3.1.2 从感知到因果

裸不定式感知报道只是一种更广泛现象的特例。因果要素对巴威斯所考察的裸不定式感知报道的特征很关键。当 b 看见某场景 s 时,s 和 b 的感知状态之间就有某种因果关联。因果的独特逻辑特性就反映在感知的情形中。

考虑动词"to make"的施事性使用,我们可以看到某种类似现象,例如:

玛丽使约翰笑(Mary made John smile)。

与巴威斯所研究的感知动词的使用一样,"to make"的这种使用把裸不定式放在补语位置。像真实性、析取分配、合取分配这样一些原则也适用于这种情形。如果阿尔法使奥特卡特或者霍特卡特藏了某封信,那么或者阿尔法使奥特卡特藏了它,或者阿尔法使霍特卡特藏了它。

在没有裸不定式出现的案例中,也可以看到同样的逻辑现象。例如,考察一下因果相干关系。我们可以用动形词短语表达两个状态、事实或条件之间的因果相干关系。譬如:

玛丽跳舞与约翰发笑有关(Mary's dancing was relevant to John's smiling)。

我们也可以如语词"fire"那样把事件名词化:

烧火与水沸腾有关(The fire was relevant to the water's boiling)。

J. L. 麦凯的 INUS 说明(充分但非必要条件中的必要但非充分部分)可以被视为形式化这种因果相干关系的一个尝试(Mackie,1965)。如果我们把原因和结果看作世界的部分(即情境-殊型),则殊型 s 是殊型 s' 的一个 INUS 原因,当且仅当,s 是 s'' 的一个不可或缺部分,且 s'' 足以说明 s',亦即 s'' 中没有任何一个不包含 s 的部分是产生 s' 的充分条件。

因果相干关系,无论是直觉上的还是如麦凯的分析所提炼的,都满足巴威斯和佩里在感知情形中发现的那些语义原则。

(DD)$(A \vee B)$ 与 C 相干 $\Rightarrow$(A 与 C 相干)$\vee$(B 与 C 相干)

(CD)$(A \& B)$ 与 C 相干 $\Rightarrow$(A 与 C 相干)$\&$(B 与 C 相干)

根据 DD 原则,因果相干可在析取运算上分配,而根据 CD,它也可在合取运算上分配。如果我们用完全原因关系取代相干,CD 原则是不合理的,但事实上我们日常生活中很少参照这样的完全原因。如果我们用因果相干意谓类似于完全原因的本质部分的某种东西,即在那个境况下是必要的东西,那么 CD 原则显然是正确的。

DD 原则是因果语境的指示透明性原则的特例。如果条件 Fa 与 p 相干,$a = b$,那么条件 Fb 与 p 相干。类似地,如果 $\exists x Fx$ 与 p 相干,那么必定存在一个 a 使得 Fa 与 p 相干。如果 p 为真而 q 为假,那么 $p \vee q$ 只不过是指涉条件 p 的另一种方式,因此,如果 $p \vee q$ 引起了 r,p 自身也就引起了 r。

34

然而,如果我们把这些原则和如下假定结合就会立即产生荒谬的结果,这个假定就是经典等值语句在因果语境中可以相互替换。

1. 火燃烧与水沸腾有关。(前提)

2. (火燃烧和月亮引起日食)或者(火燃烧和月亮不引起日食)与水沸腾有关。(1,经典等值替换)

3. ((火燃烧和月亮引起日食)与水沸腾有关)或者((火燃烧和月亮不引起日食)与水沸腾有关)。(2,DD)

4. 月亮引起日食与水沸腾有关或者月亮不引起日食与水沸腾有关。(3,CD,构成式二难推理)

既然因果概念有如此多的不同变体,那么有下述疑虑是合理的:CD 和 DD 看上去的合理性乃基于一种歧义谬误,即使用了全然不同的因果概念。然而,我可以构造一个归谬论证,它只使用 CD 和经典等值替换原则。

1. 火燃烧与水沸腾有关。(前提)

2. ((火燃烧)和(月亮引起日食或月亮不引起日食))与水沸腾有关。(1,经典等值替换)

3. (月亮引起日食或月亮不引起日食)与水沸腾有关。(2,CD)

于是,任何重言式与任何现实的事实因果相干,这一结论显然不妥。

一种显然的语义解决方案是以强克林(三值的)赋值的部分情境取代世界。强克林等值式在因果语境下是可替换的。这是巴威斯和佩里(1983)关于感知报道的语义学研究成果的普遍化。感知包括解释裸不定式感知报道行为的因果成分。考察裸不定式报道"史密斯看见火燃烧且月亮引起日食"。该报道衍涵,火燃烧和月亮引起日食都是史密斯视觉经验的(麦凯 INUS 意义上的)原因(CD 原则)。同样,如果是史密斯看见火燃烧或月亮引起日食,那么或者史密斯看见火燃烧,或者他看见月亮引起日食(DD 原则)。对经典等值表达式为什么在裸不定式报道(如巴威斯和佩里所观察到的)中不可相互替换的解释是,裸不定式报道蕴涵一种因果关联,而经典等值表达式在因果语境中一般是不可替换的。

3.1.3 弗雷格-丘奇弹弓论证

巴威斯和佩里用一个极短论证来主张没有如事实或情境那般精致

的事物。该论证最初由弗雷格和丘奇(1943)使用,也被蒯因(Quine,1976,pp. 163 - 164)和戴维森(Davidson,1984,p. 19)使用过。巴威斯和佩里把这一论证叫**弹弓论证**。该论证依赖巴威斯和佩里用于裸不定式感知报道语境中的透明性原则:

(SCDD)如果这个 F = 这个 G,那么 ϕ[这个 F] ↔ ϕ[这个 G]。

因此,如果简是最年轻的间谍且是弗兰奇俱乐部的秘书,那么下面两者可以互推:

(1)约翰看见最年轻的间谍打哈欠。

(2)约翰看见弗兰奇俱乐部的秘书打哈欠。

当然,(1)并不蕴涵约翰看见甚或知道简是最年轻的间谍,(2)也不蕴涵约翰看见打哈欠的那个人是弗兰奇俱乐部的秘书,但既然简是那个秘书,看见简打哈欠,就是看见那个秘书打哈欠。

同样,因果语境是指示透明的。如果约翰令最年轻的间谍生气,且那个最年轻的间谍是弗兰奇俱乐部的秘书,那么约翰就令弗兰奇俱乐部的秘书生气。然而,如果把原则(SCDD)(同指的确定摹状词替换)和经典等值替换结合在一起,就能用弹弓论证导出每个事实引起其他每个事实这一荒谬结果。假设火燃烧与水沸腾因果相干。命题**火在燃烧**逻辑地等价于下述恒等式:

$$\{\emptyset\} = \{x : x = \emptyset \ \& \ 火在燃烧\}$$

根据经典等值替换,该恒等式之成立也与水的沸腾因果相干。假设月亮引起日食。那么下述等式为真:

$$\{x : x = \emptyset \ \& \ 火在燃烧\} = \{x : x = \emptyset \ \& \ 月亮引起日食\}$$

根据(SCDD),由于集合{∅}的这些具体化是一类确定摹状词,于是,我们有下述恒等式之成立也与水的沸腾因果相干:

$$\{\emptyset\} = \{x : x = \emptyset \ \& \ 月亮引起日食\}$$

最后,通过经典等值替换,我们得到月亮引起日食与水沸腾因果相关这一荒谬结论。既然该结果荒谬且透明原则(SCDD)似乎在因果语境中成立,我们就有拒斥经典等值替换的独立论证。

36

梅勒近来论证了因果语境不是指示透明的。例如，假设多恩在一次攀岩探险中因绳索断裂而摔了下来，并且他的绳索最不结实。梅勒（Mellor，1995，p. 115）论证可以不接受（4）或（5）而接受（3）：

（3）多恩是最先摔下来的人因为他的绳索最不结实。

（4）多恩摔下来就是多恩摔下来，因为他的绳索最不结实。

（5）多恩最先摔下来，因为最不结实的绳索是最不结实的绳索。

在这些情形中，确定摹状词**最先摔下来的人**和**最不结实的绳索**所做的，比只挑出某个具体的摔下来的人或某个具体的绳索要多。它们还在参照情境的因果相干特性。我们从断言两个殊型之间因果相干转到了类型层面的因果解释。如果我们再考虑（6）和（7）：

（6）多恩的绳索不结实与其摔下来因果相干。

（7）最不结实绳索之不结实与最先摔下来因果相干。

我们可以看到，同指的确定摹状词在这些语境中的替换完全没有问题。更一般地，假设 c 是一个且是唯一的 K，e 是一个且是唯一的 L。在陈述"Kc 与 Le 因果相干"中，我们可以自由地用这个 K 替换 c，用这个 L 替换 e：

这个 K 之为 K 与这个 L 之为 L 因果相干。

如梅勒（Mellor，1995，p. 152）注意到的，在这种情形中，确定摹状词用作 c 和 e 的严格指示者，因而原因和结果都仅是偶然的而不论其在先性如何。

3.1.4　因果的传递性

人们通常认为，因果是传递的：如果 A 是 B 的一个原因，并且 B 是 C 的一个原因，那么 A 是 C 的一个原因。然而，自然地说明这一传递性是件困难的事。正统计相干不是传递的：很有可能 A 与 B 正相干，B 与 C 正相干，而 A 独立于 C 甚至与其负相干。类似地，反事实依赖性不是传递的：从 A 不出现时 B 本来不会发生以及 B 不出现时 C 本来不会发生这一事实出发，不能推出 A 不出现时 C 本来不会发生。

当然,理解非传递关系的传递闭合(如大卫·刘易斯在事实依赖性案例中所做的)总是可能的,但凭其自身不足以清晰地阐明因果传递性。还需要证明,直接因果关联的特征模态或统计属性被传递闭合所确立的关联继承。特征属性的这种从直接关联到间接关联的转移,在概率分析和反事实分析中均不成立。

有些人近来主张因果不是传递的。例如,迈克尔·麦克德莫特(McDermott,1995)为此提出了下述反例。A 和 B 各控制一个开关:如果两个开关处于同一位置(左或右),某人 C 受到电击。B 想电击 C,如果完全依照 B 的意见,A 必须先放置其开关。如果 A 把开关移到右边,这引发 B 也把开关移到右边,结果是 C 被电击。同样,如果 A 把开关移到左边,结果也是 C 被电击。麦克德莫特论证说,A 放置其开关不是电击的一个原因,尽管它是一个原因的原因。还有更简单的例子:一个人的出生是其一生中各种插曲的一个原因,至少插曲中的一个是其死亡的原因。因此,如果传递性成立,一个人的出生似乎是其死亡的一个原因。

尽管我承认,在这些案例中坚持 A 放置开关是电击的一个原因,以及一个人的出生是其死亡的一个原因,听起来很奇怪,但对我来说,它们似乎不是因果传递性的有说服力的反例。如果一个医生致使某小孩出生,而出生引起了因基因紊乱导致的特定死亡,那么,该医生的行动可以被正确地认为是死亡的一个原因,即所产生的特定死亡的一个原因。

3. 2 情境部分论与因果关系

我将把事实或情境作为因果关系的关系者项。一个情境是世界的一个实在而具体的部分,该部分使某些命题为真而其他命题为假。有一个极大的事实,我们称之为"世界"。对每个命题 p 来说,世界使其为真或为假。较小的情境,即世界的真部分,使某些命题为真,某些为假,而另外一些的真值则没有定义。于是,在对事实进行推理时,我们必须使用三值逻辑。适合在这种情形下使用的逻辑应是强克林真值表。譬如,在该表中,如果其析取支中有一个为真,该析取式为真,如果两个析取支都为假,该析取式为假,否则该析取式未定义。

由于事实是世界的具体部分,运用部分学——关于整体与部分的演算——是有意义的。以下是部分学的一些标准符号:○表示部分交叉关系,⊑表示弱部分关系(例如,$a \sqsubseteq b$ 当且仅当,a 是 b 的一个真部分,或者 a 与 b 同一)。部分学有三大标准公理:

公理 3.1　$p \sqsubseteq q \leftrightarrow \forall r(r \bigcirc p \rightarrow r \bigcirc q)$

公理 3.2　$\exists p \phi(p) \rightarrow \exists q \forall r(r \bigcirc q \leftrightarrow \exists u(\phi(u) \,\&\, u \bigcirc r))$

公理 3.3　$p = q \leftrightarrow (p \sqsubseteq q \,\&\, q \sqsubseteq p)$

公理 3.1 用部分交叉定义(弱)部分关系,公理 3.2 是聚合或合成原则:如果有类型 ϕ 的任意事实,那么有一个所有这些 ϕ 事实的聚合体或总和。类型 ϕ 事实的部分论和用符号"$\hat{\sigma}\phi(x)$"表示。公理 3.3 保证部分关系是自返的和对称的。

我将用符号 ▷ 表示因果关系。

公理 3.4(**因果的非自返性**)　$a \triangleright b \rightarrow \neg(b \sqsubseteq a)$

我还将假定在部分-包含关系下,因果中的结果是闭合的,即

公理 3.5(**部分关系的右闭合**):$a \triangleright b \,\&\, c \sqsubseteq b \rightarrow a \triangleright c$

非自返公理和右闭合公理显然蕴涵原因与其结果的分离:如果 a 引起 b,那么 a 和 b 不能交叉。

协同殊型这一概念,将被证明是很有用的。我用符号 ≺ 表示原因在先这一初始关系。原因在先是严格意义上的因果关系的一个必要但可能非充分的条件。协同殊型是指这样一种殊型——其中没有任何一个部分因果地先于任何其他部分。这意味着一个协同殊型的所有部分,在某种意义上都是同时发生的(在相对论中,类空间而非类时间地相互分离)。

定义 3.1　$Co(a) \leftrightarrow_{df} \forall x \forall y((x \sqsubseteq a \,\&\, y \sqsubseteq a) \rightarrow \neg(x \prec y))$

由于 a 不因果先于 b 时，a 引起 b 是不可能的，我们得到一个直接引理，即如果一个情境是协同的，那么它的任何部分都不引起其另外一个部分。

引理 3.1 $Co(a) \rightarrow \forall x \forall y((x \sqsubseteq a \ \& \ y \sqsubseteq a) \rightarrow \neg(x \rhd y))$

我们至少会考虑下述因果性假设：如果 a 引起 b，b 可以扩充为一个协同的事实 c，那么 a 可以扩充为 c 的一个原因。

假设 3.1(因果性) $(a \rhd b \& b \sqsubseteq c \ \& \ Co(a) \ \& \ Co(c)) \rightarrow \exists d(a \sqsubseteq d \ \& \ Co(d) \ \& \ d \rhd c)$

我还假定因果是传递的：

公理 3.6(传递性) $a \rhd b \& b \rhd c \rightarrow a \rhd c$

39

在随后几章，我会用原因在先概念定义因果，并证明因果关系是传递的。但目前将把完全因果的传递性当作已知。

哲学文献中区分了两类原因：完全原因和完全原因的本质部分。后者被英国哲学家 J. L. 麦凯称为 INUS 条件，INUS 表示"一个充分但非必要条件中的必要但非充分部分"。不幸的是，因为麦凯没有使用作为因果关系者项之事实的部分学理论，他的说明遇到了一些不可克服的难题。我们将把条件"必要部分"理解为某个事实是结果的最小原因的部分。换句话说，我用 $a \rhd b$ 意谓 a 是事实 b 的一个完全且充分的原因。事实 a 是 b 的一个 INUS 原因（符号化为 $a \rightsquigarrow b$），当且仅当，b 有这样一个完全原因 c：(i) a 是 c 的部分，并且 (ii) c 的真部分没有一个是 b 的完全原因。

定义 3.2(INUS 原因) $a \rightsquigarrow b \leftrightarrow_{df} \exists c(a \sqsubseteq c \ \& \ c \rhd b \ \& \ \forall d(d \rhd b \ \& \ d \sqsubseteq c \leftrightarrow d = c))$

在运用 INUS 条件时，定义"是另一个事件-殊型的最小完全原因"这一关系是有用的。

定义 3.3(最小完全原因) $a \rhd_{min} b \leftrightarrow_{df} \forall c((c \sqsubseteq a \ \& \ c \rhd b) \leftrightarrow c = a)$

一殊型是另外一个的 INUS 原因，当且仅当，它是后者的某个最小原因的部分。

3.3   一种情境理论的因果逻辑

在前面一节，我勾勒了一个因果理论，它把因果关系处理为事实或情境之间的一种关系。在本节，我想在该理论的基础上创建一种因果逻辑，把因果处理为结合两个命题或公式的联结词。为此，我们必须把形式语言中的每个真公式看作代表或表征某个确定的事实。我将用表达式 ϕ^* 代表公式 ϕ 的所有最小证实者的总和。一个公式的最小证实者是这样一个事实，它使该公式为真，但它没有真部分使该公式为真。作为范例，一个析取式的最小证实者会使一个或另外一个析取支为真，但不会使两者都为真。如果两个析取支都为真，则该析取式代表的是这两个析取支的证实者的和。如果只有一个析取支为真，该析取式代表的是那个析取支的证实者。

我把一个公式的事实相关者形式地定义为，最小证实该公式的所有事实的部分论和（用记号 $\hat{x}$ 表示）。

40   **定义 3.4** $\parallel \phi^* \parallel =_{df} \hat{x} \; \forall y \sqsubseteq x(y \vdash \phi \leftrightarrow x = y)$

给定这一定义，我们可以规定因果公式的真值条件，这涉及用公式的事实相关者之间所隐含的关系表示的那些公式：

1. $(\phi \vartriangleright \psi) \Leftrightarrow \parallel \phi^* \parallel \vartriangleright \parallel \psi^* \parallel$

2. $(\phi \rightsquigarrow \psi) \Leftrightarrow \parallel \phi^* \parallel \rightsquigarrow \parallel \psi^* \parallel$

3. $(\phi \sqsubseteq \psi) \Leftrightarrow \parallel \phi^* \parallel \sqsubseteq \parallel \psi^* \parallel$

我们现在可以着手解决一个难题——逻辑语境中经典等值替换失效问题。两个公式可被看作代表同一事实，仅当它们是强克林等值的。强克林等值是一个比经典等值强得多的条件。例如，$(\phi \vee \psi)$ 强克林等值于 $(\psi \vee \phi)$，因为它们被完全同样的事实所证实。然而，ϕ 并不强克林等值于 $((\phi \& \psi) \vee (\phi \& \neg \psi))$，尽管它们经典等值。

下面是否定、析取和合取的强克林真值表。

¬	p		
	T	F	U
$\neg p$	F	T	U

$(p \vee q)$	p		
	T	F	U
q T	T	T	T
F	T	F	U
U	T	U	U

$(p \, \& \, q)$	p		
	T	F	U
q T	T	F	U
F	F	F	F
U	U	F	U

目前对因果联结词含义的理解确证下列逻辑原理：

1. $((\phi \vee \psi) \sqsubseteq \chi) \rightarrow ((\phi \sqsubseteq \chi) \vee (\psi \sqsubseteq \chi))$

2. $((\phi \, \& \, \psi) \sqsubseteq \chi) \leftrightarrow ((\phi \sqsubseteq \chi) \, \& \, (\psi \sqsubseteq \chi))$

3. $((\phi \vee \psi) \rightsquigarrow \chi) \rightarrow ((\phi \rightsquigarrow \chi) \vee (\psi \rightsquigarrow \chi))$

4. $((\phi \, \& \, \psi) \rightsquigarrow \chi) \rightarrow ((\phi \rightsquigarrow \chi) \, \& \, (\psi \rightsquigarrow \chi))$

5. $((\phi \rhd \chi) \, \& \, (\phi \rhd \psi)) \leftrightarrow (\phi \rhd (\chi \, \& \, \psi))$

6. $((\phi \rhd \psi) \, \& \, (\chi \rhd \varsigma) \, \& \, Co(\phi \, \& \, \chi)) \rightarrow ((\phi \, \& \, \chi) \rhd (\psi \, \& \, \varsigma))$

表达式 $Co(\phi)$ 的真值条件是 $\forall x \sqsubseteq \parallel \phi^* \parallel \forall y \sqsubseteq \parallel \phi^* \parallel \neg (x \prec y)$。

41

3.3.1 替换失效

经典等值替换显然在这一框架中不成立。回到前面日食引起水沸腾的例子，我们可以看到那个归谬论证在第 2 步不成立：从火引起水沸腾这一事实，我们不能得出结论：由火和日食或者火且没有日食所构成的复合条件也会如此。证实火的出现而不证实这一析取式的情境是存在的，譬如，含有关于火的信息但不含关于日食出现或不出现的信息的那些情境。

3.4 INUS 因果的传递性

INUS 因果是一种传递性关系吗？假设 $a \rightsquigarrow b$ 且 $b \rightsquigarrow c$。根据因果性和 $\rhd$ 的传递性，可以推出 a 是 c 的完全原因的部分，但不能推出 a 是 c 的最小完全原因的部分。例如，假设 c 是超定的，即 c 有两个独立的原因。那么作为 c 的原因 a 是部分多余的，尽管作为 b 的原因的部分它不是多余的。为了让 INUS 因果具有传递性，我们不得不加上类似下述两个论点的某种东西：

假设 3.2(不超定性) $(a \rhd b \,\&\, c \rhd b \,\&\, (Co(a \sqcup c))) \to (a \sqcap c) \rhd b$

假设 3.3(无超距作用)

$(a \rhd b \,\&\, b \rhd c \,\&\, d \sqsubseteq a \,\&\, e \sqsubseteq c \,\&\, d \rhd e) \to \exists x (Co(x \sqcup b) \,\&\, d \rhd x \,\&\, x \rhd e)$

不超定性规定，如果 a 和 c 都是 b 的完全原因，且 a 和 c 是融贯的，那么存在 a 和 c 的部分交，并且它也是 b 的一个完全原因。无超距作用则要求，如果 a 引起 b 且 b 引起 c，d 是 a 的部分，e 是 c 的部分，且 d 是 e 的原因，那么必定存在一个与 b 共存的从 d 到 e 的因果链。

如果一个情境是另一个的最小原因，那么第一个必定是协同的，这一假定似乎是合理的。如果第一个情境不协同，那么它会有一些冗余部分，即它们是由该情境的其他部分引起的。

假设 3.4(最小原因的协同性) $a \rhd_{min} b \to Co(a)$

这些假设衍涵 INUS 条件是传递的。

42   **定理 3.1(INUS 的传递性，I)**   因果性、传递性、不超定性、无超距作用及最小原因的协同性衍涵 INUS 因果是传递的。

证明：假设 $a \rightsquigarrow b$ 且 $b \rightsquigarrow c$。必须表明 $a \rightsquigarrow c$。根据 $\rightsquigarrow$ 的定义，我们有 $a \sqsubseteq d, d \rhd_{min} b, b \sqsubseteq e$ 和 $e \rhd_{min} c$。根据最小原因的协同性假设，我们知道 d 和 e 每个都是协同的。根据因果性，可以得出存在这样一个 f，$d \sqsubseteq f, Co(f)$ 且 $f \rhd e$。因为 $f \rhd e$ 且 $e \rhd c$，根据 $\rhd$ 的传递性，推出 $f \rhd c$。表明以下这一点就够了：对每个 $g \sqsubseteq f$，如果 $g \rhd c$，那么 $a \sqsubseteq g$。

假设 $g \sqsubseteq f$ 且 $g \rhd c$。这足以证明 $a \sqsubseteq g$。因为我们有 $f \rhd e, e \rhd c, g \sqsubseteq f, c \sqsubseteq c$，且 $g \rhd c$，据无超距作用假设可以得出，存在这样一个 h，$Co(h \sqcup e), g \rhd h$ 且 $h \rhd c$。由于 $h \rhd c$ 且 $e \rhd c$，根据不超定性，我们有 $(h \sqcap e) \rhd c$。由于 e 是 c 的最小原因，必定有 $e \sqsubseteq (h \sqcap e)$，其意味着 $e \sqsubseteq h$。根据右闭合原则，$g \rhd e$。由于 $b \sqsubseteq e$，再根据右闭合原则得出

$g \rhd b$。由于 f 是协同的，d 和 g 都是 f 的部分，$d \sqcup g$ 必定也是协同的。

因为 $g \rhd b, d \rhd b$ 且 $\mathrm{Co}(d \sqcup g)$，根据不超定性，可以得出 $(d \sqcap g) \rhd b$。又因为 d 是 b 的最小原因，必定有 $d \sqsubseteq (d \sqcap g)$，这意味着 $d \sqsubseteq g$。因为 $a \sqsubseteq d$，可以得出 $a \sqsubseteq g$。证毕。

无超距作用公理看起来是合理的，因为我们强烈地倾向于相信事件之间存在一个居间链条，它把时间上隔得很开的任意原因和结果连接起来。然而，不超定性公理似乎太强：尽管不太可能，但超定原因并非完全不可能。把不超定性公理弱化为可击败或可缺省规则似乎是合理的，于是 INUS 因果的传递性可望成为一个规则，但并非没有例外。

有另外一种方式拯救 INUS 因果的传递性。我们可以不施加不超定性条件而施加因果的严格下向单调性条件：如果 a 是 b 的完全（而非 INUS）原因，c 是 b 的真部分，那么总有一个 a 的真部分是 c 的完全原因。这衍涵世界的因果结构中没有细微间断。它还衍涵如果 a 是 b 的最小原因，那么 b 是 a 的最大结果。

假设 3.5(严格下向单调性)　$(a \rhd b) \& (c \sqsubseteq b) \to \exists d((d \sqsubseteq a) \& (d \rhd c))$

为了拯救 INUS 的传递性，我们需要一个因果性假设的一般形式：

假设 3.6(广义因果性)　$(a \rhd_{min} b) \& (b \sqsubseteq c) \& \mathrm{Co}(c) \to \exists d(d \rhd_{min} c \& a \sqsubseteq d)$

另外，我们需要假定一个原因的任何一致扩充仍然是原因，两个结果的和仍然是结果。

公理 3.7(原因的可扩充性)　$(a \rhd b) \& (a \sqsubseteq c) \& \mathrm{Co}(c) \to (c \rhd b)$

公理 3.8(和运算下的右闭合)　$(a \rhd b) \& (a \rhd c) \to (a \rhd (b \sqcup c))$

定理 3.2(INUS 的传递性，Ⅱ)　严格下向单调性、广义因果性、传递性以及无超距作用蕴涵 INUS 因果是传递的。

证明：假设 $a \rightsquigarrow b$ 且 $b \rightsquigarrow c$。必须表明 $a \rightsquigarrow c$。根据 $\rightsquigarrow$ 的定义，我们

有 $a \sqsubseteq d, d \vartriangleright_{min} b, b \sqsubseteq e$ 和 $e \vartriangleright_{min} c$。根据广义因果性原理,可以得出存在这样一个 $f, d \sqsubseteq f, Co(f)$ 且 $f \vartriangleright_{min} e$。因为 $f \vartriangleright e$ 且 $e \vartriangleright c$,根据 $\vartriangleright$ 的传递性,推出 $f \vartriangleright c$。证明下述这点就够了:对每个 $g \sqsubseteq f$,如果 $g \vartriangleright c$,那么 $a \sqsubseteq g$。

假设 $g \sqsubseteq f$ 且 $g \vartriangleright c$。据无超距作用原理,可以推出存在这样一个 $h, g \vartriangleright h, h \vartriangleright c$ 且 $Co(h \sqcup e)$。由于 $g \vartriangleright h, g \sqsubseteq f$ 且 $Co(f)$,据原因的可扩充性公理,可以得出 $f \vartriangleright h$。由于 $f \vartriangleright h$ 且 $f \vartriangleright e$,据和运算下的右闭合公理,我们有 $f \vartriangleright (h \sqcup e)$。

假设 $h \not\sqsubseteq e$,那么 $e \sqsubset (h \sqcup e)$。根据严格下向单调性假设,可以得出存在一个 j,若 $j \sqsubset f$ 则 $j \vartriangleright e$。但这与 f 是 e 的最小原因这一事实矛盾。因此 $h \sqsubseteq e$。

由于 $h \vartriangleright c, e \vartriangleright_{min} c$ 且 $h \sqsubseteq e$,可以推出 $h = e$。我们知道 $g \vartriangleright h$,因此 $g \vartriangleright e$。由于 $g \sqsubseteq f$,且 f 是 e 的最小原因,可以推出 $g = f$。又因为 $a \sqsubseteq d, d \sqsubseteq f$ 且 $f = g$,我们有 $a \sqsubseteq g$。证毕。

4
一个决定论模型

本章我将用情境逻辑（包括附录 A 中展现的部分性模态逻辑）来展开对因果概念家族的定义。形式语言的原子公式——用实质而非形式的话语来说就是基本情境类型，由下述形式的类型构成：

- $\phi, \psi, \chi, \cdots$ （基本原子类型）
- $\Box\,\phi, \Diamond\,\phi$ （模态类型）
- $s \sqsubseteq s', s = s'$ （部分学类型）
- $s \models \phi$ （分级类型）
- As （现实性类型）
- $s \prec s'$ （因果在先类型）

除最后一个外，附录 A 给出了所有这些类型的精确定义。在本章我将把因果在先关系 $\prec$ 当作初始项，它对应于情境-殊型类上经典的（二值的）、部分学上持存的二元关系。在下一章开始讨论因果的非决定论模型时，我就能用模态和部分学给出因果在先的定义。

如附录 A 所解释的，情境类型的类，在对应于经典谓词逻辑一般联结词（否定、析取、合取，以及存在与全称谓述）的逻辑运算下是封闭的。

4.1   需考虑项

一个合适的因果理论,要为评价涉及因果概念的哲学论证提供框架,要为检查其他学科理论化语境中关于因果的断言的一致性及其非预期后承提供框架。精密的因果理论还要对语言学家和人工智能领域的研究者有价值,为他们提供一种形式语言来表征负载在自然语言中或隐含在智能主体设计说明中的因果信息。

然而,在审视因果理论的这些具体应用之前,在关于因果本质之现存哲学洞见的基础上,有可能甄别所建构理论需要具备的一些基本特征。有五个特别重要的需考虑项:

1. **真实性、非对称性和传递性。**因果是真实的(原因和结果都是现实的)、非对称的和传递的,而且在最理想理论中,这些属性是某些更基本属性的自然推论,而不是以特设方式产生的,譬如,利用某非传递关系的传递性闭合就是如此。

2. **时空的可构造性。**这是一个更有争议的考虑项,但很多哲学家尝试过给出时间的因果理论。这会影响我们说明世界时值得考虑的简单性。因此,理想的因果理论不使用时间或空间概念,从而保留用因果术语定义这些概念的可能性。

3. **作为原因的模态事实。**这也是一个比第一项更有争议的考虑项。我试图对我们关于模态真理(关于可能和必然的真理)的知识进行因果说明,并希望把它扩展到对逻辑和数学知识的因果说明。于是,我所要建构的因果理论要保留模态事实这样的"永恒"事实进入因果联系的可能性。

4. **目的论解释的可形式化。**终极原因或解释应因果地后于它所解释的东西。解释的次序何以能反转实效因果的次序呢?这是一个谜。看来,目的论解释和因果解释之间有某

种关系,并且可以期望因果推理的形式化会澄清目的论解释
的本质及其与因果的关系。

　　5. **与非决定论的相容性。**现实世界十有八九不是决定
论的,但这并不排除因果性。合适的因果理论应该足以包容
非决定论的可能性。

　　本章我将展现一种形式的因果理论,它显然满足前四个需考虑项,
但预设决定论的因果概念(根据它,原因必然严格地产生其结果)。在
随后两章,为使之与因果的非决定论的概率形式相容,我将表明怎样修
正这种决定论说明。

4.2　因果与决定论

47

4.2.1　殊型决定论与类型决定论

　　决定论论题有两个相当不同的形式,一个适用于情境-殊型,另一
个适用于情境-类型。殊型决定论是这样一种观点:外在于自存殊型的
某特定类的每个殊型,都有一个关于其存在的因果在先的严格充分条
件。换句话说,每个外因引起的殊型 s,都有一个因果在先的殊型 s',其
存在严格地使 s 的存在成为必然。

　　类型决定论是这样一种观点:每个外因引起的殊型 s 和其所属的每
个类型 ϕ,都有一个直接先于 s 的情境 s' 和 s' 所属的类型 ψ,并且类型 ψ
的某个情境的存在严格地使一个直接在后的类型 ϕ 的情境必然存在。

　　决定论者自然地把殊型因果等同于因果在先殊型所引发的必然
化,把因果解释等同于因果在先殊型的类型所引发的类型的必然化,这
正是我本章所要做的。然而,尽管这些因果和因果解释定义非常简单
并且具备某些合意特征,但它们有一个非常严重的缺陷。如果把因果

定义为某个种类的严格必然化，会被迫得出这样的结论——一个没有严格必然化的世界是一个没有因果的世界。因果术语也就不能适用于非决定情境。于是，在随后两章，我将提出一些与非决定论相容的因果定义。

当然，决定论者不必把因果定义为某个种类的严格必然化。实际上，我们将看到，即便决定论是真的，我们也有理由不这样做。

殊型决定论和类型决定论题是相互独立的。很多考虑是关于殊型的同一性标准。如果我们接受原则——属于同样类型且有同样原因的两个殊型是同一的，并且假定每个殊型本质上属于其类型，那么类型决定论衍涵殊型决定论。然而，即便我们假定每个殊型本质上具有其所有类型，殊型决定论也不衍涵类型决定论。一个殊型 s 可以必然引起殊型 s'，s' 可以本质上属于它的所有类型，但并不能得出 s 的类型必然产生 s' 的类型。

4.2.2 严格充分条件的可表达性

完全原因是类似充分因果条件的某种东西。但是，把原因简单地定义为严格充分条件有两个缺陷。首先，这样的定义使得各种稀有事件的不存在成为现实事件的部分原因。例如，我的汽车引擎启动的原因包括不存在飞过的 UFO 发射使其不能启动的射线。我喜欢的原因定义不要求包含这样纯否定且高度可几的条件。其次，我们会遇到一个在其中唯一真实的充分条件不能表达为类型的模型。譬如，所有充分条件可以涉及多得不可数的原子类型，而情境-类型的集合则是可数的。

不过，我在本章将不考虑这些担忧，而在后面几章再定义没有严格充分条件的因果。

4.2.3 经验主义的决定论概念

包括范·弗拉森（van Fraassen，1987）、伊尔曼（Earman，1986）和刘易斯（Lewis，1983）在内的一些哲学家主张，经验主义蕴涵，所有模态属性(包括因果律所确立的)都附着在偶然属性在世界的分配之上。换句话说,如果两个世界在时空上对偶然属性(像第一性质)的分配一致,那么它们必定在所有模态属性上也一致。这种形式的经验主义的一个推论是,我们不能有两个世界 w_1 和 w_2,它们在其所有偶然属性方面一致,因而在所有因果定律上也一致,如果这些定律被解释为最简单且最有力的外延性概括,这些定律在 w_1 中通过使得其他路径不可能而实际地约束事件的进程,而在 w_2 中事件的进程则由于偶然发生的事件而碰巧符合这些定律。正如图利(Tooley,1987)所论证的那样,不能做出这样的区分是经验主义路径的致命缺陷。当我们达致这样一个不可接受的结果时,是回过头来检查引导我们至此的"经验主义"的资质的时候了。

正如我将在第Ⅱ部分论证的那样,没有理由认为不可还原的模态属性是认识论上成问题的,而偶然属性则不是。刘易斯和其他人被所予的某个神话版本引入了歧途。根据该版本,偶然属性(像第一和第二性质)以模态属性所不能的某种方式直接呈现在心智之前。事实上,没有理由认为,我们的偶然属性的信念形成装置比我们的模态属性的信念形成装置更基本或更可靠。

确实,从因果认识论或自然化的认识论角度看,若不是因为伴随它们的不可还原的模态属性,偶然属性是不可知的。这些模态属性隐藏在构成知识核心的可靠性关系之下。自然选择青睐与各种模态约束和随机约束协调的心理建构。客观地说,自然选择奖赏那些在各种情境下成功地察觉什么会/必定/可能发生的思想家。于是,自然化的认识论青睐模态实在论者。

模态的经验主义路径以失败的休谟认识论为基础。经验主义者也欠我们一个说明——我们的经验何以是关于偶然属性之例示的经验。在第Ⅱ部分,我提出一个因果-目的意向性说明,目前还没有一个能与之相竞争的经验主义说明。

刘易斯(1983)那样的经验主义者通过定义确定的定律集来定义决

定论。对两个符合某定律集的世界来说，如果某时间点上它们在所有属性上一致且此后开始收敛是不可能的，那么该定律集是确定的。如果其定律是确定的，该世界就是确定的。在此，一个世界的定律等同于具有最大简单性和最丰富内容的外延概括集。因此，经验主义的决定论说明与我的说明不一样，它没有指涉必然这样的模态属性。

如果试图把刘易斯的经验主义决定论说明翻译成模态实在论术语，我们会遇到这样的情景。根据刘易斯的观点，自然定律是偶然的。然而，为了解释定律支持反事实条件句这一事实，刘易斯假定，现实世界的定律在逻辑空间中的现实世界的某个邻域内成立。与该邻域对应的是命题 N_a，对刘易斯来说，它是一个可能世界集。

令 v_a 是对应于命题 N_a 的情境-类型：如果扩充 s 的每个可能世界在邻域 N_a 内，则殊型 s 属于类型 v_a。假设自然定律包括 $\forall x((Ax \& (x \models \phi)) \to \exists y(Ay \& x \prec_0 y \& (y \models \psi)))$，亦即假设类型 ϕ 的每个现实情境都伴随类型 ψ 的一个现实情境。假设情境殊型 s 属于类型 ϕ 且属于类型 v_a。如果 s 是现实的，那么由于它属于类型 v_a，以它作部分的每个可能世界必定支持所有现实的自然定律。这些定律包括联结 ϕ 和 ψ 的那个定律。因此，这样一个 s 的存在严格地使类型 ψ 的殊型必然随之存在。

由于所有的定律都是决定论的，可以推出每个受时间限制的情境由某个更早的情境殊型严格必然地产生。于是，刘易斯的说明可以被看作本章所提出的严格-必然说明的一个形式。

4.3　基本本体

本节我将介绍一些模型结构，它们被看作关于因果的真实可能性的形式表征。这些结构合并了两类个体：情境-类型和情境-殊型。现实的情境-殊型被认为是世界的实在而具体的部分，类似于戴维森型事件。仅仅可能的情境-殊型是抽象客体,可以从现实殊型和类型构造而来,表征可能而非实现的现实性。每个殊型负载一定量关于世界的信息或事实;这些事实单元被表征为情境-类型。

4.3.1 分类系统

分类系统由殊型集、类型集和这两个集合上的二元关系(分类关系)构成。[①] 就我的目的而言,殊型集是情境-殊型的集合,类型集是情境-类型的集合,分类关系是上一章所定义的证明关系 $\models$。

4.3.2 模型

每个模型包含一个分类系统,以及情境-殊型上的两个偏序关系 $\sqsubseteq$ 和 $\prec$。第一个表示标准部分学的部分-整体关系。第二个是严格的部分良序关系,表征因果在先关系。另外,还有两个模态可通达关系 $R^{\uparrow}$ 和 $R^{\downarrow}$。

因此,标准的决定论模型 $\mathcal{M}$ 由 n 元有序组 $\langle Sit, Typ, R^{\uparrow}, R^{\downarrow}, \models, \sqsubseteq, \prec \rangle$ 构成,在此:

- Sit 是一个非空的情境-殊型集。
- Typ 是一个非空的情境-类型集,在各种逻辑运算和模态运算下封闭。
- $R^{\uparrow}$ 和 $R^{\downarrow}$ 是 Sit 上的二元关系,即最后一章所介绍的内部和外部可通达关系。
- $\models$ 是 $Sit \times Typ$ 上的二元关系。
- $\sqsubseteq$ 是 Sit 上的偏序关系(反对称和传递)。

---

① 这些结构被独立地发现了很多次。伯克霍夫(Birkhoff,1940)把它们叫作"二极性",哈迪格里(Hardegree,1982)称它们为"语境"。它们还被德国数学家维勒(Wille)发现,戴维和普里斯特利(Davey and Priestley,1990)讨论了他的成果。更晚近一点,沃恩·普拉特(Vaughan Pratt)和他在理论计算机科学领域工作的同事们称它们为"分类系统"。

- ≺是 Sit 上的严格偏序关系(非自返和传递)。

4.3.3 情境类型

有一个初始原子情境–类型的集合,对应于上一章中的简单原子公式。还有下述种类的一些复杂类型:

- $(s \sqsubseteq s')$,在此 s 和 s' 是情境–殊型。
- $(s \models \phi)$,在此 s 是情境–殊型,ϕ 是情境–类型。
- As,在此 s 是情境–殊型。
- $\Box \phi$ 和 $\Diamond \phi$,在此 ϕ 是情境–类型。

51 上一章在情境逻辑中引入了这些类型范畴。在本章,我增加了一类新的原子类型 $s \prec s'$,表示 s 对 s' 的因果在先关系。在模型组中与这一类型相对应的是情境–殊型之间的二元关系≺。在本章,我把因果在先关系当作初始关系,而且为简单起见,我假定所有情境都有关于在先关系的协同而完全的信息,因此,

$$\mathcal{M}, s \models (s' \prec s'') \Leftrightarrow \langle s', s'' \rangle \in \prec_{\mathcal{M}}。$$

4.3.4 情境–类型的持存

一旦不存在包含两个情境作为其部分的情境,那么其中一个情境排斥另外一个。如果假设所有现实的可能情境是融贯的,即不存在类型 ϕ,该情境同时属于 ϕ 和¬ϕ,那么,何种可能情境排斥其他情境这一事实,将受关于类型持存的事实的约束,即受关于整体何时继承其部分的类型的事实约束。

有四种形式的持存看起来是合理的:

1. **全面的部分学持存**。如果一个部分属于某类型,其整体也属于该类型。

2. **共时持存**。如果 s 属于某类型,$s \sqsubseteq s'$,并且一个的部分不会因果地先于另一个的任何部分,那么 s' 也属于该类型。

3. **准时持存**。如果 s 属于某类型，$s \sqsubseteq s'$，并且同样的情境正好先于这两者，那么 s' 也属于该类型。

4. **非持存**。没有条件保证部分属于某类型时，其整体也属于该类型。

全面持存类型表征永恒事实（譬如模态或数学事实），或包括指涉特定时间的特定个体（或地点）的事实（如"克林顿 1994 年 7 月 3 日中午在演讲"）。共时持存类型表达这样的事实——其涉及的个体或地点是特定的而时间则不是。例如："克林顿在白宫演讲。"准时持存类型表达纯定性类型，在其中不指明特定的个体、时间和地点。例如："一个人在月台上演讲。"在准时持存类型情形中，事实的时空位置由属于该类型的情境-殊型的因果前件固定。

在附录 A 中，我假设所有情境-类型都是全面持存的。在本章及后面几章中，我对该假定进行了一点弱化，但我仍然假定所有类型至少是准时持存的。（下一节要讨论的）时空的因果理论依赖于该模型包含一个合适的类型清单，这些类型准时持存而非共时或全面持存。

4.3.5　殊型的同一性条件

我将假设每个殊型本质上有三种属性：它的类型（表达其内在特征或性质）、它的部分和它的因果前件网络（表达其后向时间锥面）。第三个假定是克里普克直觉的一般化，即事物的起源对其总是本质性的。如果事件的内在特征不同，或者导致该事件的因果链条不同，那么某特定事件不会是原来的事件。这一假定看来是合理的。相反，因果后发的事件序列，对该事件的同一性不是本质性的。同一个事件可以存在于不同的世界中，有不同的后续历史。

我们确信过去是固定的、未来是开放的似乎就隐含这样的观点。当然，并非宇宙当下状态所实在化的事件类型必然产生关于先前历史的特定类型。正如被宇宙当下状态实在化的事件一样，一个事件只是倏忽存在而没有实在的过去，这在形而上学上是可能的。然而我们仍然确信,给定现在,过去就在某种方式上是必然的。理解这一信念含义的最佳方式,就是理解宇宙当下状态的事件-殊型的存在必然产生特定殊型在其现实历史中的存在。由于过去的殊型因果地先于当下殊型,我们可以把这种信念概括为这样一个论点——任何殊型使其殊型因果前件必然化。

如果我们做这些假定,任何可能的殊型都可以表达为一个有序三元组:融贯的类型集、可能殊型集(表征该殊型的真部分)和可能殊型的因果树。因果树植根于殊型本身(如果我们使用非良基的集合论)或该殊型的直接因果前件。我不想把实在情境-殊型等同于这样一个有序对。然而,从现实殊型到这样的序对是同态的。不表征现实情境-殊型的序对可以看成表征仅仅可能的殊型。

如果我们不采纳因果前件的相对必然性这一论点,就难以看出我们如何能为仅仅可能的殊型提供一个清晰的同一性标准。令 a 和 b 是两个分享同样类型的非现实殊型,但其因果前件非常不同。什么可能决定 a 和 b 是否同一呢? 它们并非现实地存在,因此说它们同一或不同是任意之事显然不合理。如果我们信奉某种现实主义,我们势必要说,仅仅可能的殊型是以上面勾勒的方式从现实殊型和类型构造而来。

我对殊型同一性说明的主旨可以分为两个主张:(1) 类型、部分和前件的同一性对同一性(甚至跨世界的同一性)是**必要的**;(2) 这些同一性对殊型同一性是**充分的**。关于必要性问题,部分和前件两者都相同对情境-殊型来说是本质性的这一主张是如下想法的扩展,即具体事物的构造和起源对它来说都是本质性的。在自然语言中,我们有时的确把部分和前件稍微不同的一些事件-殊型看作是同一的。例如,我们会说,要是布鲁图没有参与谋杀,恺撒之死本来可以不那么痛苦。然而,自然语言的这种松散不能看作是在处理形而上学问题。

对于该标准的充分性问题,比较这个同一性标准和我们解决同一性问题时所实际使用的方式是重要的。特别是,通过发现同样的事件对两个不同结果负责,譬如内战爆发和进攻萨姆特要塞,我们把这两个事件视为同一。这显然涉及追溯结果的原因前件,直到在每个链条中我们发现同样时空位置中同一类型的一个事件-殊型。我将在 5.10.2 节论证,时空位置是由一个事件-殊型的部分和因果前件确定的。于是,我们判定事件-殊型同一的实践,看来就是把类型、部分和前件的相同当作殊型同一性的充分条件。

4.3.6　因果在先关系

因果在先关系≺不能简单地等同于因果关系。相反,它表达的是因果的必要先决条件。事实上,在决定论假定之下,以下三个因果概念是可以相互定义的:

- ≺,因果在先关系

- ▷,完全原因关系

- ⤳,完全原因的本质部分关系,麦凯的 INUS 条件:充分而非必要条件的必要而非充分部分

我将假定因果在先关系是传递的和非自返的。殊型 s 直接先于 s',当且仅当,s 先于 s',而且在 s 的任何部分和 s' 的任何部分之间没有居间殊型。

$$(s \rightsquigarrow s') \leftrightarrow_{df} (s \prec s') \ \& \ \neg \exists x \, \exists y \, \exists z (x \sqsubseteq s \ \& \ y \sqsubseteq s' \ \& \ x \prec z \ \& \ z \prec y)$$

≺、⤳和▷这三个因果关系中的任何两个,都可以用第三个加上部分学的部分-整体关系⊑来定义:

- $s \prec s'$,当且仅当,存在一个(融贯且全情境的)世界 w,在 w 中 s 是 s' 的 INUS 原因的部分和的一个部分(或等值地说,当且仅当,在 w 中 s 是 s' 的极小完全原因的部分和的一个部分)。

- $w \vDash s \rightsquigarrow s'$,当且仅当,在 w 中 s 是 s' 的极小完全原因的部分。

- $w \vDash s \triangleright s'$,当且仅当,$s \prec s'$,$s, s' \sqsubseteq w$,并且 s 必然产生 s'。

54

我把因果在先关系当作初始项,并用它定义其他两个关系,因为下一章我就能够用部分学关系和模态关系给出因果在先关系的定义。在这种情形下,上述第一个条件在模型中对 $\prec$ 的外延施加了极小性要求。

只用情境上的初始和运算与因果关系 $\triangleright$,也可能定义部分学的部分-整体关系。我将在时空拓扑那一节进一步讨论这一问题。

这些因果关系理论以许多有趣的方式与部分学相互作用。首先,完全原因关系在对右边项的部分运算下封闭。如果 s 是 s' 的一个完全原因,且 $s'' \sqsubseteq s'$,那么 s 是 s'' 的一个完全原因。这对 $\rightsquigarrow$ 或 $\prec$ 并不成立。

对所有这三个关系,我们都可以求右边项的和:如果 $s \triangleright s'$ 且 $s \triangleright s''$,那么 $s \triangleright s' \sqcup s''$,$\rightsquigarrow$ 和 $\prec$ 与此类似。

$\rightsquigarrow$ 和 $\prec$ 在对左边项的部分运算下都封闭。如果 $s \rightsquigarrow s'$ 且 $s'' \sqsubseteq s$,那么 $s'' \rightsquigarrow s'$。$\prec$ 与此类似。这对完全原因关系不成立。

s 的两个完全原因的部分和总是 s 的完全原因,因果在先同样如此。然而,两个 INUS 原因之和不必是 INUS 原因,因为一个可以使另一个多余。最后,如果 $s_1 \triangleright s'$,$s_2 \triangleright s''$,$s_1 \prec s''$,并且 $s_2 \triangleright s'$,那么 $(s_1 \sqcup s_2) \triangleright (s' \sqcup s'')$。

下述公理刻画了部分关系和因果在先关系之间的相互作用:

公理 4.1 $(x \prec y \,\&\, z \sqsubseteq x) \to z \prec y$

公理 4.2 $(x \prec (y \sqcup z)) \to (x \prec y \lor x \prec z)$

公理 4.3 $(x \prec y \,\&\, z \sqsubseteq y) \to \neg(z \prec x)$

公理 4.4 $x \prec y \to \neg x \bigcirc y$

公理 4.5 $(x \prec y \,\&\, y \prec z) \to x \prec z$

我们可以认为,$x \prec y$ 的意思是 x 完全位于 y 的后向时间锥面(从因果上说)。如果我们用原子集来为部分学建模,把 $a \sqsubseteq b$ 为真定义为,当且仅当 $|a|$(一个原子集 a 的解释)中的每个原子也在 $|b|$(b 的解释)之中,那么我们可以用原子之间潜在的因果在先关系 $\prec_{\text{atom}}$ 来定义殊型之间的因果在先关系。具体说来:

$$\mathcal{M} \vDash (a \prec b) \Leftrightarrow \forall z (z \in |a| \to \exists w (w \in |b| \,\&\, z \prec_{\text{atom}} w)) \,\&$$

$$\forall z(z \in |b| \to \neg \exists w(w \in |a| \& z \prec_{atom} w)) \&$$
$$\forall z(z \in |a| \to z \notin |b|)$$

换句话说,殊型 a 先于殊型 b,当且仅当,殊型 a 中的每个原子先于殊型 b 中的某个原子,b 中没有原子先于 a 中的任何原子,且 a 和 b 没有共同原子。

尽管因果在先关系是一个未定义的初始项,但它的解释受到极大限制,$a \prec b$ 的含义是:a 先于 b 且与 b 相关。我规定一个模型适当,仅当 $a \prec b$ 为真,在该模型的某个世界中 a 就是 b 的极小完全原因的部分。

因果在先关系被约定为传递的和非自返的。由此,完全因果和 INUS 因果都是非自返的。容易证明完全因果是传递的。INUS 因果只在特殊条件下才是传递的(参见第 3 章)。

4.4 制约与因果

4.4.1 殊型-层面因果

说 s 导致 s',即是说 s 的现实性应是 s' 的现实性的因果充分条件。其实我并不认为,一个原因的现实性严格地使其结果的现实性成为必然。事实上,我认为其反面很可能是真的:情境的原因的同一性对情境本身的同一性是本质性的。然而,为了捕捉决定论的因果性概念,在本章我将假设原因确实必然产生其结果。

定义 4.1(殊型-殊型制约) $(s_1 \vdash s_2) =_{def} \Box (As_1 \to As_2)$

这一定义也可以推广为殊型和殊型集之间的一种关系(假设我们的语言通过提到殊型集而变得丰富)。殊型 s 制约集合 B 的现实性,当且仅当,它使 B 中某个元素的现实性成为必然:

$$(s_1 \vdash B) =_{def} \square (As_1 \rightarrow \exists x \in BAx)$$

定义 4.2　（决定论视域下的殊型因果）

$$(s_1 \rhd s_2) =_{def} As_1 \,\&\, (s_1 \prec_0 s_2) \,\&\, (s_1 \models (s_1 \vdash s_2))$$

这一殊型因果定义也可推广为殊型和殊型集之间的一种关系:

$$(s_1 \rhd B) =_{def} As_1 \,\&\, \forall x \in B(s_1 \prec_0 x) \,\&\, (s_1 \models (s_1 \vdash B))$$

殊型-殊型制约关系是一种严格必然化关系:包含第一个情境的每个世界必定也包含第二个。殊型决定论由两个论点构成:原因必定是现实的,原因制约其结果也是现实的。给定制约的定义,可以推出,如果 s 是一个世界,并且 $s \vdash (s_1 \rhd s_2)$,那么 s_1 和 s_2 在 s(的部分)中必定都是现实的。

4.4.2　类型/类型制约

我们也可以定义情境-类型之间的因果制约关系。为此,我必须首先定义殊型之间的因果后继关系,简写为 sNs'。

定义 4.3(因果后继)

$$\forall x \forall y(xNy =_{def} \forall z(z \sqsubseteq y \leftrightarrow (Az \,\&\, (x \prec_0 z))))$$

定义 4.4(类型的因果制约)

$$(\phi \vdash\!\!\!\!\!\sim \psi) =_{def} \square \, \forall x((Ax \,\&\, (x \models \phi)) \rightarrow \exists y(xNy \,\&\, (y \models \psi)))$$

从 ϕ 到 ψ 的一个因果信息制约衍涵每个 ϕ-情境后面必然紧跟着一个 ψ-情境。

类型制约产生一种不同形式的模态逻辑。由于我们与之打交道的是部分的三值或四值世界,只要相关的类型强克林等值或邓恩等值,替换在模态语境是允许的。(细节参见附录 A。)例如,ϕ 和 $((\phi\&\psi) \vee (\phi\&\neg\psi))$ 经典等值而非强克林等值或邓恩等值。因果语境的这种超内涵性,对其在阐释目的性属性和表征性属性上的用途至关重要。

4.5　因果解释界说

因果解释是一个殊型-类型对偶和另一个殊型-类型对偶之间的一种关系。对偶$\langle s,\phi\rangle$因果地解释了对偶$\langle s',\psi\rangle$,当且仅当,s引发s'且s之属于类型ϕ解释了为什么其结果必定属于类型ψ。它密切对应于特伦斯·霍根(Terence Horgan,1989)和莱波雷与勒韦尔(LePore and Loewer,1989)的"作为……的原因"概念:作为ϕ的s导致作为ψ的s'。我将用这一概念界说属性的因果力,还可用它来界说属性的特定事例与其他事实的因果相干。

我的因果解释定义旨在仅仅捕捉日常"解释"概念的形而上学内核。正如许多人观察到的,解释的好坏或合适与否涉及诸多实用因素。这个完全实用意义上的解释显然是对比性的:我们解释为什么某物是ϕ而不是ψ。再者,解释依赖听者的知识和兴趣:我们不明确引证人人皆知的东西的出现,譬如,把空气中氧气的出现作为房子着火的解释的一部分。我的目标是刻画一种独立于兴趣的非实用的解释性关系,它是某物之为一正确解释的必要条件。这一关系也可被看作**事实**之间的客观因果关系,在此,事实被看作现实情境-殊型与它所支持的类型构成的对偶。

57

定义 4.5(因果解释(事实/事实因果关系))

$$((s_1:\phi)\vartriangleright(s_2:\psi)) =_{def} As_1\ \&\ s_1Ns_2\ \&\ (\phi\vdash\psi)\ \&\ (s_1\models\phi)$$

因果解释在如下两方面都是真实的:s_1和s_2必定都是s的部分,s_1必定属于类型ϕ且s_2必定属于类型ψ。它还是非自返的:任何殊型-类型对偶不能解释其自身。解释关系的传递性闭合也是非自返的,因此排除了解释性循环。如果关系$\prec$的传递性闭合是部分良序的,就不会有任何解释性无限倒退。

正如我刚才说过的,决定论观念下的因果解释可证明是可靠的:如

果存在一个 s 之为 ϕ 的因果解释，那么 s 真的是 ψ。反之，解释不必然是完全的，即不必然刻画每个因果相随情境的每个类型都有一个解释。因此，决定论的因果概念自身不保证类型决定论是真的。我们可以考虑把因果解释的完全性看作可选假设。

定理 4.1（因果解释的可靠性）

$$((s_1:\phi) \rhd (s_2:\psi)) \Rightarrow As_2 \,\&\,(s_2 \models \psi)$$

证明：上述定义的一个不足道后承。

假设 4.1（因果解释的完全性）

$$(s_1 N s_2 \,\&\, (s_2 \models \psi)) \rightarrow \exists\phi((s_1:\phi) \rhd (s_2:\psi))$$

4.5.1　否定性因果

否定性事实（即与其所支持的否定性类型配对的现实殊型）既可作为原因也可作为结果。阻止涉及否定性结果，而因遗漏或缺失导致的结果涉及否定性原因。还有一些肯定性原因/结果对偶案例（Jonathan Schaffer，2001），在这些案例中，原因和结果之间的因果关联贯穿一个完全否定的中间态。通过阻止本来会阻止 B 的某状态，A 可以导致 B。例如，恐怖分子通过绑架飞机驾驶员而导致两架飞机空中相撞。绑架导致缺失——驾驶员不在其位置，由于不能发出阻止相撞所必需的无线电信号，这一缺失反过来导致相撞。

否定性事实大量存在。每个肯定的情境-类型都有一个相应的否定类型，即该肯定类型的否定。情境-殊型显然本质上是部分的。于是，很多情况下，殊型 s 既不支持类型 ϕ 又不支持其否定 $\neg\phi$。基于这个原因，我们不能简单地把支持 $\neg\phi$ 和不支持 ϕ 等同。在许多也许是所有情况下，当殊型 s 支持否定类型 $\neg\phi$ 时，存在一个与 ϕ 相竞争或相排斥的肯定类型 ψ（ψ 可能是某普通断言的一个不同断言），且 s 支持 ψ。①

---

①　试图把否定还原为类似类型之间的排斥或竞争的某种东西是一个严重错误，因为这些概念本身显然涉及否定因素：类型 ϕ 排斥 ψ，当且仅当，这两者**不可能**一起被例示。我认为，最好把否定当作类型之间初始的、不可定义的关系。

但是我们必须清楚地区分如下两个问题：

- 是否存在真正的否定性类型和否定性事实（由一个现实殊型和它所支持的否定性类型的对偶构成）？
- 是否存在纯否定性殊型——仅支持否定性类型的殊型？

如果对第一个问题的回答是否定的，就必须找到对第二个问题差不多同样有说服力的否定回答，除非我们同意存在着不支持任何类型的空殊型（这当然是一个不合理假设）。但我对第一个问题的回答是肯定的，并且，我由此认为第二个问题是一个非常开放的问题，应在科学而非先验的基础上做决定。

D. H. 梅勒主张，否定性因果的实在性拒斥把具体事件当作因果的关系者项，因为某物的单纯缺失并不构成具体事件。梅勒的主张是否适用于我自己对殊型因果以及对作为情境殊型之间关系的因果的说明呢？情境显然是一个比事件更宽泛的范畴：每个事件都是一个情境，反之不然。如果否定性因果中的缺失是纯粹的虚无，如果因果的相应关系-事例涉及因果和其另外某个缺失的关系者项之间的关系，那么否定性因果拒斥我的这一论点——因果的每个事例都关涉两个情境-殊型。

然而，这些情形中所涉及的缺失并非纯粹的虚无：它们是在特定时间和地点特定种类的缺失。例如，在德谟克利特宇宙中，涉及空虚的情境是每个节点，它们差不多与原子的情境一样是世界的部分。上述导致灾难的原因是碰撞发生前一刹那驾驶员不在其位置出现。我看不出有什么理由怀疑这一缺失得到世界某部分的支持，得到某特定的具体情境-殊型的支持。存在一个仅支持该驾驶员在那个时间和地点缺失的殊型吗？这是一个更难以回答的问题，但无论我们如何回答，作为关系者项的殊型与否定性因果的相容性是无疑的。

59

4.6　单一因果

我沿用图利的"休谟随附性"表征下述论点:关于殊型-因果的事实随附于偶然事实和关于现实的因果定律的事实之上。否认休谟随附性就是肯定**单一因果**的可能性,单一因果是指其存在不可用因果定律和非因果事实解释的因果关联。

到目前为止,我的说明对休谟随附性问题保持中立。然而,它并不把单一因果关联处理为比因果定律更为基本的概念。这并不排除休谟随附性,但它确实使这一论点成为一个没有证实性证据的不自然假定。

事实上,与阿姆斯特朗/图利传统不同,**因果定律**概念在我的说明中不起核心作用。我宁愿用模态和随机概念而不直接谈论"似律性"概括。

如果因果解释的完全性假设是真的,那么殊型层面因果的每个事例都属于类型层面上的某个必然概括。解释完全性的这一推论很重要,值得单独考察。我把这一推论称为休谟假设,因为休谟因果定义的外延适当性衍涵它为真,而休谟是用类型之间关系来定义因果的。

假设 4.2(休谟假设)　如果$(s \rhd s')$并且$(s' \models \psi)$,那么存在类型ϕ,$(s \models (\phi \vdash \psi))$并且$(s \models \phi)$。

可以用广义(殊型-集)因果推广休谟假设。

假设 4.3(广义休谟假设)　如果$(s \rhd B)$并且$\forall s' \in B(s' \models \psi)$,那么存在类型$\phi$,$(s \models (\phi \vdash \psi))$并且$(s \models \phi)$。

这两个假设并不衍涵休谟随附性。即便它们成立,哪个殊型与哪个殊型因果地关联,依然可以不由关于殊型的非因果事实加上类型层面的必然性决定。似律概括总预设某些关于殊型层面因果关联的不可还原事实。如我在 4.10.2 节所论证的,如果空间和时间自身可以从这样一些殊型层面的因果关联构造而来,这一点就特别合理。显然,因果概括会指涉原因与结果之间的时空关系。

阿姆斯特朗和图利过于关注因果定律是偶然的还是必然的（他们都坚持这些定律是偶然的）。因果关联的必然性自身是偶然的还是必然的呢？这是模态逻辑中一个熟悉的问题。它相当于问，形而上学必然性是否至少是 S4，即相干可通达关系是否是传递的？实际上，阿姆斯特朗和图利断言这种必然性不是 S4，断言某些必然性自身并非必然。我倾向于相信大多数因果必然性至少是偶然的，但与阿姆斯特朗和图利不同，我没看到任何有趣的形而上学论题在讨论这一问题。

阿姆斯特朗和图利似乎有混淆必然/偶然的对立与分析/综合的区分之倾向。他们似乎认为，如果某些因果定律是必然的，它们就一定会是分析的。既然没有因果定律是分析的，于是他们推断所有因果定律是偶然的。然而，我不明白我们怎么能排除如下可能性：至少有些因果定律是必然且综合的。

4.6.1　异质因果解释

异质解释包括从通俗科学到高级科学，以及从高级科学到通俗科学。例如，可以用从反应堆中心慢慢抽出控制棒来解释原子核的裂变（一个高级的被解释项和一个通俗的解释项）。或者，用玻璃的分子结构解释玻璃易碎性（通俗的被解释项和高级的解释项）。

一些最有趣的异质解释案例是心理物理解释和物理心理解释。两个分类系统的概念不一致性不是真实解释之存在性的障碍，这种不一致性包括一个模糊而另一个精确。在不确定的临界情形下，解释才会中止。如果约翰是秃头的一个临界案例，或某盐块是一个临界堆，那么这两个事实中任何一个的物理解释都会有问题。

上述结论与金在权（Jaegwon Kim）关于这一问题的著名观点尖锐对立。金信奉因果继承原则（Kim，1993，p. 351）：

> 如果 M 在给定场合被 P 例示，那么，M 的**这一事例**的因果力等同于 P 的因果力（可能是其子集）。

我把殊型的"因果力"看作该殊型之类型的因果解释力的函数。一个实现心理类型的殊型,由于实现该类型而具有某些不可还原的因果力。这些因果力包括影响其他殊型的心理属性和物理属性的力。与金的观点相反,这些心理层面的力能够**随附**在殊型的物理层面的力上,而不必等同于后者的某个子集。

61

4.7　经验主义与模态

范·弗拉森认为,对模态的素朴信赖违反某些经验主义限制,而我的研究进路之特色恰是信赖模态。尤其是,范·弗拉森认为,像我这样否定模态事实随附在非模态事实之上的模态实在论者,不能解决"推理问题"(van Fraassen,1987)。这一推理问题是关于接受模态逻辑 T 公理之合理性的,T 公理说的是:如果必然 ϕ,那么 ϕ。由于拒斥定义必然的任何尝试,我不能主张 T 是一个可根据演绎逻辑从一组约定定义导出的分析真理。那么,我怎能断言接受 T 是理性的义务呢? 如果我否认它是理性的义务,那么,我断言因果解释可靠或因果必然性约束世界中的现实事件序列就没有根基。

我对范·弗拉森的回应就是,坚持接受 T 是人类心智正常运行所要求的,但符合演绎逻辑的要求并不足以接受 T。公理 T 事实上总是真的,而且必然如此。由此,信赖 T 是高度可靠的,就像信赖标准一阶逻辑的任何公理可靠一样。"推理问题"只对范·弗拉森那样墨守休谟教条的人才是问题,休谟教条是指合理信念的唯一标准是在标准演绎逻辑下闭合。①

---

① 作为对归纳知识的一般说明的一个部分,对这一问题的进一步讨论参见19.7节。

4.8 因果相干

我的目的功能定义和模态知识定义中的一个关键概念是**因果相干**。有两种方式定义一个殊型的类型与另一个殊型的类型因果相干。第一种方式利用 INUS 联结词$\leadsto$。

定义 4.6(因果相干,Ⅰ)

$(s\!:\!\phi) \leadsto (s'\!:\!\psi)$ 当且仅当(i)$(s \leadsto s')$,(ii)$(s \models \phi)$且$(s' \models \psi)$,(iii)ϕ是一个自然类型(相对于s),并且(iv)对所有的s'',如果$s \leadsto s''$且$s'' \sqsubseteq s'$,那么$s' = s''$。

换句话说,$(s\!:\!\phi)$与$(s'\!:\!\psi)$因果相干,当且仅当,$s \vdash \phi$,$s' \vdash \psi$,ϕ是一个自然(不是伪装的)类型,并且s'是一个证实关系$s \leadsto s'$的最小殊型。于是,部分学的最小性两次进入因果相干的定义中:第一次在 INUS 条件(s是s'的 INUS 原因,当且仅当s是s'最小完全原因的部分)的定义中,第二次在因果相干自身的定义中。

定义因果相干的第二个进路是定义**子类型**关系。类型ϕ是类型ψ的子类型,当且仅当,每个证实ψ的可能殊型也证实ϕ。子类型的内涵是原类型自身内涵的子集。如果两个类型中的每个都是另一个的子类型,也就是,如果它们的内涵重合,则这两个类型同一。

用子类型可以定义最小解释如下:

定义 4.7(最小解释) $((s_1\!:\!\phi) \rhd_{min} (s_2\!:\!\psi))$,当且仅当,(相对于$s$)$\phi$是自然的,并且对每个自然类型$\chi$,$(s_1\!:\!\chi)$且$\chi$是$\phi$的子类型,$((s_1\!:\!\chi) \rhd (s_2\!:\!\psi))$,当且仅当,$\chi = \phi$。

最后,因果相干可用最小解释定义,正如 INUS 因果用最小殊型因果定义一样。

定义 4.8(因果相干,Ⅱ) $(s\!:\!\phi) \leadsto (s'\!:\!\psi)$,当且仅当,(相对于$s$)$\phi$

62

是自然的,并且存在类型 χ,χ 是 ϕ 的子类型且 $((s:\chi) \rhd_{min} (s':\psi))$。

这两个因果相干定义在何种条件下重合,这是值得探究的。

4.8.1   单纯析取(伪装的)属性

单纯析取属性,即通过把不相干且异质的属性析取在一起形成的属性,不是因果有效的,这是因果哲学的一个常识。举例来说,通过归因于属性**患腮腺炎**而不是属性**患腮腺炎或中暑**,可以解释发烧。后者不是自然属性。有些析取式不是单纯析取:**是有袋动物或者有胎盘的哺乳动物**这一属性对应于自然属性**是哺乳动物**。

真正困难之处在于,找到一个原则性方法区分表征单纯析取属性的析取谓词和表达自然属性的谓词。不能简单地依靠语言形式:类型 $\phi \vee \psi$ 可以对应一个非常自然的非伪装类型,其中 ψ 和 ϕ 是穷举的子类型。最有希望的策略是利用所考察属性在其中出现的因果定律(或者类型/类型制约)。属性 $\phi \vee \psi$ 是单纯析取的,当且仅当,对每个属性 χ 来说,制约关系 $(\phi \vee \psi) \vdash \chi$ 成立,当且仅当 $\phi \vdash \chi$ 和 $\psi \vdash \chi$ 两者都成立。但是,这种区分单纯析取属性和自然属性的方法,在制约关系被认为是决定性的语境中失效。而按照决定论模型,每个析取式最终都是单纯析取。

刻画单纯析取属性的一个备选方式是,利用支持决定性制约关系的情境-殊型的部分学结构。

定义 4.9   [**单纯析取(伪装的)类型**]   相对于情境 s,$(\phi \vee \psi)$ 是单纯析取(或伪装的)类型,当且仅当,对每个类型 χ,如果 $s \vdash ((\phi \vee \psi) \vdash \chi)$,那么存在 s 的真部分 s_1 和 s_2,$s_1 \vdash (\phi \vdash \chi)$,$s_1 \nvdash (\psi \vdash \chi)$,并且 $s_2 \vdash (\psi \vdash \chi)$,$s_2 \nvdash (\phi \vdash \chi)$。

例如,古德曼的性质**绿蓝**是一个伪装的、单纯析取属性的明显例子。任何涉及**绿蓝**的因果制约关系都可分解到两个分离的因果制约关系中,一个涉及蓝(并且可能在 2000 年之后第一次被观察到),另一个涉及绿

（并且在2000年之前第一次被观察到）。这两个分离的制约关系每一个都可以被支持伪装的绿蓝-制约关系的那些殊型之真部分所支持。

伪装的类型从来都不是因果相干的。如果用上面所给的因果相干定义，并令**自然类型**等同于**非伪装类型**，可以直接得出这一结论。区分绿蓝的因果非相干性和绿的（可能的）因果相干性，简单而令人满意地解决了古德曼的"新归纳之谜"。

4.8.2　倾向性属性的效用

显然，存在倾向性状态。例如，一个殊型有**催眠**的倾向状态，当且仅当，它支持某类型 ϕ，并且也支持某个连接 ϕ 和睡眠状态的因果制约关系。如果倾向状态是情境-类型，那么它们当然满足因果相干的定义。如果存在催眠的倾向性类型，那么毫无疑问存在一个连接催眠本身（而不是其每个实现）和睡眠状态的因果制约关系。

然而，断言存在倾向性情境类型并不是件不足道的事。我们不能求助于断言每个开公式都对应一个情境-类型这样的普遍抽象原理。这样的普遍原理几乎肯定是逻辑不一致的，因为没什么可阻止我们形成与异己属性相对应的开公式。异己属性是指不适用于自身的类型的属性：$\lambda x \neg(x \models x)$。异己属性支持其自身，当且仅当它不支持自身，这是逻辑不可能的。

倾向性类型是否普遍存在，或者是否存在某些特殊种类的倾向性类型，这不是一个先验问题，而是一个只能用科学来解决的问题。如果关于世界的最好说明要求我们假定倾向性类型的存在，那么我们该这么做，且仅限于这么做。

一个亚里士多德式化学家曾诉诸麻醉药的催眠属性来解释麻醉药引起瞌睡的效用，自莫里哀拙劣地模仿他以来，许多人认为倾向性属性的因果非相干性具有先验确定性。对倾向性怀有敌意的人经常诉诸休谟的格言——原因和结果之间的关系必定是逻辑偶然的。但是，如果倾向性类型存在，那么尽管有休谟的格言，否认它们有因果效能也显然

64　是错的。例如,利用 O 形环在低温下的易碎性,费曼成功地解释了挑战者号太空飞船的爆炸。由于与 O 形环在发射时的现实条件下粉碎因果相干,这一易碎属性(如果存在的话)当然与该灾难因果相干。

　　一旦发现吗啡引起瞌睡或 O 形环确实在寒冷天气下破碎,那么诉诸催眠性或易碎性就不能有趣地解释这些现象,这当然是真的。实际上,它们只是重述被解释项。但这一观察远不足以确立倾向性属性没有因果效能。

　　弗兰克·杰克逊(Jackson,1996,p. 202)主张,允许倾向性作为原因是"承认一种奇怪的、本体论上奢侈的超定"。我同意杰克逊这一点:假定倾向性作为原因就是承诺倾向性类型的存在,但只应在肯定性证据的基础上做这一承诺。我接受奥卡姆剃刀:我们不应**不必要地**增加实体。然而奥卡姆剃刀是一把双刃剑:在有相反证据时,我们不应拒绝增加实体。

　　我不同意杰克逊[以及其他许多采取类似立场的人,譬如金在权(Jaegwon Kim,1997b)]的下述看法:在评判倾向性类型是否存在时,一个因素是避免超定。超定究竟有什么错? 我们都同意,一旦超定涉及某种**未经解释**的巧合,我们就有充分的理由怀疑它。并非两个或更多充分原因会(因没有什么可解释的理由)收敛于完全同样的结果。但是,在认可潜在物理属性和倾向性自身都作为原因时所涉及的超定,并不涉及任何未经解释的巧合。倾向性的物理基础和倾向性自身之间的关系非常好理解:存在概括的事例和该概括本身之间的逻辑关系。例如,令 ϕ 是给予吗啡催眠效力的化学特性,ψ 表征睡眠状态。吗啡样本的相干倾向性状态是合取式 $\phi \& (\phi \vdash \psi)$。特定化学属性和模态属性的合取存在,我认为这是理所当然的。催眠的相应倾向性类型是:

$$\exists Y(Y \& (Y \vdash \psi))$$

　　吗啡样本既支持特定的倾向性状态又支持一般的倾向性类型,这一事实并非巧合。假设邦佐是一只关在笼子里的黑猩猩,**邦佐**在笼子里并且**一只黑猩猩**在笼子里这两者都为真,这一事实中没有什么纯粹的巧合。

仅在满足下述两个条件之一时,超定才有点棘手:两个原因不相交且是没被因果关联起来的殊型,或者两个原因是同一殊型之未被关联起来的两个类型。譬如,如果受害人是被同时射出的六发子弹杀害的,那么就有一个巧合需要解释。或者说,如果电荷和电子的旋转都未被关联,并且它们都因果充分地产生某特定量子结果,那么该结果的超定就是令人惊奇的巧合。但在目前情况下,这两个例子都不合适。挑战者号 O 形环的化学成分和这些 O 形环的易碎性,既不是分离的、未被关联起来的情境-殊型,也不是同一殊型之未被关联起来的类型。因此,这两个事实对挑战者号灾难的任何超定性根本没有任何损害。

在第 12 和 16 章,我将论证我们有充分的理由假定,存在作为实在情境-类型的生物倾向和心理倾向。

4.9　逐一因果

在日常语言中,尽管有时两个事件在时间上交叉,因而原因的某些部分因果晚于结果的某些部分,但我们还是把一个事件描述为引起另外一个事件。大卫·刘易斯(Lewis,1986b,pp. 172 - 173)把因果的这个涵义描述为"逐一因果"。用部分学来定义逐一因果很简单:殊型 s 逐一引发 s',当且仅当,s' 的每个部分都由 s 的某个部分所引发。在这个意义上,我们可以说越南战争引发了 20 世纪 60 年代校园的动荡不安,尽管该战争持续的时间比动荡长:动荡的每个部分都由战争的某个部分引发。

4.10 本理论的合意特征

在此,我想回顾第 1 节提到的需考虑项,并检查到目前为止,所提出的理论是否满足这些目标。

4.10.1 传递性、非对称性和真实性

殊型因果是用直接因果的传递性闭合定义的,因此,在某个层面上,传递性问题不足道,我们所给的解释也没多大启发价值。

但是,根据决定论观念,有一种模态属性是因果关联的特征,这就是必然性。因此,有趣的问题是:假如直接因果关联涉及必然性,是否可以得出间接因果关联同样涉及必然性呢?

当然,对这一问题的回答显然是"是的",因为必然关系自身是传递的。

至于非对称性,必须承认,尽管因果关系确实是非对称的,但这是通过将因果在先关系的出现作为本质要素而特设性地得到的,而因果在先关系又被假定为偏序关系。下一章提出的非决定论的因果定义包括因果在先的定义,这一因果在先定义对驱除特设性有用。

因果关系在两方面都是真实的。对于原因,这种真实性是通过假定获得的,但对于结果,它是必然属性的一个自然的副产品。被一个现实情境必然化的东西其自身必定是现实的。

4.10.2 从因果部分学到拓扑学

我希望能用因果术语定义某些基本的时间和空间关系。我认为因果自身给出了时间的维度和方向:如果 s 因果先于 s',s 在 s' 之前。要使这一条件既充分又必要,必须引入反事实条件句(在下一节会这样做)。殊型 s 在殊型 s' 之前,当且仅当,对处于 s 中的某实体 a 和某个关

于 a 的条件 ϕ 来说,要是 a 具备了条件 ϕ, s' 本来是可以被阻止的(结果世界不包含 s' 作为部分)。

可以定义情境之间的类时和类空分离:两个情境是类时分离的,当且仅当一个在另外一个之前。如果两个情境不交叉,且一个情境没有部分与另一个的任何部分类时地分离,那么该分离是类空分离。

根据因果属性和部分学属性,可以用因果关系定义某些基本拓扑属性。说两个情境 s_1 和 s_2 **协同**,当且仅当,存在第三个情境 s_3,它由 s_1 和 s_2 的部分学和引发,但 s_3 没有哪个部分由 s_1 或 s_2 引发。如果假定仅当两个情境交叉或者相邻,它们才协同,那么可以用协同和不交叉定义相邻。一旦有了相邻的定义,就可以定义连续性和紧致性。

定义 4.10(协同)　$Coo(s_1, s_2) \Leftrightarrow \exists s_3 (s_1 \sqcup s_2 \rhd s_3 \ \& \ \neg \exists s_4 \sqsubseteq s_3 (s_1 \rhd s_4 \lor s_2 \rhd s_4))$

定义 4.11(相切)　$Ctg(s_1, s_2) \Leftrightarrow \neg s_1 \bigcirc s_2 \ \& \ Coo(s_1, s_2)$

用相切和部分学关系,可以通常方式定义内在化和闭合等拓扑运算及封闭和开放等属性。具体参见克拉克(Clarke,1981)、克拉克(Clarke,1985)、哥特斯等(Gotts,1996)以及阿舍和维厄(Asher and Vieu,1995)的著作。

以这种方式展开的定性的或素朴的时间和空间有两个必然后承:没有时间上的后向因果,也没有超空间距离的同时作用,因为素朴的时间方向正是因果的方向,且素朴距离是由大量的中间因果步骤决定的。但是,当我们从定性时空转向量化时空,从素朴测时法转向理论测时法和几何学时,这些必然性不再无例外地成立。正如格雷格·罗森伯格(Gregg Rosenberg)近来(在其印第安纳大学学位论文中)所主张的,构造时空的度量标准面临两个限制:匹配素朴的定性时空结构(与它和因果的直接对应一起),以及具有数学简单性。在某些情况下,要求更大的数学简单性,会迫使我们接受时空和因果之间某种程度的不匹配。于是,我们至多可以先验地说,时间上的后向因果和超距作用必定是例外而非规律。

67

量子力学指明了时空和因果之间不一致的另一根源。完美(或者非常接近完美)地符合在宏观层次上成立的因果关系的度量时空,对匹配在微观领域中成立的因果关系的结构可能没多大帮助。于是,只要我们坚持把微观事件置于用心智中的宏观事件所构造的时空之中,后向因果(Cramer,1986)和超距作用在微观领域就会普遍得多。

4. 10. 3　反事实条件句和时空

一种沿罗布(Robb,1914)路线的相对主义时空因果理论依赖世界路线概念,即光信号会选择的通道,要是在给定邻域里存在这样一个信号发射的话。因此,为了着手这一路线的研究,我们需要反事实条件句理论。本节我将勾勒一种标准反事实条件句的语义学,这种反事实条件句的前件既确定了情境-殊型又确定了情境-类型,后件则属于某情境-类型。与弗兰克·杰克逊(Frank Jackson,1987)的语义理论一样,我对反事实条件句的说明明确地使用了因果在先概念。

直觉上,前件$(s:\phi)$要我们考虑这样一些世界:在这些世界中,殊型s被类型ϕ的一个最小殊型替换(如果必要的话),但不改变不因果晚于s的那些殊型。作为预备知识,需要定义属性"类型ϕ的一个最小殊型"以及"不晚于"关系。

定义 4. 12(最小殊型)　$s \models_{min} \phi =_{def} (s \models \phi) \& \forall x((x \models \phi) \& (x \sqsubseteq s) \to x = s)$

定义 4. 13(不晚于)　$(s \succ s') =_{def} \neg \exists s''(s'' \sqsubseteq s' \& s'' \prec s)$

定义 4. 14(反事实条件句)

$$((s:\phi) \Box\!\!\to \psi) =_{def} \exists x \exists y(Ax \& \neg(x \models \neg\phi)$$
$$\& y \models_{min} \phi) \& (x \succ s) \& (y \succ s) \&$$
$$\Box((Ax \& Ay) \to \exists z((x \sqcup y) \prec z \& (z \models \psi)))$$

给定这样的反事实条件句,我们可以用假想的光信号或假想的标准测量刚性棒来确定距离。

4.10.4　模态部分性

68

　　多亏有附录 A 中展开的部分性模态逻辑,我在本章提出的对因果的说明虑及模态事实(包括律则性事实和数学事实)的因果效用。对它们所支持的模态类型,情境可以是部分的,而殊型所支持的模态类型则直接有利于该殊型的因果关系。殊型 s 导致殊型 s',仅当 s 自身支持模态事实 $s \vdash s'$,即仅当 s 支持 $\Box(As \to As')$。这意味着,根据我的定义,模态事实可以进入因果解释。在第 7 章,我会更详细地证明理论的这一特性。

4.10.5　目的论功能概括

　　尽管自柏拉图时代以来,目的论解释和功能解释得到了大量讨论,但对目的论定律的逻辑形式问题讨论得相当少。我猜想目的论定律是由某种连接三个类或变量事实或类型的断言构成的:ϕ 具有使 ψ 属于种或自然类 υ 的功能。正如经常注意到的,目的论解释看来颠倒了正常的因果次序:ψ 是 ϕ 属于 υ 的终极原因,即便 ϕ(在一般意义上)因果先于 ψ。这往往看起来是悖论性的,但一旦目的论断言的逻辑形式被看作涉及高阶因果定律的断言,悖论印象就消失了。说 ψ 是 ϕ 属于 υ 的终极原因,就是断言如下事实:存在一个高阶因果定律,其前件包含某物是 υ 的一个事例,并且存在一个连接 ϕ 和 ψ 的因果定律,其后件是 ϕ 自身。更形式化地考察该问题,可以区分两种目的论概括:(在类型 υ 出现时)功能性属性是其功能的因果必要条件的概括,以及功能性属性是其功能的因果充分条件的概括。

$$T_{Nec}(\phi,\psi,\upsilon) \Leftrightarrow ([\upsilon \,\&\, ((\upsilon \,\&\, \neg\phi) \vdash \neg\psi)] \vdash \phi)$$

$$T_{Suf}(\phi,\psi,\upsilon) \Leftrightarrow ([\upsilon \,\&\, ((\upsilon \,\&\, \phi) \vdash \psi)] \vdash \phi)$$

　　这两种目的论概括表征两种极端情形。在随后两章,我将给出一些容纳客观概率关系而非严格必然关系的因果模型。

目的论解释看起来是悖论性的，因为尽管 ϕ 因果先于 ψ，但 ψ 出现在因果定律的前件而 ϕ 出现在后件。实际上，这并非不符合语义规则，因为 ψ 并不是凭借自身出现在前件中，相反，它是作为一个因果条件句的部分而出现的。尽管 ϕ 因果先于 ψ，但它并不因果先于 $(\upsilon \,\&\, \neg\phi) \models \neg\psi$。

考察一个目的论关联的具体例子。假设我们断言知更鸟尾巴的功能是保持空中平衡。令 ϕ 是属性"有尾巴"，ψ 是属性"保持空中平衡"，υ 表示属性"是知更鸟"。目的论断言由下述断言构成：存在一个高阶因果定律，根据该定律，某物是知更鸟且有尾巴是保持空中平衡的一个因果必要条件，并且这一联合事实是该物有尾巴的一个原因。这样的高阶因果定律没什么神秘的，它是达尔文自然选择理论的推论。最好不要把达尔文主义解读为自然界中没有终极原因这一论点，而应解读为这样一个假说——自然界的所有终极原因最终可用再生优势解释。假设保持空中平衡是知更鸟的一个适应性特性，且（在知更鸟例子中）有尾巴确实是保持空中平衡的因果必要条件，那么尾巴和空中平衡之间的这种因果关联，是对现实的知更鸟之有尾巴的解释的部分：要是它们的祖先没有尾巴，知更鸟本来不会成功地再生产。

在第 7 章我会再讨论这一问题，并将在第 12 章详细展开目的论功能理论。

4.10.6 与非决定论的相容性

这项工作尚未完成，在后面两章我会继续讨论这一问题。

4.11 理论应用举例

为了表明这一说明能做什么和不能做什么，我将勾画它在四个简单因果装置例子中的应用：有限自动机、（根据精选的微观经济模型）确定市场供求关系、图灵机和一维弹球。

4.11.1 有限自动机

有限自动机理论的基本类型包括：内部状态类型的有限集、输入类型的有限集和输出类型的有限集。假定这三个集合没有交集。令 R 是自动机所有可能的运行-类型的集合，也就是说，R 由输入-输出-内部状态类型三元组的有限序列或 ω 序列组成。我们可以递归定义可能的殊型的表征集。首先，我将递归地定义可能的殊型-前件的集合 Ant 如下：

- $\langle \varnothing, i, t \rangle \in Ant$，如果 $\langle i, t \rangle$ 表征 R 中某次运行的可能的初始输入和内部状态。

- $\langle \alpha, i, t, o \rangle \in Ant$，如果 $\alpha \in Ant$，并且有一次运行 $r \in R$ 在最初的 n 段，其输入和内部状态与 α 一致（在此，n 是 α 的递归深度，i 和 t 是 r 在第 $n+1$ 段的输入和内部状态）。

原子情境-殊型被定义为具有形式 $\langle \alpha, i \rangle$、$\langle \alpha, i, t \rangle$ 或者 $\langle \alpha, i, t, o \rangle$ 的一个元组，在此，i、t、o 分别表示输入类型、内部状态类型和输出类型，且 $\langle \alpha, i, t, o \rangle \in Ant$。第一种原子殊型表征其唯一类型具有输入多样性的殊型，第二种表征其唯一类型具有内部状态多样性的殊型，第三种表征其唯一类型具有输出多样性的殊型。殊型集 Tok 可以界定为包含原子的所有融贯集的部分学和。在此，一个原子集是融贯的，仅当其所有元素在它们的类型序列中都与某次运行 $r \in R$ 一致。这一构造完全决定了对 $\sqsubseteq$ 的解释。

剩下唯一需要定义的是因果在先关系 $\prec$。我将先定义仅适合原子殊型的因果在先关系。如果 s 是 α 的子序列，且 $s' = \langle \alpha, i, t \rangle$，那么 $s \prec s'$。（内部-状态殊型因果晚于所有在先的输入殊型和内部状态殊型。）另外，

$$\langle \alpha, i \rangle \prec \langle \alpha, i, t \rangle \prec \langle \alpha, i, t, o \rangle$$

最后,我认为目前所定义的因果在先关系是传递闭合的。对于复合殊型,如果 $s = \hat{x}\, x \in A$,那么原子殊型 s' 因果先于 s,当且仅当,s' 先于 A 的某个原子元素,且 $s' \notin A$。复合殊型 s 先于 s',当且仅当,它的所有原子部分都先于 s'。

原子输入殊型不是外因引发的,且不晚于任何事物。输出殊型是因果迟钝的(不先于任何事物),且晚于同时发生的输入殊型和状态殊型,以及所有先前的输入殊型和状态殊型。状态殊型先于同一时刻的输出殊型,晚于同一时刻的输入殊型,且晚于所有先前的输出殊型和状态殊型。

某次运行的初始内部状态殊型不是被引发的。随后的每个内部状态殊型都是由其紧前的状态殊型和输入殊型之和引发的。每个输出殊型都由其同一时刻的输入殊型和状态殊型之和引发。

在某种意义上,这一装置不是决定论的,因为每个阶段的输入殊型都超越该系统而根本不是被引发的。但我不认为这是"非决定论"的一个非常有趣的含义。仅在它们因果地影响某次运行中的一个内在状态殊型时,输入殊型才有时间位置。我们可以设想,输入殊型都处于"永恒"之中,与该机器的时间-序列只有一种外部关系。或者,我们可以设想,在每次运行中,输入殊型都固定在刚启动时的猛然下沉中并持续悬浮到合适阶段。每个被引发的殊型(以及每个因果可解释的殊型-类型对偶),都存在一个严格充分的因果在先条件,正是这一点使得有限自动机是决定论的。

4.11.2 供求关系

第二个例子是在经典微观经济学模型中,供求关系决定市场的价格与数量。在这一案例中,有一个情境类型的无限汇集,它由需求-情境类型、供给-情境类型和市场结算类型的集合构成。每个需求、供给或市场情境类型具有下述形式之一:(1) 在价格 x 时,货物的需求/供给/交换量至少是 y;(2) 在价格 x 时,货物的需求/供给/交换量至多

是 y。一个需求类型集是融贯的，仅当它对需求的所有制约都能被某个单调递减的需求曲线满足，需求量从 0 到 ∞ 但不包含 0。类似地，如果一个供给类型集能被一个单调递增的供给曲线满足，那么该供给类型集是融贯的。

供给殊型与需求殊型都是外源性的：这两者没有一个晚于另外一个。因此，我们可以简单地把供给殊型和需求殊型等同于相应类型。市场殊型不先于任何事物，并且每个市场殊型都晚于一组供给殊型与需求殊型。我们可以定义原子市场殊型的集合如下：

　　• 如果 m 是一个具有形式"货物以价格 x 的交换量至少是 y"的市场类型，A 是一个具有形式"货物以价格 x 的需求量至少是 z"的需求类型集，B 是一个具有形式"货物以价格 x 的供给量至少是 z"的供给殊型集，对某个 $z \geqslant y$，那么 $\langle m, A, B \rangle$ 是一个原子市场殊型。

　　• 如果 m 是一个具有形式"货物以价格 x 的交换量至多是 y"的市场类型，A 是一个具有形式"货物以价格 x 的需求量至多是 z"的需求类型集，B 是一个具有形式"货物以价格 x 的供给量至多是 z"的供给殊型集，对某个 $z \leqslant y$，那么，$\langle m, A, B \rangle$ 是一个原子市场殊型。

我们可以再次令殊型集是所有融贯的原子殊型集之和。

一个原子市场殊型 $\langle m, A, B \rangle$ 因果先于一个原子需求殊型 d，当且仅当 $d \in A$；它因果晚于一个原子供给殊型 s，当且仅当 $s \in B$。用前一例子中的同样方式，因果在先关系可以扩展到所有殊型的集合。

每个市场殊型都由某个殊型引发，该殊型以供给殊型和需求殊型作为部分，这一点容易检验。另外，每个市场殊型的每个类型都能由其原因的类型因果地解释。

微观经济模型阐明了这样一个事实——有的制约不是因果制约。例如，如果世界包含类型"以价格 x 至少有 y 需求量"的一个需求殊型,那么对每个 δ,必定有一个 ε,该世界包含类型"以价格 $x+\delta$ 至少有 $y+\varepsilon$ 需求量"的一个需求殊型。然而,第一个需求殊型并不引发第二个需求殊型,也不存在对第二个需求殊型的类型的因果解释。

4.11.3　图灵机

在标准图灵机案例中,正好有两个磁带-方格类型 0 和 1。机器的磁头有两种类型——内部状态和位置。必定有一个内部状态类型的有限集,并且位置类型具有整数结构:$\cdots-2,-1,0,1,2\cdots$。可以把原子殊型等同于,(简单的)原子类型加上一根指向该类型一个事例的可能的类型-传递链条。我将递归定义原子磁头-状态殊型的集合 H。

- $\langle\phi,i,t,l,o\rangle\in H$,在此 $\langle i,t,l,o\rangle$ 表征机器某可能初始状态的输入类型、内部状态类型、位置类型和输出类型。
- 如果 $\alpha\in H$,那么若 $\langle i,t,l,o\rangle$ 表征 α 的最后状态的一个可能的后继状态,则 $\langle\alpha,i,t,l,o\rangle\in H$。

初始磁带-方格殊型可以等同于三元组 $\langle\phi,j,n\rangle$,在此 $j\in\{0,1\}$,n 是整数(表征方格的位置)。非初始的磁带-方格殊型等同于三元组 $\langle\alpha,j,n\rangle$,在此,α 的最后片段是关于某个 β、i 和 t 的 $\langle\beta,i,t,n,j\rangle$。

如果一个原子殊型集与机器的某次可能运行相容,那么该殊型集是融贯的。

所有初始殊型,包括磁头和每个磁带-方格的初始殊型,都是外源性的(不晚于任何事物)。殊型上的因果在先关系可沿用前述例子的模式以通常方式来定义。

机器的磁头经历了一个可以等同于时钟时间的状态-殊型序列。没有理由假定磁带-方格经历了一个同步的连续过程。在最简单模型中,磁带方格可以被设想为时间隧道,因此,当磁头第一次抵达某个方格时,它受到该方格初始状态-殊型的影响,并且当磁头在 m 个时间单元后返回该方格时,它和它在最近一次造访此处所产生的那个状态-殊型相互作用。

我们可以用非常直观的方式为因果关系建模。然而,在面对因果解释时,本章所采用的决定论因果概念会产生我称为"解释膨胀"的现象。

例如,假设在磁头运动的某个阶段 a,方格 n 被写上值 j,并假设磁头在阶段 $a+m$ 第一次返回 n。方格 n 在阶段 a 的值是 j 这一事实解释磁头在阶段 $a+m$ 的输入值吗?不考虑磁头的状态或其他磁带方格,仅当磁头在少于 m 个时间单元内返回方格 n 是物理上不可能的,这一事实才构成对磁头在阶段 $a+m$ 的输入值的解释。否则,对磁头在阶段 $a+m$ 的输入值的任何解释,必须包含足够多关于磁头和其他磁带方格的信息,以保证磁头在此时间段内不会回到方格 n。

缺少**恰当而可击败的**解释这样一个概念。我认为我们应该说,方格 n 在阶段 a 被写上值 j,是对磁头在阶段 $a+m$ 返回 n 时读到 j 的一个恰当而可击败的解释。仅当磁头在中间时段现实地返回到方格 n,关于其他磁带方格的信息才是相干的。

4.11.4　一维弹球

在下述案例中,(一个二维)平面的一维跑道上有两个弹性圆盘。假定没有摩擦力、重力或其他力的牛顿力学。每个圆盘直径都无穷小,质量为一个单位。有两种情境类型——速度和位置。每个类型可以取任何实数(正或者负)为值。

唯一的可能事件(除了圆盘滚动未被打断之外)是碰撞事件,且至多能发生一次,因为碰撞之后,两个圆盘间的距离会一直增加。

圆盘-状态殊型可分为四类:初始状态殊型、撞前状态殊型、碰撞殊型和撞后状态殊型。初始殊型可以等同于序偶 $\langle p,v\rangle$,在此 p 和 v 是分别表示位置和速度的实数。

有两种碰撞:迎面碰撞和追尾碰撞。如果圆盘的初始状态是 $\langle p_1, v_1\rangle$ 和 $\langle p_2,v_2\rangle$,那么,若 $(v_1-v_2)(p_2-p_1)>0$,则会发生一次碰撞。

如果 $v_1 \cdot v_2$ 的值是负数,那么是迎面碰撞。如果 $v_1 \cdot v_2$ 的值是正数,那么是追尾碰撞。(如果 v_1 或者 v_2 为 0,那么碰撞是与一个静止圆盘发生的,把它看作是既是迎面碰撞又是追尾碰撞。)

一次碰撞可以表达为一个元组 (p_1, v_1, p_2, v_2),在此 (p_1, v_1) 和 (p_2, v_2) 是初始-状态殊型,且 $(v_1 - v_2)(p_2 - p_1) > 0$。

如果是迎面碰撞,那么它发生在位置 $\dfrac{p_1 \cdot v_2 + p_2 \cdot v_2}{v_1 + v_2}$。如果是追尾碰撞,则发生在位置 $\dfrac{p_1 \cdot v_2 - p_2 \cdot v_2}{v_2 - v_1}$。碰撞之后,第一个圆盘的速度是 v_2,第二个圆盘的速度是 v_1。

碰前的殊型状态可以表示为五元组 $\langle p_1, v_1, p_2, v_2, p_3 \rangle$,在此,

- $\langle p_1, v_1 \rangle$ 和 $\langle p_2, v_2 \rangle$ 是初始状态殊型,

- $p_3 > p_1$,当且仅当 $v_1 - v_2$ 是正数,$p_3 < p_1$,当且仅当 $v_1 - v_2$ 是负数,并且

- $p_3 < \dfrac{p_1 \cdot v_2 + p_2 \cdot v_2}{v_1 + v_2}$,如果最后的碰撞是迎面碰撞且 $v_1 - v_2$ 是正数,并且

- $p_3 > \dfrac{p_1 \cdot v_2 + p_2 \cdot v_2}{v_1 + v_2}$,如果最后的碰撞是迎面碰撞且 $v_1 - v_2$ 是负数。

- $p_3 < \dfrac{p_1 \cdot v_2 - p_2 \cdot v_2}{v_2 - v_1}$,如果最后的碰撞是追尾碰撞且 $v_1 - v_2$ 是正数,并且

- $p_3 > \dfrac{p_1 \cdot v_2 - p_2 \cdot v_2}{v_2 - v_1}$,如果最后的碰撞是追尾碰撞且 $v_1 - v_2$ 是负数。

迎面碰撞之后的殊型可以用六元组 $\langle p_1, v_1, p_2, v_2, p_3, v_3 \rangle$ 表示,在此,$\langle p_1, v_1, p_2, v_2 \rangle$ 是迎面碰撞殊型,$v_3 = v_1$ 或者 $v_3 = v_2$。并且,如果 v_3 与另一个速度之差是正数,则 $p_3 > \dfrac{p_1 \cdot v_2 + p_2 \cdot v_2}{v_1 + v_2}$;如果 v_3 与另一

个速度之差是负数,则 $p_3 < \dfrac{p_1 \cdot v_2 + p_2 \cdot v_2}{v_1 + v_2}$。

追尾碰撞之后的殊型可以用六元组 $\langle p_1, v_1, p_2, v_2, p_3, v_3 \rangle$ 表示,在此,$\langle p_1, v_1, p_2, v_2 \rangle$ 是追尾碰撞殊型,$v_3 = v_1$ 或者 $v_3 = v_2$,并且,如果 v_3 与另一个速度之差是正数,则 $p_3 > \dfrac{p_1 \cdot v_2 - p_2 \cdot v_2}{v_2 - v_1}$;如果 v_3 与另一个速度之差是负数,则 $p_3 < \dfrac{p_1 \cdot v_2 - p_2 \cdot v_2}{v_2 - v_1}$。

每个状态殊型有两个原子殊型作为真部分:一个对应圆盘的位置,另一个对应速度。如果 s 是一个状态殊型,那么可以用 $\langle s, V \rangle$ 和 $\langle s, P \rangle$ 表征这两个原子部分。

一个原子殊型集是融贯的,当且仅当,组成原子殊型的每个状态殊型都符合一个物理上可能的圆盘-轨道对偶。殊型集由所有融贯的原子殊型集之和构成。

因果在先关系可以定义如下:

- 初始状态殊型不晚于任何事物。
- 碰前状态殊型晚于两个作为组分的初始状态殊型,且不晚于任何其他事物。
- 碰撞状态殊型晚于两个作为组分的初始状态殊型,且不晚于任何其他事物。
- 碰后状态殊型晚于作为组分的碰撞状态殊型,并且根据传递性闭合,晚于作为这些碰撞状态殊型之组分的初始状态殊型。

我认为我们不该说,一个碰前殊型晚于任何更早的碰前殊型,也不该说一个碰后殊型晚于任何更早的碰后殊型。需要有因果效用的殊型只有初始状态殊型和碰撞殊型。如果说一个碰前殊型晚于所有更早的碰前殊型,那么因果在先关系在这个模型中就不是良基的,因为实数上的<不是良基的。

在只有两个圆盘的简单装置中,根本不需要碰撞殊型,因为通过对比这两个圆盘的位置和速度与作为组分的初始状态殊型的位置和速度,可以区分开碰前殊型和碰后殊型。但在更复杂的装置中,有可能出现多次碰撞和多次方向反转,于是,碰撞殊型对因果结构的正确表征就很关键。

在这个例子中,我们可以把因果和解释这两者的膨胀,看作决定论因果概念的一个结果,而不考虑这样一个事实——上述例子中的那个装置是完全决定论的。譬如,任何碰前殊型的原因必定包含两个圆盘的初始状态,因为状态已经确定的圆盘的初始状态本身并不是达至正在讨论的碰前状态的充分条件。我们必须加上这样一个事实——另外一个圆盘离得相当远,并且慢得足以避免中间发生碰撞或朝相反的方向运动。但这一事实与下述直觉上正确的东西相冲突:另一个圆盘的初始状态没有与第一个圆盘的碰前状态因果关联起来。

类似地,根据决定论的因果解释概念,一个圆盘的碰前状态的任何因果解释,必须包括关于另外一个圆盘初始状态的足够信息,以确保碰撞事实上还没有发生。

如果我们考察一个圆盘数量不确定的装置,这种膨胀变得更糟。为了支持决定论概念下的因果关联网络,我们必须给初始情境中没有圆盘在其上的实数轴的每个位置,都添加一个否定的初始状态殊型。这个不可数的殊型总体是每个非初始殊型的原因的部分,并且在每个因果解释中都会涉及,因为不能保证没有圆盘被忽略,并且没有哪个关于任意一组圆盘的条件是任一随后状态的严格充分条件。

4.12　第3章公理的证明

既然有良好定义的语言、语义理论和逻辑,以及一系列用该语言定义的各种因果关系,我们现在可以回到第3章所提出的那些直觉上合理的因果公理,看看根据给定的逻辑和定义,它们是否有效。

下列是第 3 章中的一些公理:

公理 3.1 $p \sqsubseteq q \leftrightarrow \forall r(r \bigcirc p \rightarrow r \bigcirc q)$

公理 3.2 $\exists p\ \phi(p) \rightarrow \exists q \forall r(r \bigcirc q \leftrightarrow \exists_u(\phi(u)\ \&\ u \bigcirc r))$

公理 3.3 $p = q \leftrightarrow (p \sqsubseteq q\ \&\ q \sqsubseteq p)$

公理 3.4(因果的非自返性) $a \rhd b \rightarrow \neg(b \sqsubseteq a)$

公理 3.5(部分关系的右闭合) $a \rhd b\ \&\ c \sqsubseteq b \rightarrow a \rhd c$

公理 3.6(传递性) $a \rhd b\ \&\ b \rhd c \rightarrow a \rhd c$

前三个公理是熟知的部分学公理。由于标准模型用饱和公式集之间的子集关系来阐释 $\sqsubseteq$,证明这三个公理确实逻辑有效就很容易了。[①]

由于我们在四值逻辑下工作,且因果关系 $\rhd$ 并非在每个情境中都是二值的,我们必须用下述相应推理规则取代后面的三个公理:

因果的非自返性:$a \rhd b \vdash \neg(b \sqsubseteq a)$

部分运算下的右闭合:$a \rhd b\ \&\ c \sqsubseteq b \vdash a \rhd c$

传递性:$a \rhd b\ \&\ b \rhd c \vdash a \rhd c$

因果的非自返性,是 $a \rhd b$ 蕴涵 $a \prec b$ 这一事实和因果在先关系 $\prec$ 是非自返的这一假定的直接后承。在下一章,我将把 $\prec$ 界定为非对称的必然性。显然,这也是非自返的。

部分运算下的右闭合规则显然有效,因为一旦一个殊型制约另一个殊型的现实性,它总是制约它所有部分的现实性。

最后,由因果在先关系 $\prec$ 的传递性加上必然关系显而易见的传递性,可以推出因果具有传递性。

---

① 公理 3.2 的情形有点复杂:严格来说,仅当开公式 ϕ 被构造成在每个情境中都是二价的,它才是逻辑有效的。但这一限制不影响我们对公理 3.2 的使用。

5

一个非决定论模型

5.1　超越决定论

在前面一章,我们碰到许多不满意殊型-因果和因果解释中的决定论因果概念的理由。其中最重要的是,理想的因果定义不应使因果在一个完全非决定论的世界中不可能。众所周知,现实世界彻头彻尾地是非决定论的,但我们仍然可以合理地确信因果在我们的世界中是实实在在的。

决定论的殊型-因果概念有两个更具体的问题。

1. 模态不可分问题。 如果原因必然产生其结果,结果必然有其原因,那么,原因和其结果居于完全同样的世界。假定一个情境的现实原因对其同一性是必不可少的,这似乎是非常合理的:如果其原因不同,那么就不会是原来那个殊型。同时,假定两个模态不可分的情境同一似乎也是合理的。当把这两个假设与决定论的殊型因果概念结合在一起,我们就被迫陷入原因与结果同一这一荒谬境地。

2. 因果关联的过度类化。 如上章所见,只要完全静止的情境填满本来由扰动情境填充的时间和空间,决定论的殊型-

因果概念就会使它们有因果效用。简言之,决定论的殊型-因
果概念不能区分开静止与运动。

殊型-因果的非决定论说明和决定论的因果解释概念难以融合。
我们可以有因果案例而没有因果解释,这至少有点奇怪。还有另外两
个理由不满意决定论的因果解释概念:

　　1. **充分条件的不可表达和不可通达**。即便类型决定论
是真的,作为某个非不足道待解释项之现实充分条件的那些
类型,也可能在人类语言或思维中不可表达。这些类型可能
无穷复杂。另外,这些充分条件可能太强,观察或测量是达不
到的。譬如,要求绝对精确。这些问题都不构成在定义因果
解释时利用充分条件的不可克服的反对意见,但如果有可能
不利用充分条件就可以定义因果解释的话,这些问题确实使
之更可取。

　　2. **因果解释膨胀**。在殊型因果情况下,决定论的因果解
释概念使高度可几的否定性条件——譬如某种 UFO 能动机
制的不出现,成为一般偶然事件之因果解释的必不可少的部
分。决定论概念不能区分有利倾向的出现和不利倾向的不
出现。

5.2　非决定论说明之难点

在决定论概念下,因果理论需考虑的几个项容易满足,但放弃结果
的严格必然性假定后,这几个项就难以满足得多。首先,因果理论应该
自然而然地放弃以下三个纯形式属性:

- 殊型因果的真实性和因果解释
- 殊型因果的传递性

- 因果解释之传递性闭合（没有解释性循环）的非自返性
与非对称性

在决定论说明中，前两者可以直接从严格必然性的真实性和传递性导出。在给出非决定论说明时，我们必须找到一种模态关系或统计关系，它支持没有必然性的真实性和传递性。另外，非决定论说明要能不付代价地放弃非自返性当然更好。

以前，有两种情况给因果的概率理论造成严重问题：

- 原因与其结果负统计相干
- 因果取代

79   第一种情况证明，正统计显著性不是因果关联的必要条件。例如，某特定形式的手术会增加存活的机会，然而在某些特定情况下，这种手术会夺人性命。第二种情况证明，正统计显著性不是因果关联的充分条件。例如，如果某个与之竞争的原因插进来打断了潜在原因和其结果之间的因果关联，一个事件可以提高某个后续事件的概率而不实际地引发它。

最后，因果有一个值得证明的实质属性：马尔可夫统计独立性。如果每个结果在其某个原因的基础上，统计独立于任何隔断该原因和结果的东西，则该因果结构有此属性。在考虑命题或"事件"时（在统计学意义上），难以激发和确信这一属性。但是，前面几章展开的本体论资源足以应付这一任务。

5.3   如果不诉诸决定论，那么诉诸什么？

一旦我们抛弃决定论，最自然的就是诉诸概率。我们可以要求，一个原因提高其结果的概率至超过某固定临界值（譬如 90%）。我们可以要求，一个原因把其结果的概率从无限小提高到某个有限的概率。

或者,我们可以仅要求原因提高其结果的概率。

所有这样的概率性关系都受**非单调性**的困扰。这就是说,情境 s 会提高情境 s' 的概率,但更大的情境 $s \sqcup s''$ 可以降低 s' 的概率。同样,类型 ϕ 可以提高下一个事件属于类型 ψ 的概率,但更强的类型 $\phi \, \& \, \chi$ 可以降低该概率。这种非单调性有损于该关系的传递性以及马尔可夫幕隔性质。

我认为,解决方案应谈**牢固地**提高结果的概率。相对于世界 w,情境 s 牢固地提高 s' 的概率,当且仅当,s 和 s 在 w 中的任何扩充都提高 s' 的概率。同样,当 ϕ 和 ϕ 与在 s 中为真的任何其他类型的合取都提高情境 ψ 将随后出现的概率时,对偶 $(s;\phi)$ 牢固地提高(相对于 w)情境 ψ 将随后出现的概率。

为贯彻这一想法,必须在模型结构中引入概率测度。我将在下一章做这项工作。但我想在本章引入概率的一个定性类似物,部分是因为它更简单些,部分是为了确立这个理论与现有的条件句逻辑成果(斯托内克尔传统和欧内斯特·亚当斯传统)之间的关系。因此,在本章我会用到附录 A 中展开的部分性条件句逻辑,在那儿,$\phi \rightarrow \psi$ 被看作表征 ψ 在条件 ϕ 下的概率,它无限地接近于 1。正如我在那儿所讨论的,这个条件句是莫罗(Morreau,1997)的**无决断条件句**的翻版。

一个带无决断条件句的情境逻辑模型 $\mathscr{M}$ 由一个 n 元组 $\langle Sit, Typ,$ $\models, \sqsubseteq, f^{\uparrow}, f^{\downarrow} \rangle$ 构成,在此: 80

- Sit 是一个非空的情境-殊型集。

- Typ 是一个非空的情境-类型集,在各逻辑联结词和模态联结词下封闭。

- $\models$ 是 $Sit \times Typ$ 上的一个二元关系。

- $\sqsubseteq$ 是 Sit 的部分的、反对称的次序关系。

- 选择函数 $f^{\uparrow}, f^{\downarrow}$ 是从 $Sit \times P(Sit)$ 到 $P(Sit)$ 的函数。

原子情境-类型的类由下述形式的类型构成:

- $\phi, \psi, \chi, \cdots$（基本原子类型）
- $\square\phi, \diamondsuit\phi$（模态类型）
- $s \sqsubseteq s', s = s'$（部分学类型）
- $s \models \phi$（分类类型）
- As（现实类型）
- $(\phi \,\square\!\!\rightarrow \psi)$（条件类型）

前五种形式与前一章展开的决定论模型中使用的那些形式相同。有两个变化:第一,添加了条件类型;第二,删掉了因果在先类型。

非决定论模型的另一个优点是,有可能根据模态和部分学属性给出因果在先的定义,而不必再把它处理为不加分析的初始项。如我在前一章所主张的,可以自然地认为殊型的因果前件对殊型必不可少。因此,我将假设殊型的现实性严格必然化其所有因果前件的现实性。在非决定论模型中,我们不再假定原因必然产生其结果。于是,有可能用**非对称必然性**定义因果在先关系:结果必然有其原因,反之不然。更准确地说,结果的每个部分必有其原因,原因不必然产生结果的任何部分。

然而,还有必要区分开因果在先关系和整体对部分的关系。假定一个殊型的现实性严格地使其所有部分的现实性成为必然。但是,正如休谟观察到的,原因和结果必定是**分离的存在**。于是,我们可以定义因果在先关系如下:

定义 5.1(因果在先关系)

$$(s \prec s') =_{def} \forall x \sqsubseteq s'[\square(Ax \rightarrow As)\ \&\ \diamondsuit(As\ \&\ \neg Ax)]\ \&$$
$$\neg\exists x(x \sqsubseteq s\ \&\ x \sqsubseteq s')$$

5.4　因果与因果解释

5.4.1　不具决定论性质的殊型层面因果

我只坚持原因是其结果的**准充分条件**。并且，我将用上一节定义的可变的严格条件句来刻画这一条件。

可以认为，殊型因果蕴涵必定（概率无限趋近于 1）随后出现的事物或可能（有限概率）随后出现的事物。我将用**紧**随而来的事物定义因果 ▷。那么，日常意义上的因果就是直接因果的传递闭合。我的说明的一个实质性优点是，同样种类的概率关系在间接因果和直接因果这两种情形中均成立。

在前一章，直接因果在先关系 $\prec_0$ 被定义为如下所述：

$(s \prec_0 s') \leftrightarrow_{df} (s \prec s')$ &

$\neg \exists x \, \neg \exists y \, \neg \exists z (x \sqsubseteq s \ \& \ y \sqsubseteq s' \ \& \ x \prec z \ \& \ z \prec y)$

现在可以定义非决定论条件下的殊型因果了。我将给出两个定义：一个使用强概率化，一个使用弱概率化。我用强概率化的意思是，结果以原因为条件的概率牢固地无限趋近于 1。我用弱概率化的意思是，结果以原因为条件的概率牢固地有限（不是无限小）。在本书的后面部分我将使用第一个定义，但我想指出，存在一个更弱的备选项，它非常适合说明我们用自然语言关于因果的某些谈论。

定义 5.2（殊型因果—强概率化）

$(s_1 \triangleright s_2) =_{def} (s_1 \prec_0 s_2)$ &

$\forall s_3 (s_1 \sqsubseteq s_3 \ \& \ s_3 \prec_0 s_2 \rightarrow (s_1 \models (As_3 \Box\!\!\rightarrow As_2)))$

定义 5.3（殊型因果—弱概率化）

$(s_1 \triangleright_w s_2) =_{def} (s_1 \prec_0 s_2)$ &

$\forall s_3 (s_1 \sqsubseteq s_3 \ \& \ s_3 \prec_0 s_2 \rightarrow (s_1 \models \neg (As_3 \Box\!\!\rightarrow \neg As_2)))$

5.4.2 重新定义因果解释

在殊型因果情形中,非决定论模型中的因果解释涉及"情况中的牢固性"这一属性。大致说来,事实$(s:\phi)$解释事实$(s':\psi)$,当且仅当,s是s'的一个殊型原因,且ϕ和ψ之间存在一个s的任何其他特性所不能推翻的因果制约关系。

如在决定论情形中一样,我从定义给定类型的最小殊型着手。

82   **定义 5.4(类型的最小殊型)**

$$(s \models_{min} \phi) =_{def} ((s \models \phi) \,\&\, \forall x(x \sqsubseteq s \,\&\, (x \models \phi) \rightarrow x = s))$$

于是,类型之间的因果制约关系可以用概率条件句$\Box\!\rightarrow$定义。ϕ和ψ之间的因果制约关系成立,当且仅当,在某给定殊型属于类型ϕ的条件下,类型ψ的一个殊型是该给定殊型的后继的条件概率无穷趋近于1。

定义 5.5(类型之间的因果制约关系)

$$(\phi \mathbin{|\!\sim} \psi) =_{def} \forall x(x \models_{min} \phi) \rightarrow$$
$$(Ax \,\Box\!\rightarrow\, \exists y(x \prec_0 y \,\&\, Ay \,\&\, (y \models \psi)))$$

最后,$(s:\phi)$和$(s':\psi)$之间的因果解释关系成立,当且仅当,s是ψ的原因,并且ϕ和ψ之间存在这样一种因果制约关系——添加先于s'的任何殊型的任何现实属性都不会取消这一关系。

定义 5.6(因果解释关系)

$$(s:\phi) \rightsquigarrow (s':\psi) =_{def} (s \vartriangleright s') \,\&\, (s \models \phi) \,\&\, (s' \models \psi)$$
$$\&\; \forall s'' \forall \chi((s \sqsubseteq s'') \,\&\, (s'' \prec_0 s') \,\&$$
$$(s'' \models \chi) \rightarrow ((\phi \,\&\, \chi) \mathbin{|\!\sim} \psi))$$

5.5   本理论的合意特性

此刻,我想回顾一下前一章所提到的需考虑项,并检查目前所展开的理论是否满足这些目标。

5.5.1　传递性与非自返性

因果有几个必须证明的形式属性。首先,需要表明,根据直接因果关联的强概率化假设,强概率化对间接因果关联也成立。其次,必须表明弱概率化假设同样如此。最后,需要证明间接因果关联是非自返的(因而是非对称的)。

可以把间接因果 $\rhd^*$ 定义为 $\rhd$ 的传递性闭合。

定理 5.1(利用间接因果的强概率化)

在 s 融贯且模态上完全的条件下,强概率化的定义衍涵:

$$\mathcal{M}, s \models (s_1 \rhd^* s_2) \Rightarrow \mathcal{M}, s \models (As_1 \Box\!\!\rightarrow As_2)$$

证明:用归纳法。基始情形显然成立。假设 $\mathcal{M}, s \models (s_1 \rhd^n s_2) \& (s_2 \rhd s_3)$。足以表明 $\mathcal{M}, s \models (As_1 \Box\!\!\rightarrow As_3)$。

根据归纳假设,$\mathcal{M}, s \models (As_1 \Box\!\!\rightarrow As_2)$。我们还知道 $\mathcal{M}, s \models (As_2 \Box\!\!\rightarrow As_3)$。给定附录 A 中展开的 $\Box\!\!\rightarrow$ 条件句逻辑,足以表明 $\mathcal{M}, s \models (As_2 \Box\!\!\rightarrow As_1)$,因为该条件句逻辑支持规则(CSO):

$$\text{CSO} (\phi \Box\!\!\rightarrow \psi) \& (\psi \Box\!\!\rightarrow \phi) \rightarrow [(\phi \Box\!\!\rightarrow \chi) \leftrightarrow (\psi \Box\!\!\rightarrow \chi)]$$

从我们关于情境的同一性条件的假定,立即推出 $\mathcal{M}, s \models (As_2 \Box\!\!\rightarrow As_1)$:因为 $s_1 \rhd s_2$,s_1 因果先于 s_2,因此 $\mathcal{M}, s \models \Box (As_2 \rightarrow As_1)$。$\Box (As_2 \rightarrow As_1)$ 逻辑衍涵 $(As_2 \Box\!\!\rightarrow As_1)$。为确保从 $(As_1 \Box\!\!\rightarrow As_2)$ 和 $\Box (As_2 \rightarrow As_1)$ 推导出 $(As_1 \Box\!\!\rightarrow As_3)$ 时可以运用经典条件句逻辑,s 必须是融贯且完全的。证毕。

定理 5.2(利用间接因果的弱概率化)

在 s 融贯且模态上完全的条件下,弱概率化定义衍涵:

$$\mathcal{M}, s \models (s_1 \rhd^* s_2) \Rightarrow \mathcal{M}, s \models (As_1 \Diamond\!\!\rightarrow As_2)$$

证明:证明过程类似于前一定理。为了确保从 $(As_1 \Diamond\!\!\rightarrow As_2)$ 和 $\Box (As_2 \rightarrow As_1)$ 推导出 $(As_1 \Diamond\!\!\rightarrow As_3)$ 时可以运用经典条件句逻辑,s 必须是融贯且完全的。

定理 5.3(因果的非自返性)

$$\mathcal{M}, s \not\models (s' \rhd^* s')$$

该定理是因果在先关系是严格的偏序关系这一事实的直接后承。

5.5.2   因果与统计悖论

概率和其他非决定论框架下的因果理论,经常在下述两种检验情形下遇到困难:原因与其结果负统计相干,以及某些事件本来会产生某结果,但被同种结果的某个其他原因取代。

负统计相干原因

第一种情形的一个简单例子是,尽管做手术会提高病人短期存活的概率,但做该手术却致病人死亡。因此,做手术这一事件会降低死亡的概率,但导致了所讨论的那次特定死亡。

令 s_1 是该手术的殊型-事件,s_2 是病人随后死亡的殊型-事件,ϕ 是所实施的手术形式的事件-类型,ψ 是死亡的事件-类型。根据假设,$Pr(\psi/\phi) < Pr(\psi/\neg\phi)$。用定性方式表达就是,假定 $(\phi \;\Box\!\!\rightarrow\; \neg\psi)$ 和 $\neg(\neg\phi \;\Box\!\!\rightarrow\; \neg\psi)$。如果用殊型表达,我们可以说,$Pr(As_2/As_1)$ 相当低,或者用定性方式表达为 $(s_1\;\Box\!\!\rightarrow\; s_4)$,在此,$s_4$ 排斥 s_2(s_4 是病人康复的一个可能的情境)。

在这样的情形中,出现了某个不寻常事件:病人的某个不寻常状况使得手术特别困难或危险,或手术某个环节上的不寻常失误或疏忽。我们把这一不寻常事件叫 s_3,称其类型为 χ。于是,我们有:

$$Pr(\psi/\phi \,\&\, \chi) > Pr(\psi/\chi)$$

$$Pr(As_2/A(s_1 \sqcup s_3)) > Pr(As_2/As_3)$$

换句话说,假如 s_3 存在,s_1 的出现确实提高死亡的概率。

在这一案例中,我们不能说 s_1 是 s_2 的完全原因,亦即我们不能断言 $(s_1 \rhd s_2)$。相反,我们可以说 s_1 和 s_3 都是 s_2 的某个完全原因的必不可少的部分。这意味着我们可以断言:在这些情况下,尽管 s_1 自身与

s_2 负统计相干，但 s_1 仍是 s_2 的 INUS 原因，即 $(s_1 \leadsto s_2)$。

取代

假设给病人进行某种药物治疗可以牢固地提高病人在 7 天内康复的概率。但在药物开始生效之前，该病人自身的免疫系统已控制住了感染。在这一案例中，药物治疗本来可以成为康复的原因，但病人自身免疫系统的取代作用阻止了它成为原因。

令 s_1 是实施药物治疗事件，ϕ 是其类型，s_2 是随后的康复，其特征类型是 ψ。假定给定 ϕ 时 ψ 的概率高，且很牢固（也就是说，不存在类型 χ 的一个现实情境 s'，使得 $Pr(\psi/\phi \& \chi)$ 低）。但这些事实并不足以得出结论 $(s_1 \rhd s_2)$。

这儿所缺少的要素是一系列连接 s_1 和 s_2 的殊型。根据假设，缺少下述联系：s_2 与一系列关于该病人免疫系统的在先情境的联系。在这些情况下，s_1 的发生与 s_2 的发生不相干。在类型 ϕ（药物治疗）情境现实地导致类型 ψ（康复）情境的情况下，缺少各种居间情境，譬如，药物的活性成分杀死细菌的情境。

在其著作《宇宙的黏合》（*The Cement of the Universe*）（Mackie，1974）中，麦凯讨论了许多取代例子。最有趣的是关于一个穿越沙漠的男人。这个人有两个死敌，一个在其储水罐中下毒，另一个刺破了这个储水罐。在这个男人有机会喝水之前，罐里的水已经流完了，于是他死于口渴。如果有的话，这两个敌人中的哪一个杀死了他呢？

这一例子说明，反事实条件句理论或者"在……情况下必要"的任何理论是不合适的，在后面这种理论当中，应在模态而非部分学意义上理解"必要"。显然，脱水（死亡的直接原因），即刺破水罐导致了那个人的死亡。然而，要是水罐没被刺破，那个人无论如何也会死，甚至死得更快。

这个例子的关键在于，如果去掉投毒事件，仍有一个牢固进程足以保证该人死亡，并且刺破水罐是该过程一个不可或缺的部分。投毒原因只不过是死亡的一个被取代的、反事实原因。

考察上例的下述变体。假设第一个敌人不是在储水罐里投毒而是把它倒空；或者假设在储水罐装水之前，第一个敌人倒空了那个男人的水源，而代之以过氧化氢。在这些情形下，我认为我们不能说刺破储水罐导致了死亡。相反，杀死那个人的正是早先已被从一系列事件中排出的水。在第二种情况下，刺破储水罐会模糊受害人没有足够的水就出发这一事实，但刺破储水罐并不导致那个男人死亡这一事态。

5.5.3   真正的超定

假设一个人因几颗子弹同时击中几个致命器官而死于行刑人之手。在该案例中，这些子弹**各自**是死亡的原因，并且合起来也是死亡的原因。每个枪伤都因果先于死亡，都是死亡的充分条件。每种情况下，射击都是枪伤这一充分条件的不可或缺部分。因此，每次射击都是死亡的一个完全原因。

这个例子表明，反事实条件句说明和"在……情况下必要"这种说明是错误的。没有哪一颗子弹在该情况中是必要的，因为那个人无论如何都会死。根据反事实理论，只有整个这一阵射击才是死亡的原因。这个错误的结论是由于混淆了部分学上的不可或缺性和模态上的必要性。

5.5.4   强势取代

在近年关于因果反事实理论的著作中，乔纳森·谢弗（Jonathan Schaffer, 2000）给出了一个关于取代概念的有趣变体：强势取代。谢弗给了这样一个例子。两个巫师同时施魔咒把一个王子变成了青蛙。巫师 A 用的巫术比巫师 B 的更有威力：一旦两道魔咒的结果相冲突，巫师 A 的魔咒总会胜出。谢弗论证在两道魔咒一样时，巫师 A 而非巫师 B 的魔咒导致了王子变青蛙。这一论证对我来说很有说服力。巫师 B 的魔咒不是被一个更早的原因取代，而是被一个强势的原因取代。

我们还可以想象非魔法的例子。一个少校和一个中士对一个归他

们指挥的士兵同时喊:"冲锋!"这两个长官的命令该士兵都想服从,但
一旦有冲突,他会服从少校而非中士的命令。而当这两个长官同时下
达同样的命令时,少校的命令强于中士的命令。

　　用本章所构造的非决定论模型,这种例子很容易处理。我们可以
假设,有一些可击败的条件句连接这两个命令和执行它们的状态。少
校下命令这一事件的出现是连接中士命令和执行该命令的条件句的一
个击败者。于是,在这种情况下,中士的命令自身不是牢固的充分条
件。为了重获可击败的结论,我们不得不加上少校的命令的内容。但
是,包含这两个命令的情境不是士兵之反应的最小原因:少校的命令自
身就是一个牢固的充分条件。因此,少校的命令是士兵的反应的一个
INUS 原因,而中士的命令则不是。

5.5.5　重探否定性因果

　　如我们在前一章所见,决定论模型导致原因的膨胀,具体说来,导
致**否定性事实**作为原因。例如,某事件的每个潜在阻止者的不出现都
可以看作该事件的一个现实原因。诉诸非决定论模型能让我们避免这
种膨胀。

　　然而,即便在非决定论模型中,仍然有一些否定性原因。差别在
于:不是潜在阻止者的每次不出现都要考虑。更准确地说,若不是因为
某次不同寻常的不出现,必定有某个现实条件会阻止结果的产生。

　　再次考察那个关于恐怖分子的例子。恐怖分子通过引起飞机驾驶
员不在其位置出现而导致空中碰撞。根据决定论模型,我们不得不考
虑任何本来可以阻止碰撞的人之不在控制塔出现。根据非决定论模
型,我们必须首先找到飞机的飞行路线和飞机的随后碰撞之间的联系
的一个现实击败者。确实有这样一个击败者:机场有空中交通控制系
统,这是一种关于机场的制度性事实。考虑到空中交通系统的存在会
导致不会发生碰撞这一愿望,因此,飞行路线不是一个牢固的充分条
件。要获得碰撞的真实的完全原因,我们必须找到这一击败者的击败

者。恐怖分子把驾驶员锁在小舱内妨碍空中交通控制系统正常运转的行动,有资格成为这一击败者的击败者。因此,驾驶员不在其岗位出现是碰撞的一个**最小**完全原因的部分。另外某个本来可以阻止碰撞发生的人不在控制塔出现,没有资格成为击败者的击败者,因而不是碰撞的 INUS 原因。

要正确地应用于**阻止**情形,我在 5.4 节给出的因果定义需做一点修正。考察下面这种情形。一个棒球被击向场地右边的栅栏。该"栅栏"事实上是一堵高而厚的混凝土围墙。在栅栏外横穿棒球飞行路线的某个位置,有一扇易碎的窗户。右边的接球手在棒球击中栅栏前接住了它。该接球手阻止棒球打破窗户了吗?如果用 5.4 节的定义,得到的答案是:接球手接住球是球没有打破窗户的准充分条件的一个必不可少的部分。因此,我们会被迫说,该接球手接住球导致窗户没被打破。这与直觉相反。

要处理这种例子,我们必须修改阻止情形下的因果定义,即潜在结果不出现(譬如窗户没被打破)时的因果定义。在这种情形中,我们必须添加新条件:在"原因"不出现时,必须存在一个条件,它本来是被阻止情境的牢固的充分条件。因为有栅栏,"窗户被打碎"没有这样一个牢固的充分条件。因此,接球手接住球不能看作窗户没打碎的原因。

更准确地说,s 是 s' 的一个完全原因,在此 s' 是一个否定性情境(或是单纯的不出现或是变化的不出现),当且仅当:

1. $s \prec_0 s'$

2. $\exists s''(s'' \prec_0 s' \ \& \ \forall s_1(s'' \sqsubseteq s_1 \ \& \ \neg(s \bigcirc s') \ \& \ s_1 \prec_0 s' \rightarrow (s'' \models (As_1 \square\!\!\rightarrow \neg As')))$

3. $\forall s_1(s \sqsubseteq s_1 \ \& \ s_1 \prec_0 s' \rightarrow (s \models (As_1 \square\!\!\rightarrow As')))$

第二个是新条件。s 是 s' 的牢固的充分条件还不够:除 s 以外,必须还有另外一个情境 s'',它是 s' 之非现实性的牢固的充分条件,即 s' 之不出现的肯定性条件或肯定性变化。

5.6　应用举例

本章伊始,我论证了决定论因果概念会产生过多的因果联系和因果解释,并且用前一章中的例子来证明这一论点,特别是图灵机和一维弹球的例子。此时,我想在非决定论模型中重新分析这些例子。

5.6.1　图灵机

在前一章中,我们看到解释的决定论模型导致解释膨胀:为了解释某个值从一个阶段持续到后一个阶段,我们不得不把关于磁头位置和其他方格的值的足够信息引入解释项中,以确保磁头在中间时段不会回到所讨论的方格。用非决定论的因果概念,我们可以避免这一结果。

例如,我们对图灵机的全部运行施一个超实数值的概率函数如下:

- 如果磁头从不两次回到同一方格,则赋予该次运行一个有限概率。

- 如果磁头回到某方格一次,但没有哪个方格超过一次,则赋予该次运行一个无限小的概率值 ε。

- 如果磁头回到某方格 i 次,但没有哪个方格超过 n 次,则赋予该次运行概率值 ε^i 的序。

假设磁头在 a 段 i 次光顾方格 n,并且其在 a 段的值是 j。基于磁头过去经过方格 n 的历史记录,磁头会第 $i+1$ 次返回方格 n 的概率无限小。于是,对任何 m,给定其在 a 段的值是 j,方格 n 在 $a+m$ 段的值也是 j 的概率无限趋近于 1。因此,在磁头在 a 和 $a+m$ 之间的时间段内确实没回到方格 n 的情况下,仅用方格在 a 段的值,我们就可

以解释方格在 $a + m$ 段的值。

5.6.2 一维弹球

在一维弹球例子中,决定论的因果概念迫使我们把一个圆盘的初始状态作为第二个圆盘的每个碰前状态的原因的一部分。这就涉及过度生产因果关联,因为直观上,第一个圆盘的初始状态仅在碰撞事件发生后才与第二个圆盘的状态因果关联起来。

要把非决定论的因果概念应用于这个例子,我们必须约定地定义对可能的整个历史的合适概率指派。我们给某段历史指派一个有限概率,当且仅当在该段历史中没有发生碰撞。如果我们面对的是一个超过两个圆盘的装置,那么潜在碰撞会超过一次,我们可以假定,对任意 n 来说,$n + 1$ 次碰撞的概率无限地小于 n 次碰撞的概率。

给定这些假定,就有可能以下述方式描述该装置:某个圆盘碰前状态的唯一原因是该圆盘的初始状态,因为碰撞的概率无限小。更一般地,某个圆盘的状态的原因,包括该圆盘的初始状态以及与之相撞的任何圆盘的初始状态,还包括与这些圆盘中的任何一个相撞的任何圆盘的初始状态。那些与所讨论的圆盘没有直接或间接相互作用的圆盘的初始状态,不必看作该圆盘当前状态的原因的部分。

5.6.3 麦凯的自动售货机

我想通过考查 J. L. 麦凯在其著作《宇宙的黏合》(Mackie,1974)中引入的非决定论自动售货机 L 和 M 来结束本章。在自动售货机 L 中,插入一先令的硬币是吐出一块巧克力的必要而非充分条件。而在自动售货机 M 中,插入一先令的硬币是吐出一块巧克力的充分但非必要条件。

在机器 L 案例中,显然,如果有的话,每个硬币-插入殊型都因果先于随后的巧克力-输出殊型。如果我们假定插入硬币把吐出巧克力的概率提高到一定程度,那么这个例子符合殊型因果的弱概率化定义。如麦凯所断言的,机器 L 似乎是一个明显的因果例子,这个例子为只有弱概率化是因果的必要条件这一观点提供了某种支持。

在机器 M 案例中,插入硬币是吐出巧克力的充分条件,但有时候巧克力是自动吐出的。假设 s 是某特定的硬币插入殊型,并假设紧接着有一个吐出巧克力的事件 s'。如果 s 因果先于 s',那么 s 显然是 s' 的一个原因。因为在这种情况下,s 的存在使 s' 必然存在。然而,这种因果在先关系是否确实成立尚不清楚。假设机器在 s' 出现的那一刻自动吐出一块巧克力的概率是 p。会出现这样一种情况:由于硬币-巧克力关联被取代的概率是 p,s' 现实地因果晚于 s 的概率只有 $1-p$。能否经验地决定与 s 的因果关联是现实的还是被取代了的,取决于如何补充本例中的一些细节。

6

一个概率因果模型

在前面两章工作的基础上,我将在本章给出一个量化的概率因果模型。该模型的考虑项同样包括,拯救因果的传递性和拯救与马尔可夫性质相关的统计独立性。同时,我试图如实地表征因果和概率之间极其复杂的关系,包括原因与其结果负统计相干的可能性、独立超定的可能性、因果取代情形的可能性。在取代情形中,正相干并非因果关联的充分条件。

为了尽可能简单,我将假定所有概率因果模型中的所有情境殊型在概率上都是完全的。我将假定一个融贯且完全的情境-殊型集 W,它构成该模型的所有可能世界,并且假定给每个殊型指派一个世界集上的标准概率函数。本章我不打算考虑模态或随机偏好。

6.1 模型

概率模型 $\mathscr{M}$ 由六元组 $\langle Sit, W, Typ, \models, \sqsubseteq, \mu \rangle$ 构成,在此:

- Sit 是一个非空的情境殊型集。

- W 是 Sit 的一个非空子集,表征可能世界。

- Typ 是非空的情境类型集,在布尔运算 $\vee$ 和 $\neg$ 下封闭。

- $\models$ 是 $Sit \times Typ$ 上的二元关系。

- $\sqsubseteq$ 是 Sit 的反对称的偏序关系。

- μ 是一个从 χ 到区间 $[0,1]$ 的函数，χ 是 W 的子集的集

合。集合 χ 是**可测度事件**的集合，必须在有限并、交、补运算

下封闭。

简单起见，我假定 W 是有限的，且 $\chi = \wp(W)$。于是，通过假定

$\mu(A) = \sum_{w \in A} \mu(w)$，测度函数 μ 可以扩充到任何世界集 A。

一个定义在 Sit 非空子集所有对偶上的条件概率函数 Pr，可以用

测度函数 μ 定义如下：

$$Pr(A/B) =_{df} \frac{\mu(\{w : \forall s \in A(s \sqsubseteq w) \ \& \ \forall s \in B(s \sqsubseteq w)\})}{\mu(\{w : \forall x \in B(s \sqsubseteq w)\})}$$

我用 $Pr(s'/s)$ 缩写 $Pr(\{s'\}/\{s\})$，用 $Pr(s''/s,s')$ 缩写 $Pr(\{s''\}/$
$\{s,s'\})$。

6.2　殊型因果

我将采用上一章的殊型制约与殊型因果定义，仅引入一个表征概
然性联系强度的新变量 r。

定义 6.1（加权因果制约）

$$(s \vdash_r s') =_{def} (s \prec_0 s') \ \& \ Pr(s'/s) \geqslant r$$

定义 6.2（加权殊型因果）

$$\models (s \rhd_r s') =_{def} As \ \& \ As' \ \& \ (s \prec_0 s') \ \&$$
$$\forall s''(s \sqsubseteq s'' \ \& \ (s'' \prec_0 s') \to (s'' \vdash_r s'))$$

6.3　类型上的加权因果制约关系

我现在把类型上的因果制约关系的定义扩展到概率框架上。

广义的类型之间的加权制约关系现在可以用客观概率定义。

定义 6.3(加权因果制约关系)

$$(\phi \mid\!\sim_r \psi) =_{def} \forall x((x \models_{min} \phi) \to Pr(\exists y(x \prec_0 y \,\&\, Ay \,\&\, (y \models \psi))/Ax) \geqslant r)$$

93

6.4　概率性解释

我把解释界定为某种形式的牢固客观机遇。

定义 6.4(直接的概率性解释)　$(s_1 : \phi)$ 在 r 程度上直接解释$(s_2 : \psi)$,当且仅当,

$$(s_1 \rhd s_2) \,\&\, (s_1 \models \phi) \,\&\, (s_2 \models \psi) \,\&\, \forall s \forall \chi((s_1 \sqsubseteq s) \,\&$$
$$(s \prec_0 s_2) \,\&\, (s \models \chi) \to ((\phi \,\&\, \chi) \mid\!\sim_r \psi))$$

6.5　举例

本节我将举例说明概率模型如何能应用于几个著名难题。

6.5.1　有风险的手术

已知一种有风险的心脏手术 S 在某些情况下是致命的,并且只在立刻死亡的机遇非常高时才实施这种手术。总体说来,做这种手术会增加患者幸存的机遇。困难在于对下述情况给出一个概率性解释:尽管做手术会降低立刻死亡的概率,但该次手术却致患者死亡。假定在下述情况下一律施行该手术:做手术后立刻死亡的概率是 50%,而不做手术死亡的概率是 75%。

有很多方式能做到这一点。首先,病人的有些情况在手术开始之前不能确定,但如果加上做手术,这将极大地提高死亡的概率。称这种

情况为 C。假设已知 C 且不做手术死亡的概率是 80％，已知 C 且做手术而死亡的概率是 90％。假定这种联系在下述情形中是牢固的：不存在与 C 和 S 一起会把立刻死亡的概率降到低于 90％的其他现实因素。在这种情形中，合取式 $C \& S$ 在 0.9 程度上解释了病人的随后死亡。当这个 S 是这一解释不可或缺的组分时，它确实导致死亡，尽管 S 单独支持死亡的概率只有 50％。

6.5.2 避孕丸与血栓症

服用避孕丸和出现血栓症之间的关系是悖论性情境的又一例子。避孕丸对凝固机制有直接影响，一定程度上增加患血栓症的机遇。但是，避孕丸可以避免怀孕，而怀孕对凝固有更大影响，甚至导致患血栓症的机遇更大。尽管服用避孕丸通过降低怀孕的概率确实降低患血栓症的概率，但困难在于，用一具体案例中之服用避孕丸对血栓症的发作提供一个概率性解释。

在这个案例中，服用避孕丸和血栓症发作之间有某个中间因素，但这对本例无关紧要。因此，假定服用避孕丸直接导致血栓症，而它对血栓症的抑制是间接的（通过避免怀孕）。在某个因果因素不出现时，患血栓症的概率可以忽略不计。假定服用避孕丸后患血栓症的概率是1％，怀孕后患血栓症的概率是 2％，且服用避孕丸 100％有效避孕，否则，患血栓症的概率是 10％。

在服用避孕丸导致患血栓症案例中，我们可以用服避孕丸为下述事实提供概率性解释：服用避孕丸在 0.01 程度上解释血栓症发作。这种联系是牢固的：没有可添加的其他因素会使其概率低于 1％。服用避孕丸是本解释不可或缺的部分，因为在任何因果因素不出现时，患血栓症的概率可以忽略不计。

在服用避孕丸通过避免怀孕而免于患血栓症的情形中，这也是真的。我们也可以对这一事实给出牢固的因果解释。服用避孕丸 100％地解释怀孕的不出现（因为我们不现实地假定服用避孕丸永不失败），

94

怀孕的不出现,加上患者性活动的一些相关事实,99％地解释血栓症的不出现。在这种情形中,使得服用避孕丸不可或缺的是牢固性要求。不提避孕丸,我们仍可以发现一些现实条件,它们令血栓症不出现的概率大有可能超过 99％。因为缺乏牢固性,这些条件不构成对不患血栓症这一特定案例的解释。添加一些支持发生性行为的现实殊型,会使不出现血栓症的概率低于 99％。因此,服用避孕丸是避免血栓症这一特定案例的牢固解释的一个不可或缺的部分。

6.5.3　误打误撞一杆进洞

德博拉・罗森(参见 Patrick Suppes,1984,p. 41)构造了一个负统计相干因果关系的例子:"误打误撞"一杆进洞。一个高尔夫球手糟糕地打偏了球,球却因击中树枝而直接偏进洞中。与令人满意的击球相比,高尔夫球手的糟糕击球极大地降低了一杆进洞的概率。击中树枝也降低了一杆进洞的概率。但是在这一特定案例中,高尔夫球手挥臂击球和球击中树枝显然都是一杆进洞的原因。

这儿有三个情境:高尔夫球手糟糕击球(支持类型 ϕ)s_1,球击中树枝 s_2,球进洞(类型 ψ)s_3。居间情境殊型支持许多具体程度不一的类型。有一个类型 χ,它传递给我们的唯一信息是球击中树枝,并且恰恰相反,有一个类型 ρ,它包含关于球的质量、速度、形状以及树枝弹性的所有信息。

在殊型层面上,我们可以确信,存在某个包含 s_1 为其部分的情境 s_4,加上关于风、球等的信息,对于某个有穷的 r,我们有加权因果制约关系 $s_4 \vdash_r s_3$。反过来,存在某个更大情境 s_5,s_3 是其必不可少的部分,且对某个有穷的 q,$s_5 \vdash_q s_2$。当然,s_1 中的信息(挥臂击球)和 s_3 中的信息(球撞上树枝)分别对牢固地支持 r 和 q 的客观机遇是必需的。因此,s_1 和 s_3 都是一杆进洞的 INUS 原因。即使 r 和 q 相当小,在没有挥臂击球的信息时,击中树枝的客观机遇显然也会低很多(可能是 0,因为高尔夫球不会本能地飞越该路线)。同样,在没有击中树枝的信息时,一杆进洞的客观机遇(已知球打偏了)会比 q 小得多。

在类型层面上,我们知道类型 ϕ(糟糕击球)与类型 ψ(一杆进洞)负相干。我们还假定不太明确的击中树枝类型(χ)也与类型一杆进洞负相干。但是,有一个加权因果制约关系连接击球类型 ϕ 和非常明确的碰撞类型 ρ,另一个加权制约关系连接 ρ 和类型一杆进洞 ψ。因此,我们有从 ϕ 到 ρ 和从 ρ 到 ψ 之连接的直接因果解释。于是,糟糕击球类型 ϕ 可以算作一杆进洞的**间接**因果解释,尽管 ϕ 和 ψ 之间缺少正统计相干。

殊型层面的因果或类型层面的因果解释,是事实/事实因果的前提条件,记住这一点很重要。如果没有居间情境 s_3 现实地例示类型 ρ,那么 ϕ 和 ρ 之间以及 ρ 和 ψ 之间的寻常连接,对解释 s_2 例示 ψ 这一事实没有什么作用。

6.5.4　赖欣巴哈陡坡灾难

古德(I. J. Good)的赖欣巴哈陡坡灾难例子(参见 Hitchcock, 1995),涉及夏洛克·福尔摩斯、华生医生和莫里亚蒂教授,这个例子与罗森的一杆进洞例子结构上非常相似。在古德的例子中,华生看见莫里亚蒂准备朝差不多一定会撞上福尔摩斯的方向推一块巨砾。他抢先莫里亚蒂一步朝另一个方向推开巨砾,由此降低了福尔摩斯死亡的概率。不幸的是,尽管华生出于好意,但巨砾不遂人意地滚下陡坡撞死了福尔摩斯。

我们又有了一个现实地降低其结果(福尔摩斯之死)之概率的原因(华生推巨砾)。为简单起见,在这个例子中我将忽略居间事件,而只考查 s_1(华生推巨砾)和 s_2(福尔摩斯不幸死亡)。情境 s_1 是更大的情境 s_3 的一个必不可少的部分,s_3 支持关于巨砾的形状、质量以及陡峭面轮廓的信息。某个客观机遇 p 连接 s_3 和 s_2。假定 q 非常小,当然要比莫里亚蒂推下巨砾时福尔摩斯死亡的概率小。当然,q 是有穷的且完全原因 s_3 中包括华生推巨砾(s_1),这两者也都必不可少。仅给定巨砾的特征和山体的轮廓,福尔摩斯死亡的客观机遇甚至比 q 低很多。

根据我的说明,不必考虑原因不出现时**本来会**发生的事情。莫里亚蒂出现及他的意图,与华生推巨砾是否是福尔摩斯之死的 INUS 原因无关。我们**部分学地**而非**反事实地**评价华生推巨砾这一行为的影响。看是否能找到一个不包含华生推巨砾的情境,它所支持的客观机遇与那些包含华生推巨砾的情境所支持的客观机遇一样高。

6.5.5　卡特莱特的毒栎脱叶剂

南希·卡特莱特构造了下述例子。一个园丁必须在买 99％有效的脱叶剂,还是买便宜一点但只 90％有效的脱叶剂之间选择。她选择用更便宜的脱叶剂喷了一块地的毒栎。但这些毒栎活下来了。用便宜的脱叶剂喷是毒栎存活的原因吗? 在我看来,答案显然是"不"。并且,这一答案是用我的模型得到的。存在一个涉及毒栎顽强生命力的情境,它支持该植物存活的客观机遇**至少**是 10％。这一情境不需要包括关于脱叶剂的任何信息。相反,不存在一个包含该喷施事件的情境,这个情境牢固地支持更高的存活机遇。

园丁**购买**便宜的脱叶剂是植物存活的原因,这是真的。因为可以推测,买便宜的脱叶剂是园丁不买和不使用更贵的脱叶剂的原因。如果假定园丁有一定机会使用更有效的喷剂,并且选择买更便宜的喷剂排除了使用它,那么决定买便宜喷剂显然是植物存活的 INUS 原因。但是,园丁**使用**便宜喷剂不是原因。尽管喷了便宜脱叶剂,植物还是存活了,但不是因为喷了便宜脱叶剂而植物存活。

6.6　汉弗莱斯的解释

在《解释的或然性》(Paul Humphreys,1989)一书中,保罗·汉弗莱斯给出了**直接起作用的原因**的定义:

B 是 A 的**直接起作用的原因**,当且仅当:

1. A 出现；

2. B 出现；

3. 在与 A 和 B 物理上相容以及与 A 和 B_0 物理上相容的所有情况 Z 中，B 增加 A 的机遇，[在此，B_0 是系统 β 的中立状态，也就是，对所有这样的 Z，$Pr(A/BZ) > Pr(A/B_0Z)$]；

4. BZ 和 A 逻辑上独立。

该定义首先给我们的是这样一个事实：大写字母 A 和 B 的使用很模糊，有时候指情境（如在条件 1 和 2 中），有时候指类型，如在条件 3 和 4 中。幸好，用明显符合汉弗莱斯意图的方式来澄清这种模糊性相当容易。

其次，汉弗莱斯的定义有赖系统的**中立状态**这一有争议的概念。在某些情形中，这相当容易确定：温度的绝对零度，相对速度的静止状态等。但在其他一些情形中，这显然是不可能的。人的才智或人格类型的中立状态是什么？性别的中立状态是什么？运用情境理论及其部分的、三值解释可以提供一个有吸引力的选项。我们可以坚称类型 A 单独对类型 B 的机遇起积极作用，并且 A 和任何在给定殊型中现实地实现了的类型一起也对类型 B 的机遇起积极作用。

定义 6.5（汉弗莱斯解释） $(s;\phi) \leadsto H(s';\phi)$ 当且仅当 $s \rhd s'$，并且对所有类型 χ，$s \models \chi$ 且 ϕ 不是 χ 的子类型，客观概率 $Pr(\psi/\chi) < Pr(\psi/(\chi \& \phi))$。

这一定义保留了汉弗莱斯解释的一些合意特征。例如，如果 $(s;\phi)$ 和 $(s;\chi)$ 都是 $(s';\psi)$ 的汉弗莱斯解释，那么 $(s;(\phi \& \chi))$ 也是 $(s';\psi)$ 的汉弗莱斯解释。

7

高阶因果：作为原因的模态事实

我对高阶因果理论，即模态事实和因果事实自身如何能产生具体情境的理论感兴趣有两个理由。其一，我对目的论或功能性因果和解释的说明明显是高阶的。其二，我想构造一个关于模态知识和数学知识的因果理论，这显然取决于模态事实能否成为心理状态和过程的原因的部分。

我在前面一些章节仔细地考虑过，要为定义因果关系和解释关系时所使用的所有模态要素构造三值和四值语义学。因此，为了确定在导出某给定因果后承时必须有多少模态事实以及有哪些具体模态事实，我们可以审视各种程度不一的模态偏好。

7.1 高阶因果的一个问题

在最近一篇论文中，希契科克（Hitchcock，1996）用埃勒里·伊尔斯（Ellery Eells，1991）的因果相干定义为高阶因果的可理解性进行辩护。根据伊尔斯的观点，在总体 p 中，属性 ϕ 与属性 ψ（正）因果相干，当且仅当，对于所有同类的背景语境 η，客观概率 $Pr(\psi/\phi \& \eta)$ 严格大于 $Pr(\psi/\neg\phi \& \eta)$。在把伊尔斯的定义应用于目的论定义所使用的那种高阶因果时，必须假设 ϕ 自身是一个涉及因果相干性的属性。例如，在翻译成伊尔斯的因果定义时，莱特对"ϕ 有 ψ 功能"的定义类似下述某种东西（为简单起见，忽略背景语境）：

$$Pr(\phi/[Pr(\psi/\phi) > Pr(\psi/\neg\phi)]) > Pr(\phi/[Pr(\psi/\phi) \leqslant Pr(\psi/\neg\phi)])$$

　　这一说明有赖弄清高阶客观机遇的含义。具体来说，除了它们自身的含义以外，还要弄清给定 ϕ 时 ψ 的当下客观机遇的含义，以及给定 $\neg\phi$ 时 ψ 的当下客观机遇的含义。如希契科克所注意到的，很难看出怎样弄清当下客观机遇是 0 或 1 的当下客观机遇的含义。在当下世界状态中，任何决定客观机遇的因素或者确定地出现或者确定地不出现，因此任何命题的现实的客观机遇是完全被决定了的。

　　希契科克试图通过引入**总体**变量，而不诉诸情境理论来避开这些问题。他主张把给定 ϕ 时 ψ 的客观机遇和给定 $\neg\phi$ 时 ψ 的客观机遇，处理为各种现实的或假设的总体的属性。于是，关于高阶因果的断言被理解为关于上一级总体的断言，其个体成员或是现实的或是假设的总体。但希契科克只是回避问题。要清楚地理解希契科克的解决方案，我们必须知道两件事情：(i) 哪些假设的总体将作为上一级总体的成员，以及(ii) 在计算高阶概率时，在这些假设的总体之上使用何种概率测度。为了原则上解决这两个问题，我们必须知道，在假设的总体中所表征的各种客观机遇的客观机遇。但是，正是传统的可能世界进路无法获得这样的高阶客观机遇，才导致了上面所描述的僵局。

　　事实上，任何休谟式因果说明都不能支撑高阶或垂直因果的可能性。说到底，休谟主义者是模态反实在论者。他们只接受偶然属性之表象中的规律性，而不接受不可还原的模态事实。因为这些规律性自身不能在特定事件中例示，于是没有规律性的规律性，从而没有高阶模态。

　　把部分世界或情境考虑进来，模态实在论者可以避免高阶客观机遇坍塌为微不足道。情境是部分性的，因此，很多决定客观机遇的因素在给定情境中是不确定的。于是，我们可以有意义地谈论客观机遇的层次或迭代。某些因素的出现或不出现反过来会决定其他因素的客观机遇，一旦这些因素的客观机遇得到良好定义，有意义的高阶客观机遇就可存在。

然而，如我们将看到的，情境理论中有另一个进路定义关于客观机遇的事实的因果相干性，这一进路不依赖弄清高阶客观机遇的含义。不是问 ϕ 的客观机遇如何依赖于给定 ϕ 的条件下 ψ 的客观机遇，或者给定 $\neg\phi$ 的条件下 ψ 的客观机遇，相反我们可以问，从特定情境中"去掉"关于 ϕ 和 ψ 之间因果关联的事实是否留下足够的事实使得那些情境能导致 ϕ 的相干事例。这样谈论从情境殊型中"去掉"事实是隐喻性的。我们从一个支持 ϕ 和 ψ 之间因果关联的殊型出发，然后考察这一殊型不支持这个因果关联的真部分，并考量这些真部分所支持的事实是否多得足以令这些真部分能作为被检验的 ϕ 事例的原因。在这种情况下，决定一个因果关联之存在的，是与现实情境的**部分**中所体现的因果关联有关的事实的**"不可或缺性"**，而不是这些事实与抽象属性的概率相干性。

在本章我将证明，我在第 II 部分——第 12 章（目的论）、第 15 章（逻辑和数学认知）和第 16 章（心智）——所做的高阶因果有可能存在的断言能得到这部分所展开的因果模型的支持。

7.2 作为原因的模态事实

模态事实自身可以充当原因。假设 s 是 s' 的最小原因，也就是说，s 没有任何真部分是 s' 的原因。根据因果的定义，s 自身必定支持模态事实 $\Box(As \to As')$。s 不支持这一模态事实的任何部分必定是一个真部分，因而必定不是 s' 的原因。

如果假定严格下向单调性原则，则可以推出：一个殊型的最小原因所支持的任何类型与该殊型所支持的任何类型因果相干。

假设 7.1（严格下向单调性） 如果 $(s \rhd s')$，且 $s_1 \sqsubset s'$，则存在 s_2，

$s_2 \sqsubseteq s$,且 $s_2 \rhd s_1$。

如果 $(s \rhd B)$ 且 $(C \sqsubseteq B)$,那么存在 s',$s' \sqsubseteq s$ 且 $s' \rhd C$。

严格下向单调性衍涵:如果 s 是 s' 的最小原因,那么 s 不是 s' 的任何真部分的最小原因。如果 s 是 s' 的最小原因,那么它当然是最小原因的部分,因而 s 是 s' 的 INUS 原因,即 $s \rightsquigarrow s'$。如果严格下向单调性成立,那么 s 不是 s' 的任何真部分的 INUS 原因。这意味着,对任何 ϕ 和 ψ,如果 $s \models \phi$ 和 $s' \models \psi$,那么 $(s{:}\phi)$ 与 $(s'{:}\psi)$ 因果相干。具体来说,在上面的例子中,s 之属于模态类型 $\Box(As \to As')$ 与 s' 的每个类型都因果相干。

普通事实也可以是有因果效用的。在上面例子中,根据 $\rhd$ 的定义,s 必定支持因果制约关系 $s \vdash s'$。如果休谟假设适用这种情形,那么必定存在类型 ϕ,s 支持 ϕ 且支持因果制约关系 $\phi \vdash \psi$。根据因果相干的定义,s 所支持的因果-制约类型 $\phi \vdash \psi$ 确实与对 s' 及其类型 ψ 的解释因果相干。因果制约在 s 中为真是类型 ψ 紧后情境之现实性的解释的一个必不可少部分。

更具体一点,假设 s 是两个以特定速度滚动的台球的碰撞事件。s 的相关物理类型(表征两个球的质量和速度,以及其不可穿透性和弹性)是 ϕ。因果制约关系 $\phi \vdash \psi$ 是能量与动量守恒定律的特例。这一普通事实与(ψ 所表征的)两个球随后的速度因果相干。由于类型 ψ 是可观察的,人的感官处于一个包括特定普通事实在内的因果链中。这样的因果关联使我们有可能认识和参照这类自然定律。

102

7.3 排中律的因果相干性

类型 $(\phi \vee \neg\phi)$ 是单纯析取属性或伪装的属性(参见 4.8.1 节)的典型案例。单纯析取类型绝不会是因果相干的,因为如果 $((\phi \vee \neg\phi) \vdash \chi)$ 是情境 s 中的一个因果制约事实,那么,s 独立的真部分会既支持 $(\phi$

$\vdash \chi)$ 又支持 $(\neg \phi \vdash \chi)$。排中律的事例总是异质析取,因而绝不表征自然类型。

然而,尽管 $(\phi \vee \neg \phi)$ 永远不会是因果相干的,但对 $\square(\phi \vee \neg \phi)$ 却不能这么说。假设殊型 s 支持下述类型:

- $\square(\phi \vee \neg \phi)$
- $(\phi \& \chi) \vdash \psi$
- $(\neg \phi \& \rho) \vdash \psi$
- χ
- ρ

假定 s 不支持任何其他相干类型。具体说来,假定 s 不支持类型 $((\neg \phi \& \chi) \vdash \psi)$ 或者 $((\phi \& \rho) \vdash \psi)$。殊型 s 支持类型 $((\chi \& \rho) \vdash \psi)$,因为从前三个类型可以推出这一点。假定 s 之所以支持 $((\chi \& \rho) \vdash \psi)$ 仅因为它支持前三个类型。也就是,假定 s 不支持上述前三个类型的任何真部分 s_1 都不支持 $((\chi \& \rho) \vdash \psi)$。

给定这些类型,可以推出 s 制约类型 ψ 的一个后继殊型的现实性。更准确地说,s 必定制约类型集 B 的存在,B 中的每个类型都紧随 s 的部分之后,且每个都支持类型 ψ。如果我们合理假定 s 作为一个整体因果先于 B 中每个元素,那么可以推出 s 是 B 的原因,即 $s \triangleright B$。

在这些假定之下,如果还假定休谟假设,那么可以表明 s 是 B 的最小原因。假设 s' 是 s 的真部分,它不支持上面所列的一个或多个类型。既然 s 不支持任何其他相干类型,s' 也不能支持其真部分。

举个例子,假设 s' 只支持下述四个相干类型。在一个四值模型中,容易验证这些类型不足以保证类型 ψ 的后继殊型的现实性:

- $((\phi \& \chi) \vdash \psi)$
- $((\neg \phi \& \rho) \vdash \psi)$
- χ

- ρ

根据先前的假设，s' 不支持类型（$(\chi \& \rho) \mathrel{\vert\!\sim} \psi$）。令 s'' 是一个可通达 s' 的情境，它支持 χ 和 ρ，但不以任何支持 ψ 的殊型为后继。已知 s' 支持上述前三个类型，这衍推 s'' 同时证伪 ϕ 和 $\neg\phi$ 这两者（也就是说，$\neg\phi$ 和 ϕ 都被 s'' 支持）。这是可能的，因为 s' 不支持模态化的排中律。s'' 的存在证明 s' 不能是 B 的原因，因为 B 的每个元素都支持 ψ。因此，s 是 B 的最小原因。

同前面一样，严格下向单调性衍推，s 支持的每个类型与 B 支持的每个类型因果相干，具体来说，与类型 ψ 因果相干。

尽管我在这一论证中用到了休谟假设和严格下向单调性假设，但并不必假定这些假设普遍成立，而只需它们在某些合适的场合成立。

下面举例具体说明。假设 s 表征情境一对食肉动物在追赶一只兔子，χ 表征食肉动物 P_1 的出现，ρ 表征食肉动物 P_2 的出现。假设食肉动物 P_1 还没有但即将抓到兔子，并且如果兔子突然跑开（ϕ），它会马上吃掉兔子。与此不同，食肉动物 P_2 把兔子置于其知觉场内，并且**除非兔子突然移动**，它不会吃兔子。而在兔子突然移动时，P_2 会失去兔子的位置。兔子注意到食肉动物 P_2，于是突然移动（ϕ）。在这种情况下，食肉动物 P_1 的行动导致其死亡 ψ。

我认为，在这个例子中，显示析取式（$\phi \vee \neg\phi$）之必然性的情境 s，加上两个因果制约关系，再加上事实 χ 和 ρ，在任何意义上都是兔子死亡的原因。并且，模态化的逻辑真理包括在 s 之中与这一结果因果相干。

只需替换排中律的有效性，加上与逻辑有效性恰当相互作用的因果制约关系，这个结果就可以推广到经典一阶逻辑的任何有效性。

7.4　一阶目的因果

　　假设翅膀与飞翔因果相干这一事实是某些殊型的部分,这些殊型导致会飞的鸟类 υ 幸存和繁殖。反过来,υ 的幸存和繁殖与当前一个有翅膀的东西的存在因果相干,即与 υ 的一个事例的存在因果相干。因此,有翅膀和飞翔之间的因果相干部分地解释了有翅膀事物的存在。这就给了我们一个初始的莱特条件——飞翔是翅膀的功能,这正是本例所例示的。

　　我们可以区分内在功能和外在功能。例如,有翅膀的鸟的存在是为了飞翔,是一个内在目的例子。相反,果实服务于喂鸟这一目的,是一个外在目的例子。

　　令 ϕ 表征有翅膀这一状态,ψ 表征飞翔这一状态。最后,令 υ 表征整个鸟/鸟-小生境生态系统,包括使鸟成功繁衍的环境。翅膀服务于飞翔这一内在目的,这个事实可以表示为:

$$s' \models ((\phi \,\&\, \upsilon) \mathrel{\vdash\!\!\!\mid} \psi)) \rightsquigarrow (s \models \phi)$$

　　符号 $\rightsquigarrow$ 表征直接因果相干关系(在第5章所定义的)。相对于背景条件 υ,状态 ϕ 在殊型 s 中有内在目的 ψ,当且仅当,状态殊型 s' 支持 υ 和 ϕ 之间的联系,并且支持 υ 和 ψ 之间的联系这一事实与 s 之为 ϕ 因果相干。在会飞的鸟类 υ 这个案例中,有翅膀和飞翔之间存在因果联系这一事实,是 υ 中成员之有翅膀的因果解释的部分。

　　在外在目的例子中,我们有:

$$(s' : ((\phi \,\&\, \upsilon) \mathrel{\vdash\!\!\!\mid} \psi)) \rightsquigarrow (s : \upsilon)$$

　　在这个例子中,令 ϕ 代表合适的果子在环境中出现,ψ 代表鸟的营养需求得到满足。$\upsilon \,\&\, \phi$ 和 ψ 之间的关联导致 υ 的事例而非 ϕ 的事例。换句话说,果子满足鸟的需求这一事实解释了为什么有鸟而不是为什么有果子。不过,我们可以客观地说,果子作为鸟的生态小生境的部分,确实具有满足鸟的营养需求这一外在目的。

目的功能的另一模式是表征性状态模式,这种状态的功能是负载某种类的信息。在下面一章,我会(参照关系 R)定义负载信息概念,我们可以用符号 $\approx_R$ 表示之。我们可以说,(相对于 υ)特定视网膜刺激模式 ϕ 在 s 中有负载信息" ψ 在与 s 的关系 R 中得到实现"的内在功能,当且仅当:

$$(s':((\upsilon \,\&\, \phi) \approx_R \psi)) \rightsquigarrow (s:\phi)$$

因为模式 ϕ(在类型 υ 的有机体中)负载信息 ψ,所以模式 ϕ 存在。我们可以说,一旦出现一个具有使某有机体负载某种类潜在信息之功能的状态,那么对该有机体来说,这一信息就是现实的。

与仅说视觉系统整体上有某种功能不同,说特定视网膜刺激模式有某些固有功能似乎很古怪。然而,我们可以把视觉系统看作由刺激模式的一组官能构成。在此,之所以选择某种模式的官能,是因为该模式负载特定信息。我们可以说该模式自身有负载该特定信息的功能,因为导致视觉系统执行该模式之官能的任何东西也会导致模式的个别发生。

105

7.5 高阶目的论因果

在第 Ⅱ 部分(第 16 章),我将论证心理属性的效能取决于高阶功能的可能性。例如,考察人类推理(无论归纳还是演绎)能力。在心理状态内容基础上,推理能力有与心理状态相互作用的功能,这是一种典型的心理属性。假设心理类型 ϕ 具有下述功能:先承认相信一个条件句和相信该条件句的前件这两个信念同时出现,然后(根据肯定前件规则)产生一个相信该条件句后件的新信念。假设有三个状态-殊型 s_1、s_2 和 s_3。在此,s_1 是类型 ϕ 的一个事例,ϕ 是一个其功能为执行肯定前件规则的状态。s_2 是一个状态,其类型是相信某特定条件句 $(p \rightarrow q)$

及其前件 p。我们把心理状态的这一类型称作 ψ。最后，令 s_3 是状态相信 q（称这一类型为 χ），它紧跟在 s_1 和 s_2 之和的后面。

假设类型 ϕ 的功能性符合下述因果制约形式：

$$((\phi \,\&\, \psi) \mathrel{|\!\!\sim} \chi)$$

假设情境 s 支持上述条件句且包含 s_1 和 s_2 之和。最后我们还可以假设，在现实世界 w 中，s 确实是 s_3 的完全原因。殊型 s_1 和 s_2 都是这一原因不可缺少的部分，从而它们的心理属性与结果因果相干。另外，心理属性 ϕ 和 ψ 被例示这一事实可用来因果解释后继状态。

殊型 s_1、s_2 和 s_3 实现物理状态 μ_1、μ_2 和 μ_3，这可以是真的。根据某更高层级的殊型，μ_1 的例示必然产生 ϕ 的例示，并且 μ_2 和 ψ、μ_3 和 χ 的关系与此类似，这也是真的。最后，可能会有一个如下形式的覆盖性物理制约关系：

$$((\mu_1 \,\&\, \mu_2) \mathrel{|\!\!\sim} \mu_3)$$

假设殊型 s' 是一个包含 s_1 和 s_2 的情境，并且支持上述条件句。然后，我们可以假设 s' 是 s_3 的完全原因。这似乎使得 s_1 和 s_2 所支持的心理属性变得多余。然而，这样的结论是错误的。s' 是 s_3 的完全原因，且 s_1 和 s_2 所支持的心理类型与 $s'-s_3$ 关联不相干，这些都是真的。但是，s 是 s_3 的完全原因也仍然是真的。殊型 s 支持心理覆盖律而**不支持物理覆盖律**。因此，在语境 s 中，s_1 的物理属性和 s_2 的物理属性不相干，但它们的心理属性是相干的。

8

因果的普遍性

每个情境都有原因吗？一方面，有很强的诱惑说"是"。另一方面，信奉最强形式的因果普遍性会导致不一致，因为我们被迫说实在（所有现实情境之和）自身必定有一个原因，而原因必定是一个现实情境，从而是实在的部分。然而，一个情境不能是其某个部分的结果。

亚里士多德、莱布尼茨和其他许多人对该问题一个自然的共同回应是，因果普遍性限于偶然的情境。詹姆斯·罗斯和威廉·罗的著名反驳表明这一观点不是很正确。但我认为这一观点基本正确。所要做的就是，利用部分学资源定义"完全偶然"情境范畴。我们可以融贯地假设所有完全偶然的情境都有原因。

如果因果普遍性确实为真并且可知，那么，对因果事实的认识论理论来说，因果普遍性有许多非常重要的推论。正如我们将看到的，回溯未知原因看来依赖某个关于因果普遍性的假设。归纳因果定律同样依赖这一假设。

正如我早些时候讨论过的，区分因果普遍性论点和决定论论点是重要的。决定论可以看作某种因果普遍性原理和原因必然产生其结果这一论点的合取。我们已经了解了许多摒弃因果必然模型的理由。反思因果普遍性给了我们更多理由：如果原因必然产生其结果，那么，并非所有完全偶然的情境都有原因。决定论者必须有选择性地限制因果普遍性，譬如因果普遍性限于有时间界限的情境。另外，决定论者需要给出进行这种限制的独立动机。

8.1 情境的模态部分学

我的形式框架是模态逻辑加上莱希涅夫斯基-古德曼-伦纳德个体演算("部分学")(Leonard and Goodman, 1940)。

对于模态逻辑,我只需要 T 规则的一些公理。我将假设一个可能情境的固定域。因此,该逻辑包括巴坎公理和逆巴坎公理。

我将使用部分学中的两个一般谓述符号 $\sqsubseteq$ 和 $\bigcirc$,分别表示部分关系和部分学的交叉关系。需要下述三个公理:

公理 8.1 $x \sqsubseteq y \leftrightarrow \forall z(z \bigcirc x \rightarrow z \bigcirc y)$

公理 8.2 $\exists x \phi(x) \rightarrow \exists y \forall z(z \bigcirc y \leftrightarrow \exists u(\phi(u) \,\&\, u \bigcirc z))$

公理 8.3 $x = y \leftrightarrow (x \sqsubseteq y \,\&\, y \sqsubseteq x)$

公理 8.1 用部分学交叉关系定义部分关系,公理 8.2 是汇集原理或结合原理:如果有类型 ϕ 的任何事实,那么就有一个所有 ϕ 事实的汇集或所有 ϕ 事实的和。公理 8.3 保证部分关系是自返的和反对称的。

有两个原理连接模态语言和部分学语言。这里需要引入一个新谓述 A。当 b 是一个可能情境时,Ab 可以用来表述"b 现实地获得"。

公理 8.4 $x \sqsubseteq y \rightarrow \Box(Ay \rightarrow Ax)$

公理 8.5 $\Box(\forall y \in FAy \rightarrow A\hat{x}F)$

公理 8.4 保证情境汇集是合取形式:整体使其所有部分成为必然。与此相反,公理 8.5 衍涵,和之所有成员的存在必然使和本身存在。

有个特殊概念需要定义,即"∇"所表征的"完全偶然":

定义 8.1 $\nabla x \leftrightarrow (Ax \,\&\, \forall y(y \sqsubseteq x \rightarrow \neg \Box Ay))$

一个完全偶然的情境是一个其任何部分都非必然的现实情境。我不假定有任何必然情境:存在必然真理并不衍推存在必然情境(因为我们的逻辑缺少一个综合原理)。我们将看到,要是有必然情境的话,那么它们也肯定是一类非常特殊的情境。

8.2　一些因果原则

因果关系可用一个初始二元算子"▷"表征。因果关系有许多可表达的逻辑属性,譬如因果的传递性与非对称性。但就目前的目的来说,我只需要三个关于因果的事实。

公理 8.6 真实性: $(x \triangleright y) \rightarrow (Ax \& Ay)$

公理 8.7 分立的存在: $(x \triangleright y) \rightarrow \neg(x \bigcirc y)$

公理 8.8 普遍性: $\forall x(\nabla x \rightarrow \exists y(y \triangleright x))$

公理 8.6 规定,只有现实的情境才能作为原因或结果。公理 8.7 旨在把握休谟洞见——原因及其结果必定是"分立的存在"。在应用于事实时,部分学语言使我们能更准确地表述休谟原理:原因一定不会与其结果交叉。公理 8.7 并不要求原因不与其结果在时间或空间上交叉:它排除的只是部分学上的交叉(即有一个公共部分),牢记这一点很重要。公理 8.8 表达的是因果关系的普遍性:每个完全偶然的事实都有一个原因。公理 8.8 并不衍推任何一般意义上的决定论,因为我并没说原因是其结果的充分条件。我没有假定每个事件是由其原因必然产生的。事实上,我相信这并非显然是真的。因果定律总是有例外的或可击败的概括。尽管可能 E 没有伴随 C 出现,但 C 很有可能在各种意义上来说都是 E 的原因。(基于这个原因,这一因果说明与非决定论的人的自由理论相容,尽管前者不衍涵后者。)

公理 8.8 的证据本质上是经验的。在重建特定事实和事实集的因果前件时,常识和科学的每次成功都确证公理 8.8。

8.3 因果的普遍性

8.3.1 可击败推理的作用

尽管对于完全偶然的情境都有原因这一概括,我们有极好的经验证据,但还是难以看出,任何数量的数据如何能结论性地解决该概括(公理 8.8)是否允许例外这个问题。这个担忧是合法的,我对此的回应是,至少我们的经验担保因果原理可以作为缺省的或可击败的规则。这就是说,如果没有相反证据,我们可以推断,任何完全偶然的具体情境都有原因。

用模态条件句联结词□→表征一种可击败联系,我们可以把公理 8.8 的弱化形式表示如下:

公理 8.8′ $\forall x (\nabla x \:\square\!\!\rightarrow \exists y (y \triangleright x))$

公理 8.8 的这个版本可以解读为:一般来说,一个完全偶然的情境有一个原因。可击败公理 8.8′允许我们推断,任何所与完全偶然的事实都有一个原因,除非能给出某个肯定理由,认为所讨论的事实是该规则的例外,譬如,通过表明该事实属于典型没有原因的事物范畴。

8.3.2 普遍性仅仅是直观推断吗?

在与科普勒斯顿(Copleston)的论战中,罗素坚持认为,断言科学家应该不断寻找原因和断言总有有待发现的原因之间有差别。罗素遵从康德的建议,认为因果普遍性应该被看作理性的标准或约定俗成的规则,而不应被看作对独立于心智的实在的描述。宇宙论论证依赖于把普遍性原理用作描述性概括。

对这个问题,我有两个主要答复。首先,难以明白为什么经验科学在发现偶然事实的原因方面获得的大量成功,不能为推广到所有偶然事实提供压倒性经验支持。完全偶然的事实范畴不是像"绿蓝"和"蓝绿"一样不自然的伪装的类。我们会相信一遍又一遍地发现偶然事实的原因仅仅是巧合吗？

其次，否认作为描述性概括的因果普遍性是一种非常极端的怀疑论形式。我们关于历史、法律和自然科学的过去的所有知识，依赖于我们对当下事实（痕迹、记忆、记录）的原因的推断。如果不深信所有（或差不多所有）这些事实都有原因，那么我们对过去的所有重建（从而差不多我们关于当下的所有知识）都是没有根基的。另外，我们关于未来的知识和行动的可能后果的知识依赖这样一个假定——相关的未来状态不会无缘无故地出现。否定这个公理的代价太令人难以接受，即信奉全面的皮浪怀疑论。

8.4　无前因的第一原因之存在

除上面提出的那些逻辑原则以外，存在第一原因的证明只依赖一个事实性前提：存在偶然情境。例如，假设我的铅笔当下有奇数个分子，当然本来可能是偶数个。尽管我相信差不多我们获得的每个事实都是偶然的，但我只需要一个这种偶然情境就够了。我只说每个物理情境都是偶然的。

8.4.1　模态的本质

111

在说一个情境是偶然的时候，我所说的远比该命题所断言的多得多，这个命题断言情境存在既非逻辑真也非逻辑假。偶然情境是一个现实的但本来可以是非现实的情境，在此，相关的**可能性**概念是广义的形而上学的可能性。广义的形而上学的可能性是可能性的基本形式，所有其他种类的可能性（物理的、历史的、法律的）都是它的限定或限制形式。

自逻辑实证主义以来,把形而上学可能性还原为逻辑一致性(或者与所有定义性或"分析性"真理的逻辑一致性)的尝试都失败了。首先,已经证明要阐明"分析性"真理而不指涉可能和必然是不可能的。其次,除非我们坚持使用一阶逻辑,否则不会清楚地得到任何东西。正如约翰·埃切曼迪(John Etchemendy,1990)所主张的,一阶逻辑是对逻辑一致性的一个不合理的解释。最后,试图以这种方式避免假想的形而上学可能性之"谜",会导致严重得多的集合论的柏拉图主义难题以及其他一些谜团。譬如先验的数学实体是如何与实在的其他部分联系的。更关键的是,我们何以能获得关于它们的可靠知识。最近在努力弄清数学实在的含义时,使用了形而上学模态这一概念[如赫尔曼(Hellman,1989)的"可能结构"],这表明合适的解释顺序始于模态而非数学实体。

如果否认存在偶然情境,我们必定得出结论:我们生活在一个三大模态——可能性、现实性和必然性——全部一起坍塌的世界中。这等于否认这些模态能做任何有趣的事。这种否认与不断增多的哲学著作背道而驰,在这些著作中模态起着核心作用。

8.4.2 证明梗概

引理 8.1 一个必然情境的所有部分其自身都是必然的。

证明:根据公理 8.4 和模态逻辑的 K 公理直接可得。

引理 8.2 每个偶然情境都有一个完全偶然的部分。

证明:令 a 是一偶然情境。如果 a 是完全偶然的,直接得证,因为 a 是其自身的一个部分。否则,a 有一个必然的部分。根据公理 8.2,存在一个情境 $\hat{x}(x \sqsubseteq a \ \& \ \square Ax)$,它由 a 的所有必然部分汇集组成。因为 a 是偶然的,a 自身不是 $\hat{x}(x \sqsubseteq a \ \& \ \square Ax)$ 的一个部分。因为如果是的话,那么根据公理 8.3,a 就与 $\hat{x}(x \sqsubseteq a \ \& \ \square Ax)$ 同一,而根据公理 8.5,a 作为必然部分的总和就会必然存在。根据公理 8.1,存在一个 b,它与 a 交叉但不与 $\hat{x}(x \sqsubseteq a \ \& \ \square Ax)$ 交叉,因此,存在一个 a 的部分 c,

它不是 $\hat{x}(x\sqsubseteq a\,\&\,\square\,Ax)$ 的部分。

可以表明 c 是完全偶然的。假设 d 是 c 的一个部分。那么，d 是 a 的部分，但不与 $\hat{x}(x\sqsubseteq a\,\&\,\square\,Ax)$ 交叉。因此，d 不是必然的。由于 d 是 c 的一个任意部分，所以 c 是完全偶然的。

定义 8.2　令 C 是所有完全偶然情境的汇集。

根据公理 8.2，可以推出，如果有完全偶然的事实，那么任何事实与 C 部分学上交叉，当且仅当，该事实与某个完全偶然的情境交叉。

$$\exists x\,\nabla x\,\rightarrow\,\forall y(y\bigcirc c\leftrightarrow\exists z(\nabla z\,\&\,y\bigcirc z))$$

引理 8.3　如果有偶然情境，那么 C 是完全偶然情境。

证明：假设至少有一个偶然情境。那么根据前面的引理，也有一个完全偶然的部分。要表明 C 是完全偶然的，必须表明 C 的每个部分是偶然的。令 a 是 C 的一个部分。由于 a 是 C 的一个部分，根据公理 8.1 和 8.3，a 与 C 交叉。因此，a 与某个完全偶然的 b 交叉（根据定义 C）。两个交叉的事实有一个公共部分，这是部分学的一个定理。因此，某个 d 既是 a 又是 b 的部分。由于 b 是完全偶然的，所以 d 是偶然的。根据引理 8.1，倘若 a 是必然的，d 也会是必然的。因此，a 是偶然的。由于 a 是 C 的一个任意部分，所以 C 是完全偶然的。

引理 8.4　如果有偶然情境，那么 C 有原因。

证明：这是引理 8.3 和因果普遍性公理 8.8 的一个直接后承。

引理 8.5　每个偶然情境都与 C 交叉。

证明：令 a 是一个偶然情境。根据引理 8.2，a 有一个完全偶然部分 b。根据公理 8.2 和 C 的定义，C 与 b 交叉。

定理 8.1　如果有偶然情境，那么 C 有一个原因，这个原因是一个必然事实。

证明：根据引理 8.4，C 有一个原因。根据公理 8.7（分立存在公理），这一原因不与 C 交叉。根据引理 8.5，每个偶然情境与 C 交叉。根据公理 8.6（真实性公理），C 的原因是现实的。因此，C 的原因必定是一个必然情境。

既然我们知道至少有一个偶然情境，我们可以把 C 等同于宇宙。据定理 8.1 可以得出，宇宙有一个是必然事实的原因，即第一原因。如果我们假定（看起来是合理的）所有结果都是偶然的，那么把这个原因称为"第一原因"是合法的。[①]

8.5 因果之良基

因果关系有良好根基吗？因果是否不可能无穷倒退？从柏拉图开始（在《法篇》的第 X 卷），许多哲学家认为是的。然而，其他许多人对此表示怀疑，特别是在 20 世纪。

因果关系有良好根基，这是我的宇宙论论证版本的一个推论。为了推出矛盾，假设有一个无穷倒退的因果序列：$\cdots \triangleright s_n \cdots \triangleright s_1 \triangleright s_0$。称该倒退序列的总和为 s_∞。只有完全偶然的殊型才能由外因引起，因此该序列的每个元素都是完全偶然的。于是，s_∞ 是完全偶然的。根据公理 8.8，s_∞ 有一个原因 $s_{\infty+1}$。

然而，$s_{\infty+1}$ 不是该序列中任何元素 s_n 的直接原因，因为 $s_{\infty+1}$ 与 s_n 被 s_{n+1} 幕隔开。要推出矛盾，假设 $s_{\infty+1}$ 是 s_n 的一个原因。那么，s_{n+1} 会在引起 s_n 时被取代，因为 $s_{\infty+1}$ 因果先于 s_{n+1}。这与我们的假定 s_{n+1} 是 s_n 的真正原因相矛盾。因此，$s_{\infty+1}$ 不是该序列中任何元素的直接原因。

由于 $s_{\infty+1}$ 不是该序列中任何元素的直接原因，它就不能是它们当中任何一个的间接原因，因为间接因果只不过是直接因果的传递闭合。

因此，$s_{\infty+1}$ 不引发该序列中任何元素，因而它不能引发该序列的总和 s_∞，这与我们最初的假定相反。

在很多场合，无穷倒退的不可能性被用作宇宙论论证的前提。但

––––––––––––––––

[①] 关于这一结果之神学意蕴的讨论参见我的论文"A New Look at Cosmological Argument"（Koons，1997）。

是，我认为把它看作推论更有启发意义。

8.6 异　议

8.6.1　因果不是只对现象世界有效吗？

在第一批判中，康德主张因果只适合表象或"现象"世界，而不适合实在或"本体"世界。他的论证依赖于，假定基本的因果原理先于经验被知道，以及没有任何关于实在世界的实体的或物质的东西能先于经验被我们所知。康德的异议只与司各脱或莱布尼茨那样的上帝存在的先验论证相干，而与那些类似我的论证不相干。我的论证严格地只诉诸经验的、后验论证。我并不断言，我所诉诸的那些因果性公理在被用于经验世界之前就被我们所知。相反，我主张把我们在发现因果解释上的成功作为这些因果性公理的经验证据。

8.6.2　量子力学怎么样？

有时候，量子力学被看作提供了因果普遍性的大量反面证据。量子力学对因果性的理解提出了两个问题：波坍缩的不确定性（在哥本哈根解释下）和贝尔不等式定理。

在观察中，量子跃迁的不确定性并不与公理 8.8 矛盾。我不假定原因必然产生其结果：事实上，我非常怀疑这种假定的融贯性（如果在较强的意义上理解"必然"）。根据哥本哈根量子力学，一个系统的每次跃迁都有因果前提：在薛定谔演化情况下，因果前提是前面的量子波状态；在波包坍缩情况下，因果前提是前面的量子波状态以及观察。

贝尔不等式表明，量子力学所描述的数据迫使我们摒弃下述三个原理之一：

- 因果影响在时间上不会回溯。

- 因果影响传播绝不会比光速快。

- 每个可靠的(可投射的)相互关系都有一个因果解释。

在关于贝尔不等式的讨论中,第三个原理有时被贴上"因果性"定律的标签。但是,它比公理 8.8 强得多。尽管我在附录 B 将用到这一假定,但我在本章并不假定(如第三个原理所衍涵的),原因总是"幕隔"(在赖欣巴哈意义上)其结果和不晚于它的那些状态。

贝尔不等式只不过是因果不可能还原为某种统计关系的又一证明。对我这样的因果实在论者来说,它们没提出什么难题。在我看来,对贝尔不等式的最合理回应是,把上述三个原理中的一个或多个限定在宏观(大尺度的或经典的)现象上,并把它们重新表述为可击败(允许例外的)规则。我倾向于对第二个原理进行限制,只把它用于从宏观到宏观的直接相互作用,即经典系统之间的相互作用。如果经典系统间的因果影响以量子现象为中介(在我看来,量子没有内在位置和速度),那么第二个原理就会出现例外。然而,这些例外不允许超光速的信息交换。

8.6.3　第一原因的论证没有假定无穷后退的不可能性吗?

莱布尼茨第一个意识到,宇宙论论证不依赖任何关于无穷后退之不可能性的假定。即便在偶然事实总体中存在原因的无穷后退,总体自身必定有一个在它之外的原因,因而有一个必然原因。关键性假定是公理 8.2,即任何非空的情境集可以汇聚成一个单一情境。这符合现代以前对无穷后退的否认,因为它实际上否认,任何这样的总体是康托尔所说的"绝对的"或不恰当的总体(像所有集合的集合,或者所有序数的集合)。

即使有的话也只有很少理由认为,所有完全偶然情境的总体有什么不妥。我们只探讨本体论上的基本情境,而不探讨附着其上的数学或语义真理。只把具体的个别汇集在一起,且在此过程中并不与罗素的恶性循环原则冲突。没有理由假定任何或多或少涉及或预设所有情境或所有偶然情境的总体的事实。

8.6.4　宇宙论论证没有犯合成谬误吗？

罗素指责科普勒斯顿论证时犯了合成谬误，合成论证是这样的：因为世界的每个部分都是外因引起的，所以整个世界必定是外因引起的。宇宙论论证不包含这样的错误：宇宙自身被证明是一个完全偶然的情境，基于这个理由，宇宙必定有一个原因。

8.6.5　必然存在不是一种不可能吗？

20世纪许多哲学家遵循休谟，认为只有逻辑真理才是必然的，**必然存在**概念是不融贯的。

对此有两个答复。首先，我没有假定存在必然情境：这是论证的结论而非前提。因此，这个所谓的反对意见根本不适于该论证。反对者只满足于否认结论而不关心前提或推理。

其次，所依赖的休谟原理是自我挫败的。根据定义，假定了只有逻辑真理或定义性真理是必然的吗？当然，在这样说时，休谟、罗素和其他人是想说某种有信息的东西。这样一个原理怎么会是偶然的呢？哪种关于现实世界的偶然事实使得确实不存在非逻辑的必然性呢？反本质主义者为其论断提供了什么经验辩护？

在回应时，反对者必定会简单地否认他能理解模态这一概念的含义，除非用一个清楚而规范的逻辑一致性概念取代它。对模态的这种彻底否认是反启蒙的，它有损对自然律的本质、认识论、决策、行动与责任以及大量其他应用进行富有成效的哲学研究。

8.6.6　偶然事实不是典型地有偶然原因吗？

这可能是最有希望反驳宇宙论论证的路线。它是一个更宽泛策略的一个事例：聚焦第一原因的特有属性，并指出世界有此属性的原因是某个良好确立的概括的一个例外。确实，在很大程度上，偶然情境有偶然原因。与假设的第一原因不一样,它们还具有有限属性的原因以及具有时空位置的原因。一旦确立宇宙相当不同寻常,就面临两个同样令人讨厌的选择:假设宇宙只有一个非常不同寻常的原因,或者假设它根本没有原因。于是,我们陷入两难。

宇宙论论证的捍卫者必定会这样回应:尽管第一原因在许多方面很独特,但每个独特特征都可以通过外推日常因果情形中可观察的倾向得到合适解释。这种看法有实质性理由。例如,我会在某种准确的意义上猜测,原因总是比其结果**更接近必然**或**没有**其结果**那样偶然**。

可以非常简单地定义相对必然性:

$$a \text{ 比 } b \text{ 更接近必然 } \leftrightarrow_{df} \forall x \sqsubseteq b[\Box(Ax \to Aa) \,\&\, \Diamond(Aa \,\&\, \neg Ax)]$$

换句话说,情境 a 比情境 b 更接近必然,当且仅当,在 b 的任意部分成立的每个世界中 a 也成立,但在 b 的任意部分不出现时 a 可以存在。

从情境殊型的**同一性条件**可以得出,一个情境殊型的因果前件比该殊型本身更接近必然。殊型的原因对其同一性是必不可少的:要是一个以不同方式引起的情境证实了同一个真理,我们就不会以该情境作为证实者。涉及结果的相应论点是不合理的:情境的同一性不包含其所有结果的可能性。世界演变的偶然性取决于这种非对称性:一个情境成立必然使其原因成立而不是其结果成立。

这一原则(结果必然使其原因存在)并不衍涵,结果的**内容**使其原因的**内容**成为必然。例如,要不是其所有原因的存在,包括布鲁图用刀刺,情境恺撒之死就不会存在。当然这并不意味着,除非布鲁图和其他元老院议员刺杀了他,否则恺撒本来不会死。在布鲁图没有帮忙造成那组致命伤的所有世界里,真理“恺撒死了”会被一个不同的情境证实。要是该情境的任何原因不存在,现实地证实真理“恺撒死了”的情境就不会存在。

还有另外一些理由(除涉及情境同一性条件的那个理由以外)认为原因比其结果更必然。首先,亚里士多德及其传统的权威性。其次,显然需要某种关于因果在先关系的说明,它解释因果在先关系的传递性与非对称性。利用相对必然性的因果在先说明很好地满足这一要求。

再次,这一说明使我们能彻底阐明给定情境的"潜在原因":a 是 b 的一个潜在原因,当且仅当 a 比 b 更必然(a 没有 b 偶然)。如果我们打算说明因果关联的统计性质,即萨尔蒙(Salmon, 1984)、萨普斯(Suppes,1984)所提出并在近年由珀尔和维尔马(Pearl and Verma, 1991)以及斯波特(Spirtes,1993)研究过的所谓的马尔可夫原理,那么这样的阐明是必要的。在附录 B 展开因果演算时,我用到了这些马尔可夫原理。马尔可夫局部性衍推,一个事件的因果前件"幕隔"该事件的可能性与任何非推论性事件殊型的可能性。如果假定每个现实的事件殊型的可能性都以这种方式被其**现实的**原因"幕隔",那么我们就在隐含地假设,任何现实殊型的因果前件对其同一性来说都是必要的,并且不存在现实殊型的非现实的或者反事实的原因。

最后,因果前件殊型的相对必然性解释了过去与未来的非对称性。在某种意义上,给定当下,过去就以一种不同于未来的方式被固定下来。给定对应于当下的殊型事件,过去的这种"固定性"最好被理解为过去事件殊型的相对必然性。这并不是说,当下时刻的**类型**使过去时刻的**类型**成为必然,因为确实有许多不同的历史事件导致一个在质上等同于当下时刻世界的事件。相反,当下的事件殊型使构成过去的那些事件殊型成为必然,但对许多未来事件殊型的不同序列悬而未决。由于过去的殊型因果先于当下殊型,我们有另一个(并且我认为这是决定性的)理由接受因果前件殊型的相对必然性论点。这一论点隐含在时间逻辑的所有"分枝时间"模型中。(有关的进一步证据参见 10.2 节)

无论如何定义相对偶然性,清楚的是,宇宙是一个绝对极小偶然的情境。如果情境 a 以情境 b 为部分,那么 b 不会没有 a 偶然(不会比 a

更必然),因为如果 b 不存在 a 就不会存在。由于宇宙包含每一个完全偶然的情境作为部分,因此,没哪个完全偶然的情境会没有宇宙偶然。由于宇宙是一个极小偶然情境,所以,它没有偶然原因一点也不奇怪,但如果它根本没有原因,这会令人很奇怪。

这些考虑导致关键性公理 8.8(因果性公理)的一个新版本。

公理 $8.8''$ $\forall x(Ax \, \Box\!\!\to \exists y(y$ 比 x 更接近必然 $\& \; y \vartriangleright x))$

在归纳的基础上,我们可以(逊于绝对必然的)任何程度的必然性确证每个殊型都是由某个比它更必然的殊型导致的。由于成功构建了跨越天文和地质时间的科学模型,我们确证,跨越大范围必然度的情境-殊型有比其自身更严格地接近必然的原因。公理 $8.8''$ 就是这种模式的可击败概括。公理 $8.8''$ 陈述的是,对于任意必然度的任意殊型,我们可以合理推断它有一个比其自身更接近必然的因果前件。当我们把公理 $8.8''$ 应用于必然事实(或任何非完全偶然的事实)时,我们发现上述可击败结论遇到难题,因为没有事实比绝对必然事实更接近必然。当我们把公理 $8.8''$ 应用于宇宙或者任何其他极小偶然事实时,我们成功得出该可击败结论,并且解释了为什么宇宙的原因是必然的。

实际上,公理 $8.8''$ 并不依赖这样一个强假定——**每个**殊型使其每一个因果前件都成为必然。下述弱得多的假定足够了:每个殊型至少使其**一个**因果前件成为必然。宇宙必定有一个它使其成为必然的因果前件,并且这个必然的原因必定是绝对必然的。

8.6.7   第一原因来自何处?

原因必定比其结果更严格地接近必然。如果这一看法是对的,可以推出必然的情境(至少在通常意义上)不是外因引发的。

认为必然情境不能作为结果的另一个理由是,我们知道所有情境的总体不能由外因引起(因为没有不与它交叉的情境),并且这种情境的最好解释是这一总体包含必然情境,而必然情境不是外因引发的。

8.6.8 罗斯的反对意见：第一原因引起它引起世界吗？

詹姆斯·罗斯(Ross,1969,pp. 295 - 304)论证过充足理由律能被证明为假。他的反对意见可用来反对（因果普遍性）公理 8.8。考察第一原因引起宇宙这一情境。称之为 C^*。C^* 显然是一个偶然情境，因为假如它是必然的，宇宙自身就会是必然的（根据真实性公理 8.6）。如果 C^* 是完全偶然的，那么它必定是宇宙的一个部分，并且第一原因必定引起 C^*，也就是说，第一原因必定引起第一原因引起宇宙这个情境。重复同样的论证可以表明，第一原因必定引起它引起它引起宇宙，以至无穷。这看来是恶性无限倒退。

对这一反对意见的最好回应是，指出没有任何理由认为 C^* 是完全偶然的。情境第一原因引起宇宙由两个情境构成：一个是第一原因，另一个是宇宙。原因引起宇宙这个真理并不表征这两者之外的第三个情境。相反，关于单称事例因果关联的陈述，随附于原因、结果和某些关于原因与结果之间模态关系的非情境性真理之上。因此，C^* 的完全偶然部分就是宇宙自身，我们只是重申第一原因确实引起宇宙。

这一回应衍涵，除关于模态和其他非因果事项的情境之外，没有任何情境对应单称事例的因果联结。这就是说，我们假设因果真理依附于模态真理和其他非因果真理（包括关于客观机遇或性向的真理，以及关于权利与义务的真理）。某世界中情境间的因果关联，完全用该世界中已经发生的事情，以及这个世界或其他备选世界中可能会发生的事情解释。这种最温和的本体论还原很具吸引力，因为备选者假定因果联结是无理性的情境，与可预测性或统计规则没有任何逻辑关系。同时，这种最温和的还原并不衍推因果言说的可消除性，也不以任何方式排除把情境假定为本体范畴的必要性。因果是情境之间的关系而不是任何种类的命题算子，但是情境之间的任何特定因果联结由其他模态的、随机的、历史的情境的汇集构成。

8.6.9　威廉·罗的反对意见

威廉·罗(William Rowe,1975,pp. 108 – 110)提出了一个罗斯反驳宇宙论论证的变体。罗要我们考虑一个对应如下真命题的情境 a：存在一些偶然的(肯定)情境。大多数宇宙论论证的捍卫者会接受 a 自身是偶然的。因此,第一原因必定引起 a。然而,情境"第一原因引起了 a"自身是一个偶然情境,所以第一原因不得不引起情境"它引起了 a",如此等等,以至无穷。

对这一反对意见的恰当回应只与对上一个反对意见的回应稍微不同。存在一些偶然情境这一命题并不对应一个单一情境。情境并不像命题那样在存在概括下封闭。从存在 n 具有 F 属性这一情境,推不出存在一个不同的情境——某事物具有属性 F。于是,使罗斯的 a 为真的情境就是宇宙自身,也就不会产生无穷后退。

这并非仅仅是一个特设性回应,因为有一些独立的理由否认存在一个特殊的存在性情境范畴。因果是显而易见的:如果情境"存在一个 F"引起了 a,那么存在某个 n,情境"n 是 F"引起了 a。同样,如果某情境 a 使命题"存在一个 F"为真,那么存在 a 使之为真的概括的某个事例。于是,在这两种情形下,没有任何理由假定一个对应于存在量项的特殊情境范畴。

9

关于信息与信息错误的理论

9.1 导　　言

用因果关联自然主义地阐释表征现象的尝试，经常在解释错误的可能性这个问题上栽跟头。例如，假设我们打算沿着下述路径解释表征：事实$\langle s,\sigma \rangle$表征事实$\langle s',\gamma \rangle$，当且仅当$\langle s',\gamma \rangle$是$\langle s,\sigma \rangle$的一个因果必要条件。当然，如果对"必要条件"做严格解释的话，这种说明就没为错误表征的可能性留余地。一旦现实的$\langle s,\sigma \rangle$表征事实$\langle s',\gamma \rangle$，状态$\langle s',\gamma \rangle$就会是现实的，并且$\langle s,\sigma \rangle$绝不是对世界的错误表征。

解决这一问题的普遍策略是区分两种类型的情境：类型 1 和类型 2。① 于是，我们可以视一个表征的内容与下述事实同一：类型 1 情境中的表征的形式使其因果必然。于是，一个类型 2 情境中的表征可以错误地表征世界，因为它的内容是参照一个反事实情境决定的。要是处在类型 1 而不是类型 2 的情境中，表征的形式会使什么因果必然呢？

类型 1 情境和类型 2 情境之间的区分主要根据表征形式的历史前事做出。例如，在德雷斯克对表征的说明中（Dretske,1981），类型 1 情

---

① 参见 Fodor, 1990, p. 60。

境是那些在训练期出现的情境,在此期间表征形式的含义给单个主体留下深刻印象。同样,在米利肯的说明中(Millikan,1984),类型1情境是在所探究的表征系统的进化史中现实地出现的情境。

122　　　正如我将在9.2节论证的,诉诸历史前事这一策略导致许多严重困难。首先,历史策略趋向归因于极弱的内容,因为一些错误表征确实出现在类型1情境中,并且一旦采用历史策略,它们就被错误地描述为真实的。其次,历史策略使得内容对不相干的历史偶然事件太敏感。最后,这一策略迫使我们把关于遥远过去的事实和对现在的最好理论说明关联起来。

在9.3节,我展开了两个关于信息的本质和错误的可能性的说明,后者避免了历史策略的类型1和类型2之分及一些与此相伴生的难题。第一个说明完全依赖状态之间的概然性关联,用概然的必然性解释信息。并且,由于不从一个事件概率为**0**(或者无穷接近于0)错误地推出该事件绝对不可能(非常令人奇怪的是,德雷斯克和福多两个人都做了这样的错误推理),这一说明为错误的可能性留了余地。第二个说明用条件功能来解释错误:当一个表征(在条件 q 的基础上)有负载信息 p 的功能并且条件 q 不成立,则该表征是错误的。

9.2　历史(回顾)策略

基于信息的最简单的表征理论有点类似于此:表征类型 σ 表征某个事态 γ 的现实性,当且仅当,γ 不是现实的而 σ 是现实的是因果不可能的。其意思是说,或者 γ 是 σ 的因果必要条件,或者 σ 是 γ 的因果充分条件。不幸的是,根据这个简单理论,内容所属的表征类型太弱以致不可能出错。根据这一说明,如果 σ 是现实的,且 σ 表征 γ,那么 γ 必定也是现实的。

一种减少表征类型的内容从而解释出错的可能性的方式是,不仅诉诸该表征-类型的当下因果属性,而且诉诸关于该类型的现实历史(甚至其久远历史)的事实。这些事实或是关于个别符号使用者的先前历史——如德雷斯克的理论(Dretske,1981),或是关于该类型所属的表征性实践的历史——如米利肯的说明(Millikan,1984)。简单的德雷斯克式理论可以采取下述形式:对主体 A 来说,表征-类型 σ 表征 γ,当且仅当,对每个处于训练期(在此期间 A 习得 σ 的含义)的情境 s 来说,**γ 在该情形中**(即在 s 中)对 σ 是因果必要的。我们可以说,事态 γ 在 s 情形中对 σ 是因果必要的,当且仅当,存在事态 υ,σ 和 υ 在 s 中都是现实的,并且 γ 对 σ 和 υ 的共同出现是因果必要的。对训练期之外出现的任何表征来说,错误表征是可能的,因为即便在情形 s 中 γ 对 σ 不是必要的,在训练期之外的情境 s 中出现的 σ 的事件-殊型也可以表征 γ。

　　这种说明有一个悖论性后果——训练期越长且变化越大,表征-类型的内容越弱。举例来说,如果把相干历史范围扩展到包括该表征实践的整个历史(在自然的表征情形中,指物种的整个进化史),所产生的内容会弱到实际上不可能出错。

　　一个非常简单的替代信息说明是,假定 σ 表征 γ,恰当 σ 的出现增加 γ 的客观概率。假设 σ **概然化** γ,恰当 γ 基于 σ 的条件概率大于 γ 基于 σ 的否定的条件概率。我们可以说 σ 表征 γ,恰当 σ 概然化 γ。这个说明的缺陷正好与在简单因果必然模型中遇到的缺陷相反。这个说明不是使出错不可能,而是使出错绝对地普遍存在。每个表征都表征无数个可能事态,其中除了极小比例之外其他都不存在。

　　米利肯从这个概然化模型出发,采用某种形式的历史策略来解决错误的普遍存在问题。根据简单的米利肯式说明,我们可以假定,σ 表征 γ 当且仅当 σ 概然化 γ,而且 σ 概然化 γ 事实上因果有助于 σ 所属的母体家族永存。相干的进化史越长且变化越大,归属于该表征的内容越窄,且出错和错误表征就越频繁。如米利肯所承认的,有许多几乎在每个场合都会出错的表征形式(Millikan,1984,p.34)。例如,假设某种听觉刺激模式增加猎食者出现的概率。在过去,这种模式触发逃跑反

123

应,从而有助于该物种的永存。根据米利肯的说明,即便几乎在所有场合该模式都是由风吹树叶引起的,该听觉模式却表征"猎食者来了!"事实上,米利肯的说明不能给概然性内容提供基础。例如,根据她的说明,我们不能区分这两种信号:第一种信号的含义是"猎食者来了的机遇很小";第二种信号的含义是"多半有猎食者来了"或者"毫无疑问有猎食者来了"。所有这些信号只是非量化地表征"猎食者来了"。

考量德雷斯克或米利肯理论的细节,会产生许多其他难题。但我在这儿想关注历史策略自身所特有的问题。第一,依赖历史策略会导致过去的异常情况影响表征的内容。譬如,训练期间包括某些合理但运用错误的表征案例,这是很常见的。即使在训练期间,"鸟"的每次归属性使用都是错的,但我还是可以通过聪明地构造机械模型来教小孩"鸟"的真正含义。同样,在任何表征性系统的进化史中,都会有一些事件,在这些事件中错误的表征偶尔有助于该系统的幸存。

第二,历史策略令内容对历史的偶然特征过于敏感。举例说明如下。考虑下述形式的孪生地球思想实验。假设在孪生地球上,H_2O 和 XYZ 同等丰富,并且彼此非常接近:这儿有一个 H_2O 湖,那儿就有一条 XYZ 河等等。进一步假设,孪生地球上的居民碰巧只见过 H_2O,并把术语"水"用之于它。根据历史策略,意味着把这个符号解释为仅仅指谓 H_2O,而全然不管下述事实:孪生地球人在将来正好同等可能地遇到 XYZ 和遇到 H_2O,并且他们完全不能识别这两者之间的差别。

第三,历史策略把关于遥远过去的事实与内容之归属于当下表征直接相干起来。内容之归属应能使我们理解和解释理性主体的行为。除非我们打算相信某种类似超时距作用的东西,否则关于理性主体遥远过去的信息对上述任务没有任何直接影响。

9.3 两种新策略

9.3.1 可错信息

信息多少与客观的概率相干性连在一起。我们在解释这种连接关系时陷入两难境地。如果我们坚持认为,一旦事实 σ 负载信息 γ,γ 基于 σ 的客观条件概率就是 1,那么 σ 就成为 γ 的充分条件,从而排除了任何出错的可能性。如果我们仅要求 γ 基于 σ 的客观条件概率非常高(尽管不必然等于 1),或者 γ 基于 σ 的概率比基于 $\neg\sigma$ 的概率高,就会与一条非常重要的信息原理冲突,德雷斯克称之为复印原理(Dretske,1981,pp. 57 - 58)。德雷斯克的复印原理要求信息负载是传递的:如果 σ 负载 γ,γ 负载 υ,那么 σ 负载 υ。显然,如果以与 1 的某个有限距离 ε 作为信息负载的条件概率的临界值,那么这种负载将不是传递的。

只有假定一个状态的概率是 1 但没有成为现实是不可能的,这个两难才成立。德雷斯克正是这样假定的。相对于概率演算的标准解释,这个假定是假的。在标准解释中,测度为 0 的事件大有可能。德雷斯克认为这一假定有用,我赞同他的这一看法。但是如果使用非标准概率理论,譬如,允许超实数即无穷小量的概率理论,可以既接受该假定又避免上述两难。

抽象的或一般的信息连接涉及三个实体:刻画信息负载者的情境类型、构成信息流"方向"的殊型上的二元关系以及刻画信息连接目标(连接所关注的)的情境-类型。

定义 9.1　(一般的信息连接)

$(\phi \approx_R \psi) =_{\text{def}}$

$\forall x((Ax \& (x \models \phi) \; \Box\!\!\rightarrow \exists y(Ay \& (y \models \psi) \& Rxy)) \; \&$

$\forall y((Ay \& (y \models \psi) \; \Diamond\!\!\rightarrow \exists x(Ax \& (x \models \phi) \& Rxy))$

125

在这个定义中,我假定 R 是一个必然被特殊赋值(其域上的函数)的关系(如自然关联关系≫或其逆):如果 Rss' 且 Rss'',那么必然 $s' = s''$。如果不是这样,那么必须给这两个条件句的后件加上从句——y 是与 xR-相关的唯一殊型。该定义保证一个类型 ψ 的情境的概率无穷接近于 1。在此,该情境与类型 ϕ 的一个给定情境 R-相关。并且该定义还保证,假如存在一个类型 ψ 的情境,存在一个类型 ϕ 的情境的概率是有限的。要支持下述形式的复印原理,前述从句是必要的。

复印原理

$$(\phi \approx_R \psi), (\psi \approx_{R'} \chi) \Rightarrow (\phi \approx_{R \circ R'} \chi)$$

我们还可以描述从一个殊型到另一个殊型的信息流。信息流的定义涉及五个变量:两个殊型、两个类型和连接关系。

定义 9.2 （殊型到殊型的信息连接）

$$(s_1 : \phi) \approx_R (s_2 : \psi) =_{\text{def}} (\phi \approx_R \psi) \,\&\, Rs_1 s_2 \,\&\, (s_1 \models \phi)$$

错误信息是很有可能的,因为我们仅知道 s_2 是 ψ 的条件概率无穷接近 1。

由概率局部性原理,可推断部分学意义上全异的殊型之间的任何信息连接是有因果中介的:或者负载者是目标的原因的部分,或者相反,或者这两者有共同的原因。

这个说明有一个反直观的结果——可以期望错误信息或自然错误出现的频率无穷小。有两点可资回应。首先,由于信息普遍存在,错误信息的相对频率的极限无穷小这一事实并不衍推出错的绝对频率低。在发现错误信息后,这一事实特别显而易见,而精确信息这一背景则被认为理所当然且很大程度上没被注意到。第二,我的说明有用不取决于**严格**要求出错的相对频率无穷小。大致可以说,错误信息只是例外,它出现的相对频率非常低。有时出于实践目的,尽管非常低的有限概率不是无穷小,但被当作无穷小。质的差别可以形式地表达为无穷比率,处理质的差别比完全处理量的差别具有相当明显的计算优势。我给出的是一个日常信息推理的模型。如果该说明真实地再现了我们日常实践的关键特性，那么它是否严格为真这个问题就意义很小或没有什么意义。在现实活动中，我们经常把"错误信息"或"错误"这样的描述词用于它们在其中并非严格真的情形，正如我们把"平的"这样的描述词用于不严格地平而只对实践目的来说足够平的那些表面。

如果把这一质疑看作对我所给出的说明的决定性反对意见，或至少否认其作为对所有错误表征之说明的恰当性，我还有一个运用条件性功能的备选说明。我会在下一小节讨论这一说明。

9.3.2　条件性功能

我们来考察信息的一个简单的必然模型，这个模型类似德雷斯克的模型。

$$(\phi \approx_R \psi) =_{\text{def}}$$
$$\Box \ \forall x(Ax \& (x \models \phi) \to \exists y(Ay \& (y \models \psi) \& xRy))$$

许多动物有所谓的"逃跑机制"。这些逃跑机制是对触发逃离反应的环境的知觉敏感性。它们是自适应的，因为它们经常使动物能逃离猎食的动物。但是，在强德雷斯克意义上，或者在根据上节的超限概率发展出来的较弱意义上，知觉敏感性并不负载信息"猎食者出现了"。猎食者现实地出现的概率可能很低，甚至低于 1%。尽管如此，我们还是会说，在某种意义上知觉状态表征猎食者的可能出现。

这个问题的一个解决方案是把概率置入表征的内容之中。知觉内容是像这样的某种东西：**猎食者逼近的概率是 1%，并且大致在右侧**。这个方案面临的难题是，它把复杂的概率概念赋予相当原始的动物。但这并非很正确，因为没有理由假定，表征的内容是以这样一种方式明确表达出来的，即有一个组分对应于概率概念 1%。

找一个不要求如此来丰富内容的表征模型更可取。更好的解决方案是利用**条件功能**概念。根据这一模型，内容 p 的一个表征不只是一个具有负载信息 p 的功能的状态，而是一个具有在环境 C 中负载信息 p 的条件功能的状态。在逃跑机制案例中，我们可以说，相关联的知觉状态具有负载下述信息的功能:猎食者**在其现实地出现且现实地发出适当种类有意义的声响这种环境下**的大致位置。动物的知觉状态加上一些目的论上相关的环境,负载信息"猎食者在某个特定位置"。当知觉状态出现但相关的环境没有现实化时,我们可以说该状态构成一个**错误表征**。

上述条件功能概念与巴威斯和佩里①提出的条件制约思想密切相关。我们可以说,殊型 s 的知觉状态 ϕ(相对于 R)具有负载信息"类型 ψ 的某个殊型是现实的"的条件功能(在环境 χ 的条件下),当且仅当,合取式 $\phi \& \chi$(相对于 R)负载信息"ψ 之实现与 s 属于类型 ϕ 因果相干"。

定义 9.3 （条件性表征-功能）

$$\gamma(s,\phi,R,\psi,\chi) =_{\text{def}} (s':((\phi \& \chi) \approx_R \psi)) \rightsquigarrow (s:\phi)$$

即使在解释许多出错形式的可能性时需要条件功能模型,但前面一节中所展开的信息的超限模型仍然有用。首先,如果世界是完全非决定论的,那么没有适合德雷斯克的严格必然化模型的信息。其次,如果利用信息的超限模型和表征的条件功能模型,对出错的可能性就有两个独立说明。因信息易错而出现错误时,我们给这种情形贴上**坏表征**的标签。因表征的背景条件没被现实化而出现错误时,我们可以给这种情形贴上**错误表征**的标签。

9.4 作为知识基础的信息

定义**牢固的**或**孕育知识的**信息这一概念是可能的。相对于关系 R,事实$(s_1:\phi)$ 与事实$(s_2:\psi)$**牢固地**连接,当且仅当,这两个事实之间有

---

① Barwise and Perry,1983,pp. 112 – 114,270 – 272,以及 Barwise,1989,pp. 149 – 151。

一个信息性连接，并且给第一项加上一个附加的现实信息后，这一连接仍然成立。换句话说，如果我们把 s_1 扩充到某个更大的情境 s，并且不仅考虑到 s 属于类型 ϕ，而且考虑到它属于更明确的类型 $\phi \& \chi$，那么（相对于某个关系 R'）事实 $(s:(\phi \& \chi))$ 和 $(s_2:\psi)$ 之间仍然存在一个信息连接。

定义 9.4 （牢固的信息连接）

$$(s_1:\phi) \mapsto_R (s_2:\psi) =_{\text{def}} ((s_1:\phi) \ggg_R (s_2:\psi)) \&$$

$$\forall x \forall \chi \forall R'((Ax \& (s_1 \sqsubseteq x) \& xR's_2 \& (x \models \chi)) \to ((\phi \& \chi) \ggg_{R'} \psi))$$

牢固的或孕育知识的信息负载是传递的。也就是说，它满足复印原理。尽管在上述第二个定义中，简单的信息负载自身不是传递的，但实际上，无论我们用无穷趋近 1 的条件概率还是用有限条件概率来定义简单信息负载，情况都是这样。

如果一个有机体的功能包括发觉错误和反常的程序，换句话说，如果它习惯性地寻求证实或修正其当前信息状态，那么可以说该有机体被设计或改造成了获得**牢固的**信息而非**无条件的**信息。

128

10

回顾与展望

10.1　因果关系

在第 3 章,我论证了我们有来自自然语言的证据表明因果的关系者项是世界的部分-情境。这些情境需要一种非经典的三值或四值语义学,我在附录 A 中详细展开了这种语义学。

用附录 A 中定义的形式语言,我分别在第 4、5、6 章给出了因果的决定论模型、非决定论模型和概率模型,证明了这些模型满足因果理论需考虑的许多重要东西,并用一些例子来检验它们。我还证明了(在第 7 章)这些模型使得高阶因果成为可能。

第 8 章和第 9 章展示了因果理论在一些悬而未决问题上的应用。我在第 8 章主张,所有完全偶然的情境都有原因。这就指向存在一个必然的第一原因,从而复兴古老的宇宙论论证。在第 9 章,我用因果语言展开对自然信息和错误信息的说明,这一说明可用来解释表征性状态的存在。

在附录 B,我会转而讨论下述问题:恰当地说明可击败或非单调推理的有用理论。我将表明,一个整合了我对因的说明的可击败推理系统,能够正确地和原则性地解决某些熟悉的问题,譬如耶鲁射击问题。

10. 2　反对决定论

本书中反复出现的一个论点是**决定论**的不可接受性。决定论是下述两个论点的合取：(1) 因果的必然论概念；(2) 时间上受约束的情境-殊型的因果普遍性。我给出了许多摒弃必然论概念的理由。事实上，我甚至主张原因**绝不会**必然产生其结果。我坚持这一观点基于以下理由。　　　　　　130

　　1. 因果在先关系是一种非对称的必然关系：因果在后的殊型必然有因果在先殊型的存在。如果原因必然产生其结果，就违反非对称性。另外，原因和结果的相互必然化会使它们的分立存在成问题。

　　2. 正如我在第 4 章和第 5 章论证的，因果的必然论模型导致因果关联和解释性关联的膨胀。

　　3. 有一些涉及非决定论因果的融贯的思想实验。在这些实验中，原因并不必然产生其结果。例如，麦凯的非决定论的自动售货机 M(第 5.6.3 节)。必然化模型不是很符合我们关于因果的常识性观点。

　　4. 决定论破坏所有慎思的真实性，因为它与真正可能的备选未来会存在矛盾(第 16.8 节)。决定论在因果与中介之间树立虚假对立。

　　5. 融贯的非决定论因果模型和概率因果模型可得(第 5章和第 6 章)。

第一个理由基于因果前提的非对称必然性原理。而这一原理得到源自多方面的独立支持。

1. 因果的非决定论论点与下述日常观念一致：过去是固定的，而未来是开放的。

2. 这一论点使我们能够避免引入因果在先关系作为未加定义的初始项,这导致更经济的本体论。

3. 这一论点符合情境-殊型跨世界同一性的自然条件。

4. 这一论点简化了**隔断**的定义,并且看起来符合我们关于这一方面的直觉——为因果推理进行辩护时需要哪些信息(附录 B)。

10.3 时空受因果制约而不是相反

我对因果和因果在先的定义不包含任何空间或时间关系。我是有意这么做的,因为我想利用因果来分析时间和空间。我在 4.10.2 节勾勒了这样一个说明的初始部分。

131   在第Ⅱ部分的第 18 章,我将论证时空因果理论为解决量子实在悖论带来新的曙光。尤其是,我将论证量子感应的非局部性毫不奇怪,因为时空局部性是为(尽可能接近和简单地)符合宏观物理相互作用网络而构造的。

另外,在第Ⅱ部分的第 18 章,我将用本书中的因果理论阐释人、有机体和人造物等持存实体概念。这一阐释极其依赖因果对时间和空间的先在性,因为把时间和空间看作独立于持存客体的存在是有争议的。

第 8 章中的主要论证强化因果独立于时空关系这一结论。在该章我论证了我们有良好理由假定所有偶然情境的一个必然的第一原因。可以推测,这个第一原因没有空间位置并且是永恒的(因为时空位置看来会引入偶然成分),但它有真正的因果效用。

对因果做非时空说明的另一个好处是,它使我能够构造关于外在于空间的客体的知识的因果理论,譬如关于逻辑、数学与模态世界的知识的因果理论。这是我在第Ⅱ部分的主要任务。

第 II 部分

在形而上学、认识论和伦理学中的应用

11

概　　述

11.1　作为高阶因果的目的论

　　自然目的论和生物功能概念在当代哲学,特别是在晚近的内容理论和知识理论中,扮演越来越重要的角色。20 世纪目的论研究的一个特征是进一步努力澄清目的论的逻辑、语义学和形而上学,纠正莱布尼茨以来现代哲学对该话题令人遗憾的漠视。最有影响和吸引力的说明之一是查尔斯·泰勒 1964 年的著作《行为的解释》(*The Explanation of Behavior*)(Taylor,1964)。泰勒的影响在当代大多数说明中可以见到,包括拉里·莱特、安德鲁·伍德菲尔德和露丝·米利肯的说明。

　　根据泰勒和莱特(Taylor & Wright,1976)两人的观点,一个状态 B 为了状态 G 而出现,当且仅当,(1) B 趋向使 G 发生,并且(2) B 出现是因为它趋于使 G 发生。这显然是一个高阶因果事例:B 和 G 之间的因果关联出现在 B 的事例的因果之中。我在本书展开的因果的形式理论特地用来阐释这种可能性。

　　露丝·米利肯主张,仅当我们明确参照过去,对这种高阶因果的依赖才有意义。她论证前述从句(2)必须被下述从句取代:

　　(2′)B 的当下殊型之出现是因为 B 的过去事例趋于使 G 发生。

莱特明确地反对这种修正，米利肯对此回应道：

> 莱特说，"因为 X 做 Z"这种表述没有还原为"因为类似 X 的事物在过去做了 Z"。相反，要求我们接受"X **现在**可能在那儿"，因为"X 或 X 们**现在**确实产生了 Z"是真的。关于当下情形的命题为真何以能"导致"其他事物**当下**为真，这没有得到解释。（Millikan，1989b，p. 299，注 7）

米利肯忽视了两个事实。第一，X 倾向产生 Z 这一事实不是关于当下情形的事实：它是一个关于世界的模态与随机结构的、无时间性的永恒事实。第二，米利肯没能像我在第 7 章详细论证的那样，说明这样的永恒事实能够进入对当下情况的因果解释之中。

11. 2　目的论语义学

　　哲学的一个核心问题是说明有内容的状态之存在的可能性，也就是，说明表征性状态之存在的可能性。我把表征看作一个具有负载信息之目的功能的状态。信息就是这个表征的内容。我在第 9 章给出了出错可能性的两种说明：错误表征和坏表征。

　　在错误表征的情形下，我们处理的是有条件功能的状态：**在一组特定情况下，**它有负载信息的功能。在这些情况不出现时，该状态仍然有同样的表征内容，即便它没有现实地负载由它来负载的信息。在坏表征的情形下，表征性状态确实现实地负载合适信息，但该信息本身不是真实的。如果根据超限条件概率信息模型，下述是可能的：一个状态 ϕ 负载信息 ψ，当且仅当，ψ 基于 ϕ 的条件概率无穷趋近 1。这个模型满足德雷斯克的复印原理，即信息负载是传递的。同时，这个模型为错误信息的可能性打开方便之门。

　　在这一部分，我将把这一表征模型展开为一个关于心理状态的新颖说明。在第 14 章,我勾勒了一个关于相信、渴望、意欲等各种心理状态的说明。在第 16 章,我用我对心理表征的说明,解释可感受性的一些令人困惑的特性。具体来说,我将试着解释为什么可感受性不能还原为物理属性。

我深深地相信思想(以及心理表征)不依赖公共语言。语言不能脱离表征心理的说话者的存在,但是心理表征不依赖语言的出现。然而,语言的存在极大地增强了我们进行复杂和精细表征的能力,这也是真的。另外,我不喜欢格赖斯和塞尔对语言意义的说明,这种说明把公共意义还原为说话者的意义。语言的意义在于音素和句法结构的某些固有目的功能。从最根本上来说,在于语句在断言性报告中负载有关被描述情境的信息的功能。在某种意义上,通过履行某些适应性功能,语词利用我们成功地再生产它们自身。复杂的格赖斯型交际意图对语言的使用来说并非必不可少。除这种简略勾勒之外,我在本书中对语言不再多说什么。

11.3　目的论语义学与认识论之间的连接

137

结合我的目的功能定义和我对信息的说明,我可以定义信念和知觉的语义内容。类型 ϕ 的一个知觉或信念状态表征 p,当且仅当,类型 ϕ 具有牢固地负载信息 p 的目的功能。换句话说,一个信念有内容 p,当且仅当,它属于一个其固有功能是牢固地负载信息 p 的类型。因为一个牢固地负载其内容信息的信念就是知识,我们可以说相信 p,是一个其功能由状态知道 p 实现的状态。于是,知识和信念可以相互定义如下:知道 p 是处于一个其功能得到实现的相信 p 的状态,相信 p 是一个其功能被知道 p 实现的状态。这一循环不是恶性的,因为它们每个都可以用更基本的**功能**与**牢固信息**概念非循环地定义。

这一关于内容的说明有一个推论:语义学和认识论不可分。如果

关于 p 的知识是不可能的，相信 p 也是不可能的。反之，如果相信 p 是可能的，那么相信 p 的正常情形就是知道 p 的情形。因此，某种全面的怀疑论是不融贯的。不假设我们具备知道某领域的自然能力，就不能假设我们能掌握该领域的命题。

11.4   知识的因果/目的论说明

因为根据我的说明，模态结构等非时间和非空间的实在可以进入有时空进程的因果关系之中，所以，我能为我们关于逻辑、数学以及因果必然性的知识提供一个因果说明。这一说明与我们关于时空客体的知识（通过感知）的因果理论非常相似。在第Ⅱ部分，我在第 15 章展开了一个关于逻辑知识与数学知识的因果理论，在第 17 章，展开了一个关于科学知识的因果理论。

我在对知识的说明中还运用了目的论要素。当一个表征性状态实现其功能时，它就构成了知识而不仅仅是为真。真意见情形是部分目的功能失败的情形。因此，我们不应该认为知识是真加上信念再加上某个第三因素。相反，我们应该把真意见看作知识减去某种东西（即适当种类的可靠性）。我把所产生的理论叫**目的论的可靠论**，因为它吸纳了可靠论的优点，同时通过包含目的功能要素而避开了那些正统反对意见。

11.5   心理因果与可感受性

当代心智哲学最流行的观点是**非还原的唯物主义**。我将为一种双重不流行观点——**非唯物主义的还原论**——进行辩护。在心智哲学中，我们必须寻求一种关于心理行动、意向性和可感受性之本质的启发性说明,在这一点上我同意还原论者。但是我也同意大多数反还原论者的下述看法:唯物主义者的现有资源不足以完成这一任务。解决办法是走出唯物主义框架。具体因果涉及关于模态和客观机遇这样的永恒事实,通过把关于具体因果的理论纳入因果次序,我对如何说明心理因果和物理属性与现象属性之间的差别这一问题提出了一个新颖的解决方案。

11.6　伦理的目的论说明

目的论的实在论使一种非常牢固的伦理和道德实在论形式成为可能。没有必要把善看作理想化欲求或偏爱的某种投射。相反,人的幸福生活可以界定为人的所有**原始**功能(即本质上不是修正或改善了的功能,譬如康复或抗感染的功能)都得到实现的生活。

如亚里士多德所承认的,道德的善在于实现某种与特性相联系的目的功能,即与做出合适选择并成功贯彻它们的能力相联系的目的功能。美德对幸福及其自身成为幸福的一个内在组分都是有益的,因为许多道德功能是我们作为人所拥有的原始功能。

有两个理由相信价值和道德规范是客观实在。首先,我们有相信伦理命题的自然倾向,并且对这些命题之意义的非认知说明不能说明下述事实:我们陷入关于它们的真值的论战之中。其次,在什么是善的和值得赞许的这一问题上,我们观察到大范围的跨文化一致性,客观性对此给出了一个简单解释。

对一致性论证的标准反实在论反驳指出,我们观察到的一致性可以用自然选择来解释:遵守完全不同规范的文化不能幸存。然而,仅在诉诸自然选择与否定伦理的客观性相容时,这一回应才能削弱伦理实在论。相反,我认为,诉诸自然选择衍涵为道德客观性打下良好基础的道德目的功能的存在。

人这样的有机体的目的功能高度相互支持和相互依赖。某些功能的生效，譬如恢复和治愈所涉及的功能，预设其他功能的失效。我把这些叫"派生功能"。原始功能没有这样的预设。一个有机体所有原始功能同时实现，这种状态就是**幸福**。对人这样的理性动物来说，人的幸福是所有行动的终极目的。

愉快、痛苦、满足、不满以及不适或舒适感这些主观状态，本性上都是表征性的。愉快和舒适感的自然功能是负载了至少获得了部分幸福这一牢固信息的。痛苦、不满和不舒服都有负载某种功能失效这一信息的功能。我们感觉愉快和痛苦的性向是易错的，但它们是潜在客观条件的可靠指示者。

美德是决定在通常情况下以通常方式促进幸福的性向。作为一种方式（作为获得幸福的可靠方式）和作为目的自身（作为幸福的自然构件），美德的培养都是有价值的。不实现意志的自然功能，包括美德的发展和培养，我们就不能实现我们的所有固有功能。

道德真理有权提供理由和动机，因为人类的推理能力和欲求能力具有符合道德真理的自然性向。接受道德要求是行动的良好理由，是成为好推理者的部分构成要素。我们的终极目标不会自己走向我们，也不纯粹是偶然的产物。在客观上符合人类幸福的终极目标，使我们之为人并构成能有所欲有所求的我们。

11.7 作为逻辑构造的持存实体

持存实体是逻辑构造物，其存在是由情境-殊型的因果链条构成的。一根情境-殊型链条构成一段**实体历史**，当且仅当，有某个类型 ϕ 被该链条的每个成员实现，并且，在先成员之为 ϕ 因果地解释了其每个后继成员之为 ϕ。一个实体的属性总是链接到其历史中的某个成员。在通常情况下，链接相应命题到某个时间点可以恰当地表征这一点。

然而，当涉及时间流逝时，有必要把每个实体-属性归属链接到某个时间和某个地点。因此，只要一个实体在不同的地点有这些属性，那么它在同一时刻有不相容属性是可能的。

　　由于时间和空间自身是基于潜在因果关系的构造物，实体在时空上是**间断性**的是非常可能的。例如，假设（用正统的哥本哈根量子力学解释）像电子和其他微观物理对象等量子系统，只在特殊情况下具有确定的位置或动量，这个假设是融贯的。在不可观察时，这些微观粒子没有时空属性而只有这些属性的潜能。因此，因果的时空局部性原理不适合它们。

140

12

作为高阶因果的目的论

12.1　目的论的三个定义

在过去 40 年间，目的论和生物功能理论在分析哲学中经历了令人惊奇的复兴。查尔斯·泰勒因其 1964 年的著作《行为的解释》而成为这一领域的先驱。拉里·莱特、安德鲁·伍德菲尔德 和露丝·加勒特·米利肯 则追随泰勒所引领的方向。

我把莱特、伍德菲尔德和米利肯的说明，看作关于目的论功能本质的相竞争说明的三个典范。这三个说明分别是因果说明、规范说明和达尔文说明。达尔文说明有两个版本，一个是回顾性的（米利肯），另外一个是前瞻性的［比奇洛（Bigelow）和帕戈特（Pargetter）］。

12.1.1　泰勒/莱特说明

根据泰勒和莱特（1976）提出的理论，一个状态 B 因状态 G 之故而出现，当且仅当，（1）B 趋向产生 G，而且（2）B 之所以出现是因为其趋向产生 G。这显然是一个高阶因果事例：B 和 G 之间的因果关联出现在 B 的事例的因果之中。

正如我在上一章提到的，露丝·米利肯主张，仅当我们用参照过去

(即状态 B 的现实历史)取代参照高阶因果时,这一说明才有意义。她用下述条件取代(2):

(2′) B 的当下殊型之出现是因为 B 的过去事例趋向产生 G。

米利肯坚持这一替换,因为她确信原因必定在时间上先于其结果。然而,如我在第 8 章论证的,完全有可能,一个事件在时间上是关于世界的模态和随机结构的事实的部分结果,而后面的这些事实不能位于时间之中。

对某些听者来说,**永恒事实因果**概念听起来像是一种矛盾修辞。如果把它作为下述因果概念的一个本质部分,即因果关系在有时空位置的项之间总成立,那么我将使用某个更宽泛的概念,譬如**能力**或**影响**。可以把我的说明看作目的论的能力或影响理论,而不看作"因果"理论。当一个状态处于适当的永恒事实(涉及某些因果必然性的事实)的能力或影响之下,该状态就有了目的功能特性。

我们能区分目的论关联的许多有趣变体。首先,我们可以区分外在目的和内在目的。例如,鸟有翅膀是为了飞翔,这是内在目的情形。反之,种子服务于喂鸟这一目的就是外在目的情形。

我们还可以区分生产性功能和信息性功能。泰勒/莱特定义阐明了一组重要的功能:生产性功能。然而,还有接纳性功能或信息性功能。例如,耳朵有记录环境中某些种类客体存在的功能。这一功能不是耳朵对环境的影响,而是相反:环境对耳朵的影响。我在第 9 章定义了一种信息(或潜在信息)关系。我们可以说某特定视网膜刺激模式 ϕ(相对于 v)在 s 中有负载信息 ψ 的内在功能,当且仅当,模式 ϕ 之存在是因为它(在类型 v 的有机体中)负载信息 ψ。我们可以说,当某有机体具有负载某类潜在信息的功能这一状态出现时,对该有机体来说该信息就变成现实。

12.1.2 从伍德菲尔德和贝多到亚里士多德

伍德菲尔德(1976)认为,泰勒/莱特说明给出了目的功能性的一个必要而非充分条件。他要求我们必须添加一个规范性要素,即功能状态须有助于有机体舒适。阿尔文·普兰廷加(1993)给出的一个例子在某种程度上支持伍德菲尔德的论点。设想一个世界,在该世界中纳粹式政权制定了一个针对其仇视的少数种族的劣生学计划。在少数种族人群中植入有害突变基因,使得受体几乎变瞎,并且在想看东西时会痛。通过检测视觉缺陷和疼痛感症候,这帮纳粹畜生逐步消灭所有没有该基因的少数种族成员。在这一案例中,有缺陷的基因看起来满足莱特的标准,因为该基因在总体中出现的部分因果解释是该基因对受体视觉的有害作用。但是,说该基因有损害视觉的功能(而不只是作用)至少有点奇怪。

143   其他许多例子也表明莱特定义太宽松。根据莱特定义,以反馈循环为特征的无生命世界的任何稳定特性,即任何动态平衡的真实案例,都可以描述成目的功能的例化。例如,假设冰在岩缝中出现引起岩缝保持张开(该例子是阿尼尔·古普塔在谈话中给出的)。在这个例子中,冰块在岩缝中存在是由冰块保持岩缝张开的能力导致的。该冰块具有保持岩缝张开的莱特式功能。同样,如果水在沟渠中快速流动防止沟渠淤塞,我们将不得不说水流有阻止淤塞倾向的功能,因为在这种因果关联不出现时,淤塞会阻止水流得如此快。伍德菲尔德会争辩说,这些案例中不存在真正的目的功能,因为冰块的堆积和水的流动都没有幸福。

但是,如果只给莱特的定义加上增进幸福这一条件,这似乎只是措辞不同而已。莱特-功能定义和伍德菲尔德-功能定义,分歧只在英语语词"function"的适当含义。然而,有可能把伍德菲尔德的立场重新解释为一个备选的形而上学说明。伍德菲尔德断言存在一类形而上学上不同的莱特-功能:其存在是**因为**它们有助于其受者的幸福。这种说明赋予善这种属性(对某类有机体的善)真正的因果作用,结果产生的是非常接近柏拉图关于善的理论的某种东西。

马克·贝多(1992)也主张评价要素对目的论至关重要。贝多区分了"评价缠绕的三个层次"。在第一个缠绕层次,我们通过要求 ϕ 产生 ψ 且 ψ 是善的来定义 ϕ 的固有功能是 ψ。它给功能的准莱特式倾向说明增加了善这一条件。在第二个层次,我们吸纳莱特的定义并以 ψ 是善的作为独立的附加条件。也就是说,因为 ϕ 产生 ψ,加之 ψ 是善的,所以我们要求事物具有 ϕ。最后,在第三个层次,我们把 ψ 的善包含在 ϕ 的因果解释之中:事物具有 ϕ,因为 ϕ 产生 ψ 且 ψ 是善的。①

令 $\gamma(\upsilon)$ 表征情境-类型。在该情境类型中,其时间片段属于类型 υ 的有机体类型的幸福被最大化。于是,我们可以把第三层次的或柏拉图式的功能(相对种类 υ)定义为下述功能:在这种功能中,被促进的目的也促进 $\gamma(\upsilon)$,并且这一事实也与该功能状态的存在因果相干。我们可以把这一附加条件称为"柏拉图条件",它要求 ψ(ϕ 的莱特-功能目的)和(作为背景种类 υ 的成员)有机体的幸福之间有因果关联。

目的功能第三层次的柏拉图式说明,可与善的幸福概念结合形成这样一个理论:任何有机体的幸福在于其所有潜在柏拉图功能的实现。尽管柏拉图功能定义提到了幸福,但这并不是一个不足道的条件。柏拉图功能定义没有讨论有机体的善是什么这一问题。幸福论会给这个定义加上下述论点:善是有机体的柏拉图功能的特定子集的实现。柏拉图式幸福论在本体论上把莱特式功能和善放在同等地位:任何一个都不能还原成另一个。尽管柏拉图主义者不能把善本体上还原为功能,但还是有一个关于善的实质性断言——要求善等同于有机体莱特式功能的某个子集的实现。

另外,柏拉图式说明与下述断言相容:在认识论上,有可能通过发现其莱特功能而获知有机体的善。很有可能几乎所有莱特功能也是柏拉图功能:视一个状态为莱特功能,给我们好的初始理由也视它为一个柏拉图功能。相反,可能在很多情形中,视一个状态有益于有机体的

144

---

① 约翰·塞尔是目的论判断预设在先的规范判断这一论点的另一捍卫者(Searle,1995)。例如,他认为判断"心脏的功能是泵血"预设一个在先的承诺——生命自身的善。

善,给我们好的但可击败的理由假定该状态是有机体的一个莱特功能。

如果柏拉图条件得到满足,那么超验的善(即根据超验标准,不能还原为其他事实的善)就会与世界的因果网络相联系,不是在某事物之为善(根据这一超验标准)给该物某种新的因果能力这一意义上,而是在事物某些属性的存在可以用它们有助于这些事物的幸福来因果地解释的意义上。于是,善或幸福与具体事件有间接的、二阶的因果相干关系。

关于善在贝多的第三层次目的论定义中的作用,有一个更紧缩的备选说明。一事物能幸福,当且仅当,其莱特功能的总和构成一个高度融贯的相互支持的总体。视某个莱特功能为真正的目的功能,当且仅当,它在这个意义上与其拥有者的幸福紧密结合在一起。这种说明也与柏拉图的论点——幸福与**和谐**紧密关联相呼应。像有机体那样有很大一组和谐莱特功能的事物有幸福的能力;具有极不相干、不和谐莱特功能的无生命客体则没有这种能力。① 普兰廷加的不良基因例子可以排除,因为尽管该基因确实有莱特功能,但该功能和人类宿主的其他莱特功能不和谐。

145 要更接近柏拉图的理论,这一紧缩说明还需进一步提炼。这需区分两类情形:一类情形是,事物的莱特功能是和谐的但这种和谐只是偶然的;另一类情形是,莱特功能的和谐自身是功能性的,可能有助于有机体的自适应性。根据前述紧缩说明,和谐由善构成。因此,这两类情形都是有幸福标准的有机体的案例。或者,我们可以坚持认为,莱特功能的和谐自身必定可以参照善来**解释**。我们可以称这一温和立场为"亚里士多德式"善理论。根据这一说明,我们可以下述方式定义善。

亚里士多德式善的定义

• 一个事物善当且仅当它有固有功能。

---

① 人的善的和谐或自我平衡的汇集在理查德·博伊德的道德实在论中起核心作用(Boyd,1997)。

- 事物的善在于成功履行其原始固有功能。

固有功能的亚里士多德式定义：状态 ϕ 在种类 υ 中有固有功能 ψ，当且仅当，

    1. 一个因果定律的存在（至少部分）因果地解释了种类 υ 中的事物具有状态 ϕ 这个事实。该因果定律连接作为原因的 $(\phi\,\&\,\upsilon)$ 和作为结果的 ψ（莱特条件）。

    2. 对 υ 来说，满足条件（1）的功能系统 $\langle\phi_i,\psi_i\rangle$ 构成一个极大和谐、相互支持的整体，且功能 $\langle\phi,\psi\rangle$ 有助于这一和谐。

    3. 条件（2）中提到的和谐（至少部分）因果地解释了种类 υ 事物的存在。

这一亚里士多德式定义比前述紧缩说明强，因为它所要求的比莱特功能中存在和谐这一事实要多。同时，它的本体论承诺比经过充分发展的柏拉图说明少得多，因为它不必假定善是解释莱特功能存在的初始因果因素。这一定义是素朴实在论和温和本体论两者的结合，至少在直觉上为称之为"亚里士多德式"的定义提供了辩护。

贝多认为生物只利用第一和第二层次的功能。他否认第三层次的功能在现代科学世界图景中的合法地位。然而，他得出这一结论是因为他忽略了亚里士多德式第三层次评价缠绕的可能性。实际上，要区分有机体与人造物的功能性和无生命世界中能使自身永存的平衡，以这种紧缩方式理解的第三层次是必要的。

有机体要有一组和谐功能，其机能不紊乱并非必要条件，也不需要排除该有机体各功能之间存在适度的竞争与冲突。功能 x 与系统 S 和谐，当且仅当，对 S 中**许多**成员 y（但不必全部）来说，x 的实现增加了 y 实现的概率，并且，对 S 中大**多数**成员 y（但不必全部）来说，x 的实现没有有效地减小 y 实现的概率。如果几乎 S 中每个成员 x 都与 $S-\{x\}$ 协调，那么功能系统 S 是和谐的。

然而，这一和谐定义并非完全成功，因为它没有考虑存在第二和第

146

三层次功能。例如,通过极大地降低代谢速率,机体可以功能性地对曾给它造成巨大伤害的条件做出反应。仅当许多其他功能失效,这种功能性反应才会实现。因此,第二层次功能的实现有效地降低了实现该机体多数功能的概率,因为它衍涵这些功能事实上已经丧失。有可能存在一个有机体,其大多数功能是第二层次功能。与此相呼应,功能 x 补偿一组功能 T,当且仅当,x 的成功实现衍涵 T 中没有任何成员实现,且 x 的成功实现因果后于 T 中成员的失败。相对于 T,功能 x 元协助 y,当且仅当,x 补偿 T 且 x 的实现增加了在 T 中成员失败的条件下 y 实现的概率。于是,通过仅要求相对于系统的某个真子集,某功能元协助该系统的某些成员,我们可以弱化系统和谐的定义。一个系统是和谐的,如果它的多数成员(在新的、弱的意义上)与其余成员和谐,并且它的许多成员(在第一个强的意义上)与它和谐。

被感染或受寄生虫侵染的有机体是两个不相交系统(它自身和寄生虫系统)的基因座。这两个系统都内部和谐,但它们相互冲突。在共生情形下,即便这两个不相交的系统相互支持,我们还是可以分辨它们,因为这两个系统之间的辅助性联系要比它们自身内部之间的联系少得多且弱得多。类似线粒体的情形,则取决于有机统一与长期确立的、亲密的共生关系之间的模糊边界。

任何有机体都有某种程度的功能紊乱。标准是功能之间的实质性和谐,而非理想的或最佳的和谐。x 的功能不是由弄清 x 用来做什么最理想来决定,而是由弄清对 x 的起源的最可能解释是否涉及 x 和某个结果之间的因果关联来决定。例如,有一些自私的 DNA,即控制复制过程的基因,它们在染色体上产生许多复本而不顾会损害有机体健康这一事实。这种自私的粗暴基因构成了一种能使自身永存的遗传疾患,即染色体寄生物。染色体系统中存在这些缺陷并不对下述显而易见的事实构成任何挑战:该系统的功能包括细胞繁殖和蛋白质合成。

因本书目的,我将以亚里士多德式善的定义和固有功能定义为工作假设。我相信亚里士多德式定义足够弱,足以把我们想赋予有机体和人造物的任何东西作为固有功能,同时又不把无生命自然世界中的任何属性当作功能。

12.1.3 自然选择说明

米利肯(1984)用对有机体祖先的幸存与繁衍的现实贡献,非常概略地定义了功能性关系。眼睛有记录某种类信息的功能是因为这样一个事实——通过记录这些信息,所考察的有机体祖先的类似器官对这些祖先的成功繁衍有贡献。米利肯的说明显然是回顾性的,这招来许多反对。新适应性的首次出现总是非功能性的,因为直到它现实地对成功繁衍有因果贡献,它才获得功能。这甚至适用于人造物:如果我设计一个小器具来完成某任务,并且它确实以我设想的那种方式完成了该任务,然而,直到它成功满足这种功能性需求(通过市场)从而导致完全相同的小器具的再生产,它才具有该功能。另外,根据米利肯的说明,功能一旦获得就不会再失去。洞穴鱼失明的眼睛仍然有看的功能,当代英语语词仍然载有其印欧词根的意义。这些结果似乎违反直觉。

一个解决办法是令米利肯的说明成为前瞻性的,正如比奇洛和帕戈特(Bigelow and Pargetter, 1987)所做的那样。根据他们的说明,如果某状态倾向于产生某结果这一事实此时此刻强化了所考察有机体的再生产适切性,那么该状态有该特定功能。然而,由于不清楚"再生产"在纯前瞻意义上意味着什么,这一策略是否奏效尚不明确。米利肯说明的优点是能参照一个已经存在的家族,这个家族具有类似的使自我永存的结构。由于每个事物在某方面类似于其他任何事物,所以,在 x 所属的某个已经存在的有机体类不出现时,不清楚"x 的再生产"能意味什么。

另外,不清楚该如何定义有机体的"当下环境",也不清楚比较的基准是什么。比奇洛和帕戈特告诉我们,适应性提高有机体的再生产适切性,但是何种情境提供测度进步或退化的基准?

所有这些说明还有一个更根本的问题:它们使达尔文主义在本体

论上必然为真。当然，在某种适当宽泛的意义上，功能性有机体有可能以《创世记》所描述的方式存在，即便这种方式不是现实世界中事物的发生方式。另外，有可能存在理查德·索拉布吉（Richard Sorabji, 1964）所说的"奢侈功能"，即那些事实上没有增强其受体的再生产适切性也没有增强其祖先的再生产的功能。例如，欣赏美的能力或者追踪形而上学真理的能力，是人类心智的真实功能，但它们与再生产适切性毫不相干。存在这样的功能至少是可能的。我们对功能本质的基本说明不应排除这些可能性。

再者，所有涉及自然选择的说明，无论是回顾性的还是前瞻性的，都有这样一个缺陷——它们不认为作为人类原创性智力设计行动之产品的人造物有某种功能。如果一个发明者设计了一种新捕鼠器，根据这些自然选择说明，直到这种捕鼠器事实上成功地捕到老鼠而刺激了对它的需求，它得到了再生产（根据回顾性说明），或者因这个原因它有被再生产的倾向（根据前瞻性说明），该捕鼠器才有捕鼠功能。莱特型功能定义不需要任何伪装的析取，有涵盖自然选择的产物和一次性智力设计的产物（不管它们是否已经或将被再生产）这两者的优点。根据莱特的说明，只要捕鼠器的捕鼠性向是发明者设计它的一个原因，捕鼠器就有捕鼠功能，而对捕鼠的现实历史，或者因会成功捕鼠而在将来被再生产的可能性不做要求。

把自然选择看作对功能如何存在于世界的一种解释模式，而不把它看作对某物之为功能的含义的说明，这要合理得多。

内安德（Neander, 1991）捍卫一种目的论的自然选择说明，这种说明是对当代生物学家思想中出现的**功能**概念的分析。根据内安德的看法，在当代生物学家的专业词汇中，语词"功能"的意思正好是"被自然选择"。如果当代生物学家把达尔文主义的真看作约定定义，要否认新达尔文综合就不得不否认生物功能的存在。这就成了某种不可辩护的教条主义，它给任何比当代综合理论更高级的未来理论竖立了一个概念壁垒。这一约定使达尔文主义者和当代或未来批判者之间的理性对话不可能,因为取代当前理论要求概念和语言的革命。

　　此外,"功能"和"自然目的"概念起作用的范围远远超出生物学专家的狭窄世界。在关于世界的日常看法中,功能性是一个重要概念,并且(我将论证)合适的认识论和伦理学理论都需要它。被如此广泛使用的概念的内容,不能由某个专业共同体的语言习惯决定。

12.2　达尔文:实在功能性抑或表观功能性?

149

　　在对目的论的影响这一问题上,有两种非常不同的采纳达尔文自然选择理论的方式。美国生物学家阿萨·格雷(Asa Gray)认为,达尔文理论证明了生物目的论的实在性。在致格雷的一封信中(Gilson,1984,pp. 80 - 87),达尔文自己似乎认可这一推论。与此相反,包括理查德·道金斯和丹尼尔·丹尼特在内,晚近许多哲学家和科学家认为,达尔文理论的要点是所有生物功能性只是表面的,自然选择解释的不是真正的目的论的存在,而只是其在自然中的表观的存在。

　　上述两个结论最可能是基于对目的论本质的两种不同理解。采纳道金斯/丹尼特路线的那些人似乎会假定,功能的存在衍涵设计者或创造者的存在,他先前的意图或意图加上其有效实现,构成了产品的功能特性。阿尔文·普兰廷加在其近著《担保与固有功能》(*Warrant and Proper Function*)(Plantinga,1993)中明确断言这一推论的存在。有两点理由提出异议。首先,类似莱特或伍德菲尔德说明的某种东西看来是对功能性的适当刻画,有意设计的产品显然包含在这些定义项之内,但并不必然穷尽其外延。其次,我希望用目的功能性来说明意向性(粗略地说,一个状态表征一个事实,当且仅当它有负载相应潜在信息的功能),因此,接受普兰廷加的分析,就注定我这样的分析是恶性循环。

　　再次考察鸟的翅膀有使之飞翔的功能这一例子。翅膀的出现和飞翔之间的因果关联本身,是现存的鸟之有翅膀的祖先成功幸存的高阶原因。早先的成功幸存导致有翅膀的鸟类有机体在某个给定阶段是鸟,从而有翅膀。因此,翅膀和飞翔的因果关联,与翅膀在给定样本中的出现之间有间接因果关联。此外,鸟的莱特式功能组成了一个和谐的系统,这种和谐本身有助于鸟的适切性。

经由自然选择的关联是间接的和回顾性的。如果只用自然选择就可以解释所有现实的目的,那么应该否认真实的(与仅是表面的相对)"奢侈功能"的存在。然而,这是生物学理论而非本体论理论的一个后承(如在米利肯例子中)。

自然选择理论所解释的功能是间接的和回顾性的,由设计者的意图所解释的功能也是这样。设计者的意图居于两者之间,一边是特性与其效用之间的因果关联,另一边是产品中存在功能特性。正如在自然选择情形中有机体的进化史居于这两者之间一样。

12.3 回顾性与非回顾性说明

事物的功能依赖引发该事物某些特性时所涉及的东西。在这个意义上,目前为止讨论的所有目的论定义,本质上都是回顾性的。这意味着目的功能并不随附在事物的内部组织上:由于所涉及的因果历史不同,两个内在不可区分的系统可以有不同的功能。例如,自然形成的沼泽鸟没有进化史,它有不同于一般鸟翅的沼泽翅,即便沼泽鸟有貌似能飞的装置,它也没有飞翔的功能。

包括德雷斯克和米利肯在内的许多哲学家,都满足于硬着头皮接受这一推论。而我打算避开它。另外,目的论的回顾性自然选择说明还有一个问题。具有讽刺意味的是,它们提出的本质上是一个新拉马克主义的功能概念。根据拉马克的理论,使用必定总是先于功能。只有某特定结构或作用证明了其在实践中有用之后,它才会被吸纳进个体或总体的适应性之中。相反,新达尔文理论允许下述可能性:通过偶然突变,功能可以自然形成。自然选择解释的不是功能的起源或本质,而是功能的成功永存。在试图理解功能相互依赖的系统时,这一点特别明显。举个例子,考察有性生殖的相互预设功能。精子的功能是滋养卵子;卵子的功能是接纳精子。在另一个发挥功能之前任何一个都不起作用。因此,坚持认为,直到每个配子的**过去实例**在生殖中被成功使用配子才有功能,这是不融贯的。

确实,在这个案例中,说明功能性自然选择的困难特别明显,因为在有性生殖的功能系统确立**之前**,没有配子这样的东西。因此,配子的功能性不能用配子的先前历史来解释,因为根据该案例的本性,没有这样的东西。

有可能不在关于某物现实因果历史的任何条件之上定义该事物的功能。假设称前面所给的亚里士多德功能定义为"病源学功能"定义。那么,我们可以说,某 K 类事物 x 的某个性质 A 有功能 F,当且仅当,具有 K 类所特有的内部组织的事物的产生方式,使 F 是 A 的病源学功能的客观概率大于 $1/2$。例如,沼泽鸟根据其内部组织属于这样一类事物 B,根据使普通的鸟存在的那种自然选择,B 中任意元素存在的客观概率大于 $1/2$。因此,即便沼泽鸟以极不寻常的方式出现,即其类似翅膀的肢体的因果力没起作用,我们仍然可以说,这些肢体的功能是使沼泽鸟飞翔。

相反,如果自然进程偶然产生了某种与天然箭状物内在不可区分的事物,我们不必说它的功能是像箭一样行动,因为这一系统的偶然产物的客观概率不可忽略不计。沼泽鸟和箭状石头的不同之处在于,它们之自然产生的客观概率有很大差别。

在功能相互依赖的系统中,譬如在精子和卵子组成的系统中,每个配子甚至最初的配子是这样的:如此组织起来的事物很有可能产生自一个包括成功再生产在内(即有利的自然选择)的进程。即使最初的配子没有这样的选择历史,(根据客观机遇)更有可能的是,如此组织起来的事物是最初突变异种的许多成功后裔中的一个,而这些突变异种是有利突变的产物。因此,尽管它们的现实历史不包括任何满足莱特的高阶条件的东西,最初配子也完全有功能。

12.4　外在功能与扩展显型

莱特功能的和谐系统导致目的论。这些系统并非完全内在于所与有机体的躯体,相反,它们拥有有机体与其环境之间的相互作用模式。一些性质因它们对生存和再生产的贡献而解释其自身的存在,我称这些性质为"内在功能"。一些性质解释有机体/环境系统的持存,并且在该系统不出现时它们仍然存在,我称这些性质为"外在功能"。例如,人心脏的构造(相对于人这个系统)有泵血的内在功能。空气中氧的出现(相对于同样的系统)有经过肺为血液提供氧气的功能。人的显型扩展到属于人这个系统的整个生态小生境。

目的论功能不是随附于有机体自身的内在状态,而是随附于扩展显型的当前状态。例如,副王峡蝶着色的内在功能是模仿有毒黑脉金斑蝶的外表,而黑脉金斑蝶的着色则没有这一功能,即使在这两种生物中颜色的化学基础一样,它也没有这种功能。

因同时或相继属于两个不同扩展显型,同样的结构可以有不同的功能。老鼠的脂肪服务于为老鼠储存能量这一内在功能,以及为猫提供养分这一外在功能。软体动物的壳首先服务于保护该软体动物这一内在功能,在被抛弃和被寄生蟹采用之后,又服务于为寄生蟹提供居所这一外在功能。

152

12.5　我们关于目的论的知识

我们关于目的论关联的知识可以是直接的也可以是间接的。如果功能性的具体事例以自然选择或设计者的意图为中介，那么可以通过中介来发现该功能性。若某分子没有特定作用，某特定有机体就不会长期生存。如果能证明这一点，就可以合理推断该作用是该分子的功能之一。类似地，如果我得知一个能干的设计者打算用他设计的人造物碾碎橄榄，并且事实上它确实以设想的方式碾碎了它们，那么我学得碾碎橄榄是其功能之一。

　　不管目的论关联自身是直接的还是间接的，都可能有关于它的直接知识。这种直接知识就是，从大量多样化事例样本推出一个简单的因果概括。假设我们在总体 v 的成员中发现，大量因素 $\phi_1, \phi_2, \cdots, \phi_n$ 都彼此独立地产生结果 ψ。在这种情形下可以合理推断，每个因素 ϕ_i 的出现都是 ϕ_i 和 ψ 之间的因果关联导致的，即每个 ϕ_i 有功能 ψ。这一结论可以通过发现类似情形得到进一步确证：每个类似的总体 $v_1', \cdots, v_m'$ 都有一个具有（类似于 ψ）共同结果 ψ_j' 的属性家族。这一结论还可以通过使 ϕ 和 ψ 之间的功能关联适合相互支持的融贯的功能网络得到确证。在其近期专著中，威廉·A. 登布斯基（Dembski, 1998）提出了一个精确标准来排除机遇作为这样的目的论模式的源头。

　　无论丹尼尔·丹尼特关于"意向态度"有何看法，都没有必要去发现那些**最理想地**实现某目标的状态，认识到这一点很重要。不难发现，不完善的功能和设计得最好的功能有同样的客观性和确定性。不要求产生结果 ψ 的各种因素最理想地做到这一点，仅要求存在大量独立因素，其共同结果可以经济地解释它们的存在。

　　一旦确立这样的目的论关联存在，探究的焦点就可以转到揭示该关联是否以自然选择或明确的意向性为中介。存在无中介的关联这一结论不仅可以通过没能发现中介机制得到支持，而且也可以通过发现可演绎出大量现实关联的简单目的论定律得到支持。

12.6 目的论的自然种类

自然种类，特别是生物学上的自然种类，最好用其成员的功能来刻画。自然种类的内核是一种固定点。类 A 是一个自然种类的内核，恰当下述关系成立：令 $f(A)$ 是 A 中每个元素所例示的功能性关联的集合。那么，A 是一个自然种类的内核，当且仅当，A 与例示 $f(A)$ 中每个元素的个体的集合同一。几乎例示 $f(A)$（一个公认的模糊集）中所有功能性关联的所有事物，构成一个以 A 为内核的自然种类。

在有性动物和其他社会动物案例中，情况更复杂些。某些目的功能，譬如雄性和雌性功能，不是在单个有机体层面而是在群体层面实现的。正如埃利奥特·索伯（Elliott Sober，1984）主张的，要获得所涉目的功能的全貌，我们必须从机体层面转向种群层面。

然而，索伯错认为种群思维是反本质主义的，仿佛这两者内在地不相容。事实上，亚里士多德自己承认，尽管可能有某种程度的混淆，但对人这样的政治动物来说，关于其本质的完整说明只能通过研究其社会结构进行。因此，《政治学》是亚里士多德《伦理学》必不可少的姊妹篇（甚至在《伦理学》中，群体友谊现象也起关键作用）。

即使承认性别功能、社会功能及其他总体-层面功能的重要性，仍然有这样一种情况，即属于同一自然种类的大量单个有机体的固有功能之间必定有相当高程度的交叉。如果不要求这种交叉或相似性，我们会错误地认为两个共生类的成员属于同一自然种类。

13

心理内容的因果理论

20 世纪 80 年代早期，出现了很多关于涉及目的论与固有功能的心理内容理论。在此，我集中讨论米利肯和德雷斯克的两个代表性理论，并讨论福多对目的论转向的有影响的批判。

13.1　米利肯

在《语言、思维和其他生物范畴》(*Language, Thought, and Other Categories*)(Millikan, 1984)中，米利肯提出了一个关于目的论功能或固有功能的因果理论，以及一个关于内在意义或意向性的目的论说明。粗略地说，米利肯提出，对有机体 x 来说，性质 F 具有固有功能 P，当且仅当，在 x 的遗传史中，F 之导致 P 有助于 x 祖先的成功生存或繁殖。F 之导致 P 是指这样一个东西，**对其来说，**F 是被自然选择的（埃利奥特·索伯的术语）。我在第 14 章指出米利肯的理论混淆了目的论定义和目的论解释，并指出沿着查尔斯·泰勒和拉里·莱特的工作路线，有可能给出一个更简单、更全面的定义。

米利肯认为，指号的内容由该指号在世界中所"映射"的那些条件构成。例如，

　　一个陈述句的意义是映射功能（非正式地说，就是"规

则"），照此，为履行其固有功能或与标准解释一致的（斜体为
她所加）功能，它不得不映射到世界上。（Millikan，1984，
p.11）

"映射功能"确切是什么，或者一个指号"映射"到世界的意思是什
156 么，绝不是很清楚（至少对我如此）。我们知道映射是我们期望指号做
的事，并且知道当它这样做时，指号就是真的（如果是一个完整的语句）
或至少是有意义的（拥有真正的"价值"）。但是，米利肯的著作很少阐
述映射概念。在第16章，我把自然表征的内容等同于期望该表征牢固
地负载的**信息**。关于信息的牢固负载概念，我在第11章已经给予了精
确刻画。我对信息的说明可以看作一种填补米利肯"映射"概念细节的
方式。

13.2 德雷斯克

在《解释行为》（*Explaining Behavior*）（Dretske，1988）中，弗雷
德·德雷斯克论证了仅作为学习过程的结果表征才可能，通过学习过
程，有机体变得与其环境协调或相适应。德雷斯克拒斥这样的观
点——基于自然选择和进化史的目的论解释可以解释行为，从而拒斥
把这种功能性作为心理内容说明的基础。根据索伯在《选择的本质》
（*The Nature of Selection*）（Sober，1984）中对发展性解释和选择性解
释的区分，德雷斯克的这种拒斥建筑在遗传性意向性的可能性上。

索伯论证了自然选择不能解释有机体为什么如其所为那样行为。
相反，它解释为什么只存在以某些方式行为的有机体。自然选择并不
使现存有机体以其所为的方式行为：它消灭那些以不同方式行为的有
机体。我可以用两种不同方式解释我所有朋友都喝马提尼酒：通过解
释我每个朋友的酒精饮料口味的起源和进化来发展性地解释，或者通
过证明任何不喝马提尼酒的潜在朋友在此竞争中被排除来选择性地解

释。只有前一种真正解释了我朋友们的行为。

但是,我认为这个论证转得太快了点。我们应该区分关系选择与绝对选择。关系选择解释,为什么几乎处于某位置或与某参照物有某种其他关系(例如,作为我的朋友)的每个有机体都具有某特定属性。绝对选择解释,为什么现存的某类有机体差不多每个都具有某特定属性。绝对选择确实解释了被选择行为的存在,因此应该算作该行为的一种合法解释形式。

退一步说,如德雷斯克那样坚持认为,一个有机体在生命期内出现的适应性调整赋予其状态以内容,但在其进化史内出现的适应性调整却不这样,这是很奇怪的。

德雷斯克关于信念心理内容之基础的说明与我自己的非常相似。德雷斯克提议,信念-类型 M 表征 P 是实情,当且仅当,M 有指示 P 是实情的功能,即 M 具有负载 P 是实情这一信息的功能。我在第 16 章展开的说明在以下两方面不同于德雷斯克的说明:(1) 我的说明用具有**牢固地**负载信息 P 的功能来定义内容,以及(2) 它引入一个关系变量来固定心理事件-殊型与作为表征对象的事件-殊型之间的关系。第一个差别意味着,一个信念在履行其功能时就变得不仅仅是一个真信念而是一个**知识**。除了使我的说明能很好地吻合近年来哲学语言学方面的工作(包括情境语义学和会话表征理论)以外,第二个差别对避免类说谎者悖论也很关键。

德雷斯克对欲望的说明与我的根本不同。我认为欲望有表征性内容:一个对 X 的欲望是一个表征有利于我在不久的将来拥有 X 这一事实的状态。信念和欲望与意志能力相互作用,意志能力的功能是产生成功指引一个人实现其功能(幸福)的意图和决心。一个对 ϕ 的决心是一个固有功能为引起实施 ϕ 行动的状态。因此,我追随布拉特曼(Bratman,1987)拒斥简单的信念/欲望意向行动模型。

德雷斯克(1990)把对 X 的欲望定义为一个强化产生结果 X 的行为的状态。或者更精确地说,状态 D 是一个对 X 的欲望,当且仅当,D

157

的过去殊型强化某些行为形式恰好是因为该行为产生 X 的殊型。我认为德雷斯克的说明是关于**向性**而不是欲望的。德雷斯克的信念/欲望行为模型实际是一个知觉/向性模型。欲望是某种可以权衡、评价、依其行动或拒绝的东西。欲望是某个未来状态在其中可被表征为善的一种方式,但它不是唯一方式。当一个人相信(根据推理或直觉)至善要求她这样做时,她可以反其所有当下欲望而行动。德雷斯克的模型过分简化现象,完全没考虑意志的作用。

德雷斯克论证他可以解释心理内容的因果效用,因为心理事件-类型 M 指示 P 这一事实可用来因果地解释 M 产生 B 类型行为。该论证大致如下:M 是 P 的一个可靠指示者这一事实,部分地解释了 M 如何与作为学习结果(操作性条件)的行为 B 相联系。然而,如林恩·贝克(Lynn Baker)和其他人指出的,这一论证至少有两个难题。首先,它至多表明 M 所指示的东西(M 负载的信息)与行为因果相关。它并没有确立 M 确实具有的内容(M 有指示 P 的**功能**)与行为因果相关。其次,它没有表明,M 的某所与殊型指示 P 这一事实与该殊型引起 B 的一个殊型因果相关。德雷斯克的论证表明的是,M 的过去殊型指示 P 这一事实与某个当下殊型引起 B 相关。

德雷斯克对这些反对意见的回应如下:M 确实具有的内容的当下殊型是有关该殊型历史的事实,该历史用 M 之指示 P 解释了 M 和 P 之间的联系。于是,说关于过去殊型的某个事实(即 M 的这些过去殊型因指示了 P 而在有机体中与 B 相联系这一事实)与由 M 的某个殊型所引起的 B 的当下产生因果相关,就等于说 M 的当下殊型具有内容 P 这一事实与 B 的产生因果相关:这两个事实是同一个(Dretske,1991)。然而,德雷斯克混淆了下述两个东西:(1)确立 M、P 与 B 之间联系的 M 之当下殊型的过去历史,和(2)该当下殊型有该历史。第一个与 B 的产生因果相关,第二个则不然。根据德雷斯克的定义,具有内容 P 是一种"剑桥属性":它不是 M 的当下殊型的内在属性。它类似属性"**克林顿是总统这样一个 *x***":一种真正刻画克林顿或者世界而非 x

158

的属性。

在第 16 章,我将论证心理内容的因果效用依赖**高阶**功能的存在。例如,我们的推理能力涉及下述高阶功能:这些能力有根据其他功能性状态(信念)的内容而对它们进行反应的功能。由于触发这些高阶功能运转,信念的内容有因果效用。虫之类的低等动物没有这样的高阶功能,它们具有有心理内容的状态(知觉、反射等),但这些内容没有因果效用。这些内容有助于我们功能性地理解虫的行为,但对我们理解该行为的因缘毫无帮助。相反,在对待有复杂认知能力的有机体时,有关心理内容的知识能用来非常精确地构述行为产生过程中的因果关联情节,因为有些高阶功能与对这样的心理内容做出反应的倾向相联系。

13.3　福多对目的论语义学的批判

在《内容理论与其他论文》(*A Theory of Content and Other Essays*)(Fodor,1990)中,杰瑞·福多对心理内容的目的论说明提出了两条主要反对意见。第一,这一理论不能说明出错或错误信息的可能性,因为自然选择不能区分这么小的差别。第二,这些说明不能解释模态思想中而非信念和欲望中的心理内容。

对青蛙视网膜的特定种类刺激导致舌头的相关反应。从目的论来说,这一反应的目的是捕食昆虫(青蛙的部分日常食物),视网膜刺激的目的是传达信息"昆虫在 X 处"。为捕捉昆虫,自然选择选择这种刺激-反应方式,因为这种刺激显而易见的原因(在青蛙的遗传环境中)是合适昆虫在适当位置出现。显然,参照这一目的论功能,我们能解释视网膜刺激的内在内容。

但是,福多反对这种说明赋予大自然太强的洞察力。假设青蛙的视觉不能区分昆虫和 *BB*。进一步合理地假设,盘旋的 *BB* 不是青蛙遗传小生境中的常住居民。在这种情形下,视网膜模式不仅负载信息一只昆虫很可能出现，而且负载信息一只昆虫或一个 BB 很可能出现。由于青蛙遗传小生境中的昆虫-或- BB 这样的东西差不多都是可吃的（因为它们几乎就是所有昆虫），发现并试图吃掉昆虫-或- BB 就是自然选择可以选择的东西。于是，我们没有理由否认该视网膜刺激模式意味着"昆虫-或- BB 在 X 位置"。由于出错都是出现了某个与昆虫不可区分的事物的产物，任何出错的表征都有非常真实的内容，这个表征由"昆虫"和实际引起刺激的任何东西的析取构成。

福多的反对意见假定因果和目的论不能区分两种非常可靠地共展的属性。这是错误的。如我在第一部分所论证的，因果（因而也是功能性）语境对属性之间的细微差别极度敏感。在因果语境中，甚至逻辑等值的属性也不可保真地相互替换。从昆虫的出现导致刺激-反应模式的继续存在这一事实，加上昆虫-或- BB 与昆虫外延相同这一事实（尽管是虚拟的，但相当可靠），**推不出**昆虫-或- BB 的出现是该模式之继续存在的一个原因因素。大自然在其因果关系保护者的伪装下，确实有非常锐利的洞察力。

福多还指出，诸如**母牛**观念之类有心理内容的状态，可以在非常不同于信念的模态中出现。假设我在某田园诗般心境中做了一个关于母牛的白日梦。这个白日梦没有负载关于某种母牛何时或何地真实存在的信息，也没有认为它负载了这一信息。白日梦实现的是某种相当不同的目的。我必须承认福多的想法很好。但我不知道是否有任何现有目的论说明（包括我的在内），恰当地处理了模态中的而非信念、欲望、意图和意志中的心理内容的根基。类似福多的思维语言假说的某种东西可能是正确的，同一个句法词项既可以在信念语境中又可以在白日梦中出现。或者有可能，在有特定形式内容的信念和有同样形式内容的白日梦之间，有某种其他系统性关联。显然，还有大量的其他工作要做。但目的论说明在解释与行动紧密相关的状态的内容之本质时取得的明显成功，使我们有理由希望，对更遥远状态之内容的说明可以重复这一成功。

14

心理表征的目的论语义学

14.1　表征性状态概述

　　人和动物有大量不同心理状态,它们显然有表征性内容:知觉、行动和未遂行动、记忆、思想、意见、怀疑、希望等。在本章我将以很程序化的方式勾勒,我关于目的功能性和信息的说明如何能用来说明心理表征。

　　心理表征可以分为许多重要范畴。具有根本意义的是区分认知状态和前认知状态。我认为认知状态的定义性特征是亚语句或亚命题结构的出现:对应于主词和谓词的可辨认成分的出现,它们指谓词项和谓述表达式。我不打算预先判断,在特定种类符号结构中实现的思想语言是否在头脑中出现的问题。即便大脑结构完全是关联的,思想进入单独概念和普遍概念的现象也必须得到说明。

　　在认知中出现亚语句结构使我们能构述并使用规则,使我们能进行归纳和抽象,使我们可以随意地推理。有限数量的推理可能是前认知的,其限度是出现类似否定和合取的某种东西。但是,谓词逻辑所模型化的那种推理使得认知特征性地独立于个别。

　　心理状态的四分法也有好处。首先,有一些状态在行动和行为中直接涉及:运动神经意志和运动神经预备。在某人尝试实施某种基本行动但失败时,所出现的就是这些状态,当然在成功时这些状态也会出

162

现。其次,有些状态表征某种肯定态度:喜好、欲望、目标和意图。再者,有些状态的功能是记录信息:感知和感性记忆、意见和知性知识。最后,有些二阶认知:猜测、怀疑、渴望、想象、虚构、假设,以及类似东西。

结合这两组区分,可以生成下列心理表征图谱。底部是运动神经预备,即产生反省的神经状态。它们通常被看作亚心理。它们当然是无意识的(完全处在脊髓之中和脊髓之下),但在我看来它们是表征性的。在下一个层次(仍然是前认知的),我们发现有感知(以及感性记忆)和喜好。这两者相互作用产生运动神经指令,其结果是行为。在它们之上是四个认知范畴:意见、意图、意愿(包括运动神经意愿和心理意愿)和二阶认知。在感知与意见之间、喜好与意图之间有某种联系。认知层面的输出是意愿,其结果是意向性行动。但是,认知层面的相互作用可能非常复杂,涉及大量反馈。

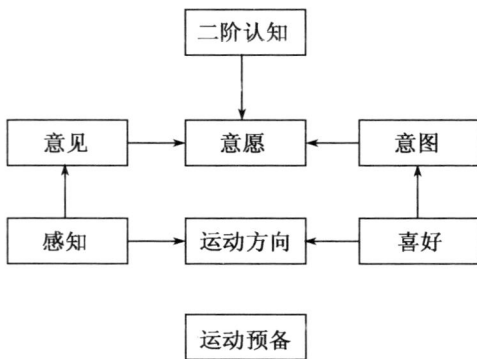

图 14.1 心智网络

在上述每个范畴中,对表征性的说明都会有所不同。我在此主要关注感知和意见,其次是反省、喜好和意图。对其他范畴,除了希望对表征性的说明基于我所讨论的那五种情形之外,我没什么好说的。像

哈曼的概念-角色或功能-角色语义学理论之类的东西,最有可能适合
高阶认知状态的要素。这些状态的角色包括连接一阶状态,但一阶状
态反过来有信息-理论语义学而没有概念-角色语义学。这一事实暗示
了一种打破相互关联的角色系统的解释学循环的方式。 163

　　看来在高阶认知状态的表征性内容与负载关于某些**可能发生的东
西**的信息的目的功能之间,确实有某种联系。当我希望某个状态 ϕ 时,
我的心理状态具有负载关于 ϕ 之可能实现中所涉及东西的信息这一功
能。对害怕、怀疑、假设和许多其他认知状态来说,这看来是真的。

14.2　前认知表征

　　在反省情形中,出现一种功能为产生特定身体活动的神经状态。
(我称这种神经状态为)运动神经预备负载一些最小量信息。譬如,危
险、有害或者(在护理反省情形中的)有营养之类的东西位于身体某个
相对位置。运动神经预备之存在部分是因为这种状态经常牢固地负载
这一信息。一个状态牢固地负载信息 I,当且仅当它负载该信息,并且
每个上一级情境也负载同样信息。牢固信息总是真实的:一般信息是
可靠的,但不是不可错的、真实的。

　　感知也是一种负载信息(并且可能是错误信息)的状态,其功能是
牢固地负载该信息。与运动神经预备不一样,感知不以特征性活动为
其结果。相反,它与其他感知和喜好相互作用产生运动神经指令,产生
有目标指向的行为。这种行为可以反射操作性条件,但不能反射任何
更复杂的学习形式。

　　定义 14.1(感知的表征性内容)　*感知类型 ϕ 有表征性内容$\langle R,$
$\psi\rangle$,当且仅当,存在状态 χ,ϕ 在条件 χ 下具有牢固地负载下述信息的功
能,即在与源点的关系 R 中存在类型 ψ 的一个情境殊型。*

　　显然,关系 R 会确定某个以主体为中心的时空位置,例如,"左"

"右""上""下""现在"以及"最近"等。

我的说明在三个细微而重要的方面不同于德雷斯克的说明。对德雷斯克来说,如果 ϕ 的功能是负载信息 p,那么类型 ϕ 表征 p。因此,对德雷斯克来说,表征性功能是负载信息的功能,而不是牢固地负载信息的功能。根据我对信息和功能的定义,如果状态 ϕ 有负载信息 p 的功能,那么该状态会**总是**负载信息 p,因而在表征中,功能失常是不可能的。因为根据我的说明,类型 ϕ 负载信息 p,当且仅当,p 基于某个属于 ϕ 的状态的概率无限接近 1。再者,一个有某给定功能的类型几乎在所有(其概率无限接近 1)情形下都实现该功能。于是,一个功能为负载信息 p 的状态 ϕ 负载该信息的概率是 1。这意味着 p 基于 ϕ 被例示的条件概率总是 1。因此,这个功能总会实现。

相反,如果一个状态有**牢固地**负载某信息的功能,那么在它非真实地负载该信息的任何情况下,或者在它负载的是真实信息,但负载语境会使它被令人误解的非真实信息推翻(这些情形对应于真信念而非知识的葛梯尔式事例)的情况下,该状态在实现其功能时会失败。即便它不能实现牢固地负载其信息的功能,感知也可以是"真的"或真实的。真实的错误感知的葛梯尔事例说明了这种可能性。如果我感知棍子是弯的并且它真的是弯的,但从其他角度看是直的,那么我的感知是真实的但不是牢固的。

当一个表征因其负载的信息不真实而不能实现其功能时,称这种失败是一种"坏表征"情形。坏表征相对来说不那么频繁,因为这种失败的客观的相对概率总是无穷小。

区分负载信息和牢固地负载该信息是一个好主意。一个基于另一个的条件概率总会无穷接近 1。但是,因果对这样的极其精细的区分敏感,因此,有可能一个状态以一个而不是另一个作为其功能。一个感知状态的功能不仅是负载某信息,而且是牢固地负载该信息,因为可靠地拥有真理有助于有机体的适切性。

我的说明与德雷斯克的说明的第二个不同点是我使用的是条件功

能。ϕ 牢固地负载信息 ψ，并不是 ϕ 具有 ψ 的表征性内容的必要条件。**如果 ϕ 在条件 χ 也实现的条件下具有负载信息 ψ 的目的功能**，这就足够了。举例来说，假设一只兔子总朝与某种声响相反的方向跑。即便听到声响时猎食动物只是偶然出现，我们也会说，该声响表征猎食动物在相应方向出现。声响表征了猎食者的位置，因为在一个猎食者确实在附近的条件下，它负载了有关该猎食者位置的信息。

根据这个模型，内容 ψ 的一个表征不只是一个具有负载信息 ψ 这一功能的状态，更是一个具有在情况 χ 下负载信息 ψ 这一条件功能的状态。在逃走机制案例中，我们可以说，**在一个猎食者现实地出现，且现实地发出了某合适种类的有意义声响这种情况下**，相关的感知状态有负载关于猎食者大致位置的信息的功能。动物的感知状态加上一些目的论上的相关情况，负载信息一个猎食者在特定位置。当感知状态出现而相关情况没有现实化时，我们可以说该状态构成一个**错误表征**。

这一条件功能概念与巴威斯和佩里提出的条件制约思想密切相关[1]，我们可以说，殊型 s 的一个感知状态 ϕ（在环境 χ 的条件下）有负载信息"（相对于 R）类型 ψ 的一个殊型是现实的"这一条件功能，当且仅当，ϕ & χ 的合取（相对于 R）负载信息"ψ 之实现与 s 之属于类型 ϕ 因果相干"。

定义 14.2（条件性表征）　情境 s 的一个状态 ϕ，相对于 R，在 χ 条件下具有表征类型 ψ 的功能，当且仅当：

（i）ϕ 和 χ 被共同例示这一事实负载信息"ψ 在与信息站点的 R 关系中被实现"，

（ii）（i）所表示的信息性制约自身与 s 之属于类型 ϕ 因果相干。

当类型 ϕ 具有牢固地负载信息"在 χ 实现的条件下，ψ 在关系 R 中

165

———————

① Barwise and Perry, 1983, pp. 112 - 114, 270 - 272 和 Barwise, 1989, pp. 149 - 151。

实现"的目的功能时,类型 χ 称为表征 φ 的一个"正态"条件。当一个表征因其正态条件没有实现而不精确时,这一失败称作"错误表征",而不是与之相对的"坏表征"。在正态条件出现但所负载的信息不真实时,就会出现"坏表征"。当兔子被一个不会对其造成伤害的动物惊吓时,这种感知是一个错误表征而非坏表征的例子。错误表征可以非常普遍,因为不必要求一个表征性类型的相关正态条件在客观上是可几的。

我的说明与德雷斯克的第三个不同之处在于,我的说明明确地使用了下述两个殊型之间的某种关系:具有某信息的殊型和该信息所关于的殊型。这种关系对应于 J. L. 奥斯汀所描述的和巴威斯与佩里所描述的意义的证明性成分。这一关系性成分强化了**从物**态度的可能性,并对避免说谎者悖论起关键作用。

至于喜好,它所负载的信息关注有机体的需求,或有机体的某种利益机会。喜好和厌恶可被看作特殊种类的感知:像反省一样,具有令特定种类行为更加可能的附加功能的感知。但是,与运动神经预备和指令不同,喜好并不现实地负载信息特定种类的行为会发生,因为满足喜好时遭受挫败和延迟是经常的事而不是例外。另外,喜好能增加其概率的行为必定可以很抽象地被描述为:已知有机体的感知和过去经验,可能会满足所表征的需求或获得所表征的利益的行为。

与运动神经预备一样,运动神经指令负载关于有机体身体未来状态的信息。当某事物干扰指令的执行时就会出现错误表征。再者,如果运动神经指令没能牢固地负载关于未来行为的信息,例如,如果其成功取决于某种偶然的运气成分,那么,有可能该运动神经指令虽成功产生了其特征行为却没能实现其功能。

14.3　认知状态：意见与意图

意图负载一种关于有机体未来状态的条件信息。一个产生与 R 相关的类型 ϕ 情境的意图是一个状态，其功能是负载这样一种信息——除非该主体的意见被误解，或有新的抵消性意图插进来，否则这样一个情境会产生。目标可以看作二阶意图：如果实现该目标的条件足够有利，将形成某类意图的意图。

意见是具有牢固负载信息功能的认知状态。知识是常态：纯粹的意见是知识的失败情形。因此，我不把知识定义为一种特殊的真意见。相反，真意见必须用知识来定义。一个意见是知识，当且仅当，它具有牢固地负载信息 $\langle R, \phi \rangle$ 的功能，并且它成功地牢固负载该信息。如果一个意见负载真实信息但不是牢固地负载，那么它是一个真意见。如果它负载的是非真实信息，那么它是一个假意见。

由于意见是认知状态，每个意见-殊型实现多个表征类型。在意见的内容很少的情况下，这些类型中至少有一个必须是一个指示殊型的类型，即类似单称词项或坎普／海姆会话表征理论中的谈论目标（Kamp and Rele, 1993；Heim, 1990）的某种东西。类型中的另一个必须是一个指示类型的类型，类似于谓述或 *DRT* 条件。一个指示殊型的表征性类型的功能，必须参照指示类型的类型的存在，反之亦然。这两组功能相互依赖。

每个指示类型的类型都有与一个或一个以上指示殊型的类型相结合的功能。在此，每个指示殊型的类型必须属于不同范畴，譬如指示主体的类型、指示病人的类型、指示手段的类型等。用这种方式，我们可以区分内容是"安东尼爱克利奥帕特拉"的意见和内容是"克利奥帕特拉爱安东尼"的意见。因此，每个指示殊型的类型必定产生几个相互区别的子类型，这些子类型对应不同的亚语句角色。

167　　　　一个指示殊型的类型 ϕ，显然以某个关系 R_ϕ 为其内容。R_ϕ 关系挑出一些是类型 ϕ 之殊型的潜在指示物的殊型：如果 s 属于类型 ϕ 且 Rss'，那么 s' 是 s 的一个潜在指示物。如果 ϕ 是一个真专名，R 总会挑出一个唯一对象。

　　在某些情形中，一个指示类型的类型不是以单个的单位类型为其内容，而是以一个定义多少有点松散的类型家族为其内容。在这些情形中，家族的某些成员扮演该家族的**典范**的角色。类型家族的成员资格，由每个类型与该家族每个典范成员之间可知觉或可认知的"距离"决定。在类型空间稠密（在数学意义上）的情况下，例如，当类型空间构成一个连续统时，定义家族的过程会产生模糊现象。在 1994 年《心智》（*Mind*）（Koons，1994c）上的一篇文章中，我论证了四值逻辑能最好地模型化模糊性，并且，接受存在一阶模糊性不会迫使我们假定高阶模糊性的无休止倒退。

14.4　心理表征与语言

　　关于语言意义，我在本书中没有什么好说的，我要做的仅是（大部分）同意米利肯在《语言、思维与其他生物范畴》（Millikan，1984）中给出的关于语言意义的说明。与格赖斯不一样，我不打算参照使用某公共语言的人的复杂的信念和意图集来解释该语言要素的内容。在许多场合我们使用语言多少有点草率。实际上，语词利用我们使其自身永存（像道金斯的"自私基因"）这一隐喻是恰当的。语词和句法结构有负载某类信息的功能，因为它们过去这样做是对我们当前使用它们的因果解释的部分。

　　同时，我同样坚持拒斥塞拉斯（Sellars）、戴维森、布兰顿（Brandom）等人的观点，他们认为心理表征依赖构成公共语言的社会实践。规范性由目的论而非社会学生成。确实，如果没有建筑在人类生活的目的功能性结构之中的规范性,那么社会习俗中的肯定性规范本身是不可能的。断言及其他交流形式的社会实践之所以有成效,是因为我们有某种值得交流的东西,即信息。

　　毫无疑问,参与到公共语言之中会增加心理表征的灵活性与精到。泰勒·伯奇和希拉里·普特南所强调的语言的劳动分工与解释这一事实很有关系。但是,若没有先于语言的内容,这一乘数效应就会没有价值。

14.5　心理内容的狭隘性

　　心理内容宽泛还是狭隘？或者说,心理内容随附于人的内在状况吗？在我看来,这等于问,目的功能性状态是否随附于人的内在状况。我倾向回答是的——给定有机体的内在状态,一个状态的功能,由该状态在其中出现的、该有机体最可能的因果历史决定。(参见第14章)这意味着所有心理内容都是狭隘的。

　　然而,我们有些心理内容是通过语言实现的。一个语词或其他语言单元的功能不随附于该语词或符号的内在状况,它也不只依赖个别语言使用者的内在状况。相反,我们必须把语言系统看成一个整体和公共习俗。我认为语词的表征性内容随附于整个语言共同体的当下状况。但是,这意味着以语言为中介的心理状态的内容是宽泛的而非狭隘的。

14.6　目的论语义学与说谎者悖论

　　由于我给出了一种"真意见"定义,就会有与塔尔斯基定理相冲突而导致真不可定义的危险。具体来说,似乎有可能构造一个说谎者意见-殊型,它为真当且仅当它为假。

但是,我的说明的关键是每个意见-殊型都实现两种类型:指示类型的类型和指示殊型的类型。甚至内容抽象且永真的意见,譬如 2 + 2 = 4,总是关于某个或其他具体殊型的意见。在数学意见案例中,讨论的殊型不受时间限制,它支持某些种类的模态制约。在语义意见案例中,情境-殊型是复杂殊型,它支持某些关于某意见-殊型的事实,也支持某些关于不受时间制约的某一般性质的模态事实和因果事实。

说某意见-殊型 p 为真,就是说某个情境 s 属于使 p 为真的类型。借用巴威斯和佩里(1984)以及我自己(Koons,1992;Koons,1994a)关于说谎者的变量理论方面的工作,添加意见殊型变量可以避免说谎者悖论。如果试着构述一个说谎者殊型,即一个负载"某个情境 s 属于不使 p 为真的类型"这一内容的意见 p,那么我们可以得出结论 p 实际为真,因为 s 不属于那个类型。但是,存在某个更大的情境 s' 使得 p 为真。当我们反观 p 时,我们谈论的是更大的情境 s'。因此,这儿没有矛盾:s 属于不使 p 为真的类型,而 s' 属于与之相反的类型。(如果用假而不是非真来构述说谎者语句,得出的结论是,说谎者语句在更大的情境而不是较小的情境中为假。)

15

关于逻辑与数学认知的因果理论

15.1　因果理论之需要

　　知识论中的葛梯尔例子显示,区分知识和真意见需要因果要素。知识和真意见之间的区分属于逻辑和数学领域,也属于偶然真理和临时真理领域。因此,我们需要能够诉诸数学事实和我们关于它们的信念之间存在的合适种类的因果关联。保罗·贝纳赛拉夫(1993a)竭力以下述作为批判数学真理的实在论观点的基石:如果数学事实是因果迟钝的,那么我们不能知道它们。

　　另外,说明我们何以能谈及特定数学对象也需要因果理论。有无限多数学结构为算术理论提供模型:除因果关联之外,怎么解释我们在算术中谈及的正是某一数学结构这一事实呢? 这一点与上述一样,源于贝纳赛拉夫的著作,特别是他的《数不能是什么》(*"What Numbers Could Not Be"*)(Benacerraf,1983b)。

　　然而,一旦我们打算这样做,我们就会陷于两难。如果我们把逻辑和数学事实等同于偶然的时空事实,我们就歪曲了数学的本性。并且,正如约翰·斯图亚特·密尔(John Stuart Mill)的数学经验主义洞见所表明的,会失去对数学和其他科学的区分。或者,如果我们把数学事实置于无时间的、必然的柏拉图天空中,我们就面临一个令人生畏的任务——找到一个梯子使得柏拉图天空和地球上的认知状态之间的交流成为可能。仅仅谈论"先验知识",或者含糊地提到某种看或摸的特殊能力——看见 $2+2=4$,或者抓住一个数学真理,不能给我们提供支撑知识/意见区分的实质性理论。

我将抨击其中一难。就我所知,它鲜少遭到挑战[唯一例外是佩内洛普·马迪(Penelope Maddy)的工作,在 15.7 节我对此有些评论]。我将论证数字和其他数学客体是实在的,并且有因果效用。关于数学客体的信息不是通过神秘的"数学直觉"能力,而是通过与日常情境(感官的和行动的)的交互作用因果地传达给我们。与某些人的神秘的柏拉图主义相反,我的观点可以描述为一种自然主义的柏拉图主义。这些人假定一个通往数学的神秘的、非自然的通道是人心的独特财富。

15.2　作为原因的逻辑-模态事实

我认为模态事实提供了临时事件与柏拉图真理之间的雅各布之梯。在第 4—7 章,我展开了一个关于因果的说明,根据该说明,模态事实可以扮演偶然的、临时事件之原因的角色。逻辑和数学事实在其模态化形式中有因果效用。举个例子,考察一下排中律。如果一个殊型属于类型 $\phi \vee \neg \phi$,那么它必定或者属于类型 ϕ 或者属于类型 $\neg \phi$,因为殊型与类型之间的关系,受从强克林真值表到四值逻辑的(邓恩-贝尔纳普真值表)扩充的支配。如我在 4.8.1 节所解释的,单纯的析取类型从不像排中律那样出现在任何因果链条中。排中律事例是非自然的或**伪装的**类型的典范。但是,一个情境殊型可以属于类型 $\square(\phi \vee \neg \phi)$,而不必属于类型 ϕ 或者 $\neg \phi$。这一模态化析取可以有意义地出现在因果链条中。

假设有一些下列形式的因果定律:

$$((\phi \wedge \chi) \mathrel{\vdash\hspace{-0.6em}\sim} \psi)$$
$$((\neg\phi \wedge \rho) \mathrel{\vdash\hspace{-0.6em}\sim} \psi)$$

假设情境 s 支持这两个定律以及类型 χ 和 ρ。那么 s 是类型 ψ 的后继状态 s' 的一个完全原因吗？不必然是。除上述两个因果定律之外，s 还必定支持模态类型 $\Box(\phi \vee \neg\phi)$。没有这一模态事实，就得不出存在一个类型 ψ 的情境（参见 8.3 节）。例如，可以有一个不可能情境-殊型 s'，从 s 的有限视角来看 s' 是可能的。这个殊型 s' 可以同时支持 ϕ 和 $\neg\phi$ 这两者。于是，它证伪了这两个殊型。即使 s' 后面没有跟随一个类型 ψ 的殊型，上述两个因果定律在 s 中仍然可以成立，因为 s' 证伪了这两个定律的前件。与此相反，如果 s 确实支持排中律的模态化事例，那么这是不可能的，并且每个 s-可能殊型的后面可以跟一个类型 ψ 的殊型。

如果假定殊型之间的因果关联总与相应类型之间的因果关联相关（我在第 4 章称之为"休谟假设"），这意味着殊型 s 不会引起类型 ψ 的一个殊型 s'，除非它支持模态/逻辑类型 $\Box(\phi \vee \neg\phi)$。因此，可以正确地说，这个排中律事例的模态化形式与类型 ψ 的具体的、有时间位置的情境 s' 的产生因果相关。

这一垂直因果关联的存在不排除通常的水平因果关联的同时存在。回到上面的例子，世界中会有一个情境 s'，它或者属于类型 ϕ 或者属于类型 $\neg\phi$。如果这个情境 s' 也支持相关因果定律，那么它是存在一个类型 ψ 的情境的完全原因。但这不会是超定情形，因为这两个因果关联出现在不同层次。涉及模态性质 $\Box(\phi \vee \neg\phi)$ 的垂直因果关联，预设某种涉及 ϕ 或者 $\neg\phi$ 的水平关联的存在。

我关于逻辑知识的说明依赖下述两者：假定存在逻辑复合的情境-类型（否定类型、析取类型等）；假定殊型和复合类型之间的支持关系受四值解释图式支配,即受邓恩真值表(以及它们对一阶情形的扩充)①的支配。

在某些现实情境中,事实是有偏好的:如果 ϕ 表征氧的出现,那么它的否定——非 ϕ 且并非 ¬ϕ——可以在世界的某些部分中得到支持(例如,那些表征化学特性之外的其他特性的部分)。没有现实的,甚至没有任何可能的情境-殊型支持 ϕ 且 ¬ϕ。然而,这种不可能性本身是一个可以在某些情境中被支持,而在另一些情境中不被支持的事实。

为了表征这种模态偏好,在模型中使用不可能的超定情境-殊型乃方便之举。我是一个关于模态的实在论者,但(不像大卫·刘易斯)不是一个关于可能-但-非-现实的情境的实在论者。真正可能的是某确定类型的实在化:用可能-但-非-现实的-情境-殊型之类的虚构对象,来模型化这一事实是便利的。同样,为了模型化模态偏好,虚构不可能情境-殊型是便利的。

就我来说,邓恩真值表(以及它们的三值对应物强克林真值表)的一个主要优点是,没有任何公式在所有解释下都为真。或在我探讨的情形中,没有任何类型在每个模型中被每个殊型支持。在部分逻辑中有一些并非不足道的逻辑后承。例如,ϕ & ψ 衍推 ψ & ϕ。但是,在这种逻辑中没有逻辑有效性,没有可以从一个空前提集有效地推导出来的结论。

这意味着每个经典有效式(每个完全定义的殊型所支持的每个类型)对应一则能或不能被某所与殊型支持的模态信息。如果在一个经典有效的类型 ψ 之前加上□,就产生一则可以进入具体事件的因果解释之中的逻辑信息,这些具体事件包括我们的感知和信念。

172

---

① 参见附录 A。

15.3 知道如何正确推理

就我的目标而言,区分逻辑的知道-怎样(知道何时做出某特定推理合适)和逻辑的知道-那样(知道所与经典有效性的必然性)是重要的。知道-怎样用只导出正确(强克林或邓恩有效的)推论的可靠倾向来定义。在此,可靠倾向以逻辑可靠性为其**固有功能**(在第 12 章所给的意义上)。知道-那样涉及关于特定模态事实的知识,这种知识衍涵特定已知事实和知道它之间存在适当的因果连接。

对某人来说,一推理模式是赋予知识的,仅当它具有保持牢固(或至少是真实的)信息的固有功能,正如在该人心智倾向中实现的那样。这种目的功能性的一个必要条件是,该认知倾向明显由世界中的相应制约引起。

考察失败的推论性知识的葛梯尔式例子,可以看出需要这样一种因果关联。假设马科斯用假言推理规则证明了一个数学定理。但是马科斯之所以用假言推理,仅因为该规则是占星家莫里斯推荐给他的,而莫里斯推荐他使用假言推理仅因为马科斯是双鱼座的。要是马科斯出生在其他星座,莫里斯本来会推荐其他不可靠的推理规则,并且马科斯会使用这些规则。在这种情况下,马科斯之使用假言推理不能给予知识,从而马科斯的可能的证明,没有为其提供该定理为真的知识。

要使推论性的知道-怎样成为可能,必须有两个制约:一个是涉及逻辑或数学形式的模态制约;另一个是连接数学家心智中不同信念的因果制约,该制约以这些不同信念的内容为基础。[①] 例如,采用对应模态逻辑 T 公理的推理模式:从 $\square \phi$ 推出 ϕ。在数学家心智中,这一推理

---

① 参见巴威斯和塞利格曼(Barwise and Seligman,1997)近年关于这种制约-镜像之强有力的数学理论的信息流著作。

模式实现为信念类型之间的因果制约：$\mathrm{Bel}(\square\ \phi)\vdash\mathrm{Bel}(\phi)$。这一推理模式是知道怎样正确推理的一个事例，仅当它在世界中有镜像相应制约的目的功能，即$\square(\square\ \phi\rightarrow\phi)$。这个模态制约被所有有足够丰富模态事实支持的情境-殊型所支持。数学家心智中的因果制约要具有合适的目的功能，必须易于由相应的模态制约所**引发**。幸运的是，第Ⅰ部分提出来的关于垂直因果或高阶因果的说明适合下述任务：推定以模态制约为一方，以认知因果制约为另一方的高阶因果制约。

在这种情况下，有一些关于自然选择或人类试错学习能力的普遍事实能为这样一种高阶因果制约提供基础。可靠地保真的推理模式是自然所选择的那种东西，并且它们也是那种人类在经验基础上易于发现的东西。在某些情形下，我们的正确推理倾向在某种意义上是天生的，要用自然选择来解释；而在另外一些情形下，它是从单个人的经验习得的。哪种推理模式是哪个要由实验认知心理学解决。

在逻辑、数学和其他形式学科中，知道-那样可以被看作只是知道-怎样的特例。要知道一个逻辑真理或数学公理，需要知道怎样从空前提集推出该真理。一旦前提集为空，模态制约就坍塌为相应的逻辑或数学类型的简单必然性，而认知因果制约只不过是不加证明地相信公理的倾向。

15.4 逻辑是事实性的吗？

我断言逻辑的主旨是事实域，特别是模态事实域。至少从休谟开始就有一个很长的哲学传统，它把真理分为两类：关于事实的事情和关于观念之间关系的事情。逻辑是第二类的典范。

休谟的区分依赖这样一个假定——除了被某种心理必然投射到世界上的东西之外，世界上没有必然。反过来，这建立在休谟的概念感觉主义理论之上：由于我们没有关于必然的（内省之外的）感觉，（在应用于外部实在时)我们可以没有关于它的实在概念。

难以看出该如何捍卫休谟的区分。因为如果世界上真的没有必然,那么也没有心理必然,从而没有观念之间的必然关系。反之,如果我们承认某些心理表征是可能的,而另外一些是不可能的,那么我们有何种原则上的理由把这种区分扩展到外在于心理的事件-类型呢?

对逻辑真理的事实性理论的另一个反对意见是这样的:所有事实性的都是偶然的,逻辑真理不是偶然的,所以逻辑不是事实性的。我否认第一步:许多模态事实(如果公理 S5 可靠的话,可能所有的)是必然的。

15.4.1 形式/内容的区分 174

对逻辑之事实性的康德式异议建立在形式/内容的区分之上。逻辑真理只处理相关命题的形式而不处理其内容。相反,事实性真理既取决于内容又取决于形式。矛盾式那样的逻辑形式是不融贯的,因而不表征任何可能事态。这样的不融贯形式的否定仅凭形式就为真,从而没有传达关于现实世界的任何信息。

我不怀疑假说"存在逻辑形式这样的东西"。我仅断言,一个不协调形式不可能现实化,这本身是**事实**。我这儿用事实意指那种可以出现在因果解释之中的东西。形式本身是世界的部分,即便(如康德主义者会认为的)它们只作为心智的部分。不可能整合一个表征和一个确定的逻辑形式,或者不可能整合一个表征和一个真正适用于世界的形式,这本身是一个关于(作为整体的)世界的模态事实。因此,康德主义者没有说明合法承诺模态事实的逻辑必然。关于某些形式的必然融贯或不融贯,康德主义者做了一些断言。据其内容,这些断言本身是必然真的:它们做了**关于**逻辑形式的断言,且确实注意到它们自身**具有**逻辑重言的形式。

15. 4. 2　对约定论的批判

逻辑原理是根据约定为真,还是根据所涉语词的意义而不是与世界的任何种类的符合而为真呢? 我认为,蒯因在其经典论文《据约定而真》("Truth by Convention")(Quine,1949)中对这些论点的反驳是决定性的。

如果说逻辑原理只不过是我们所采纳的规则,我们面临两个尴尬的问题:(1)出于何种目的我们采纳这些规则? (2)是什么决定了从我们所采纳的规则推出的东西? 对第一个问题,我们使用我们采纳的规则,当然是因为我们相信它们在绝对语境和假设语境中都是可靠地保真的。那么,关于真和有效性的模态事实就先于我们对逻辑系统的选择,且与之无关。对第二个问题,决定从任意规则集导出和不导出什么,当然是逻辑的事情。因此,逻辑自身不能仅仅是规则集。

如果假定我们采纳的逻辑约定自身不是逻辑复合命题[例如,"每个($p \rightarrow q$)形式的语句是真的"],而仅存在于某种语言行为模式中,我们会面临下述问题:我们过去的行为是有限的,但逻辑真理和我们语言的逻辑后承集是无限的。一个有限的判定集("这是真的""那是假的")要确定逻辑真理的外延是不可能的,除非否定、合取、量化和其他逻辑初始符号先于语言存在。当(且仅当)后者为真,约定就可以把特定的英语语词和符号与那些之前存在的逻辑运算连接起来。但在这种情况下,逻辑定律自身不是约定的产物而是独立的存在。

如果假设逻辑真理是由约定接受的经典真值表所给予的,我们面临真值表预设二值原则问题,即"每个命题或者是真的或者是假的,但不能两者都是"这一普遍事实。这个二值普遍事实不是我们通过群体认可就能使之为真的。如果说**我们**用"命题"所**意谓**的东西衍涵二值性,那么我们没有根基假设(如此规定的)命题类真的在否定、合取等运算下封闭。每当遇到新语句,在可以自信地把逻辑原则应用于它之前,我们不得不首先以某种方式证实它真的表示一个命题(根据我们的二值概念）。

先验基础约定论与内在基础约定论

显然，正如任何现实语言的真语句都与约定有关一样，所有逻辑真理在某种意义上也与约定有关。但是，有两种方式理解约定的作用。根据第一种方式，即先验基础概念（以下用"TB约定论"），约定连接语言要素和之前存在的形式或结构。只需要有限多的连接，每个连接都由目的和信息两者共同确立（如我在第14章所描述的）。有无穷多可用英语表达的逻辑真理，因为有无穷多的逻辑事实，它们由与英语的逻辑常项相联系的、有穷多的逻辑要素组成。逻辑定理的真值制造者独立于语言及其约定而存在：约定只用来连接语句与合适的真值制造者。

根据相反的观点，即约定的内在基础概念（以下用"IB约定论"），不存在独立于约定的事实或真值制造者。约定本身就自发地成为所有"分析"语句之真的基础，包括所有逻辑定理。这些真理以某种方式内在于我们的实践，被看作偶然的社会实践事实，与柏拉图客体及它们之间的关系无关。

如我上面论证的，有限的社会实践凭借自身不可能成为无穷多逻辑和数学真理的基础。为使这一点更加清楚，我将更详细地考察两个版本的内在构造主义概念，一个取自维特根斯坦的后期著作，另一个取自卡尔纳普的哲学。

准维特根斯坦约定论

不清楚维特根斯坦在《哲学研究》（*Philosophical Investigations*）（Wittgenstein，1953）和《数学基础评论》（*Remarks on the Foundations of Mathematics*）（Wittgenstein，1978）中是否持有IB约定论观点。在这些著作中，他的主要靶子似乎是伯特兰·罗素的笛卡尔认识论，特别是他对"亲知知识"的强调。事实上，我认为IB约定论与某些关键的维特根斯坦信条不一致。但是，有可能用维特根斯坦的某些观念来充实内在结构主义观点，因此本节我将考察这样一种准维特根斯坦观点。

通过否认事实上有无穷多逻辑真理，准维特根斯坦主义者可以避

176

开我对内在结构主义的异议。他可以主张无穷只是潜在的,因此否认有任何无穷事实需要解释。在本节我将论证,准维特根斯坦约定论者含蓄地承诺规则的现实无穷性的存在。

对于准维特根斯坦主义者来说,逻辑和数学真理是规范的而非描述的。它们没有言说任何东西。相反,它们仅仅表明或表示内在于我们语言游戏中的规则或规范。因此,准维特根斯坦主义者承诺下述论点:现实的人类实践体现某些规范,亦即特定实践服从某些规则。

何种事物是作为维特根斯坦哲学之要素的规则? 通过关注我称为规则的无穷**结果**的东西,我们可以迈向回答这一问题的第一步。我们可以把某个结果和每个规则都联系起来。这种联系是一个函数,它给(现实的或假设的过去、现在和将来)语境中的无穷行动集指派某个值(譬如,"正确""不正确""不明确"等)。

IB 约定论者必定把规则简单地等同于其相应结果。如果我们承认规则是在结果之上并超越结果的某种东西,即以某种方式自身决定其结果的东西,那么我们就从 IB 约定论转到了 TB 约定论,因为规则就会是一个先验对象,我们通过参与某种社会实践而与之产生联系。

某特定规则(譬如,某特定的无穷结果)在一个(具体指明的)共同体内**实践**这一事实,是一种我称之为**实践事实**的事实。

要说准维特根斯坦主义者比 TB 约定论者有任何优势的话,那么关键在于这些实践事实是认知可通达的:它们必须是我们能达至认识的那种东西。维特根斯坦假定心理事实之类的实践事实不是我们直接感知的东西。相反,每个这样的可能事实都有与之相联系的经验**标准**。当我们观察到实践事实的肯定性标准时,我们有好(虽然可以击败)理由接受相应命题(即命题"在共同体 C 中实践规则 R"),并且我们不需要把对这些标准的诉求建筑在任何更基本的东西之上(例如观察到满足这些标准与相关命题的真之间的正相关)。

一个**标准系统**是两个集合的对偶,一个是肯定性标准的集合,另一个是否定性标准的集合。每个标准是一个可观察的、可有效决定的条

件的有穷集。标准自身不能是无限的或者不可通达的，因为假定这些 177
标准的要旨是提供可用来达到关于相应事实的合理意见的某种东西。

每个可能的实践事实必定以某种方式连接到一个标准系统。关键问题是：我们如何说明这些连接？它们是什么？

准维特根斯坦主义者必定坚持，标准系统与实践事实的连接自身是规范的而非描述的。构成这些连接的是我们的语言游戏规则而不是任何独立于语言的事实。这意味着标准系统与实践事实的连接或联系，以群体所采取的一组行动为基础，这组行动受某个共同遵守的规则指导。这些行动包括，在肯定性标准的基础上断定一个实践命题、在否定性标准的基础上拒斥一个命题、在处理有关实践事实问题时诉诸标准等。把标准系统和关于某行动范围的实践事实关联起来的行为是**元行为**。可以形式地表述为：

定义 15.1(元关系)　如果行动 a 属于规则 R 的结果域 U，且行动 b 连接一个关于 R 的实践事实和标准系统 C，那么 b 和 a 处于元关系之中。

IB 约定论的这一准维特根斯坦形式是不融贯的，因为下述六个命题不协调：

1. 所有实践事实（例如，规则 R 在共同体 α 中被实践这一事实）经验上可通达。

2. 一个实践事实经验上可通达，仅当该事实和某个标准系统之间存在一个连接。

3. 这样的连接完全是受规则支配的人类行动的产物。

4. 行动之间的元关系的传递闭合是偏序的（传递的和非自返的）。

5. 至多有有限多受规则支配的行动。

6. 存在受规则支配的行动（也就是说，某实践事实是现实的）。

命题 1—3 保证,如果有任何受规则支配的实践,那么必定存在一些受规则支配的元行动连接实践事实与标准系统。这些受规则支配的元行动的存在,构成进一步的实践事实,即支配元行动的规则是在所讨论的共同体中被实践的。

反过来,受规则支配的人类行动,必定把这一元层次的实践事实与一个元层次的标准系统连接起来。

根据命题 4,元关系是一种偏序关系,因而必定有一个不同实践事实的无穷层级,伴有现实的无穷多的连接行动。经过有限多阶段后,该层级结构会终止。与命题 1 相反,最高层次的元实践事实是现实的,但认知上不可通达。命题 5 陈述的是,现实的人类实践不能包含无穷多的现实行动。因此,维特根斯坦主义者必须放弃命题 3 和 IB 约定论观念。

相反,如果维特根斯坦主义者打算放弃命题 1 或 2,他将陷入两难。或者他不得不假定某种神秘的非经验的直觉形式,根据它我们有理由接受实践命题,或者他不得不承认有些真理在我们的语言中可以表达,但对我们来说原则上不可通达。这意味着维特根斯坦主义并不比最教条的柏拉图主义优越。我们也可能接受,我们有直觉到逻辑和数学真理的神秘本领,或者我们有思考绝对不可通达事物的神秘能力。

命题 4 可能是这六个当中最值得怀疑的。不可能有一个元关系的固定点吗?即不可能有一个行动 a 连接标准系统 C 和某个关于规则 R 的实践事实吗?在此,a 自身属于 R 的结果域。我们把体现这样一个固定点的行动称为**自我决定的行动**。我将在下面一节论证,给定 IB 约定论假设,自我决定的行动显然是不可能的。

没有先验对象的指称与自我指称

在此,我们必须再次回到规则的本体论地位问题。如果规则是独立于实践的对象,而这些对象自发地固其自身的无穷多结果,那么一个自我决定的行动 a 是可能的。因为 a 能指称规则 R,反过来,R 可以决定一个包含 a 的结果域。但是,承认规则存在且独立于我们的社会实践而确定其结果，就是放弃内在结构主义假说。如此构想的规则是先验的柏拉图对象，通过约定，它们与某些种类的人类行动相联系。

或者，如果规则不是独立于人类行动而决定其结果的先验对象，那么我们必须把规则简单地等同于其结果。根据这一观念，规则不是**决定**其结果而**就是**其结果。但是，如果规则和其结果同一，那么自我决定的行动显然是不可能的。一个连接涉及规则 R 的实践事实和标准系统 C 的元行动 a 是这样一个行动：它针对某个**被看作完全实体的**规则 (R) 起作用。如果规则 R 简单地与其结果 U 同一，且如果元行动 a 包含在结果域 U 中，那么 a 恶性循环地指称规则 R。在这种情形下，行动 a 不能连接一个涉及 R 的实践事实和标准系统 C，因为 a 的地位本身是 R 的不可或缺部分。

为了使这一点更清楚，我必须退一步讨论 IB 约定论如何说明普遍词项的指称关系。指称是物理状态（发声或书写的一个产物，或者一个神经状态）与一组对象（普遍词项的外延）之间的关系。与**充满意义的行动**（后面对其详加说明）相对比，我称物理状态为**空洞的第一指示者**。为论证起见，我乐意在此同意 IB 约定论者有权把这种指称关系看作一个不可还原的天然事实，它是我们共同的社会实践以这种或那种方式产生的。

相反，TB 约定论者或柏拉图主义者认为指称关系涉及媒介对象——先验类型或共相，它反过来独立于我们的实践而决定外延。根据 TB 说明，实践在空洞的第一指示者和先验对象之间确立某种关联（在我看来是因果关联）。

空洞的第一指示者自身没有意义。只有第一指示者和指称所导向的外延这两者的结合才有意义。于是，对于 IB 约定论者来说，充满意义的行动等同于空洞的第一指示者与其外延中的对象集的总和。空洞的第一指示者自身可以是这个外延的一个元素——没有理由坚持指称关系是非自返的。但是，充满意义的行动**不能属于它自己的外延**（否则会恶性循环），因为它部分地由该外延**构成**。

前面定义的元关系是充满意义的行动之间的关系。只有充满意义的行动才能把一个标准系统和一个实践事实联系起来。因此,对 IB 约定论者来说,元关系必定是严格的偏序关系。

法律类比在这儿可能有帮助。假设一个法律说"当被四分之三的州立法机关通过时,这个法案将有法律约束力"。这个被称为 L 的法律打算把一个(H. L. A. 哈特意义上的)适用于自身的认可规则纳入其自身之中。①

一个文件没有法律约束力(它不是一个具有法律意义的文件),除非它满足某个认可规则所规定的条件。因此,没有任何文件可以提供这样一种有法律约束力的认可规则,即为文件自身的合法性提供基础的认可规则。必须有一个具有**先验的**合法性基础的文件或一条不成文的规则来提供认可 L 的条件。法律不能**自始至终**都是社会建构的规则或肯定性规则。在某种程度上,我们必须承认自然法规则。它们为承认某些肯定性规则有法律约束力,提供一个独立于实践的基础。法律实证主义者和 IB 约定论者面临完全类似的无穷后退。②

准维特根斯坦主义与无穷

因此,准维特根斯坦主义面临实无穷多而不仅是潜无穷多的规则和实践。一个实践事实要成为现实,必须有一个(在元层级结构更高层次上的)进一步的现实实践为原先的实践事实指派标准。否则,它原则上不可知。

可以认为,维特根斯坦自己拒斥命题 3 以及 IB 约定论纲领。在《哲学研究》中,维特根斯坦假定,我们作为人所共有的**生活形式**提供了实践事实和检验标准之间的连接。生活形式这一概念出名地晦涩,可以把本章所展开的 TB 约定论说明当作对维特根斯坦假定的充实。

TB 约定论避免了困扰 IB 约定论者的无穷倒退。因为从 TB 的观

---

① 比较美国宪法的Ⅶ节。
② 对法律实证主义不融贯性的进一步讨论参见第 22 章。

点来看,实践事实是日常的自然事实。人类行动没有必要经由它们与经验标准的约定性联系来使它们认知上可通达。相反,现实实践与逻辑事实之间的关联有因果联系(包括心理机制的目的论)的支撑。这一点可用标准的自然科学方法来研究。

克里普克的准维特根斯坦解决方案

在其 1982 年关于维特根斯坦和服从规则的著作中,索尔·克里普克(Kripke,1982)认为,维特根斯坦为实践事实问题提供了一个"怀疑论解决"。克里普克眼中的维特根斯坦,假定不存在"实践命题没有真值条件"这样的事实。相反,实践只有可断定性条件。在其近著中,罗伯特·布兰顿(Brandom,1994)提出了类似策略。我们的社会实践产生一些规则,给定一些经验资料集,这些规则把实践事实**归于**实在的部分。

但是,克里普克-布兰顿解决方案只是把问题往后推了一步。克里普克和布兰顿承认,空洞的第一指示者(可观察行为)和无穷结果之间二元关系的构造问题没有 IB 约定论的解决方案。他们建议我们推定社会实践构造了经验资料、空洞行为和无穷结果之间的一种**三元**关系。(该三元关系告诉我们,给定一定的经验资料,哪一个结果可以合理地归因于哪一个行为。)但是,这个三元关系如原先的二元关系一样无穷或自由。如果有限的社会实践不能为指派实践命题的真值条件提供基础,那么基于同样的原因,它们不适合为这些命题构造无穷多的可断定性-条件。

正如只有充满意义的行动可以关联空洞行为与无穷结果一样,只有充满意义的行动才能关联经验资料、空洞行为和无穷结果。为避免无穷倒退,我们需要充满意义的行动,从充满意义的社会实践导不出它们无意义。

卡尔纳普约定论

考察卡尔纳普《语言的逻辑句法》(*The Logical Syntax of Language*)(Carnap,1937)中的逻辑与数学真理理论,可以发现类似问题。对卡尔纳普来说,逻辑和数学真理之为分析的,是语言系统的规则以某种方式给定的。一个逻辑或数学语句的真是"内部问题",其解答需要参照相关的约定和规范。我们不能问关于这些语句之真("数字真的存在吗?")的外部问题。相反,外部问题必须只关注一个或另一个语言系统实践上的有用性。

卡尔纳普主义的关键问题是上面我称为**实践命题**的地位问题。当我问"在共同体 C 中使用语言 L 吗?",我提的是一个内部问题还是外部问题? 看起来这必定是一个外部问题,因为它不能和一个语言与另一语言的相对有用性的判定问题分开。如果我说语言 L 比语言 L' 更有用,我的证据必定由把一个语言或另一语言付诸使用的现实的或假想的群体组成。

如果允许把实践命题看作内部问题,会产生一些非常类似的结果。例如,假设语言 L 包含意义公设"任何成功群体都是使用语言 L 的群体"。通过自我宣告使语言 L 最大限度地有用,这一公设似乎胜过那个关键的外部问题。因此,我们必须把关于 L 的实践命题当作外在于 L。

然而,一个外在于 L 的问题必定内在于某东西。必定有第二个元语言 L',在其中可以形成关于 L 的外部问题。这一点实际是蒯因在批判卡尔纳普的分析/综合区分时所强调的。蒯因坚持认为,根据卡尔纳普自己的原则,元语言必须是行为主义语言。并且,蒯因证明了实践命题(关于哪些意义公设在给定群体中被现实地使用的命题)不可能被行动主义地判定。

对卡尔纳普主义,有一个独立且不那么带个人偏好的反对意见值得在此强调。根据卡尔纳普的原则,必定有一些外在于元语言 L' 的问题,即关于实践命题或 L' 之有用性的评价问题。这些外部问题必定内在于一个元元语言 L'',如此以至无穷。无论我们是不是行为主义者,认为人类社会实践足以支持实无穷多的意义公设显然是不合理的,这些意义公设属于一个元语言的无穷层级。

为什么每个元语言必须被我们实际地使用呢?为什么卡尔纳普不能(如塔尔斯基那样)乐意承认,存在一个作为抽象对象的语言系统的无穷序列,序列中的每个语言系统都外在于其前一个?

经过简单反思,这一回应很明显是不恰当的。对于任意给定语言系统 L,有无穷多的外部元语言对语句"L 有用"指派不同的真值。在评价 L 的现实有用性时,我们必须使用我们自己说的外部元语言。因此,无穷倒退必定是语言在实际使用中的倒退。

182

停止倒退的唯一方式是假定一个没有外部问题的语言。但是,这将抛弃卡尔纳普哲学的一个根本特征。再者,如果我们接受 IB 约定论观点,这样的事是不可能的。不能对其问外部问题的唯一语言如此艰涩以致无人可以理解,一如黑格尔的哲学语言。

棒球与其他柏拉图对象

约定论者经常把关于受规则支配的游戏与语言规则进行类比。假设没人打算假定一个如棒球运动一样普通和偶然的永恒的柏拉图实体。但如果我们认为一个像棒球运动那样受规则支配的活动的唯一基础是固有的社会实践,那么就会削弱语言对先验基础的需求。

但是,我将论证棒球之类的游戏是需要先验对象的极好例子。事实上,棒球和其他类似运动的社会目的之一是告诉年轻人超越实践的规则是实在的。儿童是作为社会构造论者(或 IB 约定论者)开始其生活的。在学习一项运动时,儿童怀疑存在对规则的公正诉求:他们怀疑,令某东西**出局**完全取决于某些局部的社会舆论。因此,为他们自身的利益,他们经常试图操纵比赛或指控别人(甚至公平公正地运用规则的成年人)操纵比赛。在某个时刻信号灯亮时,年轻运动员把握住这样一个事实——棒球运动有一种公正性,它超越我们去实现它的易错企图。此时,他们变得热心于这些规则的严格公正运用,即便这样意味着个人损失。他们明白打棒球的价值有赖于依规则而打。

当然,棒球规则有约定成分。我们可以一场球打五个而不是四个垒,或要求五次而不是三次未击中出局。但是,棒球规则的存在有赖逻辑复合类型(否定的或条件性的)的真实存在,也有赖涉及运动、位置和时间的自然(非伪装的)类型的真实存在。没有这些柏拉图事实所构成的先验基础,没有通达它们的因果通道,棒球之类的真实游戏是不可能的。

15.4.3　作为思维前提条件的逻辑

可以主张逻辑真理和事实真理之间有另一区别:逻辑假难以理解,而纯事实假则好理解。我同意逻辑不可能性难以理解,但我不接受下述推论:它使得逻辑是非事实性的。有些事实,亦即必然事实,否认它们是难以理解的。我不仅限于逻辑必然性:否认任何必然性都是难以理解的,无论是物理的、因果的还是其他种类的必然性。否认水是水难以理解,否认水是 H_2O 也难以理解。这两者之间是有区别的:通过学习逻辑,我学到一个潜在的概念难以理解;通过学习化学,我学到另一个概念难以理解。一个心理表征能表征一个实在的可能性(因而可理解地表征),仅当在模态实在领域存在一个该表征所关于的可能情境。哪一个表征可理解地表征了某物,这本身是一个事实问题,是一个有关世界结构的问题。

当我们说逻辑假是"难以理解的"或"不融贯的",我们可能有以下三种意思:

    1. 它完全不可想象。

    2. 相信它会使人容易陷入大弃赌(在其中可能输但不可能赢)。

    3. 它在逻辑上是假的。

当然,"不融贯"的第三种意义不足道地区分逻辑不可能性和其他不可能性。我不是否认逻辑必然的类形成一个自然且有趣的类;我只是否认对逻辑真理的说明极不同于其他语义学。

我否认逻辑假在上面第一种意义上是不融贯的。人们实际上确实相信逻辑假,这是有关它们的一个重要因果相干事实。我赞成相信逻辑假会使人容易陷入大弃赌,但相信任何不可能性都会如此。不融贯来自相信不可能的东西而不是不合逻辑的东西。

无论如何,即便逻辑在某种特殊意义上是所有思维的一个前提条件,但这一事实与解释思考和知道逻辑真理的可能性无关。如果逻辑是所有思维的一个前提条件,这可能给了我一个符合逻辑地思维的理由。但它(自身)没有解释我是如何知道逻辑真理的,或者我在做逻辑时谈论的是什么。

15.4.4 逻辑的先验性和不可修正性

尽管我在为一种关于逻辑和数学知识的**因果**理论进行辩护,但这推不出我承诺一种约翰·斯图亚特·密尔式的**经验主义**说明。很有可能,且我认为这大约是真的:基础逻辑和数学是先验可知的。更进一步,事实上它们牢牢地固定在我们的脑海中不可修正。我也不是在声称,我们是通过溯因推理和最佳解释推理知道逻辑真理的。像最佳解释这样的复杂的科学推理已经预设了大量重要的逻辑知识,因为否则的话,我们就不能判断何者被给定假说所蕴涵或与给定假说相反。逻辑很大程度上先于科学。我的核心观点是,这种先验确信的内容和认识论地位需要某种因果解释。

想象力在获得新的逻辑和数学知识中起关键作用。即使我从来没有一次性遇到过 12 个可辨别的东西,我也能发现 5 与 7 的和是 12。我可以设想两个不相交的集合,一个有 5 个个体,另一个有 7 个个体,并且发现它们的并集必定由 12 个个体组成。在此,并不需要对物理对象进行操作。

然而,我们可以问:想象力的这样一些特性是怎样赋予知识的? 它必定与人心的起源有关,不管是达尔文主义的还是其他。想象力的形成必定以某种方式受相关的逻辑和数学事实的影响,可能因为这些事实在我们的各个进化历史片段都有因果效应。

184

15.5 逻辑必然与物理必然

到目前为止,我一直强调逻辑必然和物理必然的类似之处。根据其对具体事件序列的因果影响,这两者都可知。但是,存在明显不同的模态形式:譬如逻辑的和纯物理的。我移动得比光速快是物理不可能的,但是逻辑可能的。能说明这两者之间的这一差别吗?

在这一语境中,重要的是要很清楚我们把可能或不可能赋予何种事物。例如,是赋予情境-殊型、情境-类型抑或是命题(一个或多个殊型与一个类型的组合)?作为一个现实主义者,我相信唯一实在的殊型是现实殊型。因此,我把仅仅可能的殊型看作某种来自现实殊型和各种情境类型的逻辑构造。这种构造表征真实的可能性,当且仅当,所涉类型具有被可能地例示(或被某些现实殊型可能地例示,或与之处于某种关系之中)这一模态属性。类似地,一个命题是可能真的,当且仅当,其类型被其殊型可能地例示。因此,模态首先是一个情境类型属性范畴。

一个情境-类型表征一种逻辑可能,当且仅当,某类型逻辑同构于它被可能地例示。(用**逻辑同构**,我的意思是,通过代入非逻辑元素,一个可以被转换成另一个。)相应地,一个情境-类型表征一种逻辑不可能,当且仅当,没有类型逻辑同构于它被可能地例示。

同样,一个类型构成一种物理可能,当且仅当,某类型物理地同构于它被可能地例示。(物理同构的意思是,通过代入非物理元素,一个可以被转换成另一个。)我们通常把逻辑结构包含在物理结构的定义之中,结果是所有物理可能包含于逻辑可能的类之中。但是,我们不需要这么做。因为我们可以认为某些类型是物理可能而逻辑不可能的。例如,一个电子的角动量是+1/2是物理可能的,并且一个电子的角动量不是+1/2也是物理可能的。根据该类型电子的角动量既是+1/2又不是+1/2,我们可以认为这样一个类型物理可能但逻辑不可能。

简要地说,我的核心观点是,可能和必然是基本实在。逻辑模态和物理模态是我们在世界的模态实在中发现的两种结构。它们有区别但并非在种类上根本不同。

逻辑必然和物理必然之间可能有更进一步的区别。可能物理定律只是偶然地必然,而逻辑真理是必然地必然。如果我们发现物理定律本身是某个更基本事实(如上帝意志)的产物,而逻辑定律(或它们中的某些)绝对不是导出的,这种情况就会发生。

逻辑必然和非逻辑必然的标准区分,依赖塔尔斯基把逻辑必然划归为"在每个模型中真"。通过考察命题逻辑和真值表,可以看出逻辑必然的这样一种模型论进路不合适。假设我们打算把命题逻辑中的逻辑真等同于**在每种解释下为真**,等同于对逻辑连接词的解释。这种解释是通过列出相应真值函项来简单地规定的。只有断言(如果只是隐含地)真值表的所有行必然互斥且穷举了所有可能,这种逻辑真理论才起作用。但这种东西不能被简单地规定是那样。

举个例子,只考虑否定。如果我们用"假"的意思是"不是真的",那么否定的标准真值表的两行互斥且穷举,这一事实本身是先验的逻辑必然,而不只是我们规定"不"的意义的产物。或者,如果"假"并不简单地意味"不是真的",那么该标准真值表预设实质的二值论点。在这种情形下,真值表各行互斥且穷举的本性也不仅仅是约定的产物。现在,二值语义事实是我们必须与之有某种认知联系的东西,这个二值事实本身在性质上是**模态的**:我们不仅需要知道某个类中的每个语句实际上或是真的或是假的但不能两者都是,而且需要知道这必然成立。我们再次遇到一个必须可认知通达的模态事实。

15.6 　从逻辑到算术

与逻辑知识相比,算术知识提出新的挑战。算术涉及数字的存在与属性,它们似乎存在于一个与我们自己的领域因果上孤立的领域。但是,这一表象是骗人的。一个数字就是一个量词复合表达式的自然种类。[①] 数字及其属性因此包含在模态化的逻辑事实之中。一旦一个情境支持一个涉及量词与等词的模态化的逻辑事实,该情境也就支持一个涉及一个或多个数字的算术事实。例如,下述逻辑类型:

$$\Box[\exists x(\neg A(x) \wedge B(x)) \wedge \exists y(A(y) \wedge B(y)) \rightarrow$$
$$\exists z\,\exists w(B(z) \wedge B(w) \wedge z \neq w)]$$

对应算术类型 $1+1 \geqslant 2$。数字 n 就是一种出现在模态化逻辑事实中的复合量词表达式,即一个由 n 个量词构成的复合表达式,这些量词的变项两两不同。例如,下面的类型是类型 3:

$$\exists x\,\exists y\,\exists z[x \neq y\ \&\ y \neq z\ \&\ x \neq z\ \&\ \phi]$$

这种逻辑复合类型的存在不是任何人为的结果。我们使用递归语言和思考任意逻辑复杂的思想的能力,完全取决于相应的逻辑复杂性在实在界的在先存在。如哥德尔和庞加莱很久以前就意识到的:承诺数字的无穷和承诺语言的递归本性,本质上是同一回事。如果我们相信存在一种递归定义的、包含量词和等词的语言,我们就已经接受了数字序列的存在,因为每个数字就是一种可以在这样的语言中生产的量词复合表达式。

在古代世界,毕达哥拉斯主义者和埃利亚学派哲学家争论数或逻辑何者更为根本。如 T. K. 宋(Seung, 1996, pp. 194 – 195)所论证的,后期柏拉图得出这两者相互依赖而不可分的结论(在其《巴门尼德斯》

---

① 　或者,可能每个数字是同样数量的量词复合表达式家族之存在的因果基础。

186

中表达的)。一旦承认任意复杂的逻辑公式,也就是说,一旦承认我们在处理一种只能**递归地**定义的语法和语义,我们就已经承诺自然数的真实存在。

因此,数字对世界有因果影响:通过融入模态化的逻辑事实中,数字对世界产生因果影响。这些逻辑事实制约可能发生的东西。假定每个数字都有一个后继,就是假定存在对这种任意逻辑复杂度的真实模态制约。

因此,与哈特里·菲尔德的看法相反,算术不是物理理论的保守扩充。更确切地,算术公理是特别大胆的猜想,是基于我们关于其事例的知识的一组无穷概括。每当我们遇到非常复杂的新颖情境,且在以算术作为我们的指导之一时,我们就能够成功探究清楚这些情境,这些算术猜想就得到确证。

15. 6. 1　宇宙无穷

皮亚诺公理断言每个数都有一个后继。我们发现这个定律在经验中得到确证,但我们的经验(可能)限于相当小的数量。如果宇宙是有限的,那么包含基数比宇宙基数还要大的量词复合表达式的所有逻辑类型就不会被例示。我们很少有理由相信存在这种未被例示的类型。如果这些类型不存在,那么相应的数也不存在。这就构成皮亚诺后继公理的反例。另外,存在无穷多个数不是一个关于世界的偶然事实。我们要论证必然存在无穷多个数。

首先,可以很合理地认为,科学给了我们好理由相信无穷多样性的存在,因而相信超穷基数的存在。例如,考察物理学中实在的连续统的用途。但是这一论证没有提供相信数必然存在的理由。

其次,我们可以求助于一个古老把戏——用数字编码数字自身。这个把戏柏拉图在其对话篇《巴门尼德斯》中用过。众所周知,弗雷格在其《基础》中也使用过。如果有两个不是数的东西,那么可以推断数字 2 存在。这意味着至少有三个东西:两个非数的东西和数字 2。这个类型以数字 3 为基础,可以证明 3 不同于数字 2,于是我们现在有了 4 个东西,如此等等。因此,如果至少必然存在两个东西,那么必然存在无穷多个东西。(事实上,如果必然存在一个东西,且它不是一个用数表示的类型,并因此有别于其他每个数,包括属性**一性**,那么我们可以得到柏拉图层叠必然存在。)

我们怎么知道存在不是数的东西呢? 用弗雷格的例子,我们怎么知道尤利乌斯·恺撒不是一个数? 数学的因果/模态理论对这个公认的古怪问题给了一个好的回答。数是必然的存在者,它们通过融入模态事实影响我们的经验。尤利乌斯·恺撒及其他有时空位置的实体是偶然的,并且它们自身是由时间在先的事件导致的。这些事实至少给我们一个强假定,该假定有利于把这两个类处理成不相交。

15.6.2 克里普克和维特根斯坦论服从规则

克里普克(1982)发现,维特根斯坦的《哲学研究》(Wittgenstein, 1953)中有一个新疑难:在某次给定实践中,有限数量的行动何以能固定被遵守的规则的内容? 对于算术来说,曾经执行过或将要执行的算术演算集是有穷的。这些数据的无穷多的不同扩展,就是全部数字的三元笛卡尔积。例如,"分段加"函数不同于加法之处仅在于,数对如此之大以致没人曾使用过它们。之所以如此是因为我们服从加法规则而不是与之相对的分段加规则吗?

克里普克疑难似乎弄错了解释的次序。因为用"加上"我们的意思是加法,即我们在(或应该)遵从加法规则,而不是相反。被讨论的语言和认知操作表征加法这一事实由它们与逻辑必然领域内的事实之间的系统性因果关联决定。算术演算(从目的上来说)**被看作**以特定方式与一阶逻辑必然真理集相联系。正如弗雷格的逻辑纲领那样,用合适的同一性或非同一性陈述,自然数可以系统地翻译成量词串。通过翻译,算术演算方便了对逻辑必然的高效率运算。如果这些认知操作表征的是分段加,那么这种系统性因果关联会是另一番非常不同(且复杂得多）的景象。

我想不出任何方法来弄清空洞的数学事实（只包括数和它们之间的一些数学关系的情境，譬如"$7 + 5 = 12$"或"$3 < 5$"）与有时间位置的事件和过程之间的直接因果关联的含义。相反，这种关联更多的是间接的和整体性的。特定逻辑事实直接影响具体的事件和进程。隐含在这些逻辑事实之中的是数字（量词复合表达式类型）及它们之间的数学关系（譬如后继与包含）。数字及其关系在心中的表征（称之为认知算术），被它们可靠且富有成效地生成的关于一阶逻辑必然（通过把数字翻译成受同一性和差异性条件限制的量词）的信息所确证。因此，有两个系统——实在算术系统和认知算术系统。关于必然与可能的具体的一阶逻辑事实，与作为关于这些模态事实的知识的认知事实之间的有限数量的因果相互作用，导致并支撑这两个系统的一致性。

根据关于数的原子事实（关于特定乘与和的值的事实）与一阶逻辑必然的模态事实之间的系统性翻译，算术事实是可知的。每个关于数的原子事实可映射到一个相应的一阶逻辑定理集上（正如对算术的标准逻辑处理那样）。但是，难道算术和逻辑之间的这种系统翻译本身不是一个可以被分段加的规则吗？翻译是一个无穷规则，但我们现实的数学实践只涉及翻译程式的有限事例。克里普克/维特根斯坦问题不就产生了吗？

回答这个翻译问题的变体要假定，数真实存在并且它们真正融入翻译程式所连接的模态情境之中。这就是说，数字 $2,3,5$ 是下述模态情境-殊型的真实组分：支持把"$2 + 3 = 5$"翻译为一阶逻辑的逻辑必然性。另外，由于这些模态情境-殊型进入与日常事件和过程的因果关系之中，单个数字也就蕴涵在这些因果关系之中了。

但是，我们仍然必须面对这样一个事实：以这种方式我们人只与有限多自然数发生了相互作用。什么决定了翻译程式向我们与之还没有这种相互作用的数扩展？回答必定采取下述某种形式。后继关系是数字间一种实在的、准因果关系。后继关系进入 0 以外所有数字的存在。

189

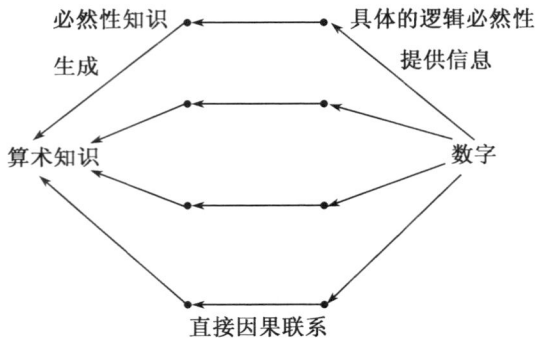

图 15.1　算术信息流

因此，在与大于 0 的数字相互作用时，我们在与后继关系本身相互作用。一旦我们形成关于数字的全称概括，譬如，每个数都有一个后继这样一个概括，我们的表征状态就被其与这个后继关系的因果关联激活（作为相关模态事实的组分）。换句话说，像黄金或土豚一样，后继是一个自然种类。

　　这不是要否认分段加的类后继关系存在。这只是否认，在形成关于数字及其后继的概括时，这些分段加关系进入与我们认知状态的因果关联之中。另外，在后继与分段加之间有一些重要的因果/解释非对称性。每个数有一后继解释了为什么每个数有一个分段加项，但反之不然。这种非对称性很关键，因为这样我们就可以诉诸奥卡姆剃刀（参见附录 B）解释，为什么我们关于后继的想法由后继而非分段加引起客观上更可能得多。奥卡姆剃刀告诉我们去最小化与被解释现象因果相干的那些因素。如果假设分段加与我们关于后继的想法因果相干，那么会推出后继也是相干的，因为需要后继来解释分段加的结构。相反，如果假设与我们关于后继的想法的因果解释直接相干的是后继，我们不需要假定分段加也是相干的。因此，奥卡姆剃刀规定，与后继的直接关联是对我们基本算术信念的最佳解释。

15.7 集合论与其他数学分支

并非所有数学分支都服从与算术同样的处理。譬如,几何和实数分析需要一个沿戴德金(Dedekind,1888)路线的结构主义理论:欧几里得几何学是关于满足其公理的任何结构的,非欧几何和实数分析与此类似。哈特里·菲尔德(Field,1980)提出的实数"消元法"符合这种结构主义模式:物理学假定存在各种物理量(距离、周期、质量、场强度)系统,这些系统(在适当解释下)证实实数分析的公理。因此,物理学和其他经验科学证明了某些种类结构的存在,而结构主义数学各分支研究具有所假定种类结构的逻辑后承。

因此,不存在像实数、欧几里得空间这样的作为实在对象的东西。在实数分析中,我们不研究对象(实数)汇集的属性和关系。相反,我们研究结构汇集中每个成员的属性,它们都证实分析公理。与此相对,算术主要研究自然数,它们因其自身就是确定的对象。其次,其结果可以应用到任何顺列(即分享自然数结构的任何序列)。算术和分析之间的差别在于算术与逻辑之间联系的紧密性,这种联系是通过有穷基数在一阶谓词逻辑中的可定义性建立的。

集合论的情况更困难些。我倾向用算术(因为有一个绝对域——集合)而不是分析学和几何学这样的结构主义分支来澄清集合论。正如数可以构想为逻辑类型(涉及具有相应基数的量词复合表达式的类型)的自然家族的基础一样,集合也可以构想为析取逻辑类型的自然家族的基础。例如,假设集合 A 为 $\{a_0, a_1, \cdots, a_\alpha\}$,集合 A 是一个同外延的类型的家族存在的原因,下面是该家族的一个例子:

$$\lambda x(x = a_1 \vee x = a_2 \vee \cdots x = a_\alpha)$$

令 $A^\vee$ 是一个与此同外延的类型家族。可以定义属于关系如下:

$$\forall x(x \in A \Leftrightarrow (x \models A^\vee))$$

集合,甚至无穷集合,本质上是能够通过穷举给定的东西。基于这个原因,像策梅洛-弗兰克尔集合论那样的东西必定是正确的,因为一个列举只能包括在该列举之前已经存在的事物,这一限制反映在策梅洛-弗兰克尔理论的迭代层次之中。

集合及其数学属性是如何因果影响我们的? 在说明这种联系时,量子力学可能扮演关键角色。如大卫·博姆和巴兹尔·希利论证的,量子力学关注物理整体的形成或消解过程(Bohm and Hiley, 1993)。因此,在量子力学中,有因果效用的是物理对象的集合而不只是单个的对象。

物理整体形成的可能性预设个体先验地、形而上学地形成集合。当一个物理系统的集合满足某些条件就构成了一个量子整体,其属性不能分解为部分的属性。我们关于这一物理合成过程的经验是削弱这样一个形而上学过程的证据,根据该过程,事物的任意汇集构成一个形而上学整体,也就是**一个集合**。例如,甚至像菲尔德这样的唯名论者(Field, 1990, p. 214),也确信地使用一个断言存在任意时空域总和的公理。

大致可以说,量子力学的这一特性是感知心理学中格式塔现象的最终根源。一个量子整体由一个感知对象系统及感知者的感官系统组成。它的形成是整体论格式塔感知的前提条件。于是,格式塔感知完全是对对象集的感知,而不仅仅是单个地感知对象。

佩内洛普·马迪(Maddy, 1990)论证了物理对象集的可感知性。[①]但是,这种可感知性不足以提供对集合论知识的说明。我们需要对集合论公理所表征的关于集合的普遍事实的知识进行解释。另外,我们对物理对象集的感知似乎对我们关于集合论的更高层级的知识或者关于单元集或空集之存在的知识,没有任何直接影响。

---

①   马迪(Maddy, 1990, p. 87)论证说,集合论形而上地先于算术,因为它假定数是集合的属性。但是,即便没有对集合存在的任何明显的本体论承诺,算术真理也已经隐含在带等词的一阶逻辑中。参见菲尔德的"Reply to Maddy"(Field, 1990, pp. 208 – 209)。

通过把关于更高层级集合的知识设想为类似关于未来的知识，可　　192
以找到这些问题的解答。我们之所以知道未来，不是根据未来对我们
心智的任何影响，而是根据某些一般原因对我们的心智和未来的影响。
同样，我们关于物理对象形而上学地聚结为集合的经验，无限制地给我
们提供了通向事物聚结倾向的途径。这个聚结过程也是任意更高层级
集合形成的原因。我们关于幂集公理、分离公理、选择公理和替换公理
的知识，都反映了我们关于这一聚结过程之普遍性的知识。策梅洛-弗
兰克尔集合论的迭代层次反映了一个准因果过程。根据该过程，更高
层级的新集合是通过较低层级集合的连续聚结生成的。（这一连续层
级的生成不在时间之中发生，而处于与我们时间轴垂直的次序之中。）
因此，即便我们没有与这样的东西直接联系，但我们知道集合的集合存
在。因为个体形成集合这一倾向，既在物理世界中又在更高层级集合
范围内起作用。

与直觉主义、有穷主义或模态结构主义等许多其他哲学立场不一
样，这种数学的本体论与认识论观点没有数学实践的修正主义推论。
数学是一门健康、进步的科学，它以与物理学探究物理力和相互作用的
结构非常类似的方式，探究模态实在的结构。数学家不需要哲学家
帮忙。

但是，集合论的这一实在论形式自身没有解决二值问题。它把论
域限定在某一特定迭代层级。如果集合论语言中的一个命题在该论域
中为真，并且在向更高层级聚结的过程中其真必然被保持，那么该命题
被确立为真。当一个命题的否定确定地为真时，该命题就被确立为假。
原则上可以有一些命题，它们的真值从未以这种方式稳定下来，而是随
着层级的积累，其真值从真到假来回波动。

15.8   数学实在论的候选者

15.8.1   虚构主义

最近一些所谓的唯名论者,譬如哈特里·菲尔德,主张算术的有用性,并且主张其他分支数学在计算逻辑后承时不依赖算术之实际为真的一些假定:它们是非数学理论的保守扩充,这就够了。一个数学理论是一个保守扩充,仅当它是协调的。因此,根据科学归纳法,我们必定能够发现那些算术假定是协调的。

协调性和保守性它们自身是数学(元逻辑)属性。菲尔德不是关于这些属性的虚构论者,也不是关于具有这些属性的无穷大汇集(物理理论)的虚构论者。这一区分看起来武断且目的不明。为什么在本体论或认识论上,一个不可测量理论是协调的这一事实不比任何数论事实更有争议呢? 正如哥德尔的工作告诉我们的,理论的协调性这样的元数学事实,实际上能用数论中的定理表征。

另外,在没有找到相信这些假定为真的理由时,我们真的可以找到相信数学理论协调性假定的理由吗? 我们一次次发现,假定算术公理并在计算逻辑后承时使用它们是可靠的。这种可靠性正是导致我们(暂时)接受数学之外的科学假说的真理性的那种现象。菲尔德区别对待数学的唯一原因是他有意保留知识的因果理论。于是,就我能说明部分数论之因果影响的可能性而言,我清除了数学反实在论的所有动机。

无论如何,菲尔德没打算给逻辑知识提供一个虚构主义说明。菲尔德认为逻辑(至少一阶逻辑)在认识论上和本体论上没有争议。例如,他想当然地认为,物理理论语言是递归的,它由无穷多语句类型组成。它们中只有有穷多类型有具体例示:唯名论者如何解释我们在认知和认识上通达实际无穷多的逻辑类型呢？

最后，菲尔德主张有足够的理由相信标准数学公理在逻辑上是协调的。这个理由是经验的：随着时间流逝，数学共同体成功清除许多不协调。如果剩下来的数学理论不协调的话，到现在总有人发现了这一不协调。

菲尔德的论证依赖诉诸协调性和不协调性的因果效应。他对数学协调性的推断是最佳解释推理。这种推理预设，数学的协调性可以真正导致我们在寻找不协调时的反复失败。这意味着，某些抽象对象（数学理论）的逻辑性质（协调性、不协调性）与数学家的心智和行为之间必定有因果联系。如果我们的心理状态可以以这种方式与理论因果关联起来，为什么数与集合不能呢？

15.8.2　结构主义

根据结构主义，数学是真正对某些种类结构的研究，即满足该理论公理的那些结构。正如我早些时候指出的，作为对许多像几何或分析学这样的数学分支的说明，我发现结构主义说明非常合理。我打算只对数学的三个分支采取一种直率的实在论态度：逻辑、算术和集合论。就我所知，还没有人为逻辑提供过结构主义说明。有可能把算术构想为顺列理论，但这似乎遗漏了某些重要东西：在数东西时数字的作用。如弗雷格和罗素所认识到的，数和量词之间有紧密联系。它们的联系如此之紧密，以至于我把数等同于量词复合表达式的自然种类。

194

对集合论采取结构主义进路有一个不同的问题：结构主义看起来涉及把特殊的数学理论当作某个更普遍的结构理论的子理论。但是，集合论本身就是一种可能结构的理论。不存在一个能包含集合论的更普遍理论。

15.8.3　模态主义

普特南和赫尔曼（Putnam & Hellman，1989）等模态主义者认为数学是研究**可能**结构的。这使得他们能避免承诺无穷多结构的现实存在。但是，他们仍然容易受到上一节所提到的其他反对意见的攻击。另外，模态主义者还欠一个对模态思想和知识之可能性的解释。仅仅可能的结构可以对我们的心智没有影响。那么，指涉或知道它们何以可能呢？

15.9　为什么人的心智不是图灵机

如果我们是通过与模态事实的相互作用学到数学事实的，那么可学的数学真理集没有原则性上限，即不存在原则上不可知的数学真理。根据哥德尔不完全性定理，这意味着数学上可学的真理集不是递归可枚举的。反过来，这意味着作为无限制的数学学习者，人的心智不能模型化为图灵机。

如罗杰·彭罗斯（Roger Penrose）提出的，反对图灵机模型是数学心智的恰当表征，并不必然产生有关量子因果关系怪异形式的推断。它与我辩护持有的那种因果柏拉图主义是一致的，即人的**大脑**可以毫无保留地模型化为图灵机，甚至有限自动机。从目的论上来说，人不能脱离其环境。与前数学动物不一样，人类环境因其逻辑/模态组分而在性质上是无限的。仅有有限多方格被现实地画在记忆纸带上，这对图灵机模型是根本性的。这意味着一台图灵机总是被表征成与一个有限的环境相互作用。记忆纸带无限长，但机器的任意一次现实运行只使用了该纸带的有限片段。

由于人不能从人类环境解放出来，且人类环境的信息无限丰富，人的心智的任何图灵模型都会遗漏某些根本性东西。从图灵机模型转化为柏拉图模型，类似于从斯金纳行为主义的有限自动模型转化为计算心理学的图灵机模型。在这两种情形中都有某种理想化，但这种理想化对阐明心智的本质属性是必需的。大致说来，已知宇宙的界限和不断袭来的热力学热寂宿命，人的潜在记忆受某种有限制约。把人的心智设想为图灵机，涉及忽视这种对潜在记忆的现实制约，因为这种制约对心智进行运算时在做什么不是根本性的。同样，宇宙物理学也可以对人类可以学到的数学真理集设定限制。柏拉图模型涉及忽视这一偶然限制，因为这样做对正确刻画数学思想和数学知识的本质是根本性的。

16

心智的目的论理论

在本章,我打算考察心智哲学中的一些问题,并简要讨论心理表征的目的论理论与这些问题的相干性,包括下向因果、可感受性和自由意志。

16.1　非还原唯物主义之反讽

毫无疑问,关于心/身问题的讨论始于笛卡尔。笛卡尔明确了现代心智哲学中的心/身问题。当然,笛卡尔的观点是极端二元论的:心和身是两个具有极其不同本质(一个是思想,另一个是外延)的分离实体。从笛卡尔的观点来看,这种二元论表征了避免中世纪综合这一混淆的关键性第一步。在中世纪综合中,物质被赋予类似心智的属性(目的论属性),并且许多心智功能(譬如感知)被认为本质上依赖物质的协作。

当然,这个二元论付出了代价,一种现代继承者普遍不乐意偿付的代价。这个代价是失去关于心身之间因果连接的任何可信和可理解的传说。笛卡尔诉诸其关于松果体的声名狼藉的假定,而马勒伯朗士则采取极端权宜之计否认次要因果。

通过把心智活动等同于某种物质运动,霍布斯预料到 20 世纪的一致意见。20 世纪的唯物主义采取了下述各种形式:行为主义、脑状态同一论、功能主义、非还原论或随附性唯物主义。每种形式的唯物主义者都接受笛卡尔的反亚里士多德的物质概念，只争论他对心智的说明。但是，由于心智和物质的简单同一被证明是不可能的，于是对心理因果的二元论挑战仍然没有得到回应。 198

心理描述不能还原或翻译为物理描述，因为心理描述涉及不同层次的抽象。原则上，同样的心理状态和心理操作可以在无穷多不同物理媒介中实现。这种多样可实现性甚至在心理事实和关于算术或计算过程的事实之间成立。

如果心理描述仅涉及重新描述抽象程度很高的物理事实，它们就是因果冗余的。令事情发生的所有真正工作发生在完全决定的物理事实层面。心理事实只是**随附**在这些纯物理事实之上，因而只是**副现象**，即物理实在投在语言概念之幕上的因果迟钝影像，而语言概念之幕仅从该实在抽象出一些普遍性质。毫无疑问，**意向性立场**（如丹尼特提出的）是一种有用的看法，但它没有提供通向情境的**因果相干**性质的通道。

于是，尽管源于不满意笛卡尔二元论不能解释心/身相互作用，非还原的唯物主义最终还是受累于同一问题同样不可解的不同形式。解决方案在于重新考虑笛卡尔馈赠给现代世界的两部分遗产：不仅重新考虑他对心智的说明，而且重新考虑他对物理世界的说明。只有严肃考虑自然中的目的论领域，才能克服心/身二元论悖论。

16.2　随附性、类型与殊型同一性

随附性是类型类之间的一种关系。当来自第一个类的类型之在一给定殊型中实现，必然总是由来自第二个类的类型之被同一个殊型实现（或者有可能，由同一个殊型以及其他现实的殊型实现的那些类型）决定时，一个类型类被说成**随附**在第二个类上。获得清晰的随附性概

念的关键在于澄清"由……决定"的含义。根据我们如何理解这种决定关系，我们得到两幅非常不同的图景。

已知存在殊型、类型和连接它们的三值或四值解释，最简单的随附性模型说的是：一个类型类由第二个类型类决定，当且仅当，一旦一个殊型有第一个类的元素 ϕ，就有某个来自第二个类的类型的集合 A，具有 A 中所有类型的每个殊型必然实现类型 ϕ。我们把这种关系称为**严格随附性**。

严格随附性

类型类 A **严格地随附于**类 B，当且仅当，A 和 B 不相交，并且对每个可能的状态殊型 s 和 A 中每个类型 ϕ 来说，如果 $s \models \phi$，那么：存在 B 的子集 C，s 支持 C，且对每个可能的殊型 s' 来说，如果 s' 支持 C，那么 s' 支持 ϕ。[1]

并非每个情境殊型都有时间或空间位置。譬如，有些殊型实现模态或因果事实之类的永恒的非局部事实。两个殊型**全同**，当且仅当，它们分享同样的时空位置。因此，全同乃是一个比同一弱的关系。我们可以用这个较弱的关系定义一种松散的随附性形式。类 A 松散地随附于类 B，当且仅当，一旦 s 是一个实现 A 中某个 ϕ 的可能殊型，且 s 是某个世界 w 的部分，那么必定存在一个殊型 s'，它与 s 全同且也是 w 的部分，并且存在 s' 所实现的某个 B 中类型的集合 C，在某个殊型实现 C 中每个元素的所有世界中，都存在类型 ϕ 的某个全同殊型。

松散随附性

类型类 A **松散地随附于**类 B，当且仅当，A 和 B 不相交，并且对每个可能的殊型 s、A 中的每个类型 ϕ 和每个世界 w 来说，如果 s 是 w 的部分且 s 支持 ϕ，那么：存在 B 的一个子集 C 和殊型 s'，s' 是 w 的部分、与 s 全同且支持 C，对每个世界

---

[1]　严格随附性对应于金在权的强随附性的模态算子定义（Kim，1997a，p. 188）。

w' 和每个殊型 s_1 来说，如果 s_1 是 w' 的部分且支持 C，则存在一个殊型 s_2，它也是 w' 的部分、与 s 全同且支持 ϕ。

一旦严格随附性成立，就保证了下述本体论结论：随附的类型类中的每个元素都与某个（可能无穷多）来自第二个类型类中元素的构造同一。下述类型同一性定义支持这一衍推：

> 类型 ϕ 与类型 ψ 同一，当且仅当，支持 ϕ 的每个可能殊型
> 也支持 ψ，反之亦然。

相反，松散的随附性不保证这样的本体论结论。我将论证心理和物理之间的关系至多是松散的而非严格的随附性。例如，在颜色感知案例中，有足够的理由期望经验的质与某些神经事件-类型之间有非常可靠的联系。因为颜色感知的要旨是令我们与周围环境中的物理规则协调。如果在物理决定（不严格地说）心理时被有意义地中断，感知就不能执行其固有功能。一旦某种感知类型的一个心理事件出现，就会有一个全同的物理事件，该物理事件属于一个确定的神经类型类中的某个类型，并且一旦它们中的某个神经类型出现，那么，相应知觉类型的一个全同心理状态-殊型也会出现。

功能类型是高阶类型，涉及一阶类型上的量化。功能类型具有下述逻辑形式：　　　　　　　　　　　　　　　　　　　　　　　　　200

$$\lambda x : \exists v (\phi(v) \,\&\, (x \models v))$$

在这个公式中，ϕ 是一个元语言变项，它对类型变项 v 施加某个条件。殊型 s 属于这个高阶类型，当且仅当，它属于某个满足条件 ϕ 的类型 v。有关类型同一性的关键问题是：假设集合 A 由所有满足条件 ϕ 的类型组成，并且 $\vee A$ 是 A 中元素的析取，高阶类型与析取类型 $\vee A$ 同一吗？例如，假设 A 是一个物理类型的无穷集。类型 $\vee A$ 也是一个物理类型吗？高阶功能类型 $\lambda x : \exists v (\phi(v) \,\&\, (x \models v))$ 与 $\vee A$ 同一吗？

为了判定这个问题，我们必须问是否事实上有一个包含所有可能满足条件 A 的物理类型的集合。如果我们是温和的现实主义者，我们

该坚持,一个类型现实存在仅当它有一个殊型。[①] 但是我们也应该承认,可能存在事实上没有存在过的类型。如果没有非现实的殊型,也就没有任何 A 这样的包含非现实类型的集合。因此,没有析取类型 $\vee A$ 这样的类型。于是,高阶属性 $\lambda x : \exists v (\phi(v) \,\&\, (x \models v))$ 在现实中存在,但是不存在析取类型 $\vee A$。所以我否认,包括目的功能类型在内的高阶类型与任何物理类型同一。

同样结论的另一个论证独立于现实主义。即使在任何可能世界存在的所有类型都在这个世界存在,也可能不存在一个可能的物理类型的集合。因此,等同于某已知高阶类型的析取物理类型可以不存在。

现在回到殊型同一性论点。说心理状态与物理状态殊型-同一是什么意思? 一种解释是,实现某心理类型的每个殊型也至少实现一个物理类型。但是这一解释太弱。假设实现一个心理类型的每个殊型都有两个部分,一个物理部分和一个超物理部分。在这种情况下,据其物理部分,每个心理殊型都会实现某个物理类型。但是,这会误导说心理殊型就是物理殊型。

一个较强形式的殊型-同一性论点大致如下:类型类 A 与类型类 B 殊型-同一,当且仅当,对 A 中每个可能殊型 s 和每个可能类型 ϕ,在 B 中都有一个类型 ψ,s 支持 ψ,但 s 没有任何真部分支持 ψ。

在本章余下部分,我将列出我否认心理对物理的严格随附性以及殊型-同一性论点的理由。同时,我将避免任何形式的实体二元论或交互作用论。这一解决方法的奥秘在于引入一种作为高阶因果属性的目的论类型。心理类型被看作既不与物理类型(甚至不与无穷复杂的物理类型的析取)同一,又不与某种超物理的一阶属性(如在古典笛卡尔主义中)同一,但它被看作与涉及高阶因果的类型同一。

201

---

① 或者,我们可以坚持一个类型存在仅当有某个类型的某个殊型,它是对同一个可决定东西的决定。令这个论证生效仅需假定物理类型偶然存在。

16.3　下向因果与副现象论

下向因果问题是担忧心智的因果理论、功能理论和目的论理论的主要源泉。我自己对心理表征的说明令神经状态的表征性特征是该状态的一个高阶属性，松散地随附于一阶属性以及关于世界的因果与模态事实之上。这至少暗示神经状态的心理性或表征性本身是因果迟钝的，它副现象地居于排他性地出现在物理层面上的"实在"因果传说的顶端。

但这是对我所给说明的拙劣模仿。心理状态是有因果效应的，甚至在物理层面也有效力。心理属性可以被描绘为在对物理事件非常好的因果解释中有效力。这个说明远不是副现象的。

有两个独立的论题需要考察：（1）心理情境引起物理情境吗？（2）心理情境-类型出现在对物理类型之例示的真实因果解释之中吗？

什么是心理-状态殊型？它们包括但不同一于物理-状态殊型。我的立场是赞成包含论点而非同一论点。除某个物理或神经状态以外，一个心理状态还包括关于这一状态的躯体和环境性语境的信息、关于世界的因果/模态结构的信息，以及使该状态的因果前件客观上可能满足莱特式目的功能定义的足够信息。因此，一个心理情境-殊型可以分为三个部分：完全非时间性部分；遥远的时间性部分；局部的时间性部分。非时间性部分是指支持连接物理状态类型与其特征结果的模态事实和因果事实的情境。第二个部分给出当前物理状态的相干物理语境，该语境支持下述事实：引起这个当下状态（第三个部分）确实涉及第一个部分（因果联系），这具有客观似然性。局部的时间性部分是大脑中具有表征功能的物理状态。

心理殊型的第二个部分是第三部分的**躯体**语境：人的躯体特征和相干的因果制约（第一部分）一起被看作一个整体，使得第三部分客观上可能满足莱特的固有功能定义。[①]

202 在产生主体随后的心理状态和行为时总是直接涉及心理-状态殊型的第一部分和第三部分,并且至少间接涉及第二部分。[②] 因此,心理状态与物理事件因果相干。这就避免了古典意义上的副现象论。

事实上,主要困难不是解释心理殊型何以能作为原因,而是解释它们何以能作为结果。心理事件只有一个组分,即局部的物理成分,可以被里里外外的变化引起。其他成分在其整个兴衰变迁中没有变化也不受影响。

这个心理殊型-因果说明可以贴上"催化理论"的标签。因为心理事件的永恒整体(非局部的)组分参与该因果进程而自身不受影响,正如催化剂参与化学过程而不进行反应一样。心理状态 M1 引起心理状态 M2 的局部/物理组分。因果关联涉及 M1 的所有组分,但 M2 中只有一个组分是结果。然而,M2 的另外两个组分与 M1 的相应组分正好一样。这两个组分在该过程中是恒常要素。下图阐明了这一催化理论:

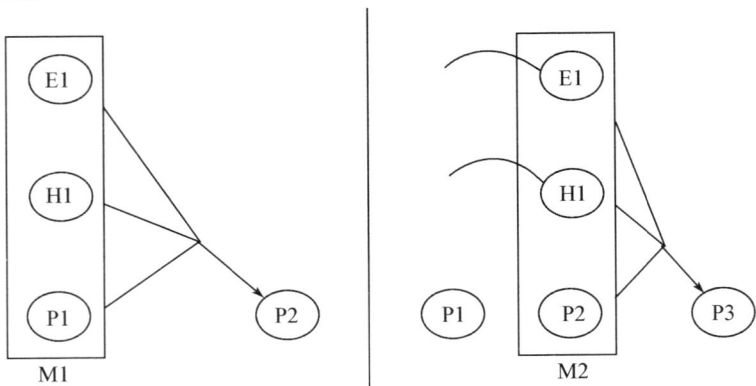

图 16.1 心理因果

---

① 参见 12.3 节中我对目的论功能的非回顾性定义。
② 根据量子力学的测量问题,在产生行为时,**总会直接**涉及包含心理殊型的这个第二部分的更广物理语境。换句话说,量子力学与为物理因果的原子主义说明提供基础的因果局部性不协调。也可参见 18.5 节。

这个图说明典型的心理-状态/心理-状态的因果相互作用。心理-状态殊型 M1 有三个组分：永恒的模态组分 E1；整体的物理组分 H1 以及局部的物理组分 P1。这三者合起来产生一个局部结果 P2。反过来，当 P2 与其他两个没发生变化的催化要素 E1 和 H1 结合，就形成一个新心理状态的部分 M2。M2 反过来又可以作为下一个状态-殊型的一个原因。

　　在因果解释（涉及类型也涉及殊型）情况下，为什么一个心理属性的例示不能是某物理属性的例示的一个真实因果解释的部分？原则上说，这是没有理由的。在 5.6.1 节，我给出了一个关于**异质因果解释**的说明。在该说明中，解释项中用到的分类系统不同于待解释项中用到的分类系统。从心理到物理的解释是异质解释的一个例子。

　　但是，担忧是合情合理的。因为在解释行为时，需要心理-状态殊型的一阶因果属性，而不是在确定该殊型的目的论和表征性特征时所涉及的二阶整体属性。某确定物理种类的一个神经状态对行为会有同样的影响，无论它是否可能是以具有表征某信息的功能的方式被引起的。殊型的表征性方面似乎是排他性假设的或回顾过去的，对心理状态的结果没有什么影响。

　　对于功能组织非常原始的有机体，这种担忧是很有道理的。例如，一个只展现反射的有机体有表征性状态。但是这些状态的表征性特征与解释其行为无关。只有参照它的神经状态的因果属性而不是目的论的或表征性属性，才有可能解释行为。

　　但是，当一个有机体因其递归构造的功能组织而有更有趣的心理生活时，功能性属性就可以用来解释其行为。例如，如果有机体既有知觉又有喜好/厌恶，在某种程度上，仅用某些种类知觉的出现或不出现就可以定义喜好和厌恶的功能。换句话说，我们开始遇到高阶功能（尽管还不是高阶表征）了。对状态 ϕ 的喜好是倾向于导致下述行为的状态——它们被内在地表征为可能导致 ϕ。因此，喜好的结果取决于有机体知觉能力的功能状态。这意味着，出现合适的喜好时心理状态的

203

功能性/表征性特征可以用来解释有机体的行为。[关于这种例子的更详细讨论参见 8.5 节,也可参见泰勒·伯奇关于该主题的经典论文《心理学中的个体化与因果》("Individuation and Causation in Psychology")(Burge,1989)。]

通过举例的方式来考察高阶属性"**易碎**"。在解释某特定对象为什么碎时,除该对象所具有的那些解释其易碎的具体物理和化学性质之外,没有必要假定存在一个不同的倾向属性。假设有一个仓库,很多不同种类的玻璃送到那儿。每批货物到达时样品都面临许多检验,检验的功能是鉴定易碎属性。被确定为易碎的货物储存在仓库的北边,非易碎的货物储存在南边。在这个例子中,由于对象参与到一个高阶的功能系统,易碎属性因果地解释了货物在仓库的位置,从而我们有足够的理由推定存在这样一个倾向属性。

一旦有机体的行为可以用其内在状态的功能属性和表征属性来因果地解释,该行为也可以完全用该状态的物理属性和一阶因果属性来解释,这是真的。另一个含义是一阶解释比高阶解释"更加基本"。但是,这一事实并不表示使用功能术语的解释是非因果的或仅仅是启发性的。它也不衍涵出现某种奇怪的超定。这两种解释不像两个独立的物理解释那样相互竞争。

真正的超定(伴随竞争的可能性)存在,仅当下面两个条件之一得到满足:(1) 两个解释所涉及的情境-殊型部分学上不相交且因果独立,或者(2) 两个解释所涉及的情境-类型逻辑上不相关。具体来说,任何一个都不是另外一个(在较低层次上)的事例。[1] 对于一个功能性的潜在物理解释,这两个条件都不满足。首先,局部的物理殊型是功能殊型的部分。除了局部的物理殊型以外,功能殊型还包括这样一些组分,即那些支持赋予物理类型以功能性特征所必需的模态与语境事实的组分。其次,物理类型是功能类型的一个例示。功能类型包括对物

---

① 也可参见 4.8.2 节。

理类型的量化,并且相应的物理解释项涉及一个物理类型,该物理类型是包含在功能类型之中的那个概括的相干事例。因此,这两个解释联系得如此紧以至于相互之间没有竞争。

　　在参与高阶功能系统的限度内,心理状态可用于真实的因果解释。例如,推理系统把发现具有与其某个推理程式匹配的相关逻辑形式的信念作为其功能。于是,逻辑上相关的信念的内容,可以出现在对经推理产生新信念的真实因果解释之中。同样,信念、欲求和意图都能够进入对意图的产生与修正的因果解释之中。

　　金在权(1997b)认为,高阶类型绝不能出现在真正类型层面的因果解释之中。因为在与真正的析取类型同样的方式上,它们是伪装的或非自然的或不可投射的。在 4.8.2 节我已经对真正的析取类型进行了说明。根据这一说明,使得一个类型是真正析取的是,任何涉及该类型的因果制约都**可以分解为**两个或更多制约,且每个制约只涉及一个析取支。如果功能或表征之类的高阶类型出现在不能以这种方式分解的因果制约之中,那么我们就有一个原则性基础把它们与那种没有因果效用的真正的析取类型区分开。高阶功能的存在,即把包括表征在内的其他功能作为输入的功能的存在,支持这样的不可分解的因果制约。因此,既然我们有来自生物学和认知心理学的足够的理由相信这样的高阶功能,我们也有足够的理由相信至少某些高阶类型因果相干。

205

16.4　另外两个心理因果问题

　　金在权非常有益地识别出心理因果的三个问题:反常主义问题、句法主义问题和解释的排他性问题(Kim,1991)。在前一节,我解释了我的说明如何处理解释的排他性问题。在本节,我将继续讨论金在权的其他两个问题。

　　反常主义问题源自戴维森的论点——心理属性不服从严格的无例

外的定律。我论证过无例外定律不是因果关联的一个必要条件。实际上我在第一节论证了,因果与非严格的、可击败定律,要比与严格定律吻合得好得多(参见第 4 章和第 5 章)。

句法主义问题最好理解为因果的局部性问题。大脑状态的句法属性是内在属性,而语义属性通常有历史的和关系的组分。只有内在状态才能直接有助于行为的因果作用。因此,心理-内容状态在行为中不扮演直接的因果角色。

根据我的说明,与其他目的功能殊型一样,心理-内容殊型包含一些组分,这些组分是人的躯体和大脑相干部分的内在状态。因此,经由这些组分,心理-内容殊型确实参与产生行为。另外,在功能性地刻画行为时,因果进程涉及心理-状态殊型的所有组分。因为没有模态组分,心理-状态殊型就不会负载合适的内容,因而不会是高阶功能系统(包括那个被功能性刻画的行为在内)的合适输入。例如,如果所考量的行为是一个表示不赞成行动的殊型,那么该行为的原因会典型地包括一个不赞成(或假装不赞成的意图)的心理状态。如果没有一个具有这样内容的心理状态,表示不赞成的高阶功能就不会触发行动。因此,心理状态的语义内容有因果效用。

206

16.5 可感受性

在经验现象的可感受性时,我们将我们自己的心理状态经验为表征性的。这是否意味着我们有某个独立通道,通向使这些知觉状态成为表征性的因果事实和历史关联呢? 这不是必然的。在最简单的情况下,我们的知觉状态就是意识到环境的某个特性的状态。

有些唯物主义者,如斯玛特和阿姆斯特朗,把统觉比作本体感受,即我们自己躯体的内部状态的知觉。统觉有时被比作大脑某种"脑扫描"能力的结果。这看来是错误的。我通达自己的可感受性,比通达我自己的躯体状态(包括我自己的大脑状态)更优先且更不易犯错。

统觉不应被看作知觉的知觉。相反,我建议借鉴唐纳德·戴维森的"并列"间接引语理论(Davidson,1967)。戴维森论证,在说"琼斯说天在下雨"这样的句子时,我们在使用而非仅仅提及句子"天在下雨",然后,通过断言"琼斯说那"中的代词"那"指向该言语行动。无论这个理论是否对引语起作用,用类似东西作为对统觉的说明是很有希望的。统觉行动实际上把知觉纳为其一个部分,由此把知觉的表征性内容纳为其更复杂内容的部分。一个统觉行动是像思想的某种东西,具有"我正经验那"这样的形式。在此,代词"那"指某个知觉状态。

统觉的并列理论可以解释统觉和知觉的知觉之间的差别,因此可以解释每个人优先通达其自身的心理状态。当我知觉到自己的某个躯体状态时,该状态自身没有表征性内容。我对躯体状态的知觉必定包括一个原初的表征行动,以及与之相伴的错误表征或错误的可能性。同样,当我感知你在感知某物时,我的知觉不能以你的知觉作为部分。因而我的知觉必定包括一个对你的知觉内容的独立表征,这再次为错误的可能性开了方便之门。但是,当我统觉到我自己的一个知觉时,知觉行动可以被纳入统觉之中,统觉的内容可以由知觉的内容直接决定。至少在这一阶段,出错是不可能的。当我概念化我的经验时,如把它归类为"红"的经验时,我可能会出错,正如我可能把"红"错误地用于一个外部对象一样。

对可感受性的这一说明依赖所有可感受性与心理表征相对应这一假定。这必定包括颜色、味道、气味等次要可感受性。为了使这些状态成为表征性的,它们必须表征被感知对象的真实特性。某被感知表面的何种属性是颜色的特性? 我认为颜色是**外在的目的论属性**。非常粗略地说,一个表面有**红的**特性,当且仅当,它有以特定方式刺激人视觉皮层的外在功能(作为人类小生境的部分)的物理属性。尽管普遍认为这一特性以人为中心,但它是该表面的一个非常客观的属性。

我拒斥把次要特性当作人的感性的非真实投射的各种尝试。例如,认为某物是红的,当且仅当,对标准情况下的正常观察者来说它看起来是红的。这是错误的。除了观察者和环境的常态性,还有必要加上对象的表象被引起的方式必须与颜色感官的固有功能一致。例如,假设结果表明,某种铁矿石在标准条件下在正常观察者看来是绿的,不是由于反射到观察者视网膜上的光线,而是由于产生了一种不寻常磁场,该磁场直接刺激观察者视觉皮层的方式令每个事物看上去都是绿的。这样的矿石不会真的是绿的,因为它没有在人身上引起绿感觉的固有功能。因果通道在功能上异化了。

16.6   问题案例

16.6.1   颠倒的色觉

意识的功能主义说明不能说明看起来具有真实可能性的东西:某些个体的行为与正常人的行为没有差别,但他们系统性地把事物经验为与其本来不同的颜色。与正常说话者一样,他们用同样的语词描述事物的颜色,但是他们把红的事物经验为蓝的,蓝的经验为橙色的等。没有任何对行为的观察可以揭示这样的事实,但它们看起来是可能的。

根据意识的目的论说明,这样的颠倒色觉案例很有可能,甚至原则上可以发现,尽管不是仅通过对行为的观察。如果一个人处于具有这样一种目的的功能的神经状态,即一旦她在常规环境中观察到一个红色对象她就会把事物表征为蓝色,那么经验和实在之间确实失谐,即便这种失谐是完全遮蔽的。

内德·布洛克(Ned Block,1990)给出了颠倒色觉问题的一个有趣变体,旨在证明我的说明是错的。我的说明旨在用意向内容解释可感受性。一个正常人做了色觉颠倒手术并被送到颠倒的地球上。在该行星上,相对它们在地球上的对应物,与地球事物类似的事物真正的颜色是颠倒了的。在颠倒地球上，天空是黄的，草是红的，等等。对被流放者来说，由于他做了颜色颠倒手术，在颠倒地球上每个事物看上去都是正常的。他注意到他的内在可感受性没有变化。但布洛克认为，随着时间流逝，被流放者感官状态的意向内容会发生改变。因此蓝色的经验负载关于它们的对象的黄色的信息，绿色的经验负载关于它们的对象的红色的信息，等等。如果经验的可感受性是由意向内容决定的，那么我们就不得不说，主体的可感受性逐步地改变它们的外在关联，而主体却不能察觉任何差别。这看来极不可能。

208

　　由于我在第 14 章所采取的立场是，目的功能状态是狭隘状态，随附在人躯体的内在特性之上（和某些关于模态与客观机遇的事实一起），我否认被送到颠倒地球对知觉状态的意向内容有或可能有任何影响。对我来说，有趣的问题是，颠倒色觉手术何时影响意向内容，从而影响经验的可感受性？

　　在我看来，这一案例中的每个东西都取决于颠倒色觉手术的确切本质。如果手术是给眼睛加上一副传递入射光的特殊透镜，那么，我猜想可感受性和意向内容都不会改变。在这种情况下，对躯体改变后的形成物来说，最可能的情形是一般色觉（没有加透镜）是自然选择所偏爱的正常状态。透镜是某种偶然添加物，它只引入某些非必要的复杂因素。因此，固定知觉状态的意向内容的是没有透镜的一般感官知觉。

　　相反，假设颠倒手术涉及重新缝接主体的视网膜与视锥细胞这一复杂过程。如果其结果与在自然中直接产生的视觉系统不可区分，那么我认为，手术改变了由此产生的脑状态的意向内容和与之相联系的可感受性。假设可感受性必定随附在**中枢**神经系统的局部状态之上，这是不可能的。但我看不出有何理由做这一假定。主体（假设他现在还没被送到颠倒地球上）将报告与看见熟悉对象相关的颠倒了的可感受性。然而，对这些报告有两种可能的解释：(1) 相关的可感受性真的被手术给颠倒了；(2) 主体关于相关的可感受性的记忆被手术系统地颠倒了。在重新缝接视网膜的情况下，我断言(2)是正确解释。手术之后，主体不再有人的视觉系统。他的系统现在是一个不同物种的系统。在观察熟悉对象时，他经验到的可感受性现在与人的色彩可感受性完全不可通约。他现在经验的可感受性与我们曾经经验过的或他过去经验过的任何可感受性都完全不同。由于把那些旧可感受性错误地等同于他手术之后经验到的新可感受性，他对自己在有人的视觉系统时所经验到的可感受性的记忆是系统性错误的。

16.6.2　颜色科学家玛丽

弗兰克·杰克逊（Frank Jackson，1996）让我们设想一个颜色科学家玛丽。关于颜色和颜色知觉的生理学和物理学东西她都知道，但可悲的是她是先天性色盲。杰克逊认为，有某种关于红色的东西我们知道而玛丽不知道：（对一个有正常颜色视觉的人来说）红色的东西看起来如何。这一事实有点超出物理和因果，因为根据假设，玛丽知道所有相干的物理事实和功能事实。为使这一案例在目前的语境下特别相干，可以设想玛丽也知道所有因果事实和目的功能事实。那么，红何以能是一个目的功能属性呢？

我认为杰克逊的问题是心智哲学的最困难但也是最重要的问题之一。我没有一个完全满意的解答，但我会简要勾勒我能给的最好说明。我倾向认为，尽管玛丽知道关于该情境的所有物理事实，但有某些因果事实和目的功能事实是作为色盲的她所不能通达的。[①] 我打算相信红色（或红的特定色调）的经验负载关于某个世界的信息，该世界不能用物理语言，甚至不能用假想的理想物理语言表达。

玛丽不仅对某些生理事实（红色的东西看上去怎样）无知，而且对关于着色表面的事实（这把椅子是红的）无知。她可以学到该椅子是通常被称作"红"的那个颜色（或者，更确切地，该椅子具有通常被称为"红颜色"的属性），但是她学不到该椅子**是红的**。颜色属性松散地随附在

————————

① 这正是吉尔伯特·哈曼（1990）所采取的立场。

物理属性之上,因此在某些相干物理属性无差别时,该椅子不能是一种不同的颜色。即便我乐意承认这是真的,也推不出感知到该椅子的红这一状态所负载的完全同样的信息,可以用某物理学(即便是理想的物理学)语句来负载。红色调随附其上的物理状态空间的边界,极有可能不规则(无限复杂)。另外,与红颜色有关的非决定性和模糊性在物理概念中几乎肯定没有完全同构体。

令玛丽案例如此难以处理的一件事是笛卡尔错误,即把次要特性完全置于心智之中。如果玛丽对知觉的超心理对象无所不知,那么无法限制她关于心理状态内容的知识。如果我们不把物理学看作关于心理世界的潜在可穷举的真理宝库,而是将其看作极度抽象与理想化的产物(其结果是非常狭隘但极其有用的描述模型),那么,我们就能理解为什么心理不能还原为物理。

妨碍玛丽通达属性**红**以及**看上去红**的是存在某种认知循环(类似于"解释学循环"问题)。可以把红等同于这样一种目的功能状态,其外在固有功能是(经由视觉系统的正常运转)使人产生看上去红这一状态。看上去红这一状态可以被看作人的目的功能状态。该状态的内在固有功能是传递某红色对象当下在某地出现的信息。这两种功能天生相互缠绕:一个为另一个而存在。① 至于这是怎么得来的,没有什么真正神秘的:颜色知觉使我们能够更有效地分清和追踪物理对象,并且共有的颜色知觉使我们能够用着色的对象和颜色术语来增进交流(譬如,红色标志的意思是**停**!)。但是,紧密循环妨碍那些缺少正常颜色感官的人在认知上直接通达**红**和**看上去红**这两种属性,从而不能获得包括这两者的任何事实。

在颜色案例中,除了它们随语境与感知者的变化而稳定可靠地支

210

---

① 更形式化一点来说,红这一属性可以等同于外在目的论类型$\exists Y(Y \& (\gamma_{ext}(Y,$ 人,看上去红)))$,并且看上去红这一属性可以等同于内在目的论类型$\exists Y(Y \& (\gamma_{int}(Y,$ 人,$(Y \approx \gg_R 红))))$。

持同一种颜色以外，我们对可感知特性背后的微观物理结构没有兴趣。颜色知觉**传递**但不**表征**关于不同波长的光的反射率信息，因为传递这一信息不是颜色知觉功能的一部分。负载有关波长的信息不是颜色感知功能的一部分，只有负载物体表面对人类观察者看起来如何这样的信息才是颜色感知功能的一部分。颜色知觉和声音知觉在下述方面可能有区别：我们对主要特性的感知以及对许多气味和味道的感知，通常具有负载有关被感知对象的潜在物理属性和化学属性的信息的功能。例如，咸味的功能是指示出现氯化钠及类似化合物。可以区分感觉可感受性的表征性内容的两种成分：（1）主体间成分和（2）纯物理成分。每种形式的可感受性的内容都包含主体间成分。有些形式的可感受性的内容包含纯物理成分，而有些则不包含。如颜色就不包含纯物理成分。无论如何，（至少对我们来说）依赖所探讨的现实感觉经验的是关于主体间成分的知识。没有多少信息能够提供关于这种主体间成分的知识，这些信息或是关于内容的物理成分，或是关于质随附其上的物理属性。

次要特性的循环及其相应现象表象提出了一个语义层面或本体论层面的问题。如果红和红的表象是相互依赖的互补功能，那么会有在自然语言中固定像"红的"这样一些语词的外延的问题。如果"红的"被定义为指称产生红色表象这一外在功能，且"红色表象"被定义为，心理状态所具有的负载有关红表面位置之信息的内在功能，那么我们面临如何理解所产生的循环这个难题。

211

在最近一本关于说谎者悖论的书中，古普塔和贝尔纳普（Gupta and Belnap，1993）提出了一个理论，为这种循环定义的合法性和有用性进行辩护。循环定义可被看作修正规则，修正关于被定义谓词外延的最初猜想的规则。谓词的一个可辩护解释构成这一修正过程中的一个固定点。

至于感知特性，所有特性/现象对偶定义采取完全同样的形式。不同特性对应于古普塔/贝尔纳普修正程序中的不同固定点。因此，概念中的循环在语义上不是恶性的。

唯物主义者对玛丽问题的回应都涉及引入某种区分：实在而条理不清晰的事实与纯概念上的条理清晰的事实之间的区分（Tye,1995），或者事实与"现象信息"之间的区分（Lycan,1996）。假设玛丽知道关于红和红的经验的所有实在的事实，但缺少某种现象性或概念性信息。莱肯用了一个从言的知识类比：如果我忘记了我的身份，我能知道罗伯特·孔斯多付了款而不知道我多付了款。我拥有所有这些事实，但我仍然缺少某种潜在的有用信息，即我是罗伯特·孔斯。

难以看出这种唯物主义回应怎么可能成功。如果玛丽缺少概念性或现象性信息，那么存在某个她不知道的事实，即某现象性概念（也就是，红的）适用于某些现实经验并且与某个英语单词相联系这一事实。她知道这些经验处于它们的神经生理描述之下，并且她知道有一个现象概念对应语词"红的"。但她不可能知道现象性概念红的的实在，即适用这些经验的东西，因为她根本不能有涉及该现象性概念的实在态度。

这里的核心问题是**事实**的本质。我提议把事实设想为情境-殊型和情境-类型的结合。在此，殊型是现实的并且支持类型。要知道一个事实就必须能够表征它。要表征一个事实，就必须能够表征殊型（可能是通过殊型和某人的表征-殊型之间的某种关系）和类型。玛丽不能有直接表征类型**红的**的心理状态。用一个内容上等同于摹状词**"在英语中语词'red'所指谓的表面属性"**或类似描述的表征，她能间接表征类型红的。但这并没令她通达椅子是红的这一事实，而只通达椅子有英语语词"red"所指谓的表面属性这个（不同的）事实。

16.6.3　杀人黄和磁绿

一个杀人黄对象是指一个事实上是黄色但不能被人感知的对象。因为它放射出威力如此强的致命射线，以致任何人在他或她足够接近该对象以便观察其颜色之前很久就被蒸发了。索尔·克里普克假定有杀人黄对象。有可能有杀人黄对象给某些说明提出了严重问题。这些说明把颜色分析成在正常环境下的正常观察者身上引起某种知觉的倾向。杀人黄仍然是黄色的,即使它们没有在正常环境下的正常观察者身上引起黄色感觉的倾向。相反,它们有在这样的环境下蒸发正常观察者的倾向。

杀人黄是黄色的,因为它们有某种物理属性,(在被其他不那么致命的对象实现时)该属性具有以某种方式与人的视觉系统相互作用以产生黄色感觉的目的功能。黄被一个对象继承是因为它拥有一个高阶类型,而不是因为该对象本身会或能履行相应的功能。

磁绿对象是无颜色的对象。它在正常环境下的正常观察者身上引起绿色的感觉,但它是通过能导致视觉幻觉的强磁场做到这一点的。为使案例更复杂,假设磁场总是正好在主体视域被磁绿对象占据的部分产生绿色幻觉。磁绿对象也对颜色的倾向说明提出挑战,因为尽管它们拥有正确的倾向但它们不是绿的。磁绿对象不是绿的是因为导致绿色感觉的因果链条不正常。它们破坏且不能履行人的颜色感知能力。

16.6.4　怪人

有机体可以在物理上等同于人,但仍是一个不能经验任何可感受性的怪人。这可能吗? 对这个问题的回答取决于**物理上等同**所涉及的东西。假设有一个可能世界 w,现实世界的所有物理属性都在其中存在,但在其中模态事实和随机事实以及相关定律完全不同。在世界 w 中可以存在我的一个物理副本,其物理状态完全缺少我的现实物理状态所拥有的高阶的目的功能属性。有可能某个这样的物理副本完全缺少目的功能属性。如果是这样,该副本缺少所有心理属性,包括去经验可感受性的那些心理属性。当然,副本的行为倾向也会完全不同。

物理-副本怪人的这种可构想性,解释了为什么在物理属性和意识属性之间存在**解释间隙**。但是,目的功能属性和意识属性之间是否有这样的间隙就没这么清楚了。

16.7　可感受性和生理学的相互关系

213

可感受性,譬如看上去是绿的,与某些生理状态规律性联系着。什么来说明这种可靠的相互关系呢？如果某种属性同一性论点是真的,马上就有了答案:可感受属性与所考量的神经生理属性同一。但是,颜色科学家玛丽的例子表明,这样的同一性论点没有一个是正确的。这意味着,在解释非常不同的属性对偶之规律性联系时,我们遇到实质性问题。

对二元论者来说,这种相互关系可以被接受为原始事实或神性法令(参见 Adams,1987 和 Swinburne,1979)。而对唯物主义者来说,只有原始事实这一个选项。

然而,根据可感受性的目的论说明,(不诉诸神的干涉)很容易获得一个非不足道的解释。看上去绿这一状态被认为牢固地负载信息某绿对象出现且可见。神经生理学研究可以解释,对正常情况下的正常人类观察者,绿对象的出现是如何导致与绿表象规律性联系着的特定神经生理状态的。这一解释之获得依赖两个事实:(1)看起来绿这一属性的本质实质上包含确定的内容,即一个绿对象的可视出现,(2)相应的外在属性(绿性)真正存在。如果承认这两个事实,那么,尽管神经生理属性和可感受性不同,它们之间也没有解释间隙。

16.8　自由意志

意志是一种能力,其功能是做出增进行动者的善的合适选择。"自由的"意志是不会在行动时丧失能力的意志,是真正从许多选项中选择一个的意志。完全不自由的意志是在行动时丧失能力的意志。在不自由的情况下,不做任何选择:行动者只能考虑和贯彻一种行动路线。

当意志不能采取(理想情况下)本来可以采取的行动路线时,意志的自由就受到限制。没有能力想不可想的东西不属于不自由情形。如果我不能考虑抛弃我孩子的可能性,这不属于不自由情形。因为这不是我的意志所能够考虑的那种选项(即如果我的所有主要目的功能都得到履行,我的意志所必须考虑的选项)。能考虑不可想选项的人并不因此有更自由的意志,只表明他更加放肆。

如亚里士多德提到的,自由或自愿既不是责任的充分条件也不是其必要条件。如果一个人对导致不自由负责,那么他能对一个不自由行动负责。如果一个人不是因为自己的过错而不知道自由采取的行动的本质或后果,那么他可以不对该自由行动负责。

在第Ⅰ部分,我给出了拒斥严格意义上的决定论的几点理由。根据这种决定论,每个状态都有一个严格必然的原因。最终,这个意义上的决定论不仅和自由意志不相容,而且与因果关系本身的核心特征不相容。但是,温和得多的决定论看上去很融贯:它综合了非决定论的因果概念和因果解释的可靠性与完全性论点。即便没有任何原因严格地必然产生其结果,仍会有下述情况:对每个完全偶然的状态来说,存在一个对该状态合适且未被击败的现实的因果解释。这就是我在 5.4 节称为"解释的完全性"的假设。

如果把解释的**必然**完全性与因果的非决定论模型相结合,我们最终得到一个弱化的决定论形式。在第Ⅰ部分(5.4.2节),因果解释被定义为一个在先状态,该状态是待解释项的可击败的充分条件,但实际上没有被击败。解释项不必必然产生待解释项,因为可能已经存在该解释项的击败者。但是,如果给解释项加上不存在这样的击败者这一否定性信息,那么,已知解释完全性的必然性和该解释项的某个结果存在,所产生的情境就会使待解释项的存在成为必然。因此,严格的决定论和弱化的决定论之间只有两个方面的差别:

- 严格决定论衍涵世界进程的延续性本身是必然的,而弱化的决定论只衍涵,如果世界的进程是延续的,那么它必定以某种独特的方式延续。

- *严格决定论衍涵结果是其**原因**所必然产生的,而弱化的决定论只衍涵,结果是其原因加上背景情境共同必然产生的,该背景情境丰富到足以排除存在该原因的任何可能击败者。*

这些差别看来不足以确保那种未来的开放性,即真正的自由意志所要求的那些备选行动路线真的是可能的。

一个可能的备选项会假定解释的完全性假设只是偶然真理。但这样一来就难以理解我们怎会有根据确信它在现实世界中为真。还好有第三个备选项。把在任何已知情形中的解释完全性看作客观概率非常高(可能无穷趋近于1)的真理,这是非常合理的。如果抱有这种温和决定论——可以称之为**缺省决定论**,我们仍然可以自信地期望找到每个事实的因果解释,并且仍然能够断定许多事情本来可以不如其所是。

于是,甚至在因果在先的事实没有任何改变时,缺省决定论也与事情真的本来可能是另外一番景象完全相容。备选路线的这种真正的可能性之所以重要,不仅因为没有它我们感到难以分配道德责任,而且有更根本的原因。我们思考的诚实性衍涵,我们呈现给自己的各种选项在现实条件下都是真正可能的。例如,在因果决策理论中(Gibbard and Harper, 1981;Lewis, 1981),我们分三步评价一个决策情境:首先,发现在目前条件下哪些行动是可能的;然后,发现每个可能行动的可能后果;最后,给每个可能后果指派一个效用值,即通过其可能结果的效用的加权概率平均值评价某可能行动。如果必然主义决定论是真的,那么,所有选项的可能性的表征都是虚幻的,而不是实际采用的那一个。这意味着所有考虑都充斥错误,使得最佳或次佳决策评价不可能。由于所有考虑的目标是在那个条件下客观上最佳的行动,必然主义决定论衍涵所有考虑的目标都是惑人之物。再者,没有作为现实未来的备选者的真正可能性的话,我们对备选者的表征要有负载关于这

215

样的备选未来之存在的牢固信息的功能是不可能的。这意味着，对我们关于何者仍然可能的表象信念，我们不能给出实在论语义。

决定论者可能反对我们需要的只是备选未来在信念或认知上的可能性：所需要的仅是思考者对哪一个备选未来注定要被实现**一无所知**。但这是在非常错误地表征思考的本质。在深思熟虑时我们感兴趣的不是仅仅发现，**就我们目前所知**哪些备选者是可能的。我们感兴趣的是发现哪些备选者是**真正**可能的。我们积极寻找可以完善和修正我们关于可供选择范围的当下信念的信息。决定论不能解释我们对获得新**模态**信息的兴趣。

另外，对事物未来进程的无知不是深思熟虑的必要条件。假设我已决意明天乘火车，并确信这是最佳选择。你挑战我的推理，说我错了，对我来说真正的最佳选择是改乘飞机。我可以通过一个再思考过程来反驳你，并且这样做一点也没削弱我对实际上会乘火车的确信。重要的不是在头脑中对我是否会乘火车有任何实际的怀疑，而是我采取其他行动具有真正**实在的可能性**。我可以同意这一点，同时承认对我将采取的实际行动路线仅有无穷小程度的怀疑。

假设决定论者承认，深思熟虑要求承认几个备选未来的真实可能性，但继续坚持认为到目前为止自然律和世界史预先决定了一个独特的进程。通过假定自然律是否继续成立是件偶然的事，决定论者可以做到这一点。这一决定论辩护有一个奇怪的推论——在深思熟虑时，我必须考虑在其中自然律被违反的那些可能未来。当然，一旦我知道某物是自然律，对我来说，把它在未来被违反看作一种真实可能性是非理性的。

216

17

目的论的可靠论

17.1　可靠论:参照类问题

　　葛梯尔关于得到辩护的真信念的重要论文(Gettier,1963)迫使我们重新思考知识的条件。[①] 所谓的外在要素和分析最为引人注目。知识和纯粹的真意见之间的区别在于信念的形成方式以及它如何被支持。如果信念的形成和持有可靠地追踪真,那么该信念就构成知识。知识是可靠地形成和持有的真信念(Goldman,1979)。

　　可靠性是一个概率问题。已知一信念是某信念形成方式的产物,如果该信念为真的客观概率非常高,那么,该信念的形成方式可靠。这意味着每个事物依赖于我们是如何指明形成信念的各种"方式"的。

---

　　① 葛梯尔证明了得到辩护的真信念不是知识的充分条件。他举史密斯的例子。他相信**琼斯拥有一辆福特车**是得到辩护了的。史密斯利用逻辑定律导出信念**琼斯拥有一辆福特车或布朗在巴塞罗那**,而不知道布朗实际上在哪儿。碰巧,史密斯关于琼斯的信念是假的,因为琼斯最近卖掉他的福特车而对史密斯撒了谎。但史密斯对这个析取式的信念是真的,因为由于巧合布朗正好在巴塞罗那。史密斯对这个析取式的信念是真的(由于第二个析取支为真),并且得到了辩护(因为他对第一个析取支的信念得到了辩护)。但是,这个得到辩护的真信念不构成知识。该析取式的真值制造者(布朗的位置)和史密斯的信念状态之间缺少正确的联系。

　　这个问题没有任何原则性答案。通过简单地临时拼凑信念形成"方式"的定义,我们可用我们喜欢的任何方式解决可靠性问题。假设我相信明天会下雨,因为我的朋友这样说。下述哪一个是这个信念的形成"方式"?

218

- 通过证词
- 通过一个朋友的证词
- 通过我的朋友的证词
- 通过我的朋友的证词或大英百科全书
- 通过在这种情形下碰巧为真的证词

　　对概率问题会有从 0 到 1 很不同的答案,这取决于所选取的参照类。那么,是否有某种原则性方法来选出一个(或那个)正确的类呢?

　　目的论来拯救! 根据阿尔文·普兰廷加(1993)的令人信服的论证,导致知识的不是单纯的可靠性,而是履行可靠性的功能。每个信念都是由许多神经状态、负载可靠信息的内在功能以及许多具有向我们传递可靠信息的外在功能的环境因素合在一起形成的。当所有这些功能得到履行时,所产生的信念就是知识状态。在出现功能故障时,信念是单纯的意见。如果它碰巧在内容上与没有这种功能故障时相信的东西吻合,那么该信念就是真的,否则是假的。

　　回到证词问题上来。功能障碍可以在许多地方出现。我的朋友可能在形成信念时就已经出现了功能故障。我的朋友可能在撒谎。这就表明我朋友的言语的外在功能出现了功能故障,而这种外在功能是我的环境的部分。我可能误解了我朋友所说的话。或者,有可能我在处理我朋友的陈述时出现了某种其他功能故障。例如,我可能错误地相信他在撒谎且在天气问题上他总是错的。在我形成信念的"方式"中可以涉及非常多的东西,而不只是某个东西。只有在它与我的信念之间存在某种目的论关联时,才可以引入一个与我的信念之被划为知识相关的因素。

17.2　绿蓝、蓝绿与新归纳之谜

普兰廷加认为,目的论的认识论可以相当简单地解决休谟归纳疑难。因为归纳符合人心智中某些信念形成过程的目的功能,所以归纳是合理的。理性不仅是等同于演绎逻辑:**理性**本身不可避免地是一个目的论概念。当思考与心智固有的内在功能一致时,我们就在理性地思考。对理性不需要也不可能有进一步的辩护。

然而,我们还有刻画心智的归纳功能这一实质性任务。纳尔逊·古德曼的新归纳之谜表明,定义归纳并不是件不足道的任务。我们不能简单地说,归纳在于推断未被观察的殊型与观察到的殊型相似。对于何种相似性能以及何种相似性不能在归纳中投射,我们必须说出某种实质性的东西。

例如,如果我们定义属性"绿蓝"如下:

$\forall x \forall t (\text{Grue}(x,t) \leftrightarrow [(\text{Obs}(x) \ \& \ \text{Green}(x,t)) \vee (\neg \ \text{Obs}(x) \ \& \ \text{Blue}(x,t))])$

在此,"Obs(x)"表示对象 x 在 2001 年之前至少被观察过一次。那么我们会发现,到目前为止所有被观察到的绿事物也是绿蓝的。具体地说,到目前为止被观察的翡翠都是绿蓝的。如果假设将来和过去相似,我们该预测在 2001 年之后首次被发现的翡翠是绿的还是绿蓝的? 对于 2000 年之后发现的翡翠来说,这两个预测是不相容的。因为根据该定义,一个直到 2001 年才被观察到的绿蓝宝石必定是蓝的。

目的论认识论可以对这个问题给出一个简单的解答[事实上,普兰廷加(Plantinga,1993,pp. 133 - 136)正好给出了这样一个解答]。我们可以说,对心智来说,要在归纳中使用绿蓝这样的属性就要其功能出故障。但是在这种情况下,我不满足停留于这样一个简单解答。因为我们会想知道,在像绿蓝属性这样的情形中什么正好构成了功能故障。

219

　　正确的诊断依赖下述事实：绿蓝属性析取的方式是属性绿所没有的。如果我们暂时承认这一假定，绿蓝推理的问题是：尽管所有被观察到的事例都只属于两个析取支中的一个，但我们在投射中使用的是一个析取属性。在没有任何知识连接这两个析取支时，这个程序是不可靠的。因而可以设想它是一个自然选择所不待见的程序。

　　去掉那个讨厌的析取支又如何呢？已知所有被观察到的翡翠都是在 2001 年之前，为什么推测世界上所有翡翠都将在 2001 年之前被观察到不合理？在这种情况下，属性的合取本质是问题的根源，因为其中一个合取支不合法地以自我为中心并且受时间制约。另外，容易看出允许这样的属性出现在归纳程序中，是怎样导致不可靠结果的。

　　绿蓝是一个析取属性，实际是两个合取属性的析取。有这么清楚吗？这难道不涉及范畴误用？能**析取或合取的**难道不是谓词或短语，而非属性吗？如果承认是这样的，我们立即陷入麻烦之中。因为可以设想一种语言，在这种语言中"绿蓝"是初始的，而"绿"是用"绿蓝"和"蓝绿"定义的。

　　但是，有先验论证表明，古德曼那样的否认析取属性和简单属性之区别的唯名论是不融贯的。绿蓝疑难的每个解决方案都隐蔽地诉诸简单属性和复杂属性之间的柏拉图区分。如果在现象学、认识论或历史文化的基础上区分绿和绿蓝，那么我们忽视了这样一个事实——现象学的、认识论的和历史的范畴也可以遭遇绿蓝式变换。

　　例如，假设我们打算基于存在一个对应绿而不是绿蓝的现象学特性来区分绿和绿蓝。这就会忽视下述事实：存在一个对应绿蓝的现象学特性，即"看上去绿蓝"这一属性。一个属性是看上去绿蓝，当且仅当，或者它不是作为在 2000 年之后第一次被观察到的翡翠的观察结果而看上去是绿的，或者作为在 2000 年之后第一次被观察到的翡翠的观察结果而看上去是蓝的。如果一个人可能因为看上去绿蓝不可内省而反对它是一个真实的现象学属性，我可以此问简单回应：在什么基础上你可以说，它看上去是我们可以内省的绿而不是绿蓝？对一属性在其中被例示的事件进行回应的每个内省行动,也是对另外一个属性在其中被例示的事件进行回应的行动。为什么认识论家把这些内省的内容等同于绿的特性而非绿蓝的特性?这必定与下述事实有关:看上去绿是一个比看上去绿蓝内在地更简单的属性。

甚至古德曼的牢靠性解决方案也易遭受这种攻击。在何种基础上可以说,我们过去的经验巩固的是绿而不是绿蓝?因为到目前为止这两个属性的外延相同,把英语单词"green"解释为指谓绿蓝或解释为指谓绿同等宽容。为了中止这种无穷后退,必须在某一点上诉诸这两个属性之间内在简单性方面的差别。

这一解决方案并不依赖所谓的"强"柏拉图主义或亚里士多德本质主义。"强"柏拉图主义是指下述观点:世界包含我们必须给之贴上标签的现成的、预制范畴。相反,某个独立于心智的抽象空间是必要的。相对于该空间,我们可以区分凸和非凸的可能范畴。范畴"绿"对应这个抽象空间中的单个凸性区域(行动者可以与之谐和的单一"规则性"),而"绿蓝"则对应于两个分离的区域。①

17.3　曲线符合:数学简单性问题

自古以来,最简单的解释是最好的解释。这通常概称为奥卡姆剃刀:除非必要勿增加实体。在附录 B 中我将论证,在解释中我们必须最小化的关键东西是因果在先/相干关系的外延。这并不是说我们应该假设,只有因果解释所必需的那些殊相**存在**。相反,应该假设只有与解释时所必需的特定待解释项**相干**的那些殊相存在。

这种最小化的因果相干也可以扩展到数学领域。仅当在构造该现象的一个恰当解释时它是必要的,我们才应该假设一数学结构与某特

221

---

① 关于单纯析取属性因果非相干性的进一步讨论亦可参见 4.8.1 节。

定现象因果相干。这意味着，如果自然数够用我们就不用整数，或者如果整数够用我们就不用实数。如果只需要加法我们就不用乘法，或者如果加法和乘法足够就不用乘方。

我们并不假设，如果实数不是构述某特定解释所必需的，那么实数就不存在。相反，我们应该假设，除非实数是必需的，否则实数与现象因果不相干。因为根据我的看法，以模态为中介，数学对象可以与物理事件因果地关联起来，而促使我们优选物理上最简单的理论的奥卡姆原理，同样会促使我们优选数学上最简单的理论。如果线性关系足以解释数据点，那么我们应推断，这一区域中世界的因果结构在性质上是线性的，尽管有无穷多的曲线穿过那些同样的数据点。

17.4　简单性作为真理标准之可靠性

最佳解释推理涉及运用奥卡姆剃刀，因为最佳解释是最简单解释，是假定因果相干因素最小集的解释。大致可以说，奥卡姆剃刀是一个支配人心智的固有功能的原则。但即便这是真的，我们仍然面临应付休谟挑战这一难题：我们超出经验的概念如何获得指谓它们所指谓的东西的能力？我必须以与我在解释表征特性或知觉观念所用的本质上相同的方式对付这一挑战。一个非知觉的或理论的心理状态χ负载表征性内容一个殊型属于类型ϕ，当且仅当，**负载信息**一个殊型属于类型ϕ是状态χ的目的功能。

数据要负载信息简单解释是真的，必须要简单解释在数据基础上的客观概率非常高（实际上无穷接近于1）。我们可以问，在哪些条件下会这样？有两件事必须是真的：

　　1. 我们遇到的任何现象事实上是由一个相当简单的相干因素整体导致的，必定有一个有意义的（有穷）概率。

　　2. 实际上由极大且极复杂的因果机制产生的一组数据，

应该服从简单的潜在解释的概率必定极低(无穷小)。

在任何有穷复杂的世界里,有一个非常大的由少量因素导致的现象集。但关键问题是,在人/环境相互作用的正常范围内我们会遇到相当数量这样的现象。因为人自身由大量的复杂部分构成,而我们遇到的东西中相当小部分实际在绝对意义上很简单。但是,有一种简单性能刻画许多经常遇到的现象的特征。许多系统尽管由数量非常大的部分构成,但它们能够分析为由一些中尺度的集合体构成,它们每个都可以处理为因果单元(至少,在相当广的条件范围内接近成功)。因此,理论性表征的可能性(从而科学知识的可能性)依赖如下偶然事实:这种中尺度简单性所刻画的系统均一地居于我们所居住的世界。这个偶然的均一性自身必定有一个终极的因果解释,正是这个因果基础巩固并告知人的认知。

条件(2)要求**伪简单性**的概率无穷小。当一个现象由一个复杂的因素集导致时,它例示**伪简单性**。不存在这样一个中尺度单元,在其中这些因素能(即便近似于成功)聚集为数量较小的单元而该现象仍服从一个公认的简单解释。如果现象由一个无穷数据汇集构成,那么伪简单性的概率会降至无穷小,除非涉及的许多因果因素本身为仿效更简单的机制而以某种方式进行调整。不出现这样的模仿机制(如笛卡尔的邪恶精灵)不仅是理论性知识的一个重要前提条件,而且是任何种类理论性认知的重要前提条件。

17.5 唯物主义与科学实在论的不相容性

一旦哲学家着手为哲学唯物主义辩护,他们会典型地诉诸自然科学的权威。科学给我们提供的世界图景被认为比任何非科学的信息源所提供的图景可靠得多,且得到更好的支持。这些信息源指我们有权利甚至有义务相信不是最佳的科学世界图景的内在部分的任何事物。

这种科学主义被认为支持唯物主义。因为在目前,最佳的科学世界图景本质上是一副唯物主义图景,除了可以置于时空中的东西之外不需要参照因果中介。

223   这种对唯物主义或"自然主义"的辩护预设某种形式的科学实在论:除非科学给我们提供了关于实在的客观真理,否则它没有权利向我们发布哲学本体论和形而上学必须采取的形式。被构想为操作经验的纯粹工具或被构想为对社会的纯粹自主构造的科学,没有告诉我们关于何种事物真的存在和行动的任何事情。

在本节,我将多少有点悖论性地论证科学实在论不能为哲学实在论提供支持。事实上,情况正好相反:唯物主义和科学实在论不相容。

我将论证(在某些牢固确立的科学实践事实面前)下述三个论点相互不协调:

1. 科学实在论

2. 唯物主义(本体论的自然主义,即时间和空间的世界
是封闭的这一论点)

3. 表征性自然主义(即存在一个关于知识和意向性的正
确的自然主义说明这一论点)

我用科学实在论意指一个既包含语义成分又包含认识论成分的论点。粗略地说,科学实在论是下述两个断言的合取:

1. 我们的科学理论和模型是关于实在世界的理论和模
型(包括其定律),因为它们独立于我们的偏好与实践而客观
存在。

2. 科学方法最终趋向增加我们的实在知识库。

本体论的自然主义是指这样一个论点:除了时空中的其他事件和条件以外,没有任何东西能影响时空中的事件和条件。根据本体论的自然主义,没有来自空间"之外"的事物的因果影响:或者没有这样的事物,或者它们与我们及我们的世界无关。

表征自然主义是指这样一个命题：人的知识和意向性是自然的部分，要完全用科学上可理解的大脑状态和世界之间的因果关联来解释。**意向性**是我们思想和语言的一种特性，它使它们是关于事物的，给予它们对于世界来说是真的或假的的能力。

我认为哲学自然主义是本体论自然主义和表征自然主义的合取。这两个论点逻辑上相互独立：有可能成为一个本体论的自然主义者而不必是一个表征的自然主义者，反之亦然。例如，丘奇兰德、斯蒂克和（可能还有）丹尼特等取消主义者是本体论的自然主义者，他们因不接受知识与意向性的实在性而没有成为表征的自然主义者。相反，一个柏拉图主义者会接受，知识与意向性完全要用因果关系——可能包括与形式的因果关联——来理解，而不必成为一个本体论的自然主义者。我将论证只有这两个自然主义论点的合取才与科学实在论不相容。

许多哲学家相信科学实在论给我们充足的理由既相信本体论的自然主义又相信表征的自然主义。我将悖论性地论证，科学实在论衍涵本体论的自然主义或者表征的自然主义（或者两者都）是错的。我认为自然可以被科学地理解，**仅当**自然**不是**一个因果封闭的系统——仅当自然是由超自然力（超出物理时空范围的力）塑造的。

我的论证要求两个关键假定。

PS：偏爱简单性（优雅性、对称性、恒定性）是科学实践的一个普遍特征。

ER：根据对它们的任何自然主义说明，可靠性是知识和意向性的本质要素。

17.5.1　简单性的普遍性

科学哲学家和科学史家很久以前就意识到简单性、对称性和优雅性等准美学考虑在理论选择中扮演普遍且不可或缺的角色。举个例子。早在获得更加符合的数据之前，哥白尼的太阳中心模型就因其简单得多而取代了托勒密体系。类似的例子还有，牛顿和爱因斯坦的引

224

力理论由于其超乎寻常的对称性和优雅性很早就被接受了。

物理学家斯蒂文·温伯格的近著《终极理论之梦》(*Dreams of a Final Theory*)中有一章标题为"美丽理论"。他在该章中详述了简单性在近来物理史中不可或缺的作用。在温伯格看来,物理学家不仅把美学特性看作一种提出理论的方式,更把它们看作可行理论的要素。温伯格认为,这一发展中的自然美学内涵被证明是理论真理的可靠指示者。

> 物理学家的美感⋯⋯被认为是服务于一个目的——它被认为有助于物理学家选择帮助我们解释自然的观念。(Weinberg,1993,p. 133)

> ⋯⋯在我们打算严肃地对待原理之前,我们要求原理具有简单性和严格性。(Weinberg,1993,pp. 148 – 149)

温伯格指出,广义相对论之所以吸引人不只是因为其对称性,而是因为不同参照系之间的对称性要求引力存在这一事实。嵌入爱因斯坦理论中的对称性如此有力和严格,以至一定可以推出引力的平方反比定律这样的具体物理推论。同样,温伯格解释了,弱电统一理论建筑在电子作用和中微子作用之间的内在对称性之上。

225   在发现新定律时,物理学家在自然界中发现的简单性有关键性启发作用。如温伯格解释的:

> 不可思议的是,尽管物理理论的美内在于简单的潜在原理基础之上的严格数学结构中,但即使发现潜在原理是错的,有这种美的结构也易于幸存。⋯⋯我们被物理原理引导至美丽的结构。但当原理自身没有幸存下来时,有时美也可幸存。(Weinberg,1993,pp. 151 – 152)

温伯格提到,在理论物理学中起核心作用的简单性"不是那种可以通过数等式或符号来测度的机械简单性"(Weinberg,1993,p. 134)。承认美这种形式要求准美学的判定行动。如温伯格观察到的:

没有在美的解释性理论与单纯的数据清单之间确立明确界线的逻辑程式,但当我们看到它时我们就知道这一差别。

在说美学简单性在科学理论选择中起普遍且不可或缺的作用时,我不是断言所涉及的美学意义是内在的或先验的。我倾向同意温伯格的如下看法:"宇宙像一个随机的、效率低但最终有效的教学机器一样行动。"(Weinberg,1993,p. 158)通过漫长过程的试错,即美学评价的一种自然选择,我们变得与宇宙美学上的深层结构谐和。如温伯格所说,

> 经过无数的错误开端,我们已经把它灌入脑海中,即自然是一种确定的方式,我们已经长大来审视自然之为美的方式。……显然,我们已经被自然改变了。宇宙像教学机器一样行动,并强加给我们一种非我们种族与生俱来的美感。甚至连数学家也生活在实在的宇宙中,并对其教训做出反应。(Weinberg,1993,pp. 158 - 159)

然而,即便我们没有理由认为,我们与宇宙结构在美感上谐和的起源神秘地先于经验,但经验使我们与**某物**谐和仍然是事实,并且这个某物贯穿最基本的自然定律。在纷繁芜杂的数据背后,我们发现了各个基本定律背后的**协调**美。如温伯格所得出的结论:

> 在研究真正根本性问题时,我们才期望发现美的答案。如果问为什么世界是其所是,然后问为什么该答案是其所是,我们相信,在这个解释链条的终端会发现一些简单原理,它们美得引人注目。我们这样认为,部分是因为历史经验告诉我们,当我们透过事物的表象时我们发现越来越多的美。柏拉图和新柏拉图主义者教导我们,在自然界看到的美是终极的心智之美的反映。对我们来说,现有理论的美也是对终极理论之美的一种期望和前兆。而且,在任何情况下,我们不会接受任何理论是终极的,除非它美。(Weinberg,1993,p. 165)

226

这种对终极理论的"前兆"能力之所以可能，仅因为物理学基本原理同享一个共同的偏好，即一种明确的、可学的简单性。

17.5.2 可靠性之于表征自然主义的核心地位

表征自然主义者坚持知识和意向性完全是自然现象，可以用大脑状态与被表征条件之间的因果关系解释。对于知识，表征自然主义必定利用某种形式的可靠性。知识和真信念之间的区别在于某种认识规范。不像有些柏拉图主义者，表征自然主义者不能置这些规范的基础于任何先验领域中。因此，使信念有资格成为知识的那种**正确性**，必定是信念实际形成过程与被表征条件的状态之间的某种关系。由于知识是一种成功形式，这一关系必定涉及某种形式的可靠性，即以类似方式形成的信念精确地表征世界的客观倾向。

因此，如果表征自然主义与科学理论的认识实在论结合，这两个论点的合取就衍涵，科学研究和理论选择过程必定可靠地收敛于真。

意向性的自然主义说明也必定利用某个可靠性概念。对表征自然主义者来说，信念状态与其真值条件之间的联系必定是关于这两者之间某种自然的因果关系的。这种联系必定是信念状态与其真值条件在某些条件下的（该信念状态的"正常"情况）某种有规律的相互关联。

这种可靠性可能只是一种有条件的可靠性：在目的论上**正常**的情况下的可靠性。这一条件为区分知识与信念提供了基础：一个知道 p 的行动，是由在现实情况下可靠地追踪事实 p 的过程形成的，而相信 p 是由在正常情况下会可靠地追踪 p 的过程形成的。

失却可靠性是可能的。条件可以如下方式发生改变：目的论上正常的情况不再可能。在这种情况下，我们关于某些主题的信念可能变得完全不可靠。如帕皮诺观察到的：

227

> 所要求的是真信念**过去**压倒了假信念。……从现在开始，统计规范可能是假的而不是真理，【这】对此悬而未决。这可能发生的一个显然方式是通过环境的变化。（Papineau，

1993,p. 558)

另外,可能有一些可阐明的条件,它们的出现具有某种规律性,在这些条件下我们的信念形成过程不可靠。

> 这个连接很容易中断。最明显的是,关键在于我们形成信念的自然倾向是有限的环境域培育的,其结果是,如果换到新的环境,那些倾向会系统性地趋于给我们虚假信念。举个简单的例子,人在水下判断大小的效率低得糟糕。(Papineau,1993,p. 100)

最后,所涉及的可靠性可能不涉及高概率。信念-类型和被表征条件的相互关系不必接近于 1。如米利肯注意到的,"可以想象,固定人信念的装置不是一半对一半地固定真信念,而是经常性地固定真信念"(Millikan,1989a,p. 289)。例如,易受惊的动物会在很少证据基础上形成有猎食者靠近的信念。这一信念为真的机遇很小。但是,如果该信念有表征功能,在正常情况下它为真的概率必定比机遇要高。

因此,尽管有这些限制,仍然有如下情形:一种受限的可靠联系形式对意向性的自然主义说明是本质性的。可靠性是有条件的,只在正常情况下成立。并且它可能是最小的,涉及只比机遇大一点点的相互关系。但是,表征自然主义者承诺,信念-状态和其相应条件之间存在实在的客观联系。

17.5.3 不相容的证明

我断言,给定简单性标准在科学实践中的普遍性(PS)和可靠性作为知识与意向性自然主义说明之组分的不可或缺性这两个论点,科学实在论(SR)、表征自然主义(RN)和本体论自然主义(ON)三元组是不协调的。其不协调性论证如下。

> 1. SR,RN 和 ER 衍涵,科学方法是关于世界的真理的可靠源泉。

228   如我前面所论证的，表征自然主义者必定认为，某种形式的可靠性是我们形成知识和信念之实践活动的属性。科学实在论者认为，科学理论有客观的真值条件，并且科学实践产生知识。于是，科学实在论和表征自然主义两者结合衍涵科学实践的可靠性。

2. 从 PS 推出简单性是自然律之为真的可靠指示者。

因为作为可行理论之必要条件的简单性标准是科学实践的普遍特征，论点 1 衍涵简单性是真之可靠指示者（至少正常情况下是一个比机遇要好的真之指示者）。

3. 简单性和自然定律之间仅仅相互关联还不够：可靠性要求有某种因果机制连接简单性与现实的自然定律。

可靠性意味着简单性和真之间的联系不能是巧合。恒常的客观联系必定建立在某种形式的因果联系之上。某事必须因果地对偏爱简单性负责，这种偏爱体现在对自然结构的理论性阐明中。

4. 由于自然律遍及时间和空间，任何这样的因果机制必定存在于时空之外。

根据定义，自然律和自然的基本结构遍及自然界。令这些定律简单的任何事物，对这些定律施加协调美的任何事物，必定是超自然的。

5. 因此，ON 是假的。

自然律之简单性存在超自然的原因，明显与本体论的自然主义不一致。因此，不能一致地信奉自然主义和科学实在论。

17.5.4   帕皮诺和米利肯论科学实在论

大卫·帕皮诺和露丝·加勒特·米利肯两人是明显信奉科学实在论的、彻底的自然主义者。如果前面的论证正确，那么在他们对科学的分析中，这种不一致性将会以某种方式展现出来。这一期望确实得到了实现。例如，帕皮诺承认简单性在指导选择基本科学理论时的重要性,他也承认他的意向性说明衍涵科学实在论者必定肯定简单性作为真之指示者的可靠性。但是,他没看到这个结论与他的本体论的自然主义不一致。下面是相关论述:

在这个层面上,物理学家使用的归纳策略会忽略任何缺少某种**物理简单性**的理论。这貌似有理。如果这是对的,那么在应用于宇宙的一般构造问题时,这一归纳策略会不可避免地导致这样的结论——宇宙由显示相关种类物理简单性的成分构成。于是,一旦达至这一结论,我们就可以用它来解释为什么这一归纳策略可靠。因为如果世界的组分确实由相关种类的物理简单性刻画,那么,**基于那个原因**,那种利用观察在具有这种简单性的备选者之间进行决断的方法论,将是通向真的可靠进路。(Papineau,1993,p. 166)

229

换句话说,只要我们确信自然律**碰巧**在某方面是简单的,我们就有权得出结论说偏爱-简单性的方法是真理的**可靠**指导。但是,这样一种回顾性分析,看来反而会揭示我们的成功是纯偶然的运气。

通过类比,假设我虚假地相信某硬币两面都是正面。我因此猜测前六次抛硬币都是正面朝上。事实上,该硬币是公平的,且由于巧合前六次抛掷中五次确实正面朝上。在这种情形下,可以说我的假设是对这些硬币抛掷之真理性的可靠指导吗?我们该说它的可靠性是 5/6吗?相反,我们该说我的假设导致非常不可靠的预测,并且我取得的成功是由于好运气,仅此而已。

类似地,如果自然律都有某种形式的美学美纯属巧合,那么在理论选择中依靠美学标准在任何意义上都不可靠。极小可靠也不是,甚至在理想状况下也不可靠。在定律 A 中发现一种"物理简单性",当我们利用这一事实作为优选定律 B(它具有同种简单性)的理由时,那么,仅当这种形式的简单性在自然界的反复出现得到某种因果解释,我们的方法才可靠。并且,这种反复出现必然有超自然的原因。

帕皮诺承认我们确实依赖简单性反复出现这一假定。

> 说明依赖某些普遍特征的存在,这些特征刻画了基本物理理论问题的真答案。这些特征远不是先验可知的,对没有经过科学训练的人来说,它们完全违反直觉。(Papineau, 1993, p. 166)

通过科学经验,我们被"训练"得承认基本定律共同具有的简单性,并且用这一知识来预料未知定律的形式。经验从一个定律到下一个的这种投射可靠,仅当观察到的简单性有某种共同原因。

同样,米利肯相信,自然(通过试错学习)的训练给了我们某些"概括原理和划界原理"(Millikan, 1989a, p. 292)。这些原理为我们提供理论知识问题的一个解决方案。该方案"优雅、极其普遍且强有力,我确实相信这个解决方案切中了世界本体结构的骨架"(Millikan, 1989a, p. 294)。但是,米利肯似乎不知道这一刀该切多深。理论选择问题之强有力且极其普遍的解决方案,必须触及自然律共同形式的根基,并且这一根基必定在自然范围之外。

自然律是非外因引起的原始事实,但它们**必然**是其所是。帕皮诺和米利肯可以试着在此基础上拯救偏爱简单性的可靠性。如果它们凑巧同时具有某种简单性形式,并且不是偶然地具有,那么在此情况下,偏爱合适的简单性形式的科学方法就是真理的可靠导引。

对这一辩护路径的两个质疑非常有说服力。首先,没有理由假设自然律是必然的。宇宙论者经常探究反事实定律在其中成立的宇宙模型的推论。

其次,即便这种巧合具有原始-事实的必然性,没得到解释的巧合也不能作为一种探究方法的可靠性的基石。一个方法可靠,仅当存在一个解释其可靠性的因果机制。举例来说,假设我们承认过去的必然性:给定当下时刻,过去的所有现实事件都是必然的。然后,假设某特定占星术方法偶然算出美国第一届总统的准确生日。由于该日期现在是必然的,不存在该占星术方法不能给出正确答案的可能性。但是,如果没有因果机制解释运用该方法与华盛顿出生所涉特定事实之间的关联,那么,认为占星术方法在探究这一特定事实时**可靠**是匹克威克式的。

同样,作为不可解释的原始事实,如果各种各样的自然律碰巧共同具有某种形式的简单性,那么,即使这种共同具有是必然的,也不应认为以简单性作为理论选择的指导可靠。

在威廉·莱恩·克雷格与 J. P. 莫兰即将编辑出版的文集《自然主义:一种批判性评价》(*Naturalism: A Critical Appraisal*)(Craig and Moreland,2000)中,我写了"自然主义与科学实在论的不相容性"一章。在该章中我给出了更完整的论证。我还讨论了关于简单性作用的一些备选说明,譬如福斯特和索伯的说明(Forster and Sober,1994)、赖欣巴哈的说明(Reichenbach,1956)和特尼的说明(Turney,1990)。在讨论每种说明时,我表明以简单性为标准的根本理由,对于拯救真正的科学实在论是不适宜的。

17.5.5 对定律的拉姆齐-刘易斯说明

弗兰克·拉姆齐(Frank Ramsey,1990)和大卫·刘易斯(David Lewis,1994)提出了一个关于自然律本质的说明。该说明消除了把简单性的可靠性解释为真正定律指示者的必要性。他们的说明简单地把自然律视为关于世界的最佳理论的公理。在此,**最佳**体现为简单性、力度、与经验数据吻合等优点。因此,简单性是被确证了的概括之似律性的标准,就成为一个分析真理。

然而,拉姆齐-刘易斯说明不满足我对**科学实在论**的定义。因为根据他们的说明,现实的自然律是什么不是一个完全客观的问题。哪些概括是定律部分取决于我们的偏好与实践,特别是我们对某些种类简单性的偏爱。刘易斯(Lewis,1994,p. 479)提出,如果自然是"类",他的说明的主观性就可以得到某种程度的弱化:可能有某个定律系统在各种简单性概念之下都**牢固地**最佳。但这只是主观主义的某种弱化形

231

式,因为如果简单性标准真的有用,在决定哪些概括实际上是自然律时,我们对简单性的偏爱必定起着不可忽视的作用。

另外,刘易斯不能严肃对待温伯格的建议——**学习**正确的审美观以适应与自然界越来越广泛的相互作用。温伯格认为以下理所当然:在每一点上来说,指导科学的都是一个非常明确且受制约的简单性概念,这一简单性概念随时间发生实质性改变,并且,随着我们学到更多关于真自然律所共同具有的美学属性,我们变得愈发擅长识别新自然律。拉姆齐-刘易斯说明假定相关的简单性概念普遍而固定。但它没有提供理解学习过程的方式。通过该学习过程,我们的美感变得与宇宙之美越来越合拍。

假如根据拉姆齐-刘易斯说明,对我们关于自然律的知识之缺乏客观性仍有所怀疑,请考虑如下事实:根据拉姆齐-刘易斯说明,关于自然律的事实和我们对这些事实的看法之间没有因果联系的可能性。对拉姆齐和刘易斯来说,休谟随附性是给定的:在现实世界中,模态事实和随机事实完全由偶然属性的分布决定。哪些陈述实际上是自然律,取决于现实世界过去、现在和将来的整个进程。真正的自然律必定既符合将来的也符合过去的偶然事实。因此,某 L 是自然律这一事实随附在遍及一切时间的偶然事实之上。后者不能成为我们当下意见的原因,因为它的大部分处于将来,从而因果后于我们的意见。

再次考察失败知识的葛梯尔例子可以看出,自然律和科学信念之间要有因果联系(拉姆齐-刘易斯说明所排除的那种联系)。考虑下述反事实世界。牛顿的引力平方反比定律几乎完全建立在对行星运动的观察之上,它完全吻合现实世界中所观察到的行星运动。但是在这个假想的世界里,行星以它们自己的方式运动。因为它们牢牢地附着在太空中的一个椭圆轨道系统中,这个轨道系统是仙女座来客数百万年前建造的。这些仙女座来客依他们所信奉的某些复杂宗教信念建造了轨道线路,并且,这些线路迫使行星正好在它们运行的轨道上运行。这一事实实际上与引力没有任何关系。在这种情况下,牛顿关于引力的信念与它们在现实世界中一样为真,并且一样得到了辩护。但它们显然不构成关于引力本性的知识,因为牛顿理论和平方反比定律自身之间缺少正确种类的因果关联。

　　缺少自然律和科学信念之间的这种因果关联意味着,拉姆齐和刘易斯不能目的论地说明我们关于自然律的信念或者知识的内容。如果把合理的东西等同于心智的"设计计划"(用普兰廷加的术语)所要求的东西,即等同于履行推理能力的固有功能,那么我们关于自然律的推理就落在理性范围之外。要按拉姆齐和刘易斯的提议对待自然律,我们必须服从某些积极的社会规范,遵从作为非自适应的历史偶然产物的实践。因此,关于自然律的信念根本不是真的关于世界的,而只是这一非功能性实践的具身化。

　　相反,模态实在论者能用自然选择极好地说明我们归纳出定律的实践活动。由于自然律(及其推论、客观机遇)因果地影响事件的未来进程,与现实的自然律和现实的客观机遇合拍显然是一个自适应性问题。这些定律和机遇在塑造过去时起了积极作用。因此,(尽管它对未来缺乏远见)自然成功地选择了这种合拍是可能的。由于定律与机遇的实在性,过去观察到的模式与频率是未来模式和频率的可错但可靠的指示者。

　　由于推理就是履行心智的固有功能,对心智来说,践行最佳理论推理(包括温伯格所描述的不断提高好理论的标准)是合乎理性的典范。

17.6　贝叶斯型学习何时构成知识?

　　贝叶斯型学习在于,根据新证据用条件化原则更新个人的主观概率。条件化原则是指令验后概率 $P'(A)$ 等于验前条件概率 $P(A/E)$。在此,E 表示学到的确定的新信息。有许多贝叶斯收敛结果证明,消除最初验前概率不同的影响之后,经过无限长时间,经验假说(对这些假说来说，不存在数据所不能确定的理论）的概率会（以主观概率为 1）收敛于单个的值。

但是，我们感兴趣的不只是收敛于一致意见。我们也对收敛于知识感兴趣。贝叶斯型学习何时最终向知识状态收敛？假设贝叶斯是评价所与结果（譬如"正面朝上"）在每个可互换试验（譬如，在同样条件下抛掷同一个硬币）序列中的概率。[①] 长时间之后，所有贝叶斯型学习者会收敛于，以同一个值作为前述结果在这些序列中的真的、"客观"概率。从目的可靠论的观点来看，当满足下述六个条件时，向某个客观概率值域 r 的收敛就是知识：

1. 在它们都有差不多同样的客观概率的意义上，序列中的试验**可客观地互换**。并且，正面朝上的客观概率事实上在值域 r 之内。

2. 试验的主观可互换性（在主观验前概率中，试验结果排列的概率对称性）牢固地负载信息"这些试验是可客观地互换的"。

3. 主观可互换性具有牢固负载上述信息的固有功能。

4. 现实的试验结果与确定哪个试验被观察到因果不相干（也就是说，在选择观察事例时，无有因果根基的偏好）。

5. 被观察试验的数量大到足以令收敛于 r 的客观概率非常高（各种收敛结果都与这个条件相干，包括大数定理）。

6. 假说"正面朝上"的客观机遇有一个有穷的（非零）验前概率，这一事实本身是**部分知识**的一个例子。

最后一个条件引入了**部分知识**这个概念。p 的部分知识是这样一个状态，在其中 p 是真的，且 p 属于某个互斥且穷举的命题集 π。在此，π 的每个元素被赋予一个非零的有限概率，并且对 π 中每个元素指

---

① 在德·菲内蒂（de Finetti，1980）的收敛结果中，一个试验序列是**可互换的**，当且仅当，只要任何两个结果序列相互置换，也就是说，只要在每个序列中各种结果的数量一样，其结果序列的验前概率总相等。可互换性表示验前概率分配中的对称性。

派这种验前概率有牢固地负载信息"π中元素的析取是真的"的功能。换句话说，p自身是为p指派一个正概率的原因，并且这一因果链条符合相信者主观概率状态的固有功能。相信者必定知道（在目的可靠论意义上）π的析取是真的。

要排除贝叶斯型学习向真收敛但不构成知识的葛梯尔式例子，这六个条件是必需的。考虑下述一些葛梯尔事例：

1. 贝叶斯型学习向正确的客观概率收敛，但之所以这样是因为全能的精灵使所选择结果序列可见。因为这些结果符合该精灵喜欢的模式，而这碰巧又在统计上与客观机遇一致。

2. 贝叶斯正态验前概率函数会赋予假说"客观机遇是r"为0的概率。但幸运的是，向硬币正面吹口气使得贝叶斯主义者赋予这一假说非0的概率。

3. 序列中的试验主客观都可互换。但它们之所以主观可互换，仅仅因为贝叶斯型学习者错误地以为每次试验都是在工作日进行的。要是贝叶斯型学习者发现实际上许多试验都是在周末进行的，这些试验就不再是主观可互换的，就不会出现向真的收敛。

在每个事例中，贝叶斯型学习本来会收敛于真，这是正确应用条件化原则的结果。但由此产生的确定的合理真信念，不构成客观机遇的知识。

17.7 客观机遇与经验论

在我对因果的说明中，形而上学的必然概念和客观机遇概念起根本作用，从而在我对知识和心智的说明中起根本作用。近年来，约翰·伊尔曼、范·弗拉森和大卫·刘易斯等经验论者对模态和客观机遇提出了许多认识论挑战。这些挑战包括机遇对偶然事实的非随附性、为主观概率和客观概率之间的关联找到一个合理基础等。

伊尔曼(Earman,1984)认为,除非客观机遇随附在偶然事实之上,否则它是经验论者所不能接受的。他把这叫作经验论的"严峻考验"。我怀疑区分"偶然的"事实或属性与"倾向性的"或"模态的"事实或属性的生命力。可能所有熟悉的属性在性质上至少是部分倾向性或者模态的。但为论证起见,我乐意承认我们可以理解偶然/倾向区分的某种意义。根据任何合理的客观机遇观点,客观机遇不随附在这样的偶然事实之上。

伊尔曼对随附性的坚持,假定了只有可被观察属性才是偶然属性。
235 当然,这是休谟哲学的精要。如休谟所认为的,可能没有任何倾向性属性在单个孤立的感官知觉事例中被感知为倾向性属性——在它伪装为它所是的特定倾向性属性意义上。即便我们承认这一点,也推不出倾向性事实和属性(包括关于客观机遇的事实)根本不被感知。至少还有如下两种可能性:(1)我们在单个事件中感知到了倾向属性,但没感知到它的内在结构(我们没有感知到它是倾向性的,并且没感知到它是哪种倾向),或者(2)我们对作为倾向的倾向性属性的感知呈现在感知一系列相干事例的语境中。我在此想探讨的是第二种可能性。

休谟主义者会反对,在描述关于源自长序列分离观察的客观机遇的知识时,我无权用"感知"这一语词。请休谟主义者考虑下述例说。我不能在单个经验中感知卢浮宫——我对卢浮宫的感知只通过长序列分离的经验呈现出来,即关于其外部各方面的经验以及关于其各种厅廊的内容的经验。但是,坚持卢浮宫不可感知会很奇怪。同样,一个抛掷的硬币落地朝上的客观机遇不能在单个观察中被感知,但我们对它的感知从一系列投掷硬币的分离观察中浮现出来。

令客观机遇之可感知的是,客观机遇与相应心理状态之间存在正确种类的因果链条。这也是令各种偶然属性可感知的东西。伊尔曼假定只有偶然属性才能进入这样的因果联系之中。我在第一部分的主要任务之一就是揭示这一假定的无根基性。

伊尔曼还可以坚决主张,我们关于客观机遇的信念可以被更好地描述为通过**推理**而非**感知**形成。这一区分的价值又很难说。对于目的可靠论观点来说，重要的是，已知合适的事实性情境，一个信念是否以恰当而可靠的方式形成。这一过程是否最好被描述为"感知"过程或"推理"过程则是次要的。但为论证起见，我们再次把这些限定放在一边，并假定关于客观机遇的信念以来自观察的推理为基础。为什么这必然产生一个模态的和随机的随附性原理呢？

看来伊尔曼在假定，可以成为推理性知识基础的唯一推理形式是演绎有效推理。在这种推理中，保真得到了绝对保证。当然这又是一个典型的休谟教条。除非伊尔曼假定这一点，否则没有理由我不能说，倾向性信念和其他模态信念都是从对偶然事实的观察推出来的，以及模态事实和倾向性事实不随附在偶然事实之上。随附性是一个很强的条件：它意味着一旦偶然事实被固定下来，倾向性事实要变是**不可能的**。随附可以失败。并且，一个人可从偶然事实可靠地推出倾向性事实，这仍然可以是真的。

作为可靠论者，我坚持认为休谟主义者为推理的可靠性制订的标准太高，并以此作为回应。在关于偶然事实的大量观察的基础上，可以知道某结果的客观概率在值域 r 之内。尽管**有可能**同样的偶然事实在某个世界中是现实的，在其中客观概率在 r 之外。仅仅形而上学上的错误可能性不足以成为否认一个断言是知识的基础，除非我们坚持重复笛卡尔的根本错误。

在刻画统计推理的可靠性时，在脑海中牢记如下两个事实很重要。第一，所有信息是关系性的。其含义是信息关联总采取下述形式：一个事实 $\langle s, \phi \rangle$ 负载信息"类型 ψ 的某个殊型存在于对 s 的关系 R 中"。第二，信息通常是抽象的，涉及类型上的量化。从一系列观察不会获得信息"某类型 ϕ 的客观概率在值域 r 之内"。相反，获得的信息是，有某个类型 x 与观察殊型有关系 R，使得 ϕ 在 x 条件下的客观概率位于值域 r 之内。这意味着，评价一个信息渠道的可靠性可以不用引入高阶客观概率。也就是，我不想说在观察序列 s 的条件下，ψ 的客观机遇在值

236

域 r 之内有某个客观机遇,因为这预设谈论 ψ 的客观机遇的客观机遇是有意义的。相反,我想说,有这样一个客观的条件机遇——给定实现类型 ϕ 的观察序列 s,存在一个类型 x,它在与序列 s 中每个成员的 R 关系中被实现,并且 ψ 在条件 x 基础上的真实客观机遇在值域 r 之内。统计方法的可靠性不是用假想的改变世界客观机遇的函数来测度,而是用改变试验参数的值来测度,这些值决定了原来结果的客观机遇。

评价某信念形成过程的可靠性,需要看它是否导致信念追踪真。这意味着,我们必须考虑历经大量假想情境而形成的信念。统计推理所形成的信念是客观概率判断,在评价统计推理时,必须决定如何改变被评估的客观概率。改变客观机遇函数本身是有争议的,因为这要求我们做高阶机遇判断,即客观机遇会以某种方式变化的机遇。我提出的备选方案涉及改变其结果的客观机遇正被评估的那些试验所共同具有的某个参数。这意味着,不改变客观机遇函数自身,而把评估客观机遇所基于的条件变为一个不同的条件,客观机遇函数基于这个不同条件来确定相干结果的不同概率值。

用举例的方式来说明。假设我正打算估计一个不会变化的硬币在同样投掷序列中"正面朝上"的客观机遇。假设观察到连续 30 次结果是正面朝上。我估计"正面朝上"的客观机遇是或非常接近 1。要检验我形成这个估计值的方法的可靠性,需考虑要是硬币或抛掷的某些相干参数不同我会形成何种估计值。通过考察硬币或抛掷的产生过程(硬币重量的分布,抛掷硬币的力有多大等),可以估计这些备选参数值的客观机遇。然后,通过测度我的估计值大不同于这些备选参数值(由备选者的客观机遇加权)所产生的客观机遇的可能性有多大,可以测度推理的可靠性。

范·弗拉森从不同的角度责难客观机遇(van Fraassen,1987,pp. 38 - 39,80 - 86)。范·弗拉森给客观主义者提出了一个两难:他必须或者解决识别问题或者解决推理问题。识别问题是识别世界上何种事实使得关于客观机遇的断言为真这一问题。要求解决识别问题实质是要求把随机事实还原为偶然事实。我把模态事实和随机事实当作世界的初始的、不可还原的组分。因此（与阿姆斯特朗和特尼不一样）我拒绝尝试解决识别问题。

既然拒斥识别问题，我就必须面对范·弗拉森的推理问题。对于客观机遇，推理问题就是解释合理制约主观概率和客观概率之间关系的基础这一问题。与多数客观主义者一样，我接受米勒原理（大卫·刘易斯称之为"首要原理"）：

$$\mathrm{Pr}_{subj}\,(\phi/\mathrm{Pr}_{obj}(\phi) \in r) \in r$$

根据米勒原理，以 ϕ 的客观概率居于区间 r 这一假定为条件，我对 ϕ 的主观概率自身也**必定**居于区间 r。范·弗拉森提出的问题是：这个"必定"的基础是什么？诉诸实用主义融贯性，包括诉诸免于大弃赌的合理必要性，无益于支持这种形式的米勒原理。因为所有这些诉请都只考虑主观概率和其他主观概率之间的关系。这些论证没有一个可以作为制约主观概率和客观概率之间关系的基础。如果对范·弗拉森推理问题的解决必须采取这样一个诉请形式，那么不可能有什么解决方法。

但是，我是一个彻头彻尾的原始主义者。我主张米勒原理是理性的原始要求，对其进一步辩护既不需要也不可能。于是，我也拒斥范·弗拉森的第二个问题。为什么范·弗拉森认为米勒原理的合理性需要以一致的论证为基础呢？像伊尔曼和所有休谟主义者一样，范·弗拉森认为不需要辩护的唯一推理形式是演绎推理。这意味着，范·弗拉森能承认的合理一致性的唯一形式是某种形式的演绎一致性，包括演绎一致性的概率概括，亦即对大弃赌绝对免疫。

相反，我同等看待演绎推理和非演绎推理。在这两种情形中，推理都是合理的，因为它们都被要求履行人心智的固有功能。由于人类推理的要旨是扩展知识，我们可以推断任何合理推理形式都是可靠的推理形式。在演绎推理中，这种可靠性达到极致：出错是形而上学不可能的。在许多情况下，合理推理的可靠性并没有这么高。

类似地，包括概率不一致性在内的演绎不一致性的代价非常高：从

238

真的观点来看,它处于一个**必然**低于最佳的状态。其他形式的合理不一致性代价较低,但仍然非常有意义。譬如违反米勒原理的不一致性。无法证明,如果违反米勒原理**必然**会出错,但是出错的客观概率会高。违反该原理越厉害,出错的客观概率就越高。(客观地讲)遵从米勒原理的人在长时间内更有可能成功。加之主观概率的固有功能旨在使**客观的**期望效用最大化,这足以成为米勒原理的合理性基础。

范·弗拉森坚决主张对合理性的内在刻画。最终来说,它可以用内在一致性表达。从这一角度来看,范·弗拉森不能明白连接主客观概率的原始合理制约的意思,这毫不奇怪。相反,目的可靠论者刻画合理性的路径完全是外在主义的。合理性是关于达致高客观合理度的真理的。违反米勒原理违反了这一外在目的,因此,它们是非理性的。

如果伊尔曼、范·弗拉森和刘易斯拒斥客观机遇是对的,那么就不可能目的论地说明我们的归纳实践。可以把下述问题称为**达尔文归纳问题**:我们怎么可以把归纳解释为自然选择的东西? 如果不存在客观机遇,那么,过去被观察到的频率和将来会遇到的频率背后就没有因果因素。自然只在意后者,却又只能通达前者。自然选择那些有利于我们适切性的东西,这很有远见。我们的主观信念与过去的频率吻合得很好,这一事实与我们当下的再生产适切性没什么关系。它与我们将来的幸存和再生产的机遇有关。但是,要自然选择**直接**带给我们与将来频率的谐和是不可能的,因为构成这些频率的事件因果后于我们的当下信念和推理能力。

仅当有一个因果解释连接过去的频率谐和和将来的频率谐和,归纳才有助于我们的适切性。这个因果解释必须参照作为中间物的客观机遇。那么,为什么服从米勒原理是合理的呢? 主观信念度的功能是成为对客观机遇的最好的评估。我们的主观信念度越接近客观机遇,这一客观机遇的可能性就越大,即最大化我们对于成功的主观期望的行动也会最大化我们对于成功的客观期望。不服从米勒原理必定会出现主观信念与客观机遇的冲突。这样做是在挫败心智的固有功能,是非理性的典型例证。

18

持存实体及其同一性

18.1　作为逻辑构造物的实体

在本体论上,世界的基本组分是情境-殊型和情境-类型。情境-殊型包括诸如事件、状态、过程、历史和(在这个语词的一种意义上)事实等这样一些东西。情境-类型是可推断的事物:情境-殊型之被多次例示的属性和关系。

世界上最主要的居民是持存实体。它们是空间上广延的东西,典型地由物质构成,经历变化,有时可以被创造和毁灭,并且有历史。持存实体包括活有机体、人造物、离散的同质集合体以及社会机构等事物。

持存实体以及关于其同一性和其不断变化的属性与关系的事实,是情境-殊型和类型的逻辑构造物。分析到最后,实在仅由情境-殊型构成。事实上,实体是被以特殊方式思考或对待的情境-殊型的结构。

这个构造的第一步是定义**实体历史**。实体历史是一个稳定的、有因果关联的情境-殊型序列。用形式语言来说,一个实体历史是一个对偶$\langle C, \phi \rangle$,C是情境-殊型的有穷序列$\langle c_1, \cdots, c_n \rangle$,$\phi$是一个情境-类型。在此:

1. 每个 c_i 属于类型 ϕ,

2. 对于每个 $i < n$, c_i 之属于类型 ϕ 因果地解释 c_{i+1} 之属于类型 ϕ, 并且

3. 不存在满足条件(1)和(2)的序列 C', 使得 C 是 C' 的真子序列。

实体历史是一种自我永存的稳定性。情境-类型 ϕ 是一个类, 这个类的持续使那个历史成为一体。

例如,假设有一滴质量为 1 克的孤立(因果孤立于任何其他水银)的水银。存在某特定类型——质量为 1 克的同质水银——的情境-殊型序列,对这个序列中的每个成员来说,根据质量守恒定律和惯性原理,它属于该类型这个事实解释了它的后继也属于该类型这个事实。如果那滴水银不因果孤立于质量为 1 克的第二滴水银,那么,不存在一个仅与第一滴水银相联系的实体历史。除非可以因果地孤立这两滴水银(譬如在原子层次上),否则不能利用守恒定律分别说明这两滴水银中每一滴的持续性。相反,这两滴水银的持续会构成单个的、不可分的实体历史。

又如,可以考虑亚里士多德的青铜像。在现实世界里,青铜块的历史与雕像本身的历史重叠。作为合金的离散的同质的量,青铜块可以在雕像存在之前就已经存在,并且在雕像停止存在之后它可以继续存在。反过来,即使在该块青铜的某部分被侵蚀掉之后,该雕像可以继续存在。作为青铜块,整合历史的类是一定质量的同质青铜块的类。作为雕像,整合的类是一个高阶的功能性属性:服务于某种公共或美学目的的属性。

活有机体的历史非常清楚地给出了实体历史的例子。在有机体的整个实体历史中,一直持有的类型是高阶的、目的功能类型的合取。这说明了如下事实:即使在各个阶段许多一阶物理属性变化很大(例如,从只有几克到重达许多公斤),但我们仍然可以有单个的历史。活系统在功能层面上是自我永存的:在某个阶段履行生物功能,因果地解释了

它们在后继阶段履行这些功能。

每个实体历史 C_ϕ 存在一个相应的实体 $C_\phi^\#$。实体必定不与实体历史**完全**同一。实体历史是情境-殊型序列，而实体则不是。实体历史是跨时间的，而实体则在时间之内持存。实体是一种超越实体历史的逻辑构造。实体的属性必须用相应的历史属性来解释。我的目标是把谈论实体**还原**为谈论情境。如果成功的话，根据我的分析，对实体语言的日常使用很大程度上是真的。在这个意义上，我拯救了表象。

每个情境-类型 ψ 存在一个相应的实体-类型 $\psi^\#$。这两个类型不是同一的：它们刻画不同的存在范畴，并且有非常不同的时空位置关系。如果 C_ϕ 是一个实体历史，s 是 C_ϕ 的一个组分殊型，ψ 是一个情境-类型，那么：

$$s \models (C_\phi^\# \models \psi^\#) \Leftrightarrow s \models \psi$$

243

用非形式语言来说，实体 $C_\phi^\#$ 在情境-殊型 s 中有属性 $\psi^\#$，当且仅当，s 属于相应的实体历史 C_ϕ，并且 s 属于相应的情境-类型 ψ。用两个实体历史的殊型-组分之间的关系，可以对实体之间的关系进行类似说明。

相对于 $\psi^\#$，情境 s 和 s' 之间的变化可以说明如下：s 和 s' 都是实体历史 C_ϕ 的组分，s 因果先于 s'，s 属于类型 ψ 且 s' 属于类型 $\neg \psi$。在这种情况下，我们说实体 $C_\phi^\#$ 从 $\psi^\#$ 变为 $\neg \psi^\#$。

牢记 $\psi^\#$ 这样的实体-属性不是关系属性是重要的：如果 $s \models (C_\phi^\# \models \psi^\#)$，我们不会认为 $\psi^\#$ 是 $C_\phi^\#$ 和 s 之间的一种关系。相反，在 s 中把 $\psi^\#$ 归属于 $C_\phi^\#$ 是真的。整个构造 $(C_\phi^\# \models \psi^\#)$ 本质上是一个复合的情境类型。

实体 $C_\phi^\#$ 与实体 $D\psi^\#$ 同一，当且仅当，ϕ 和 ψ 必然外延相同，并且存在序列 C 的初始段 $C_{<i}$ 和序列 D 的初始段 $D_{<i}$，$C_{<i} = D_{<i}$。这一假定把握了克里普克的观点——实体的类及其起源，并且只有它们，对其同一性是本质性的。如果 C 和 D 具有同样的初始段，并且都是与某个类 ϕ 相关的实体历史，那么，它们表征了实体 C_ϕ 的两种可能生活经历。

譬如在一种生活经历中该实体成了哲学家,而在另一种经历中他成了
股票经纪人。令同一实体有这两种可能经历的是它们具有共同的起源
和分享共同的类 $\phi^{\#}$。

"一直是 $\phi^{\#}$"或"将要成为 $\phi^{\#}$"这样的时态属性也可用类似方式
构造。对将来时态属性必须参照某个世界(选择情境-殊型的可能将
来中的一个),也要参照该情境-殊型自身。令"P"是表示一般过去时
的算子,"F"是表示一般将来时的算子。于是,可以引入如下真值
定义:

$$\mathscr{M},s \models P(C_{\phi}{}^{\#} \models \psi^{\#}) \Leftrightarrow \exists s'(s' \prec s \ \& \ \mathscr{M},s' \models (C_{\phi}{}^{\#} \models \psi^{\#}))$$

$$\mathscr{M},w,s \models F(C_{\phi}{}^{\#} \models \psi^{\#}) \Leftrightarrow \exists s' \sqsubseteq w(s \prec s' \ \& \ \mathscr{M},s' \models (C_{\phi}{}^{\#} \models \psi^{\#}))$$

用非形式语言来说,在一个所与情境-殊型中,如果其过去有某个
殊型,某属性在该殊型中的非时态化归属是真的,那么把该属性一般过
去时地归于一个持存实体是真的。在所与情境殊型和**所与世界**中,如
果存在被所与世界包含并后于所与情境殊型的某个殊型,且在该殊型
中某个属性的非时态化归属是真的,那么把该属性一般将来时地归于
一个持存实体是真的。在一般将来时归属情况中,参照某个世界是不
可缺少的。因为对任何所与殊型来说,它只有一个过去但有许多备选
将来。

244   某属性时态化地归属于某实体可以在某情境-殊型中为真,即便该
殊型不是相应实体历史的部分。因此,在该实体停止存在之后很久,把
属性一般过去时地归属给实体可以是真的。并且,在该实体存在之前,
一般将来时地归属也可以是真的。

18.2　变化与约翰斯顿悖论

马克·约翰斯顿(Mark Johnston,1984)和大卫·刘易斯(1986a)
曾论证持存实体的常识理论是不融贯的。他们认为同一个实体不能

（作为一个整体）在不同时间有两个矛盾的属性。因为没有一个人能融贯地搞清楚，对同一实体不同属性的这种时态化断定的含义。他们的解决方案是把实体等同于实体-历史，并认为有矛盾属性的是实体/历史的临时部分而不是其整体。

彼得·西蒙斯（Simons，1991，pp. 134－135）提出了一种方便的类型分类法来对这个时态化断定问题的不同路径分类。可以用六种不同的方式来分析 **A 在 t 时是 F** 这种形式的命题：

      1. A 是-F-在 t 时

      2. A 是 F-在-t 时

      3. A 是-在-t 时 F

      4. 在 t 时（A 是 F）

      5. A（（是 F）在 t 时）

      6. A-在-t 时是 F

约翰斯顿和刘易斯建议采纳选项 6。在其中，A-在-t 时被看作指在时间位置 t 的 A 的临时部分。他们认为选项 1 把内在属性 F（如有两条腿或重 10 英石）错误地表征为一个关系属性**是-F-在某时**，即一个事物和一个时间之间的关系。选项 2、3 和 5 看上去也否认变化的可能性，因为每个实体无限永恒地拥有属性**是 F-在-t 时**，或者拥有属性**是-在-t 时的** F。

我自己的说明明显采纳选项 4：在 t 时（A 是 F）。实体内在属性的时态化断定仅是普遍现象的特例：情境-殊型对情境-类型的支持。时间索引词 t 只是某特定情境-殊型在时间 t 位置的标识。断言（A 是 F）自身是一个情境类型，它被某些情境-殊型证实，被某些情境-殊型证伪，其余的情境-殊型既不证实也不证伪它。

18.3 芝诺悖论与变化的瞬时性

古埃利亚学派哲学家芝诺提出了一些与变化逻辑有关的难以解决的悖论。其中一个是关于实体在变化瞬时的分类。例如,人在死的那一刻是活的还是死的? 如果是活的,那么就会有在死的那一刻死还未出现。如果是死的,那么就会有在死的那一刻死已经出现过了。每个结论都是矛盾的。

芝诺悖论是我们把测度时间的连续性施加于一组实际上离散的现象之上的产物。事实上,死的状态紧跟着生的状态。在把这些状态置于实数测度的时间系统之中时,我们引入一个新的虚状态,即不是真实存在的死亡瞬间。因此,人在那个瞬间是死还是活这个问题没有一个原则性答案。因为这个瞬间是我们自己的理论化织造物,我们可以自由假定我们喜欢的任何答案。

当情境-殊型 s 在变化发生前后都包含某些临时部分时会怎样呢? 我们该说它支持**这个人是活的**和**这个人是死的**这两个相互矛盾的类型吗? 不,我们必须承认这些类型在部分学上不是持续存在的:每个都被 s 的一个部分而不是整体支持。可以找到这种情况的持存类型:**那个人在某个时候是活的**并且**那个人在某个时候不是活的**。s 同时支持这两个不矛盾的类型。

18.4 实体同一性的棘手案例

18.4.1 自动催化与生物繁殖

有几个例子表明我的实体历史(从而实体同一性的)定义太松。首先考虑自动催化反应过程。溶液中特定分子的出现导致开始出现该分子的新事例,但我们不会说原来的分子等于每个生成物。另一个类似的例子是,在某液体固化过程中复制特定的结晶形式。

我将论证,在每个这样的案例中,某情境-殊型和下一个情境-殊型之间的连接都太弱。分子的存在本身不是其副本随后存在的一个因果解释。所必需的是存在一个有利于自动催化的环境。可以把分子和溶液的整个系统视为一个持存实体。同样,在晶体排列复制情形中,晶种本身不是随后晶体层的一个充分的因果解释。

我刚才的条件是不是太严格了? 一个活有机体某时刻的存在是它在下一时刻存在的充分的因果解释吗? 难道环境不正如它在自动催化和晶体复制案例中那样对该有机体的幸存有影响吗? 这一反对意见假定一个活有机体的实体历史中没有关于环境的信息。从一刻持续存在到下一刻的是功能性组织系统,既包括内在功能(在有机体躯体内)又包括外在功能(在其环境中)。每个活有机体都有单一不可分的组织系统,但这些系统共享的环境重叠相当多。

246

无性生物繁殖是另一个严峻检验案例。活母体在某阶段之存在是每个后代在后面阶段之存在的因果充分条件。现在,显然有某种东西持续存在于整个繁殖过程中。这就是作为实体的物种自身。但是,单个有机体不会幸免于减数分裂,因为母体的正常组织不**直接**产生后代的相应组织。存在一个母体的正常功能在其中被破坏的中间阶段。在那个阶段母体不复存在,并且在分裂完成之后,两个或更多新个体开始存在。这一分析与彼得·范·因瓦根的分析(van Inwagen,1990)一致,他也置活体的持续存在于生命过程的连续性之中。

再举一个例子。假设一个女人在分娩时(或在我们所认为的构成该女人的小孩开始存在的任何时刻)死了。这一女人-小孩历史构成单个人类有机体存在的基础吗? 没有,因为构成人类生活各过程的连续阶段之间没有直接的因果关联。这些过程包括:呼吸、运动、消化、感知等。那个女人的最后呼吸状态不直接与小孩的任何初始生物活动状态相关联。其他有机过程亦如此。因果关联是女人的繁殖过程和小孩的生命之间的关系,而不是(作为整体的)一个生命阶段和下一个阶段之间的关系。

18.4.2   分裂生殖与个体并合

个人同一性的哲学文献充满科幻情节,把人的整个大脑或部分大脑移植到另外一个人体之中。因为人在其稍少于一半的大脑皮层保持完整时显然能够存活。这些情节提高了复制一个人或把几个人并合在一起的可能性。

这些种类的极端手术把断裂引入有机体历史的因果关联性之中。事实上,任何医疗介入至少给器官的连续性带来某种威胁,因为有机体的未来功能不再完全用其早期的功能解释。通过巧妙转换相干的类,把医疗实践聚集为我们小生境的正常部分,我们可以拯救个人同一性。但是,器官移植对这一策略提出了严峻挑战。因为我们开始无法界定一个其生存由医疗介入维持的导流。对个人同一性提出挑战的不是医疗本身,而是迁移性而非纯粹恢复性或改善性医疗。

247

难以确切地说何时这一挑战变得不可战胜。但我认为,当我们触及移植大脑的重要部分时,我们就越界了。在此时,我想我们必定说没有幸存者,手术的产物不再是人。它们应被看作新的人造人。

18.4.3   星际旅行传输机事件

在电视/电影连续剧《星际旅行》(又译为《星际迷航》)(*Star Trek*)中,有一个传输机装置把人拆成一个个原子,通过太空传送结构信息,并在另外一端重新组装成一个复制品。该传输机有时发生功能障碍,一个原物产生两个或多个复制品,随后还把它们弄混。

乍看起来,传输机对其主顾至关重要。由于作为中间物的传输机的侵入,人类有机体的功能连续性被完全打断。正如医疗介入案例一样,可能有一个从人到人*的类的转变。在此,人*的历史的连续性包括传输机的正常运行。这一转变会提供一些其同一性能持续整个传输过程的实体。

那么，在传输机复制案例中情况如何呢？我认为此时我们必须勉强说，斯波克（或任何其他人）其实同时在两个不同的地方，有不相容的属性。在下一小节我会探究这种可能性的某些推论。

18.4.4 时光倒流及其他反常

假设寇克船长穿越时光隧道最后到了过去，并遇到他自己先前的副本。在这座时光之桥上有多少人？我们把寇克船长数两次吗？

在对将属性归与实体的说明中，我令这些归与不是在某个时刻而是在某特定情境中为真或为假。正常情况下，一个有机体不会同一个时间在两个地点，因为这只有在出现时间反常时才可能发生：空间上分离的两个同时性殊型通常相互因果独立。但是（穿越时光隧道或任何东西的）时光旅行可以使很反常的东西成为可能。我们不仅必须说寇克那时瘦而现在体格魁梧，而且必须说寇克现在在那儿迷路了而不是此时在此地迷路了。不相容的属性归与在逻辑上是一致的，即便在同一个时间把它们归与同一实体，只要这些属性被归与不同地方的不同殊型，只要这些殊型由某种反常因果关联起来。

在数桥上的人数时，我们只应数寇克一次。因为寇克现在的行动在许多方面就像他是两个人似的（实际上不可能），而出于某些目的数错乃实用方便之举。再者，寇克可以和他自身有许多关系。正常情况下，这些关系只在不同人之间才可能。例如，他可以右手拍右手发出声响，仿佛体内有一种类似禅宗的感觉。尽管寇克只有两百磅重，但他可以站在秤上使其读数为四百磅重（只要他与自己合作爬上秤台）。如果暂时的反常很普遍，那么，关于如何构述涉及实在的各种物理定律，我们不得不更谨慎得多。

在包含两个版本的寇克的当下时刻 t 的情境中会发生些什么呢？我们必须说这一殊型支持矛盾类型**寇克生气且不生气**吗？不，我们必

248

须承认类型**寇克生气**和**寇克不生气**在部分学上不是持续的。如果想只用持续性类型,我们不得不说寇克在某地生气而在某地不生气。这并不自相矛盾。

18.4.5　基质理论

坦率地说,我对我在本章提出的将实体还原为情境历史心存疑虑。特别是在个人同一性案例中,我对如下看法时刻有一种不安感:个人同一性不在于任何超出不同情境之间正确种类因果关联的东西。我可以感觉到假定某单个实体的吸引力,这一实体以某种方式处于个人同一性的底部。我们称这样一个统一实体为人或有机体的**基质**。

如果存在这样的基质,它们可能是某特殊种类的情境-殊型。这些基质-殊型是非时间和非空间的,但有因果效应。X 的基质可能是一个对 X 个人实体历史的连续与永存因果负责的殊型。换句话说,通过解释某种心理甚至生理过程的跨时间融贯性,基质真正有助于世界的因果结构。

如果活有机体一般都有基质,它们就可以被构想为与每个有机体相联系的单个的**生命力**,生命力是维持该有机体生物功能的一个因果必要条件。

尽管可以看出这种基质理论有某种吸引力,但它的猜测性成分似乎太大。这样的好理论必须至少实现下述一个断言:

- 存在基质是一个常识性意见。
- 我们至少直接觉察到一个基质(可能是自己的)。
- 作为某现象的最佳解释推理,存在基质可以得到支持。

但是,这些断言至少是可怀疑的。最强的基质理论会利用我们关于个人同一性的弹性直觉。

18.4.6 空洞

持存实体不需由任何事物构成。半导体媒介中的电子空洞和物质中的真空洞(除了真空什么也没有)就是两个例子。当电子穿过半导体时,我们可以追踪电子空洞(电子缺少正电离子)的历史。空洞随电子从临近位置到当前位置的跃迁而移动。缺少电子的链条是合适种类的因果关联历史。因此,空洞算作持存实体。同样,根据解释物质孤立量持续性的惯性原理,物质实体中的空洞从一个时刻持续到下一时刻。

18.5　量子实在与唯物主义的基础

在最低限度上,唯物主义衍涵唯一有因果效应的事物是处于时空位置中的事物。[参见大卫·查尔斯对物理主义的讨论(Charles,1992,p.280)]关于时空位置的什么东西如此特别? 为什么认为它对因果效应至关重要? 对这些问题,唯物主义者可以给出两种回答。第一,唯物主义者可以论证,我们没有非时间性因果关系存在的正面证据,没有时空位置的情境总有因果效应。第二,唯物主义者可以论证,科学史上特定解释策略的成功,即预设因果关系时空特性的策略,提供了一个有利于最弱唯物主义的有力论证。

本书的一个主要任务是论证第一个唯物主义答复是错误的——我们事实上有丰富的证据表明存在非时间性因果关联。[①] 第一,目的论关联的存在被整个生物科学和人类科学所证明,它指向某些因果事实和模态事实的因果效应(参见 7.4 节和 12 章)。第二,假定关于逻辑必然性的事实的因果效应,最好地解释逻辑与数学认知和知识的存在(参见 7.3 节和 15 章)。第三,科学中理论性认知与知识的可能性,要求存

---

①　这些论证的概要请参见 21.3 节。

在一个关于因果机制相对简单性的非时间性因果解释,这种因果机制是在许多不同学科中发现的(参见 17.5 节)。第四,我在第 8 章论证过,合理外展我们在发现原因上的成功,会导致推断存在一个非外因引起的、无时空位置的第一原因。存在这些超时空原因的独立证据,意味着唯物主义者不能依赖于诉诸无知。必须给出将因果关系限定在时空之中的正面理由。

250

第二个唯物主义回应确实给出了这样一个正面理由。唯物主义者可以表明某特定科学解释模型的不断成功,这种成功从德谟克利特一直延续到爱因斯坦。我称"从德谟克利特到爱因斯坦的成功"为 DTE 模型。这个模型由一个富有解释一切自然现象的潜力的策略构成。DTE 模型依赖如下四个论点。

1. 自然的有限复杂性:每个现象由有穷数量的简单部分构成。

2. 空间组合性:关于整体的事实随附在关于其部分的内在事实之上,加上这些部分之间的空间关系。

3. 每个可投射的相互关系或其他规则性都有一个因果解释(赖欣巴哈规则)。

4. 因果局部性:没有超空间或超时间距离的作用。

如果这四个论点是真的,那么通过下述三个步骤有望找到任何可观察现象的完全因果解释:(1) 把现象分析成其简单部分;(2) 根据连续事实,找到本领域每个部分的完全因果解释;(3) 根据部分的特性和空间关系,解释整个领域的每个特性。唯物主义衍涵,如果神谕提供了关于终极简单物(没有测量限制)之物理特性的事实和所有数学真理(没有计算限制),那么一个拉普拉斯人工智能就能解释所有宏观属性以及所有可投射模式和相互关系。

德谟克利特的原子论和爱因斯坦的广义相对论,以及介于这两者之间的许多物理理论,都切合这种广义唯物主义策略。① 例如,广义相对论尝试用作为组分的时空点上的场强来解释复杂物理对象的所有属性,并且为这些场强的演化提供一个决定论理论。

如果否认这四个论点中的任何一个,所产生的观点就不能被描述为严格的唯物主义。例如,如果拒斥论点(1),就为超物理影响打开方便之门。如克罗斯比·史密斯在其关于开尔文的传记(Smith,1989)中所讨论的,开尔文勋爵承认,无限复杂的自然使超物理的自由意志有可能影响自然进程,而不必要求对物理定律有任何违背。即使基本物理定律与经典牛顿力学一样(对任何有穷系统来说)是决定论的,无穷复杂机制的运行原则上也是无法预测的。

251

同样,如果拒斥论点(2),我们就要承认强突现属性的可能性。根据其所有者的部分的属性及时空排列,这些强突现属性的存在和因果力甚至原则上是不可预测的。这样的强突现属性本性上可以是极端非物理的,且含有心理或精神特质。

如果拒斥论点(3),我们就承认天上和地下的东西比在最好的因果理论中所梦到的东西要多。任何物理机制的运行都不能解释可靠模式和相互关系的存在。这再次为不可还原的非物质性事实和解释打开了方便之门,譬如,涉及诠释和**会意**的解释。

最后,如果拒斥论点(4),那么我们必须同意空间连续性和因果性之间没有联系。因此,没有办法排除无任何时空位置实体之因果影响的可能性。如果因果局部性甚至不近似于真,即如果随着距离的增加不同的因果影响不趋向 0,那么,假设有来自无穷远亦即时空之外的状态的影响,这与物理理论不冲突。再者,拒斥论点(4)令我们迈向本体论的一元论,因为非局部影响的存在对物体的个体化基础提出挑战。没有局部性原理,宇宙会是一个单一的演化单元,其中的个物仅是部分

---

① 尽管由于引力的瞬时作用,牛顿力学违反原则 4(局部性),但平方反比定律保证了因细微的引力变化而导致的对局部性的任何违反都可以忽略不计。远距对象的引力实质上是对孤立系统中所有粒子的均一影响。

显现。

本节我想对唯物主义策略的第二、三和第四个假定,即因果局部性、空间组合性和赖欣巴哈规则的合取,提出一些疑问。

这些原理面临来自量子力学的严峻挑战,特别是来自贝尔定理和违反贝尔不等式的经验确证的挑战。贝尔的结果(参见 Mermin,1981和 van Fraassen,1982)决定性地反驳了局部性和组合性的合取。因为它们衍涵(1)宇宙万物不可因果地局部化,或者(2)宏观对象(经典系统)可局部化,但其部分学上的部分不可局部化。如果我们选(1),那么就削弱了时空位置概念。(如我在 5.10.2 节论证的,超距作用是不可能的。因为根据定义,距离是在其中没有作用的东西。)如果瞬时超距作用可能,那么空间组合性就没有价值:可以把整体的当下特性还原为其部分的当下特性,但这不会以任何有意义的方式制约整体的未来状态。

选项(2)对应于海森伯的量子力学解释(Heisenberg,1958)。这一解释在哲学家中还未流行起来。我想大部分是因为它与部分学上的组合性明显不一致。根据海森伯的观点,确定的位置、速度和冲量这些属性是经典宏观系统的**强突现**属性,它们不由这些系统量子层次的微观部分(它们由量子波概率函数来刻画,而不是由确定的位置和速度等经典属性来刻画)的属性决定。哥本哈根解释的突现论导致所谓的测量问题:在微观/宏观相互作用中,量子属性向经典属性的跃迁发生在哪个确切的点上?

如果假设根本上实在的是情境-殊型及其内在类型的因果结构与部分学结构,那么度量时空在世界上的叠加,就是发现简单性和经验恰当性之间的最有利平衡。期望经验恰当性总胜过时空几何学的简单性是不合理的。只有忽略这些几何学与事件的现实结构之间的不相称,非常简单的单向时间轴几何学、欧几里得空间(在前相对论物理学中)几何学和闵可夫斯基空间(在广义相对论中)几何学才是可行的。因此,把经典的时空属性赋予宏观对象总会涉及某种过度简单化。随着比例的缩小,经典几何学与因果结构之间的不匹配变得越来越大,直到在亚原子相互作用层面上被完全阻断(正如贝尔不等式失效所揭示的)。① 于是,经典世界和量子世界之间的边界变得很模糊,允许测度问题没有精确答案。

正如博姆和希利(Bohm and Hiley,1993,p. 94)论证的,量子力学本质上是关于"整体的形成和消解过程"的。对这些整体来说,部分学的组合性不成立。这样的整体在经典力学或相对论力学中不起作用。

但是,如果试着通过把确定的时空属性和关系强加于量子层面的对象之上来避免拒斥海森伯解释中明显的空间组合性,其结果不会比唯物主义好。通过反作用,贝尔不等式的结果迫使量子系统的非局部性提升至宏观层面。没有因果局部性,宏观实体的**位置**概念会变得有问题。我们不能再用因果关系分析时空位置,因为因果关联的东西和空间距离之间不再有任何相互关系。位置将不得不被看作纯主观现象,它只是事物如何呈现给我们的问题。另外,这意味着甚至要抛弃最低限度的唯物主义,因为它预设位置的客观性。

另外,仅当因果次序在每种情形下都与时间次序一致,把因果关系限制在时空中才合理。如果承认时间倒转的因果关系——正如在克拉默的 QM 解释中所承认的(Cramer,1986),那么排除非时间的因果关系是武断的。如果唯物主义者试图通过放弃因果局部性并承认超光速影响来保留组合性,那么,相对论衍涵唯物主义者也承认时间倒转的因果关系。因为,如果没有光信号可以从 A 到达 B,那么在某些参照系中 A 先于 B,并且在其他参照系中 B 先于 A。如果 A 因果地影响 B,那么存在一个(在某个参照系中)迟于其结果的原因。

253

根据海森伯的解释,我们仍然可以把位置解释为宏观系统的客观

---

① 在《未分的宇宙》(*The Undivided Universe*)中,大卫·博姆和巴兹尔·希利(Bohm and Hiley,1993,p. 378)提出的正是这样一个笛卡尔空间的突现理论。他们提出解释量子力学的困难是"试图强行把量子定律置于真正只适合经典力学的笛卡尔次序框架之中"的产物。

属性。再者,我们可以继续持有因果局部性原理:两个有空间位置的系统(即两个宏观系统)可以相互**直接**影响,仅当它们在空间上是连续的。间接影响通过微观部分摆脱局部性的制约,因为严格说来部分是没有位置的。但是在多数一般条件下,这样一些量子层面的影响可以忽略不计。

事实上,我们在如下三个层面上遇到位置、形状、速度、体积等第一性质:

1. 分体拓扑学层面,"常识"定性几何学可以归属因果关系网络。

2. 经典物理理论(包括牛顿力学和相对论力学)的度量几何学层面。

3. 自然的人类环境中可观察对象的外在功能性属性层面。这些属性对应于我们关于位置、形状和体积的知觉。

在每个层面上都可以谈论**相对距离**这样的东西。在分体拓扑学层面,这种谈论反映事件-殊型之间现实地具有的因果关系。这一层面的时空关系准确地反映了潜在的因果实在(在宏观和微观这两个层次上)。但这些关系形式属性很少,并且支撑简单度量几何学。

在物理几何层面上,为发现一个有强形式属性的简单几何学,我们牺牲某种精确性和综合性。忽略微观层面,经典力学可以成功地把非常优雅的几何学施于宏观层次的因果关系网络之上。

最后,正如有对应于第二感觉性质的可观察物的功能属性一样,也有对应于形状和位置的可见可触特性的功能属性。某些类型的对象有刺激人心中某些种类的感知表征(作为人类自然环境的部分)之外在功能,这些表征对应第一性质。在这个层面上,伯克利(Berkeley)非常正确地坚持认为第一性质和第二性质之间没有本质区别。这两种性质之间的区别在于如下事实:有些属性系统大致对应因果分体拓扑学和物理理论层面可感的第一性质,而没有属性对应于第二性质。

254

18.5.1 多世界解释

有一种量子力学解释似乎会给物理主义带来一线希望：埃弗里特（Everett）和德威特（DeWitt）的多世界解释。根据这种解释，不存在波函数的坍塌。相反，量子波函数所表征的特征态叠加符合存在多重状态的宇宙。单个粒子同时可以有许多不同的位置、动量和其他特征。由于波函数的演化完全是局部的，多世界解释看来既保留了局部性又保留了部分学上的组合性。

根据埃弗里特的解释，测量致使世界分裂为多个世界或世界的多个“相对状态”。需面临的一个根本问题是：世界的分裂是否是一个因果过程？如果不是因果过程，那么违反了赖欣巴哈规则。因为分裂为同等状态被用来解释观察到的相互关联。但是，如果世界的分裂是一个因果过程，那么它是一个非常特别的因果过程。譬如，不发生相互作用也可以导致世界的分裂。比如在双缝试验中，我们没有在其中一个缝观察到电子（Bohm and Hiley, 1993, pp. 123 - 124）。实际上，在另一个世界或这个世界的遥远部分中正在发生的事情可以在这个世界上产生世界-分裂，这非常严重地违反了局部性。

贝尔、博姆和希利、范·弗拉森（van Fraassen, 1987, p. 85）以及其他许多人注意到，多世界解释的最大困难在于量子概率解释。假设量子理论预测某次测量有两个可能结果，一个的概率是 75%，另一个的概率是 25%。根据多世界解释，两个观察中的每一个都会在不同的世界里现实地进行。那么，说第一个三倍可能于第二个是什么意思呢？对这个问题，标准多世界解释不能给出非循环的回答。

标准多世界解释的另一个问题是，为量子函数分解成多个精确定义的世界或“相对状态”（埃弗里特的术语）指定一个特权基础。波函数自身不能确定哪一个算子表征真实属性，即在多个世界中的每一个都完全确定地实现的属性。于是，为了确定这个基础，多世界理论家们必须用某种形而上学原理补充量子力学。

　　艾伯特和勒韦尔(Albert and Loewer,1989)设计了一个多心解释变体。它给出了量子概率的一个可理解含义,并且界定了一个分解波函数的特权基础。假设某个类的每个脑状态都有无穷多的心居于其中,这些心都处于完全同样的心理状态。潜在的脑状态决定这个心理状态。在上面所给案例中,每个心都转化为两个观察状态中的某一个。每个心都有75%的客观机遇成为第一个状态,有25%的机遇成为第二个状态。

　　艾伯特/勒韦尔理论是物理主义和二元论要素的不同寻常的混合。每个心智的心理状态完全由潜在物理状态决定。但是,每个心智的历时连续性完全与任何物理实体无关。艾伯特和勒韦尔解决了概率解释问题,却又制造了一个更严重的问题:说明个别心智的历时同一性。历时心理同一性的因果解释被排除,因为这样的因果连接不得不独立于物理学,而每个心智的共时状态仍完全由相应的物理状态决定。历时同一性的时空或物质基础显然不可得,因为每个后继心智都和无穷多占据同样物理状态的心智副本有完全同样的时空关系。

19

幸福论与价值的客观性

价值的客观实在性是人类经验所与的。哲学的任务并非不断地为价值的客观性辩解,而是协调价值的客观存在与四个显见问题。这四个问题包括:J. L. 麦凯注意到的客观价值的两种"古怪"形式,以及语义问题和知识论问题。麦凯认为客观价值很古怪,它们难以融进合理融贯的本体论之中。这是因为与所有其他事实不同的是:(1)它们提供了行动的绝对理由;(2)它们是内在地激发的。许多人注意到在假定客观价值时的内在哲学问题,因为它们不能被知觉且没有明确的位置。最后,所有这些问题之中最为严重的是语义问题:假设有客观价值,我们的思想和语词是如何与这一个而不是另一个客观价值相联系的呢?

只要承认目的功能理论,则有可能复活柏拉图和亚里士多德提出的关于客观价值的幸福理论。这种幸福理论能够原则性地系统解答这四个问题。

19.1 客观化的主观性:一条死胡同

善的生活与恶的生活之间的区分是客观的还是"思维使然"呢?这是元伦理学的基本问题。我想为坚定的客观主义论点辩护,并且我认为较之其他许多与客观伦理学或自然主义伦理学有关的人更是如此。我不想把这种客观的善与某种理想形式的主观的善等同起来。就是说,我不会把善与适度理想化的个人所希求或看重的东西等同。这种路径仅能达至伪客观价值,而非实在的东西。

258   关于客观化的主观价值的提议可分为两类:第一类是像休谟的无私旁观者或者密尔的称职法官[在《功利主义》(*Utilitarianism*)的第二章]之类的主体间理论;第二类则是诸如勃兰特和雷尔顿的那些个体化形式。

主体间理论深受两个反对理由的责难。首先,这种主体间进路不能给我们充足的理由去相信所有理想化主体希求同样的事物。即便结果他们真的希求同样的东西,这也只是侥幸,仍然不能保证价值的客观性。理想探索者在某个意见上的收敛是这种意见为真的证据,因为意见为真是对这种收敛的最好说明的部分。意见所关注的客观事实先出现。从因果上来说,这种收敛因果依赖于此。这种收敛不能解释其自身,这就是我们不能简单地把客观的善等同于理想化主体收敛至的价值的原因。

第二,我的同事 T. K. 宋(T. K. Seung, 1993)有力地论证了,每种形式的主体间进路中所用的"理想的"定义通常掺杂了理论家关于何者实际为善的先入之见。可能与为客观价值理论奠基这一计划有关的唯一一种理想主体是客观上的理想主体,而这就意味着我们必须至少有一个客观价值,其存在是不能凭借主体间的收敛来解释的。如果说至少有这样一个客观价值,那么为什么就不能有许多更多的客观价值呢?一个理想主体是其认知官能在实现它们固有功能的主体。为什么不能把一个客观的善的生活和某类固有功能在其中被实现的生活等同起来呢?

勃兰特(Brandt, 1979)和雷尔顿(Railton, 1986a)所提出的理想自我也不能作为真正的客观性的基础。他们把对我是客观的善的东西等同于我之理想自我所想要的东西,或者我之理想自我想要我所想要的东西。在后一种情况下,为一个理想化形式进行价值中立的辩护至少潜存着一些问题。雷尔顿辩称,因为他试图给出的是一个本体论说明而不是一个价值的概念分析,所以他的理论并不恶性循环。实际上,雷尔顿给了一个递归的价值定义:只要是我之**理想**自我所想要的都成其为我的善,我之"理想"自我的特征同样是由我之"理想"自我(在相同的意义下)所想要的东西决定的。这是一个关于理想化的主观性的融贯理论。客观主义者会貌似有理地论证说,仅当界定理想自我的标准自身客观有效时,价值与理想自我的偏好外延相同这一原则才可能。然而,雷尔顿说明的更严重问题在于那种语义指称雷尔顿所假定的善的可能性。

理想-自我理论家面临着两难。她必须把属性是善的等同于属性是其理想自我所想要的,或者必须把那种属性等同于雷尔顿称之"还原基础"的东西,即令她的信息完备的理想自我想它所想要的东西成真的物理事实和心理事实的合取。不论在哪一种情况下,理想-自我理论家都不能给出在伦理语义学和伦理知识论上可行的解释。尤其是,她不能解释属性是善的何以能与我们的经验因果相干。雷尔顿(Railton,1986b, p.142)明确地把善的这种因果相干性视为伦理客观性的必要条件:"它是这样的——而我们亦是这样的——我们能够和它相互作用,而且这种相互作用运用了影响和控制我们的知觉、思想和行动的相关方式。"

在第一种情况下,我认为问题相当清楚。难以理解的是,属性"是一个理想化自我所想要的"在实在世界中如何能有因果效能,因为它参照行动"纯粹假想的是"。如果善没有因果效能,那么,在我形成关于我的善的意见时不能涉及关于善的事实,而且会与葛梯尔事例——不能区分知识和正确的意见——相冲突。在这种情况下,伦理探索不再是关于本体论上有别于探究结果(在理想条件下)本身的条件的研究。

259

　　然而，第二种情况甚至更成问题。① 善的还原基础随个体的不同变化很大。在给定个体的情况下，随时间的不同变化也很大。于是，属性善必定等同于可能的还原基础与相应的理想欲求之实现的合取的无穷析取（或者等价于下述形式的实质蕴涵的无穷合取，即如果在物理状态 Ri，那么在状态 Gi）。这样一个无穷析取是一个真正析取或者伪装类型的范式。如我在 4.8.1 节中论证的，与雷尔顿的本意相反，这样一个无穷析取绝不能是因果相干的或因果有效的。

　　再者，这意味着，我们的善的观念必定承载相应的无穷多信息，而且必定以牢固地负载这种信息作为其固有功能。然而，已知我们的有限能力和有限进化史，要具有任何本性上无穷复杂的固有功能，对我们来说肯定是不可能的。一个状态承载无穷复杂的信息这一事实如何可能因果地有助于人类的存在呢？ 在人类进化史上，仅在有限多事件中涉及过善的观念。在促进物种的成功繁衍方面，不可能无穷析取式中的每个析取支都起了因果作用。因此，观念的表征性内容必定是有穷的。

　　另外，对雷尔顿的说明甚至面临更根本的反对理由。正如我在 16.1 节论证的，没有理由相信，实际存在一个等价于高阶类型"被某个人的理想自我所欲求"的析取类型。可能存在过许多不曾实际存在的物理类型。只有在现实中存在的物理类型才能成为现实地存在着的析取类型的组分。因此，没有析取类型，甚至没有一个无穷析取类型，内涵上等于高阶类型。在某些世界中，实现理想自我之偏好的还原基础的物理类型会是如下类型：它甚至不在我们的世界中存在，因此不能包括在任何现实的析取类型之中。

　　因此，对主观偏好或选择的客观化作为客观价值的基础是不适当的。作为对伦理的**知识论**说明，休谟、密尔、勃兰特和雷尔顿的理论是有价值的。它们的不足之处在于对伦理的形而上学的说明：构成客观价值之实在性的到底是什么？

------

① 这是雷尔顿所抓的两难中的一难（Railton，1986a，p. 25）。

19. 2　幸福

把善等同于自然功能源于柏拉图,并在亚里士多德、阿奎那和巴特勒等人的幸福论传统中得到延续。幸福是一种至善的生活状态。

为了用目的功能定义善的生活,首先必须区分首要功能和次要功能。次要功能是其适当运行预设某功能失效的功能。例如,伤口愈合的功能是次要功能。因为其实现预设身体遭受了某种伤害,这种伤害阻止它实现其某个或更多的自然功能。抗体的运行是次要功能,它预设疾病发生。生气预设某功能被其他未被辩护的行动所阻挠,它也是一个次要功能。首要功能是非次要功能的功能。

显然,把幸福等同于一个人全部功能的实现是错误的。这是一个不可能状态,因为任何次要功能的实现都预设某个其他功能的失效。因此,我把幸福定义为有机体的所有首要功能都已在其中实现的状态。

在第 12 章,我给出了一种亚里士多德式的温和的目的功能性说明。在这一说明的基础上,我们期望幸福在于实现极大**和谐**的功能系统。所有这些功能是否能用它们对人类繁衍适切性的贡献(即用自然选择)来解释,是经验问题而非概念问题。

19. 3　幸福与动机之间的联系

在《伦理学:发明对与错》(*Ethics：Inventing Right and Wrong*)(Mackie,1974)中,J. L. 麦凯反对存在客观的善。他指责这样的东西在两方面"古怪":第一,仅因为存在和被承认是客观的善,它就有参与某人动机的本质力量;第二,同样,它有独立于人的愿望或爱好而给他提供做某事的理由的本质力量。用客观的善的幸福理论,能解释这两种特殊力量。这个解释能消解麦凯的古怪性指责。

人们真正希求的是什么？是实现他们当前的所有欲望、野心和意图吗？不是。因为有可能在实现这些之后，人们意识到他们的欲望有缺陷、有错误和需要纠正，发现自己不满意甚至难受。

那么，所有行动的目标皆是满意感和满足感，或者是伴有愉快和安乐的感觉？这显然又是错误的。如果给某人一颗药丸，该药丸保证其一生有温暖和迷迷糊糊的感觉，但也保证他会懒散、无知和没有朋友，那么接受这样一颗药丸是愚蠢的。满足感和愉悦感是我们真正想要的东西的可靠但可错的指示者。

从人类学观点看，我们意志的功能、我们所欲和所求之能力的功能是什么呢？它必定是去调整我们的行动以便我们有最大机会实现我们的所有功能，包括消化、新陈代谢和生殖。拥有意志的主旨是争取幸福。欲望和痛苦、愉悦、满足和不满意的感觉，是其固有功能为使我们朝向正确方向的所有机制。

存在嵌入我们意志客体的非恶性循环。我们的目标是实现我们的所有功能，包括意志的功能（它的目标是实现我们的所有功能）。换句话说，像人这样的反思性有机体的幸福内容必须递归地详细说明。康德错误地认为，唯一善的事物是善的意志，因为在那种情形中没有进行归纳的基础事例。但他将善的意志作为善的一个部分是对的。

我们肯定希望幸福。我们不能选择争取它，也不能选择不争取它。幸福是一种选择能力为其而存在的目的。当意志（计划和选择的能力）恰当地发挥功能时，它的目标是幸福。在理解幸福是什么以及如何最好地获得幸福这些问题上，人们可以很不相同，但所有人将把幸福作为他们唯一的终极目的。

尽管对正常人而言，幸福是必然目的，但幸福与人类动机之间的联系并非牢不可破。控制某些不良欲望是可能的，这些欲望是有损幸福条件的欲望，甚至是明显有害于人们幸福实现的欲望。例如，一个有瘾的人可能发现自己对可卡因有无法抵抗的渴望，尽管事实上他完全明了可卡因不利于他的健康。

然而，期望客观的善理论支持客观的善与人类欲望之间牢不可破的联系，这种期望太高了。如果这种理论支持这两者之间自然的实质性联系，而幸福论又能提供这种联系，那就足够了。

幸福是内容丰富的目的，而不是高级的目的。意识到这一点是重要的。我没有断言，我们想要我们所想要的一切作为幸福的目的的一种方式。相反，我断言的是，我们所有自然的欲望或者是对幸福组分的欲望，或者是对倾向于有利幸福的东西的欲望。

休谟认为：理性是"激情的奴隶"，理性揭露的仅仅是事实，而没有欲望的协作便不能诱发事实。幸福论者不会完全不同意休谟的看法。幸福之善并非完全独立于我们全都（作为人类）渴求它这一事实。对我们来说，幸福是善这一事实部分取决于我们渴求能力的结构。

的确，关于善，休谟承认理性有两种功能：证实某种激情的**合适对象**的真实存在；选择合适的手段获得这一对象（Hume, 1969, p. 463, book Ⅱ, part Ⅲ, section 3）。因此，理性的功能并不完全是工具性的：它也必须领会主体激情的**合适对象**。区分休谟与幸福论者的关键问题是：在伦理中立的语言中，我们激情之合适对象一定可以阐明吗？如果是的话，规范的伦理科学就无一席之地。理性必定内省并发现我们激情的伦理中立对象，然后致力于选择最有效的手段来确保那些对象。

可是，假设某些最重要的激情或欲望，以智慧、美德或真正的幸福等只能用伦理词项阐明的条件作为它们的适当对象，那么在指导行动时，理性的非工具性功能不只是某种内省。它还包括研究何者是我们所真正欲求的伦理科学。

对休谟而言，有伦理科学这样的东西，即发现人类必定欲求和赞同的那些事物的科学。然而，这种科学仅仅是工具性地指导我们的行动，告知我们和其他人可能如何行动。对亚里士多德幸福论者来说，伦理学以更直接的方式指导行动：它为我们澄清我们的目的的本性，（与休谟相反）内省这一点并非显而易见。

262

　　麦凯关于客观的善之古怪性的第二个指责,关注的是客观的善为行动提供理由的力量。麦凯追随休谟采用一种纯工具性的理性概念:知识官能之目的是手段的选择而非目标的选择。然而,根据目的论的人性概念,我们可以通达理性的本质概念。知识包括知道所想和怎样得到所想。

　　参与理性对话的资质是拥有适当发挥认知能力的功能。这些认知能力包括需求、重视和偏好。大脑意动能力病态的人和演绎逻辑能力受损的人,都没有成为理性给予和理性获得这个机构的正式成员的资格。①

　　麦凯认为幸福论混淆了短语"人之善"的两种可能含义。它可能意味着:(1)"人们事实上追求的东西或者最终会发现令人满意的东西",或者(2)"人的合适义务……他应该追求的东西,不管他是否追求"(Mackie,1977,pp.46-47)。对第一种意义的幸福的说明是一个描述性陈述,没有规范伦理的含义。对第二种意义的幸福的说明已经预设了善的某个实证理论,所以不能提供关于伦理的信息。

　　显然,亚里士多德主义者必定坚决主张,他在第一种描述性意义上使用语词"幸福"或短语"人的善"。我们应该追求幸福,这种说法毫无意义。因为我们必须这样做,并且"应该"仅适用于我们能做且未履行的事情。然而,麦凯只是通过断言第一种意义下的幸福研究没有规范伦理的含义来回避这个问题。麦凯在这儿假定了争议中的描述/规范二分。

19.4　本性与教养

　　有机体的**本性**(在这个词的规范意义下)由有机体在所处环境下的

---

　　①　此刻,我假定所有对理性的违背都是由于缺陷。我保留目的论地悬置个体的伦理和理性的可能性,我将在20.8节中继续讨论这一可能性。

全部功能组织构成。这个意义上的本性既不能等同于有机体的遗传能力，也不能被假定成完全脱离有机体的社会和文化环境的影响。对人来说，有父母、学语言、获得经历和社会关系网，与吃喝或者有循环血液的心脏是同样自然的本性。社会化和文化植入本身是有自然目的功能性的自然过程。

不好的教养和有缺陷的基因，一样可以破坏人类有机体执行其功能的能力。作为辩证法的一部分，伦理引导各种理性能力处于良序之中的人。因此，合理的良好教养是充分参与作为科学的伦理学的实践的先决条件。

19.5　善的统一性和普遍性

在《神学大全》（*Summa Theologicae*）一书中，阿奎那提了两个极其重要的问题：

- 每一个人都有唯一终极的善吗？
- 所有人都有相同的终极的善吗？

幸福论对这两个问题的答案都是"是的，对多数人如此"。人类有机体的统一性有赖有机体主要目的功能之间的和谐、相互协调甚至相互依存。就这些功能的谐调来说，幸福是一个融贯的目标系统。

如果一个人的目标系统变得极不协调，分属两个和两个以上的互斥集，那么个性的统一性就会分裂，导致前后不一致和互逆的行动。伦理科学预设其参与者是理性的、认知健全的个体。因此，伦理学预设每个人都具有一个大致融贯的目标。

有一个特殊的伦理学分支，我们可以称之为"矫正伦理学"。它探讨的是远离合理融贯目标的人。这个分支关注次要功能的鉴别和研究，其运行预设存在某种程度的非理性或人格分裂。对内疚、羞愧、懊悔和遗憾这类现象的研究就属于这个分支。

264

所有人享有同一个终极目标吗?就所有目的功能皆用达尔文选择解释来说,必定并且至少大体上如此。所有人分享一个公共的进化背景,并且几乎所有个性功能方面在史前时期就已固定。许多自然目的功能的具体实现严重依赖历史和文化的偶然性。在这个意义上它们是概略性的或者抽象的。例如,每个人都有讲某种语言的自然功能,但没有某种所有人(甚至一些人)都自然地去讲的特定语言。每个人都有一个关于自己家族史的概念,这是很自然的事情。但没有自然拥有的特定历史。正是人性的这种概略性图式特征,使得贯穿人类社会和各个历史时期的文化的多样性成为可能。

这些潜在的人类学功能为评估不同文化提供了一个标准。我们可以问,人类文化的某些方面在多大程度上履行了它所服务的抽象目的功能?例如我们可以评估,给定语言多大程度上实现了语言的目的功能:在多大程度上可以避免歧义和混淆?多有效地传达重要信息?它的声音和音调给人多少美的享受?基于同样的理由,伦理规范和文化忠告能够接受评估。远离文化提供的资源,幸福是不可能的。但在这一点上,有的文化比其他文化做得更好。

某些民族的成员能否在文化演进过程中获得全新功能?在某社会中,由于特殊的历史原因,某行为倡导某个只在该社会中有价值的后果,从而某些行为模式可以大范围地固定下来。这些文化功能是否开始纳入一个受历史条件制约的特定的幸福形式之中呢?答案取决于这些功能的实现在何种程度上纳入意志本身的功能之中。

我的直觉是,人心智的构造是为了阻止新元素纳入幸福的结构之中。在生物学上,人类行动的融贯性或者个性的统一性是必要的。在生存和生殖方面,不断致力于多重目的的人所享受的成功比只针对单个融贯目标的人要少。在历史上,意志的基本取向易遭受改变的程度是一个经验问题:只要新旧元素能够轻松谐和,也许意志仅服从有限程度的历史可塑性。

如在第 12 章(第 6 节)所见,必须在种群而非个体层面上识别自然

种类。在给定自然种类之内可以有自然的子类型,每个子类的个体所
实现的固有功能在某种程度上都不同。最明显的例子是两种性别的划
分。人类可能还有其他自然子类:一种人才分布的自然模式,它能促进
有利于社会的劳动分工。就人类分为这样一些不同的自然子类型而
言,它们的自然目标也会不同。归根结底,幸福是某种仅在完备社会层
面上才能彻底实现的东西(如亚里士多德本人至少部分地认识到的)。
不过,如果人类要构成一个单一的自然种类,而不仅仅是一簇共生的
类,那么子类之间的不同就必须有一个限度。有足够理由怀疑,这种不
同如此宽泛,以至于可以包括**本性是奴隶**的人(正如亚里士多德在《政
治学》中的说明[1])或者天生堕落的人(正如尼采的观点)在内。

19.6 不确定性与客观性

迈克尔·达米特(Michael Dummett)在其反实在论著作中指出,实
在论者的定义性特征是他承诺二值性。二值性是指,相关论域中的每
个命题或真或假,但不会两者都是。然而,正如一些评论家指出的,这
一标准和本体论承诺要求之间没有必然联系。实在论者相信有某种实
在,其丰富性潜在地超出我们研究它的能力。这种实在决定在相关论
域中哪些命题为真哪些为假。如果实在论是正确的,那么当我们在共
有知识基础上赞同某命题时,我们所赞同的事实在因果解释我们的赞
同时扮演必不可少的角色。

这种意义的实在论(对认知实践形成完整的因果说明时,参照相应
的事实不可或缺)完全与二值性失效相容。如果相应的事实集本身不
完备,那么实在论领域中的命题可以不是非真即假。实际上,只要存在
处于合适的超定状态的事实,一个人有可能是实在论者但同时接受这

---

① 参见阿恩哈特(Arnhart,1998)对奴隶制和自然权利的讨论。

个领域的某些命题既真又假。T. K. 宋和我（Seung and Koons，1997）论证的正是伦理学领域中这样一个实在论的事实超定。我认为不矛盾律是一个高度可靠但可错的规则。

伦理学中有另一个不确定性维度应该承认。基于在每个状态中都实现的一组主要功能，存在客观的幸福理想只衍涵存在状态的部分偏好排序。如果在第一个状态中实现的功能集是在第二个状态中实现的功能集的超集，则第一个状态明显优先于第二个。正如以赛亚·伯林指出的，许多状态相互之间不可比较。

266　　当我们发现自己处于不可能履行我们所有主要功能的状态时，某些次要功能就被激活。这些次要功能指导次优情况下的决策。当蕴藏风险时，次要功能的适当运转提供一个规范标准，根据它我们可以建构一个基数效用或福利函数。大致可以说，这个福利函数可由一组次要决策函数很不确定地说明。可以用一组可接受的函数或者用单个的区间值函数来模型化这样一个非充分决定性函数。

19.7　伦理的语义学与伦理的知识论

因为实践理性以指导我们走向幸福为首要固有功能，所以实践理性的培养是获得幸福的可靠手段。只要实践判断是健康的、功能发挥良好的认知能力的产物，那么实践判断就是准确的。

我们所有思想都与幸福属性因果地关联，因为幸福是我们能力所预定的自然目标。这意味着我们的**善**的概念具有特殊的语义基础。据其认知功能性作用，可以区分善和其他概念。说一个行动或状态好就是把其作为行动的一个可能目标。全盘考虑的话，说一个行动最好等于说以该行动为意图。

在关于善的知识的来源之中，最首要的是个人的伦理发展。随着其认知能力的发展和成熟，个人关于善的知识也在增长。由于这种智识的成熟本身就是一种大善,善的知识的增长有赖成功地达至善。随着个人行使其功能的能力提高,带来的是其认知和意动能力的更完整表达。这种伦理发展很大程度上取决于好的培养。长辈的成熟性格的榜样和故事与道德箴言的教导,都起不可或缺的作用。

伦理知识的第二个重要来源,是智者的证词和已达至高层次发展性成熟和经验的人的证词。诉诸智者不可避免有某种程度的循环,因为识别智慧的能力本身是伦理知识的产物。尽管如此,这种循环能导致有利的递归而非恶性的停滞。

第三,愉快和不愉快的经验、满足和不满足的经验以及个人安宁程度的其他主观印象,是幸福易错但可靠的自然指示者。

第四,基于对与人性有关的目的论概括和目的论关联的经验探究,科学的幸福知识是可能的。医学和生理学可以让我们清楚地洞察健康的本性,健康是幸福的关键组分。社会生物学和进化心理学能够揭示,人类行为和社会组织的哪些方面已经适应。

267

19.8 幸福论与进化伦理学

区分目的论的幸福论与达尔文以来提出的各种不同形式的进化伦理学是重要的。我把进化伦理学分为三类:(1)进化的辉格解释;(2)作为道德范式的自然;以及(3)作为终极价值的生存价值。

在赫伯特·斯宾塞的著作中,有一些进化的辉格解释的基本要素。但我认为,辉格解释在大众文化中的影响比在科学家与哲学家中的影响更大。在《星际旅行》中隐含着 *WIE*,片中人物不断讨论某外星物种是否比他们"进化得更好"。我用 *WIE* 指这样一个观点——进化有确定的方向,即绝对的上下方向,人类在这个方向的顶端(至少到目前为止)。生命的早期形式是一个有预定终点的过程的初级阶段,即文明的**智人**(维多利亚时代的英国人),或者也许是即将出现的某种形式的超人。

WIE 与目的论幸福论相容，但二者在逻辑上独立。*WIE* 所蕴含的这种宇宙目的论不是幸福论所要求的人类功能的内在目的论的部分。

如果它确言高级的生命形式更好，并且断定我们有义务推进进化过程，那么进化的辉格解释就与幸福论冲突。幸福论在本质上是保守的、回顾性的：决定幸福的是迄今在人性之中已经实现了的功能，而不是在未来新生命形式中可能出现的新功能。

许多伦理学家提议，达尔文主义或进化生物学所描述的自然应被视为要效仿的伦理范式。有人极力主张，由于存在自然选择，对我们来说，成为意志坚强的人并允许消灭劣等人是正确的，并且必定是正确的。由于相信进化是善事，杜威以灵活性和可突变性作为人类生活的终极价值。所有这些形式的进化伦理学都犯了一种相当拙劣的"自然主义谬误"：把任何（在一个大且时间足够长的范围内）存在的东西当作伦理的典范。目的论的幸福论不承认这种错误推论。人类幸福的衡量标准是人性，而不是某种宇宙现象。我们要成为人性的践履者，而不是自然的模仿者。

B. F. 斯金纳等进化伦理学家把生存或者人类基因的存活或复制作为终极价值，所有其他计划和意图都根据它来评价。客观地说，按照这个观点，生存价值是唯一的价值。知识、友谊、音乐和创造性如果有价值的话，那也只是作为生存的手段。

这种生存主义与幸福论不相容。按照幸福论的观点，一个人的生存和生殖是实在的价值。因为即便不是我们的全部功能也是多数功能以这些为自然目标，但这些并非唯一的价值。幸福的所有组成部分，包括生存、友谊、美德、生产性劳动以及知识，同样都是终极的。可以设想自然构造的这样一个生物——它的每一次选择都依据再生产期望值。人显然不是这样的生物。不太清楚这样的生物在再生产自身方面是否优于我们：通常情况是，如果某人忘记了 *X* 而寻求 *Y*，那么他获得 *X* 的机会就会增加。

与理查德·道金斯等遗传帝国主义者的观点相反，在此我可以补充这样一点——基因本身的再生产没有价值，基因也不以自我-再生产本身作为其自然功能。例如，假设一个富有的企业家决定不生孩子，却建了几个大工厂成吨地生产复制他自己基因的DNA。他把这些DNA冷冻、入罐并发射到太空。这位企业家的基因有没有履行它们的自然功能呢？远没有。再生产的自然目标是某种生命形式的再生产，而不是一些化合物的再生产。

生存主义以混淆如下两种生存为基础：作为某特性之终极功能的生存和作为人类选择之终极价值的生存。如果达尔文主义是正确的，那么所有功能都能用自然选择解释。这衍涵，所有功能特性都以有助于某生物种类再生产的功能为其终极功能。心脏有泵血的功能，它也有使我们得以生存和繁衍的终极功能。但是，这种终极功能之存在并不取消近期功能的实在性。说心脏的功能是确保再生产而不是泵血是错误的。同样，我们爱家人和爱朋友的能力大概能增加我们的再生产适切性。但只有当我们真的爱我们的朋友和家人，而不是世故地利用他们来最大化我们的再生产机会时，这些功能才能实现。要享受幸福，必须既履行近期功能又履行终极功能。并且，从选择角度来看，履行近期功能与再生产本身完全具有同样的终极价值。

19.9 摩尔与善的不可定义性

在《伦理学原理》（*Principia Ethica*）（Moore, 1922）一书中，G. E. 摩尔认为，我们关于**善**的观念或概念是不可定义的。他对概念的正确定义使用极高的标准：在任何认知语境中，定义项和被定义项必须可相互替代地拯救真理。如果善可定义，那么这个定义必定和善这个概念本身有完全同样的认知意义。摩尔认为马的观念是可以定义的：有某个关于部分和部分的性质与关系的描述的集合体，它认知上等于**马**这个概念。这看起来令人怀疑。给定任何这种复杂描述，似乎总可以有意义地问:是的,但每个这样的东西都是马吗? 看来摩尔的"开放问题"标准设定了一个不可能的高标准。

摩尔对自然主义谬误的说明取决于关于属性或性质之意向性的特定理论。摩尔相信,无论何时我们思考一种性质,都必须满足如下两个条件之一:(1) 我们具有对那种性质的直接感性认识,或者(2) 我们有一个用其他对之有直接感性认识的性质对该性质的定义。摩尔假定,通过感性认识得到的知识在于以该性质本身(全部)直接呈现给心智。也许是经由例示该性质之心理与料的出现,也许是经由未被例示共相之单纯出现呈现给心智。无论哪种情况,摩尔的论证都依赖,假定语境"x 在心智中出现"是一个完全**外延性**语境。换句话说,如果 $x = y$,并且 x 完全呈现给心智,那么 y 也完全呈现给心智。

设 $M(Q)$ 表示把性质 Q 呈现给心智的心理状态-类型。摩尔的假定(我们可以称之为外延主义谬误)是,如果 $P = Q$,那么 $M(P) = M(Q)$。这为我们提供了一个关于性质的差别或非同一性的明确标准。要证明 $P \neq Q$,所要做的就是证明 $M(P) \neq M(Q)$。如何来确立 $M(Q)$ 和 $M(P)$ 这样的心理状态-类型的非同一性呢? 经过反省观察到这两种状态之间的区别就足够了。因此,如果我们能在反省时区分开 $M(P)$ 和 $M(Q)$,则(对摩尔来说)足以确立 $P \neq Q$。摩尔要确立**善**的不可定义性就相当容易了,因为在反省时很容易把善的简单观念与所提议的任何定义项区分开。

摩尔的意向性理论并不是特别有吸引力。性质在心智中的单纯出现是一个相当神秘的概念。在第 14 章中展开的意向性说明避免了这种神秘假定。

不管怎样,我们为什么要假设语境"x 出现"是一个外延语境呢? 性质总是处于某种伪装或者某种其他表象模式之下而不能呈现给心智吗? 不能存在两种不同的意向状态-类型 M1 和 M2 吗? 它们每个都以同一个性质 Q 作为它们的直接对象。如果存在,证明 M1 和 M2 不同(譬如说 M1 涉及一个简单概念,而 M2 涉及一个复杂概念)就不牵涉它们是否指谓同一个性质。因此,仅有反省不能提供发现实在性质的本体论上的简单性或复杂性的标准。

如果第 12 章展开的亚里士多德式目的功能说明正确,那么善是可定义的(复杂的)。善的主要用法是阐明什么对这个或那个有机体是善的。某物**对**一有机体**是善的**,当且仅当,它是或者导致该有机体目的功能的实现。根据莱特的说明,有机体的目的功能完全用因果来阐明,不需参照对该有机体善的东西。因此,在这种情况下,可以给出一个关于善之本性的非循环说明。在认知上,定义项不等于善的概念,它告诉我们的只是知道作为世界之特性的善是什么。

270

20

作为品行目的论的道德理论

20.1　作为手段与目标的德行

德行是一种满足与选择和意向行动相关的目的功能的倾向。同样,培养德行是幸福的重要组成部分。意志的主要目的功能包含在主要目的功能集中,这些主要目的功能的实现就构成了幸福。

同时,培养德行是获取整体幸福的可靠手段。一个人的主要目的功能系统形成一个近乎融贯的整体:实现主要目的功能的任何一个子集都有助于(或至少无损于)其他子集的实现。德行也不例外。虽然从实现其他功能的角度看,合乎道德的行动短期可能要付出一些代价,并且在某些例外情况下,这种代价还可能是长期的、巨大的,但是对大多数人来说,从长远来看合乎道德的行动仍然能够导致近乎完满的幸福。

20.2　幸福论与利己主义

虽然每个有机体都以获得自身的幸福状态为终极目标,但亚里士多德式幸福论①不是一种利己主义形式(伦理上的或者心理上的),因为一个人的幸福总是以其他人的幸福的实现为最重要的组分。只有孩子们健康地活着并成长,父母亲的主要功能才得到实现。一个人的主要功能还包括获取真正友谊的能力(在亚里士多德的《尼各马可伦理学》第10卷的意义上来说)。父(母)亲不会利用孩子的幸福作为达到他(或她)自身幸福的手段。相反,孩子的幸福是父母的最终目标,是父(母)亲的幸福的部分。同样,真正的朋友不会以互相利用对方为手段。相反,对于朋友间的任何一方来说,一方的幸福都扩展到包含另一方幸福的实现。

272

20.3 是与应该

正如康德提出的,道德包含**绝对**命令。根据目的论说明,这些命令植根于人性。由此,要求每个人把实现人的幸福当作最终目标。并且,幸福作为我们目标之不可避免以及幸福之包含道德行动,赋予道德要求以绝对本性。

因此,只要"是"包括行动者目的结构的内涵,我们就能够从"是"推出"应当"。事实上,"应当"是"何者是"的部分。例如,我们看下面的论证:

1. 人必然追求幸福(这种追求使得人成为人,并构成了其绝对存在)。

2. 玛丽是一个人。

3. 所以,玛丽必然追求幸福。

4. 道德智慧是获得幸福的一个必要条件。

5. 所以,玛丽应当获得道德智慧。

---

① 与幸福论的快乐主义形式(比如伊壁鸠鲁式幸福)相对而言。

前提都是事实性的。但结论包含"应当"所具有的普遍的、绝对的含义，因为没有一个前提涉及关于玛丽的独特目标或兴趣的偶然事实。① 相反，所有前提只关注构成玛丽存在的要素，即追求幸福。

难道我不是在毫无根据地假定我们**应该**实现人性，或者假定我们**应该**以此为目的？我断言的是我们**应该**实现人性，但我并不是断言我们**应该**以此为目的。我们**应该**实现本性是一种同义反复。"**应该**"只能应用于带有目的功能的事物。对这样的有机体来说，某物**应该**是这样，当且仅当，它尽可能多地实现该有机体的主要功能。

说一个人**应该**做某事仅当有可能不那样做，这是有意义的。我们不能说，如果我们不能快于生活节奏，我们就**应当**慢于生活节奏。同样，既然我们不可能不以幸福为目标，那么说我们**应当**以幸福为目标就没有任何意义。既然人可能对什么构成幸福感到困惑或无知，那么说在心智中我们应该拥有幸福（或更准确地说，幸福的精确表征）是有意义的。我们应当根据作为目标的幸福的明晰而精确的表征来做决定。换句话说，我们应该用实践智慧来行动。

20.4   社会生物学、博弈论与物种相对性

通过揭示人的行为与社会交往的哪些特征是适应性的，即哪些特征事实上有助于其载体的繁殖适应性，社会生物学对我们思考道德问题有很大的启发意义。正如我在前面所论证的，界定适应的基础不是（DNA分子意义上的）基因的"自私性"，而是生活形式的"自私性"（包括某些行为模式）。这些"自私的"行为形式，即成功导致其自身再生的行为形式，包括纯粹的利他行动，譬如爱自己的亲属或子嗣以及朋友间

---

① 也许这不是康德使用"绝对的"这个词时所表达的全部含义。但我并不主张获得幸福的实践必要性就是康德式的绝对命令，相反，我主张的只是这种必要性拥有在道德的"应当"中真正所需的所有绝对性。

的真实互惠。

有些美德关注冲突的处理和协作的产生。这些是公平的美德。数学博弈论根据策略均衡提供了一种非常有启发性的方法来分析社会交往。策略均衡是行为模式在整个自足总体中的分配。在有利条件下，利益的平均分配构成一个特别稳定的均衡[参见布雷恩·斯基尔姆斯的《性别与正义》("*Sex and Justice*")(Skyrms,1994)或我的《高蒂尔与正义的合理性》("*Gauthier and the Rationality of Justice*")(Koons,1994b)]。因此，博弈论能够解释公平的践行何以是适应性的，从而是功能性的。

一旦公平成为功能性的，它就成为目标的部分而不再仅仅是手段。一旦人类生活将获取公平作为它的功能之一，公平就成为能够再生的东西的部分，而不仅仅是一个促进完全不同于它自身的某物之再生的因素。因此，公平是非常合乎理性的。即便公平不负载任何间接的有利条件，它也是合理的，因为践行公平本身就是一个有利条件。

既然人类道德指涉人类生活中已经现实地实现了的品行的目的功能，那么道德原则就只属于我们这个物种。假如还有任何其他物种的话，可以把不同的道德标准应用于参与决策的其他动物。那么，道德的特有本性是否在某种程度上损害了它的客观性？抑或道德的特有本性暗示了日常道德（如迈克尔·鲁斯和 E. O. 威尔逊所描述的）不过是"进化强加给我们的一种幻想"？当然不是。一位能干的火星人类学家应该正好像我们一样来评价人类行动和性格的品性，而我们也应该像火星人一样去评价它们的品性，也即是说，在每种情况下运用适当的标准集。

博弈论考量表明，许多道德原则在某个抽象层面上是或是接近普 274 遍适用的。难以设想一种稳定的社会生活形式，它缺乏公平或忠诚的观念，或者在其中残忍本身就是目标。

20.5　目的-行为性道德的要素

上面勾勒的亚里士多德式道德包括利己主义的德性,以及与公平和权利有较少关系甚或没有任何关系的道德。例如,亚里士多德和休谟所讨论的很多美德都明显属于目的-行为性道德的范围:不仅仅只有公平、互惠、同情,还包括勇气、节制、达观以及幽默、欢乐、勤勉和忠贞。对孩子的爱以及对配偶的忠贞在道德理论中占据重要地位。没有必要将这种爱描述得无足轻重,或者描述成通常可以某种方式从人性完全无私的爱推演而来。适度的自恋以及对自己的承诺和计划的适度坚持不只是可许的。

对惩罚和内疚的研究属于关于次要功能的科学范围,这种功能的运行预设某主要功能的失败。惩罚在维护公平的践行、对他人的尊重以及和平与安宁的秩序过程中发挥着重要作用,因为在没有惩罚的情形下,美德的相对成本会飙升。愿意公平地分担因惩罚做坏事者所产生的负担,本身就是社会责任的一个重要组成部分。可以将内疚看作预先自我惩罚的一种形式,内疚的明显出现会减少对花费昂贵的惩处的需求。

正义与善行等人为美德植根于人性的社会目的功能。人需要扎根于文化和历史之中,并且内化那种文化的具体规范和标准。此外,作为社会动物,人还需要某些习俗来高度精确和清晰地规范合作与冲突。只要这些具体规范与人性的一般要求谐和,那么追求人为美德就是追求自然美德的不可缺少的部分。

20.6　政治学与自然律

由于人本性上是政治的动物,国家机器的运转就实现了某些目的功能。一个公正良序的国家本身既是手段又是目标。公正的国家总是使实现其他非政治的目的功能的机会最大化,并且融入一个正义的国家本身就是幸福的组成部分。因此,像霍布斯或边沁的政治理论中所表现出来的那样,对国家持纯粹工具论观点是根本错误的。国家的存在并不只是为了确保和平或使快乐最大化,相反,国家适当地发挥其功能本身就是人类福祉不可或缺的部分。①

国家具有某些自然功能,比如说控制冲突和惩罚做坏事的人。对这些自然功能的需求构成了**自然律**的基础。自然律和自然权利并不是(如边沁所称的那样)"毫无意义",就自然的社会性而言,它们是人类生活之目的论结构的推论。

这种理论的一个应用解决了规则后果论(例如,密尔在《论自由》中所辩护的那种)的一个突出难题,即我们如何辩护在如下情形下遵循规则的合理性:遵循规则导致该规则为其而存在的终极价值的净损失。如果规则或制度的地位仅仅是工具性的,那么这个难题不可解:当一个人知道追求某种作为达到某目标的手段的事物会阻碍该目标,仍然去追求这种事物是不合理的。然而,从目的论的观点来看,我们可以看到某些规则或制度(例如,确立某些权利)之所以存在,是**因为**它们进一步深化了某些目标。这里的"因为"表示因果关系。同时我们可以承认,遵循这些规则具有作为目标本身的价值,就如作为公民本身部分地构成了我们的幸福。一旦我们认识到遵循规则本身有其价值,那么,通过遵循正确的规则来获取政治正义的价值而放弃其他价值(甚至那些解

───────────────

① 见阿恩哈特近期著作(Arnhart,1988)对这一主题的更进一步展开。

释规则之存在的价值)是合理的。

20.6.1　法律实证主义的不融贯性

如我在第 15 章中指出的,法律实证主义[如约翰·奥斯丁(John Austin)、H. L. A. 哈特(H. L. A. Hart)和汉斯·凯尔森(Hans Kelsen)所代表的]与一种关于逻辑和数学的约定论(我称之为**内在基础约定论**)类似。这两种理论都尝试在社会实践中排他性地为规范性提供基础(以有确定内容的规则的形式),而不涉及任何先验事物(一种是逻辑和数学事实,另一种则是自然律原理)。在这两种理论中,恶性倒退威胁着这个计划的融贯性。

审视凯尔森(Kelsen,1967)的法律实证主义,可以把这个问题看得相当清楚。凯尔森认识到并不是每种行为模式,甚至不是每种强制实行的模式都可以被看作有法律效力的规则。必定存在将法律效力赋予法律的元规则,即关于法律效力的规范或认可规则。例如,在英国首要的认可规范是法律,是议会通过的任何东西。在美国,当一项法令被国会两院通过并被总统签署,或者得到两院中超过总统否决权的绝大多数议员的同意时,只要它未被联邦法院宣布为违宪,这项法令就被认可为联邦法律。凯尔森认为,这些规范本身是法律规则。它们的效力必须以某个更深层次的规范为基础。最终,我们达到凯尔森所称的法律体系的**基本规范**,它的效力独立于其他规范。

在分析**基本规范**时,凯尔森面临两难。**基本规范**本身是一个有效的法律规则,还是一种权力的原始实现?作为权力的原始实现,**基本规范**没有法律效力,因此它不能将任何此类效力传达给任何其他规则。这样一来,系统内规则的有效性与系统外模式的无效性之间的差别将彻底消失。然而,作为法律规则,**基本规范**必须从某个外部来源导出其法律效力。根据假设,游戏中的社会实践并不比**基本规范**提供更根本的基础。因此,必定有某个自然律原理将其拥有的法律效力赋予**基本规范**。

20.7 面向后代的正义

审视面向后代的正义问题时,正义的目的-行为理论与各种各样的社会契约理论和自由主义理论[例如罗尔斯(Rawls)、诺齐克(Nozick)或高蒂尔的理论]之间的显著差异就相当清晰地凸现出来。假如考虑两种政策 A 和 B。这两种政策都对生活在距今一百年后的人的福祉产生深刻影响。如果采取政策 A,那么现今这一代人的福祉会最大化,但是生活在距今两百年后的人们过的生活非常不堪。如果采取政策 B,那么现今这一代人的福祉会稍有降低,但是未来数代人(包括生活在未来两百年后的人们)会过高品质的生活。

如果现在采取政策 A,则令 $G(A)$ 是生活在距今两百年的人的集合。如果采取政策 B,则令 $G(B)$ 是那个时候活着的人的集合。历史进程的差异取决于采取哪种政策将十分明显:谁娶了谁,他们考虑什么时候什么情况下生养孩子,都将依赖我们采取哪种政策。看来可以合理假定集合 $G(A)$ 和 $G(B)$ 全异,即假定两种不同政策没有交叉的共同成员。

在这个案例中,对于社会契约理论或基于权利的理论,很难说政策 A 有什么错,因为没有人因采取这种政策而受伤害或被冤枉。相反,即便采取政策 B,现实的现今的人或未来的人也不会更富裕:事实上现今的人的状况更加恶化,而现实的未来的人根本不存在。如果现实的未来的人生活还过得去,那么可以说,要是采取政策 A 的话他们会受伤害。

再者,因为没有同等替代的可能性,我们与后代之间的非对称关系明显令社会契约理论处于困境。在从霍布斯到高蒂尔的社会契约理论中,处于正义概念核心的是相互攻击之存在和互利之可能性。众所周知,在处理与未来数代人的利害关系时,缺乏这种相互性。

277   从目的-行为的观点来看,境况完全不同。自然选择肯定会偏向那些深切关注其子孙后代之繁衍的人。父(母)亲对孩子和孙辈的爱以及群体对其遥远将来的关心,而非第三附录中所反思之物,居于道德理论的核心,后者在现代伦理理论中很典型。

20.8   克尔凯郭尔与伦理的目的论悬置

如果所有目的论都有达尔文基础(按照狭义的目的论理解),那么所有的人都分享相同的目的功能,因为对于产生功能层次上的重大差别来说,我们从共同祖先分化得太晚。即使这种分化早得多,目的论的排他性达尔文主义说明衍涵,对于每一个体来说,有某个总体分享其所有目的功能。这是因为达尔文主义在总体层面是排他性运作的。除了将其归于某总体以外,达尔文主义不能解释关于某个体的任何事情。

然而,如果存在目的论关联的超越达尔文主义的基本事例,那么就有极度个体化目标的可能性。个体的人可能拥有某种目的功能,这种目的功能不来自其他个体所分享的任何目的功能。这就可能牵涉存在参照探究中个体的高阶因果律,即**个人化的因果律**。或者说,每一个体作为个体本身都是造物主唯一的理智创造物,在这种理智创造过程中,造物主的意图拥有超出被创造个体的独特权威(正如克尔凯郭尔所相信的)。

如果将伦理学等同于对我们作为人所共有的目的功能的研究,或者等同于对我们作为所与文化和德性的成员所共有的那些目的功能的研究,那么个体化目标的可能性将开启目的论地悬置伦理的可能性之门。也就是说,个人幸福的实现可能要求他人违反某种目的功能。在《恐惧与战栗》(*Fear and Trembling*)中描述亚伯拉罕愿意牺牲他的儿子以撒时,克尔凯郭尔(1985)设想的就是这种可能性。

再次重申,如果把理性等同于最明确相关的人的总体共同具有的认知功能的实现,那么个体化幸福的可能性衍涵非理性,甚至反理性知识的可能性。① 我们可以称这种知识为"信仰"。

克尔凯郭尔观念的具体应用可以在迪特里希·潘霍华决定参与暗杀希特勒的秘密计划中见到。在其《伦理学》(*Ethics*)(Bonhoeffer,1955)中,潘霍华详细地展开了一种克尔凯郭尔式的道德神学。并且在决定参加这次秘密行动时,潘霍华将这种神学付诸实践。在潘霍华看来,试图夺去希特勒生命的决定,不能通过诉诸可从人类生活的一般特征导出的任何规则集得到辩护。像亚伯拉罕决定准备牺牲他的儿子以撒一样,策划者们必须准备扮演"负责任的"人,以响应针对他们及其所处具体环境的明确号召,而不需要诉诸永恒或一般原理的辩护。

甘地、马丁·路德·金、德兰修女等英雄和圣人的激进的自我牺牲,提供了同一种类的个体化**感召**或号召的另外一些(非致命的)事例。这种个体化号召不能像通常所认为的那样被还原为追求幸福。

令人惊奇的是,超理性和超伦理功能的可能性服从科学研究,并且克尔凯郭尔本人指出了方向。在每种情况下,人类很多一般目的的功能都预设了彻底个体化的功能要素的存在,这是很可能的。也就是说,作为人我们也许拥有超越一般的基本需求。在《致死的疾病》(*The Sickness unto Death*)(Kierkegaard,1989)中,克尔凯郭尔将一般与个别之间的这种相互作用描述为对自由和必然的需求,或者对可能与必然的需求。我们需要一种一般的目的功能结构来为我们的生活提供统一性,尤其是历时的统一性(我们需要"必然")。同时,我们也不能忍受完全牺牲我们的个体性,去追求一种严格不变的人类幸福的理想(因此,我们需要"自由"或"可能")。

克尔凯郭尔认为,极恶可被描述为不正当地满足对自由的需要。恶完全否定任何独立于意志的事物是客观的、不可避免的选择目标。

---

① 关于依赖这种非理性的知识来源的合理性的讨论,参见我的论文《信念、概率与无限激情》("Faith, Probability, and Infinite Passion")(Koons,1993)。

恶是从限制普遍幸福之中寻求自由,它不是通过领会个别的幸福来寻求自由,而是在反抗幸福本身之中寻求自由。这种反抗是不可能的,因为即使是在反抗追求幸福的过程中,我们也是在追求幸福的某个方面,即对自由的需求。最终结果是恶导致个性丧失,因为意志不能够约束它自己的未来决定。所以,由追求单个目标所提供的人的历时统一性就会丧失。

克尔凯郭尔的恶或"恶魔"概念,预示了尼采的创造新价值的理念和萨特对人"注定拥有自由"的分析(Sartre,1956)。

21

融贯的实在论是全面的实在论

21. 1　反实在论的四次浪潮

以柏拉图、亚里士多德和波爱修斯为代表的全面的实在论形式,在奥古斯丁至司各脱时期是西方哲学的主流学派。今天,以罗蒂、福柯或德里达为代表的全面的反实在论形式成为或者几近成为学界主流。在这两种状态转换过程中发生了四次大的浪潮:分别以奥卡姆、培根、休谟和后现代主义者为代表。这四次浪潮依次对应摧毁亚里士多德的四因:形式因、目的因、动力因和质料因。①

奥卡姆等唯名论者拒绝承认属性、类型和其他共相的真实存在。存在的只是殊相:所有谓词和其他普遍词项分别归属性地指称其许多满足物,而不是单个的共相实体。因此,唯名论者否认亚里士多德形式因的实在性:这样的形式并不存在。

虽然明确得出这一结论经历了数百年时间,但从拒斥形式可以推出不存在真实的目的因。目的因暗含个体与仅在个体当前状态中部分

---

① 理查德·韦弗的门徒将会认识到他在《观念产生后果》(*Ideas Have Consequences*)(Weaver,1948)这部著作中对现代历史的分析所带来的影响。

或不完全实现的形式之间存在一种实在的关系。假如形式不是实在的，那么这种关系（个体与形式之间的关系）也不是实在的。

笛卡尔、培根和伽利略要求将目的因从自然哲学中清除出去。亚里士多德主义者对目的因的过分依赖，尤其是在物理学当中，在某种程度上为这一要求提供了辩护。此外，科学研究聚焦于动力因，这毫无疑问促进了近代早期物理学和化学的迅速发展。然而，在先验心理学和天启神学领域消除目的因没有得到辩护，并且对哲学和科学都造成了很大损害。

培根和笛卡尔并不绝对否认目的因的存在，但他们否认自然界存在目的因。所有的目的因都依赖有意识的行动者的意图，不论是人还是神。任何非人造物只有参照上帝的创造意图才拥有固有功能。把目的因等同于神的意图导致后来混淆许多目的论解释和完美属性或最优属性。

目的因一旦转到天启神学，便会不可避免地出现尝试对人的心智做彻底非目的论说明的休谟主义者。认识论因此变成对人的心智活动的研究，而不再是关于人体器官的固有功能的研究。正如休谟清楚所见，由此产生的操作主义经验论损害了归纳的合理性，使得因果联系难以成立。因此，亚里士多德的第三因，即动力因，也被否认。通过令因果关系是有限理解的绝对投射，而不是这个或那个个人的联想的偶然结果，康德试图最小化抛弃动力因的危害。休谟和康德代表了两个极端，一个是个体主观主义的代表，另一个是普遍的、主体间的反实在论的代表。近代哲学找了许多方法来重建认识论和伦理学，却没有采用目的因或动力因，因而没有取得显著成功。

后现代主义是对现代哲学之明显失败的自然反应。没有目的因或动力因将人的观念与客观实在连接起来，现代科学的哲学唯物主义传说，就仅仅是许多同等合理的可选择物之一而已。既然真理不可能，那么理性就成为可选择项。

我认为，最终后现代主义只是插曲而不是常态。后现代主义所孕育的对智识修养漠不关心的态度不可避免地产生反作用。的确，这种反作用已经开始显现。正如以大卫·阿姆斯特朗、弗兰克·杰克逊和其他人为代表的澳大利亚唯物主义，以及以米利肯、德雷斯克和帕皮诺为代表的目的论自然主义所证明的那样。我认为，克服现代哲学之失败和后现代主义之空洞的可行的融贯方案，必将建立在恢复亚里士多德的四因的基础上。通过认识到我们的认知能力是客观地导向真理目标，认识到共相类型完全像殊相事例一样真实，我们就能成功依赖真理的可能性和知识的可能性。而且，既然我们的意志能力也客观地导向系统性目标——人的幸福，我们就能消除事实与价值之间久存的鸿沟，并使伦理学回归科学中的正确位置。

21.2　未来形而上学批判导言

自休谟和康德之后，形而上学陷入一片质疑声中。经验论者和实证主义者坚持认为形而上学是非科学的，因为它假定不能被感官直接证实的实体、因果联系、物质、共相和数等。

在这一困境中，形而上学家们并不孤单。那些坚持实在论地解释科学理论实体的科学家们也饱受同样的质疑。洛克不仅怀疑经院形而上学，还怀疑牛顿力学。范·弗拉森不仅拒斥共相和因果联系，还拒斥电子和磁场。

实证主义对形而上学的批判所隐藏的核心教条是感官知觉的特权地位。（在实证主义者看来）凡是得到辩护的都能得到感官知觉或者感官知觉和演绎逻辑的辩护。实证主义者需要说明，为什么要以牺牲其他认知模式为代价来将这种排他性特权赋予一两种认知模式。

感官知觉的特权基础在于可靠性。有两种理由可以认为，我们关于自身感官表面刺激（借用奎因的术语）的知识比我们关于其他事实（如因果距离和推论距离）的知识要更可靠。信息通过一块石头或一个电子传递给我，其过程要比从我的感觉器官的即时环境传递给我长得多。同样，将信息传递给我自己的感觉器官的过程远远短于自然选择将信息传递给我的自然种类的先天结构的过程。在其他条件都相同的情况下，更长的过程往往更易遭受会发生故障的质疑。因此，更短的过程更可靠。同理，任何从感觉知识推论而得的知识都涉及额外步骤。在此过程中，有可能发生额外错误。

然而，不可能其他情况总是相同。正如弗雷德·德雷斯克所指出的，我们关于末梢事实的知识通常比关于临近刺激的知识可靠得多。我对办公室家具布置模式的了解远胜过我对我的视网膜刺激模式的了解。先天算术知识更可靠，并且很多推论性知识（比如关于引力的知识）比从任何单个实验结果所得到的知识更可靠。

实证主义者和经验论者的正确之处在于，坚持相信我们与任何推定实体之间存在某种直接或间接因果联系的可能性。如果没有这样的因果联系，就不可能有可靠性，而没有可靠性就不可能有知识。他们的错误之处在于，把这种因果联系仅局限于人的五种感官。

精神上持经验论看法的哲学家，把哲学中的先验确定性当作蹩脚方法论拒斥。这必定包括拒斥经验论的先验确定性。

21.3　因果论，是！唯物主义，否！

关于心智哲学问题，分析哲学家们趋于分为两大阵营：自然主义者和神秘主义者。自然主义者坚持某种形式的心-脑同一性论点，他们认为所有事实都能纳入唯物主义。相反，神秘主义者则坚持意识有主观的、内省的方面，并且也许还有一种非导出的基本意向性现象，这种现象不能用唯物主义理论来说明。

我大体上赞成当代自然主义者所采取的策略：（1）用意向性解释意识经验的现象特征；（2）用信息和固有功能解释意向性；（3）对信息

和固有功能给出一种因果说明。然而,这种策略对非唯物主义者也是可行的。称由此产生的心智说明为"心智的因果主义理论"比称"心智的唯物主义理论"更好。

相较心智的唯物主义说明,非唯物主义的因果论有一个主要优势:解释心理状态的因果效能。按照因果论说明,一个殊型心理状态由两部分构成:一部分支持与中枢神经系统相联系的物理和生理类型,另一部分支持状态与其内在目的(负载信息或实施行为)之间的高阶因果关联。既然唯物主义者承诺只有时空定位殊型才有因果效能这一教条,那么他必定坚持心理状态中只有其物理成分才导致行为,而目的功能成分则没有因果效能。相反,按照因果论说明,更高阶的殊型能够与那些其功能本身本质上是高阶的殊型相互作用。例如,二阶殊型在和三阶殊型的相互作用中有因果效能。

不管怎样,有几个完全独立于心智哲学问题的好理由拒斥唯物主义。

- 模态事实的因果效能与逻辑和数学事实的因果效能(第 15 章)。
- 可度量时空之可建构性简单近似于因果关系网络所确定的定性关系(4.10.2)。
- 宇宙存在超空间的第一原因(第 8 章)。
- 正如科学理论的实在论解释所要求的,存在一个潜藏在许多可观察现象背后的因果结构的简单性的原因。(17.5)
- 贝尔不等式解释量子现象的失败反驳唯物主义的合成性原理和因果局部性原理。(18.5)

我在第一部分证明了,自身没有空间和时间位置的模态事实和因果事实可以作为具体事件的原因。在第 12 章中,我用高阶因果关系说明了整个生物界和人类世界中发现的目的论联系。在第 15 章中,我论证了,如果我们想说明关于逻辑和数学思想之可能性,尤其是为了解决

283

数学中指称不确定性的贝纳赛拉夫问题，这种高阶因果关系说明是必需的。这些非时空事实是唯物主义的反例，因为唯物主义承诺只有时空中的实体才能有因果效能这一观点。

在第一部分的 4.10.2 节，我指出定性的日常时空关系的全拓扑路径可以建立在因果理论基础之上。我还进一步指出，物理理论的可测量时空建立在这些定性时空关系的更简单的图景基础上。因此，假定时空是一种所有情境殊型都必须适合的通用容器是不合理的。我们最多能够要求物理学时空提供一个非常简单有用的框架，许多殊型及它们之间的关系都至少接近成功地适合这种框架。

在第 8 章中，我论证了基于因果关系的明显的普遍性的考虑应引导我们得出如下结论：有一个必然事实，它是所有完全偶然状态的非他因引起的第一原因。这个必然事实很可能不涉及本性上是物质的或时空的实体，因为任何涉及这样的实体的事实至少部分是偶然的。

在 17.5 节和论文（Koons, 2000）中，我论证了科学理论的实在论解释依赖所使用的归纳方法的客观可靠性，包括我们对简单性的偏好。反过来，这种客观可靠性又依赖这样一种原因的存在，它解释为什么许多可观察现象是相对简单的因果结构的产物。可观察现象这种统一的简单性的原因本身在本性上必定是非物理的。

最后，在第 18 章中我论证了贝尔不等式的失败强化了拒斥唯物主义本体论的情形。唯物主义的吸引力和貌似合理性依赖唯物主义的合成性原理：关于任何复合实体的任何事实，都能用关于它的部分的内在事实和部分的时空关系（毫无保留地）解释。

唯物主义合成性类似语言学中的合成性。在一个合成语言中，复合表达式的意义可以从这个表达式的部分的内在意义和部分间的时空关系演绎出来。这意味着复合表达式的意义绝不是强突现的，因此不必诉诸某种非递归的阐释能力来解释我们对新句子的理解。同样，唯物主义合成性意味着我们能够在澄清其部分的基础上，根据它们的内在特征（即对它们的时空关系的说明），使用有限数量的函数来解释任何新颖的物理现象。唯物主义合成性和唯物主义之间的联系在于假定"唯一要紧的关系是时空关系"。如果允许部分之间的其他关系融入规范性解释之中,就为可怕的神秘关系敞开了大门,就像负载内在含义**红**的这一关系中的神经元。

德谟克利特的原子论和爱因斯坦的场论都满足唯物主义合成性原理。在场论中,物质客体的部分的数量是不可数的,因为时空中的每个点都构成这个场的一部分。然而,根据广义相对论,给定每个点的场强和点之间的时空关系,就有了解释每个物理现象所需要的一切。

但是,唯物主义合成性确实是错误的。这是因为根据量子结果贝尔不等式被证伪。贝尔不等式失效只留给我们四种选择:

1. 拒斥量子客体有时空关系这一论点(哥本哈根解释);

2. 允许超光速感应(导频波或埃弗里特式分裂世界);

3. 允许后向因果(现在的实验背景对过去事件的影响);

4. 承认远距物理部分之间存在不可还原的非时空关系(整体论)。

在这四种选择当中,只有(2)和(3)与唯物主义合成性相容。(1)和(4)明显与合成性矛盾。(1)与合成性矛盾是因为它否认物理系统的所有要素之间相互有时空联系;而(4)是因为它要求时空关系之外的其他关系在物理因果中起不可还原的实在作用。然而,选项(2)和(3)仍然对唯物主义有害,因为它们衍推没有两个物理系统在因果关系上互相孤立。这意味着将复杂现象分解成简单部分,并不能使我们更接近对该现象的完整解释,因为每个部分都与无数的遥远因素相互作用。

贝尔不等式迫使我们承认每个经典系统中的强突现性质(如果有的话),即不随附在内在特征(稳定状态)和它们量子层次上的部分的时空关系之上的性质。如果采用某种看起来很合理的哥本哈根解释变体(例如海森伯解释),可以得出结论:位置和速度自身都是这样的强突现性质。虽然在它们与经典测量系统相互作用时,我们可以将类似于位置这样的东西归加给它们，但量子层次的部分没有位置。将断续的位置归加给量子，应该看作仅类似于把位置归加给测量装置本身。量子层次上的现象奇怪得难以想象。无超距作用原理不能简单地应用于它们，因为它们不是真正互相远离或者远离我们。我在空间中的现实位置不由我的量子层次的部分的任何特征决定，因为复合的量子系统只产生更复杂的、概率性波函数，绝不会导致确定的时空属性。

因此，没有理由假定我的心理状态是由我身体的部分的物理特征决定的。既然物理世界本身可分且包含强突现性质，那么尊重物理学并不是排除如下性质之可能性的理由：相对于身体的量子层次和经典层次的物理属性来说，这些性质都是强突现的。

我讨论过严格唯物主义，但没讨论"物理主义"。因为物理主义这个信条太模糊、太不确定，不能作为融贯的哲学讨论的主题。如果"物理主义"意味着科学将最终被一组法则和概念统一起来，那么（就我所知）现今无人为这种信条辩护。如果物理主义意味着，存在的一切事物和每种现实的因果解释在"未来的理想物理学"中都有一个"完整"的描述，那么这种信条如此模糊以至于实质上无意义。这一信条衍涵原因和结果在时空上的邻近性或者部分关系的合成性？它排除非他因导致的第一原因的存在吗？谁知道呢？又有谁能告诉我们呢？过去一百年来的物理学史给了我们理由相信，未来的物理学将令人难以想象地不同于我们今天的物理学理论。

如果"物理主义"意味着今天最好的物理理论能为所有因果关联提供一个完整而可靠的描述，那么除了几乎毫无道理外，这一信条还严重缺乏界定。因为今天的物理学还包括面向各种形而上学解释的量子力学。形而上学理论不能由量子力学这样严格的数学形式主义完全决定。基于这些理由，我不批评物理主义，而选择批评一种精密的形而上学立场，亦即严格的唯物主义立场。

21.4 反实在论者的蒙昧主义

反实在论论证典型地采取以下形式:

1. 难以说明我们关于 X 的事实的认知途径。

2. 因此,我们没有关于 X 的事实的认知途径。

3. 所以,或者(1)没有关于 X 的事实,或者(2)关于 X 的事实仅仅是我们自己在理想情况下对关于 X 的判断的投射。

对许多领域(伦理学、数学、共相理论、因果)来说,前提(1)明显为　286　真,并且从(2)到(3)的推理看起来也正确。然而,从(1)到(2)的推理明显是弱点。反实在论只是一种回避认识论难题的策略,(用罗素的话来说)好比通过偷窃获取本应用辛勤劳动赚取的东西。

前提(1)中提到的困难,是由于因果关系模型和知识本身的模型的非恰当性。在本书中,我已经提出了一种因果概念,它非常灵活,足以包容具体事件与非时间性条件之间的实在因果关联,例如模态制约。我希望我至少提供了期望反实在论者所指出的困难并非不可克服的基础。

21.5 我的理论是自然主义的吗?

自然主义在这个时代风行一时,所以我很自然地想知道我在这本书中所勾勒的理论是否称得上是自然主义的。多数自认为是自然主义者的人看起来具有三个共同特征:

1. 拒斥不可科学地通达的主观领域;将因果相干性作为可知性标准。

2. 哲学方法和自然科学方法的连续性。

3. 物理主义或至少唯物主义的本体论。

按照这些标准，我的理论有三分之二是自然主义的，因为符合前两个特征。我极不情愿承认如下主观事实的存在：只有从第一人称角度可通达的事实。实在（就我所知）由因果关联网络构成。可靠性观念不能应用于维特根斯坦在《哲学研究》中所论证的那种不可还原的第一人称知道模式。既然知识蕴涵可靠性，这就意味着第一人称知识概念是不融贯的。

我在哲学中也遵循同样的方法，即"最佳解释推理"。这种方法刻画了好的科学方法论。我对这种方法的使用与许多哲学自然主义者的使用之间可能存在某种差异，因为我使用的哲学信息远不止包括感官观察。逻辑、数学和伦理学的非推论性知识也算作理论化哲学时的合法信息。

我已经清楚地表明，我拒斥物理主义和唯物主义。因果效能并不局限于空间和时间。模态事实可以有因果效能，尽管它们是非时间性和非位置性的。而且，存在高阶因果的真实事例。在这种高阶因果中，非时间性因果事实与时空中的具体事件紧密联系。可度量空间和时间是各种构造，这些构造仅接近世界因果结构之丰富性和复杂性。在量子现象案例中，贝尔不等式之失效提供了决定性证据来反驳构成唯物主义者研究纲领之内核的形而上学合成性原理。①

---

① 进一步反驳这种易遭反对的自然主义的论证，见威廉·莱恩·克雷格和 J. P. 莫兰编辑出版的《自然主义：一种批判性评价》（*Naturalism：A Critical Appraisal*）（Craig and Moreland, 2000）。

附录 A

部分性、模态和条件句

A.1　部分性命题逻辑

在哲学逻辑中,把三值和四值逻辑指为"部分性逻辑"是惯例。三值逻辑承认的值有真、假和两者都不(不确定)。四值逻辑给真和假都添加了可能值。在表征部分未定义的或本体论上不完全的情境下,三值逻辑是有用的。四值逻辑使我们既能处理不完全的情境又能处理逻辑不可能的情境。

对多数目的而言,三值情境理论足够了,因为所有现实的和可能的情境-殊型对每个情境-类型有这三种关系之一(证实、证伪或两者都不)。但是,对四值逻辑感兴趣有两点理由。第一,出于对称性和优雅性考虑。这四个值形成一种格,在许多情况下,四值系统的逻辑和语义比相应的三值系统的逻辑与语义简单。第二,我感兴趣的是相对于关于逻辑必然的信息来说是部分性的情境。这样的情境不承认某些逻辑不可能情境的不可能性。为了模型化这种逻辑不可能性,虚构逻辑不可能的殊型是便利的。逻辑上的部分情境-殊型将使我们能够承认逻辑必然性的因果效用。反过来,它使关于逻辑指称和知识的因果理论成为可能(第15章)。

290　　　这里再次给出否定、析取和合取的三值（强克林）真值表。

¬	p		
	T	F	U
$\neg p$	F	T	U

$(p \vee q)$		p		
		T	F	U
q	T	T	T	T
	F	T	F	U
	U	T	U	U

$(p \,\&\, q)$		p		
		T	F	U
q	T	T	F	U
	F	F	F	F
	U	U	F	U

相应的四值逻辑真值表［(Dunn，1976)真值表］如下所示：

¬	p			
	T	F	U	B
$\neg p$	F	T	U	B

$(p \vee q)$		p			
		T	F	U	B
q	T	T	T	T	T
	F	T	F	U	B
	U	T	U	U	T
	B	T	B	T	B

$(p \,\&\, q)$		p			
		T	F	U	B
q	T	T	F	U	B
	F	F	F	F	F
	U	U	F	U	F
	B	B	F	F	B

　　　强克林真值表和邓恩真值表背后的统一想法是：除了分开真和假的判定之外，计算真值就像在经典语义学中一样进行。

　　1. ¬ φ(至少)为真，如果 φ(至少)为假。

　　2. ¬ φ(至少)为假，如果 φ(至少)为真。

　　3. φ & ψ 至少为真，如果 φ 和 ψ 都为真。

　　4. φ & ψ 至少为假，如果 φ 或 ψ 为假。

　　5. φ ∨ ψ 至少为真，如果 φ 或 ψ 为真。

　　6. φ ∨ ψ 至少为假，如果 φ 和 ψ 都为假。

291　　　"至少为真"，我意指或者 T 或者 B（或者仅仅为真或者既真又假）；"至少为假"，我意指或者 F 或者 B（或者仅仅为假或者既真又假）。

从这些原则没有获得真值的命题仍处于 *U* 类中。

从本体论上讲,在语义模型中使用不可能的情境-殊型,并不比使用可能-但-非现实的殊型麻烦。唯一实在的殊型是现实的殊型。非现实的殊型无论可能与否,只不过是有用的虚构。模态(可能、偶然、必然)主要属于现实的情境-类型。典型的模态事实是如下某种东西:类型 ϕ 被可能地例示。由于克里普克和康格尔的工作,以下这一点得到了广泛承认:在表征模态事实的逻辑和语义时,构造包含代表仅仅可能世界之索引的模型是有用的。每一可能世界表征一组类型的共存性(从某个世界的观点来看)。同样,在四值模态逻辑中,我将用不可能情境-殊型表征某些类型之同等例示的不可能性(从逻辑上的部分性情境观点来看)。

对经典二值解释来说,经典联结词(否定、合取等)功能上是完全的。每个经典真值函项都可以只用否定和合取(从而也可以只用否定和析取,也可以用经典联结词的几个其他组合)来定义。但是,对三值或四值解释来说,经典联结词不是功能完全的。要取得功能的完全性,不得不增加几个新的非经典联结词。但是,如斯雅士(Thijsse,1992)证明的,经典联结词对于一类重要的三值函项——那些具有真值函项持续性、经典闭合属性和自由属性的函项——是功能完全的。一个真值函项是持续性的,当且仅当:一旦输入的真值被强化,输出的真值也被强化。我用强化真值意指,从未定义变为某个其他真值,或从一个经典真值变为真值既真又假。经典闭合要求一旦输入限定为经典真值,那么输出也是经典的。最后,自由属性衍涵一旦输入的真值都是未定义的,那么输出的真值必定也是未定义的。

我尚未发现需要逻辑复合类型,逻辑复合类型与其组分类型的关系不满足所有这三个要求。尤其是,真值函项的持续属性与解释情境-殊型上的部分-整体关系密切相关。每个融贯情境是一可能世界的一个部分:当我们从范围不那么广的情境转到范围更广的情境时,与之相联系的真值函项应收敛于经典(二值)情形。因此,我们希望公式有部分学意义上的持续属性。一类公式在部分学意义上是持续的,一旦情境 s 证实公式 φ 并且 s ⊑ s′,那么 s′ 也证实 φ。如果假定该语言的任何解释使得原子公式在部分学意义上是持续的,并且只用真值函项意义上持续的联结词,那么可以推出,该语言中的所有公式在部分学意义上都是持续的。

292　　　　经典闭合重要,因为我们想要超定值(既真又假)的任何使用都是原子公式的超定值所强加的。自由属性对这一计划没什么影响,因为可以设想每个情境都证实某个公式。因此,我在整个计划当中将只处理经典联结词。

在四值解释情形中,情况甚至更简单。如果我们把二元关系定义成在真和假之间成立,并且也在未定义和强定义(既真又假)之间成立,那么斯雅士(Thijsse,1992)证明了,对保二元性的、持续的真值函项的类来说,经典联结词是功能完全的。

在部分性逻辑中,没有逻辑真命题:没有命题在每个三值或四值解释下都是真的。然而,我们确实有一些非不足道的逻辑推论。实际上,有大量关系在部分性逻辑中属于逻辑蕴涵或后承类。在三值逻辑中,有三种看起来最为自然的逻辑后承概念:证实有效性、证伪有效性和双重有效性。集合 Γ 可证实地衍推集合 Δ,当且仅当,证实 Γ 中每个元素的每个解释也证实 Δ 的某个元素。集合 Γ 可证伪地衍推集合 Δ,当且仅当,证伪 Γ 中每个元素的每个解释也证伪 Δ 的某个元素。双重蕴涵关系[由布莱米(Blamey,1986)首先提出]在集合 Γ 和 Δ 之间成立,当且仅当,Γ 既可证实地又可证伪地蕴涵 Δ。在三值逻辑中谈论蕴涵时,我总是意指双重蕴涵,因为这在许多方面与经典情形最为接近。

在四值逻辑中,情况更加简单,因为证实蕴涵、证伪蕴涵和双重蕴涵是一致的(Muskens,1995,p. 77)。

穆斯肯斯(Muskens,1995)证明下述规则系统(rL^{+*})对三值命题逻辑中的双重蕴涵是完全的:

- (R1) ¬ ¬ φ ⊣⊢ φ
- (R2) ¬ (φ & ψ) ⊣⊢ ¬ φ ∨ ¬ ψ

- (R3) $\neg(\phi \vee \psi) \dashv\vdash \neg\phi \,\&\, \neg\psi$

- (R4) $\phi \,\&\, \psi \vdash \phi$ 且 $\phi \,\&\, \psi \vdash \psi$

- (R5) $\phi \vdash \phi \vee \psi$ 且 $\psi \vdash \phi \vee \psi$

- (R6) 如果 $\phi, \rho \vdash \chi$，且 $\psi, \rho \vdash \chi$，那么 $(\phi \vee \psi), \rho \vdash \chi$

- (R7) 如果 $\chi \vdash \rho, \phi$，且 $\chi \vdash \psi, \rho$，那么 $\chi \vdash (\phi \,\&\, \psi), \rho$

- (R8*) $\phi \,\&\, \neg\phi \vdash \psi \vee \neg\psi$

- (R9) 如果 $\phi \vdash \psi$ 且 $\psi \vdash \chi$，那么 $\phi \vdash \chi$

- (R10) $\Gamma \vdash \Delta$，当且仅当，存在非空集 $\{\alpha_1, \cdots, \alpha_m\} \subseteq \Gamma$，$\{\beta_1, \cdots, \beta_n\} \subseteq \Delta$，使得 $\alpha_1 \,\&\, \cdots \,\&\, \alpha_m \vdash \beta_1 \vee \cdots \vee \beta_n$

293

至于四值逻辑，穆斯肯斯证明系统 rL 是可靠的和完全的，在此 rL 是 $rL^{+*} - (R8^*)$。

A.2　部分性模态逻辑

我认为因果关系和模态之间显然有某种重要关联。正如休谟的著名观察，因果关系涉及某种"必然联系"。因此，我需要利用部分性模态逻辑。幸运的是，斯雅士（1992）和穆斯肯斯（1995）已经为部分性模态逻辑奠定了根基。我在本书中将紧紧追随穆斯肯斯。

部分性模态逻辑的模型由五元组 $\langle Sit, R^{\uparrow}, R^{\downarrow}, I, \sqsubseteq \rangle$ 构成。Sit 是情境-殊型集，它们实质上是部分（不完全的或超定的）世界。部分-整体关系 $\sqsubseteq$ 在集合 Sit 上是偏序的。解释函数给表征持存情境-类型的原子符号赋值（真、假、两者都不或两者都）。对每个原子符号 ϕ 来说，一旦 $s \sqsubseteq s'$，我将要求 $I(\phi, s')$ 是对 $I(\phi, s)$ 的强化。（记住：每个其他值都是未定义值的强化，值**既真又假**是两个经典真值的强化。）

关系 $R^{\uparrow}$ 和 $R^{\downarrow}$ 是 Sit 上的二元关系。它们是内部可通达关系和外部可通达关系。如果有 $sR^{\uparrow}s'$，那么我们不能证伪从 s 到 s' 可通达性：

该模型把从 s 到 s' 的可通达性处理为或者被确定地确立或者未定义。相应地，如果有 $sR^{\uparrow}s'$，那么我们确定地证实从 s 到 s' 的可通达性。这给出从 s 到 s' 可通达性的四个可能值。

- 未定义：我们有 $sR^{\uparrow}s'$，但还没有 $sR^{\downarrow}s'$。
- 仅被证实：我们既有 $sR^{\uparrow}s'$ 又有 $sR^{\downarrow}s'$。
- 仅被证伪：我们既没有 $sR^{\uparrow}s'$ 又没有 $sR^{\downarrow}s'$。
- 既被证实又被证伪：我们有 $sR^{\downarrow}s'$，但没有 $sR^{\uparrow}s'$。

一旦情境-殊型 s 是逻辑可能的，那么，对于任何 ϕ（绝不会既真又假）我们有 $\mathrm{I}(\phi)(s)$ 为真、为假和未定义，并且像 $R^{\downarrow}[\{s\}]$ 是像 $R^{\uparrow}[\{s\}]$ 的一个子集（没有任何情境既确定地可通达 s，又确定地不可通达 s）。

我要求模态事实是持存的。因此，如果 $s \sqsubseteq s'$，那么 $R^{\uparrow}[\{s'\}] \subseteq R^{\uparrow}[\{s\}]$，并且 $R^{\downarrow}[\{s\}] \subseteq R^{\downarrow}[\{s'\}]$。换句话说，在从一个较小情境-殊型转到一个较大情境-殊型时，确定地不可通达的殊型集与确定地可通达的殊型集一样是单调递增的。

模态算子的真假定义很简单：

- $\mathcal{M}, s \models \Box\phi \Leftrightarrow \neg \exists x \in R^{\uparrow}[\{s\}]\mathcal{M}, x \models \neg\phi$
- $\mathcal{M}, s \models \neg \Box\phi \Leftrightarrow \exists x \in R^{\downarrow}[\{s\}]\mathcal{M}, x \models \neg\phi$
- $\mathcal{M}, s \models \Diamond\phi \Leftrightarrow \exists x \in R^{\downarrow}[\{s\}]\mathcal{M}, x \models \phi$
- $\mathcal{M}, s \models \neg \Diamond\phi \Leftrightarrow \neg \exists x \in R^{\uparrow}[\{s\}]\mathcal{M}, x \models \phi$

294

公式 $\Box\phi$（ϕ 是必然的）在情境 s 的一个模型中为真，当且仅当，ϕ 绝不会被 s 的外部可通达集（非确定地不可通达的殊型的集合）中的某个殊型证伪。这个公式在 s 的一个模型中为假，如果它被 s 的内部可通达集（确定地可通达的殊型的集合）中的某个殊型证伪。可能算子 $\Diamond$ 被定义成 $\Box$ 的对偶。

在这些定义中，我偏离了斯雅士和穆斯肯斯的模式。因为对达至我的目的而言，令所有模态事实都是持存的（对于提升部分-整体排序 $\sqsubseteq$）具有根本重要性，而斯雅士-穆斯肯斯的真值定义做不到这一点。然而，容易证明三值情形中的双重后承逻辑可以用斯雅士的系统 M^K 刻画,而四值逻辑可以用斯雅士的系统 M^{--} 刻画(Thijsse,1992,p. 104)。

系统 M^K 由 rL^{+*} 加下述规则构成:

- (R11)$\Diamond \neg \phi \dashv\vdash \neg \Box \phi$
- (R12)$\Box \neg \phi \dashv\vdash \neg \Diamond \phi$
- (R13)$\Diamond (\phi \vee \psi) \vdash \Diamond \phi \vee \Diamond \psi$
- (R14)如果 $\phi \vdash \psi$,那么,$\Diamond \phi \vdash \Diamond \psi$
- (R15)$\Diamond (\phi \& \neg \phi) \vdash \Box (\psi \vee \neg \psi)$
- (K)$\Box (\phi \rightarrow \psi), \Box \phi \vdash \Box \psi$
- (KNec)如果 ϕ 是经典(二值)系统 K 中的定理,那么

$\vdash \Box \phi$。

对于前面带有必然算子的所有定理,系统 M^K 与经典模态系统 K 一致。因为不可能找到一个证伪任何经典有效性的融贯模型,而且只要 ϕ 不能被证伪,那么$\Box \phi$ 的真值定义就保证了它的真。

刻画四值模态逻辑的系统 M^{--} 由 rL 系统加上(R11)到(R14),再加上两个附加规则(R16)和(R17)构成。

- (R16)$\Box \phi \& \Box \psi \vdash \Box (\phi \& \psi)$
- (R17)如果 $\phi \vdash \psi$,那么,$\Box \phi \vdash \Box \psi$。

对它们各自的模型集而言,用正则模型的标准构造很容易证明这两个系统的完全性。在三值(或融贯的)模态逻辑中,正则模型中的集合 Sit 由 M^K 逻辑的一组一致的饱和理论构成。模态系统理论是一组在该系统的规则之下封闭的语句。一个理论是协调的,如果对于任意的 ϕ,它不既包含 ϕ 又包含 $\neg \phi$。一个理论是饱和的,如果它包含析取式 $\phi \vee \psi$,那么它或者包含 ϕ 或者包含 ψ。正则模型的解释函数 I 定义如下:对任意原子公式 ϕ,如果 $\phi \in \Gamma$,那么 $I(\phi)(\Gamma) = T$,如果 $\neg \phi \in \Gamma$,那么 $I(\phi)(\Gamma) = F$,否则 $I(\phi)(\Gamma) = U$。两个理论 Γ 和 Δ 是部分-整体关系 $\sqsubseteq$,当且仅当,Γ 是 Δ 的一个子集。最后,需要定义正则模型

295

的两个部分性可通达关系 $R^{\uparrow}$ 和 $R^{\downarrow}$:

$$\Gamma R^{\uparrow} \Delta \Leftrightarrow \forall \psi (`\square \psi' \in \Gamma \rightarrow `\neg \psi' \notin \Delta)$$

$$\Gamma R^{\downarrow} \Delta \Leftrightarrow \forall \psi (`\psi' \in \Delta \rightarrow `\diamond \psi' \in \Gamma)$$

在(一般的)四值的部分性模态逻辑中,除了类 Sit 是 M^{--} 中所有饱和理论(不管它们是否协调)的集合之外,正则模型是以完全同样的方式建构的。

为证明它们的完全性,我们需要林登鲍姆引理的部分性逻辑形式。

引理 A.1(林登鲍姆引理) 如果 $\Gamma \nvdash \Delta$,那么存在一个饱和理论 Γ',$\Gamma \subseteq \Gamma'$ 且 $\Gamma' \cap \Delta = \varnothing$。

对通常证明(Muskens,1995)稍做修改就可以证明这一部分性逻辑的林登鲍姆引理。

然后通过表明,对于正则模型中每个情境 s(亦即每个饱和理论)及该语言中的每个公式 ϕ,$\phi \in s$,当且仅当,$\mathscr{M}_{Can}, s \models \phi$;并且 $\neg \phi \in s$,当且仅当,$\mathscr{M}_{Can}, s \models \neg \phi$,我们可以用归纳法证明正则模型定理。在原子公式情况下和相应命题联结词情况下,这一证明仿造通常的证明。在模态联结词情况下,必须使用部分性逻辑的林登鲍姆引理。

例如,对于必然算子 $\square$,必须表明,$\square \phi \in s$,当且仅当,$\square \phi$ 在 s 中为真。如果 $\square \phi \in s$,那么 $\square \phi$ 在 s 中为真这一事实,立即可以从我们对正则模型的 $R^{\uparrow}$ 定义和 $\square$ 的真值定义推出来。如果 $\square \phi \notin s$,那么必须利用林登鲍姆引理构造一个包含 $\neg \phi$ 并且与集合 $\Delta(s) = \{\psi : \square \neg \psi \in s\}$ 不相交的饱和理论 Γ。我们知道从 $\neg \phi$ 不能推导出 $\Delta(s)$ 的任何元素,因为如果能,那么由于推导满足换质位法,就会有一个公式 ψ,$\square \phi \in s$ 且 $\psi \vdash \phi$。根据规则(R17),这意味着 $\square \phi$ 在 s 之内。这与我们的假设相反。

有一种替代方式可以看出部分性模态逻辑必定可公理化。利用吉尔摩(Gilmore,1974)和费弗曼(Feferman,1984)发展出的技术,可以把部分性模态逻辑转化为经典模态逻辑。对部分性模态逻辑语言中的每

个原子公式 ϕ，都引入两个不同的公式 ϕ^+ 和 ϕ^- 到经典语言中。还把 296 两个独立的模态算子 $\square^{\uparrow}$ 和 $\square^{\downarrow}$ 及其对偶引入经典逻辑之中。定义两个 互补的翻译＋和-是方便的。利用＋在经典语言中相应的肯定形式，每 个原子公式得到翻译，而利用-在经典语言中相应的否定形式，原子公 式的否定得到翻译。

- $(\phi \,\&\, \psi)^+ = (\phi^+ \,\&\, \psi^+)$
- $(\neg\, \phi)^+ = \phi^-$
- $(\square\, \phi)^+ = \square^{\uparrow} \neg\, \phi^-$
- $(\diamondsuit\, \phi)^+ = \diamondsuit^{\downarrow} \phi^+$
- $(\phi \,\&\, \psi)^- = (\phi^- \lor \psi^-)$
- $(\neg\, \phi)^- = \phi^+$
- $(\square\, \phi)^- = \square^{\downarrow} \phi^-$
- $(\diamondsuit\, \phi)^- = \diamondsuit^{\uparrow} \neg\, \phi^+$

在经典语言中，我们给每个原子公式的肯定翻译和否定翻译指派 独立的真值。并且，我们用两个独立的可通达关系，一个表示模态 $\uparrow$，另一个表示模态 $\downarrow$。在部分性模态逻辑中，集合 Γ 衍推 Δ，当且仅当，如下两个条件得到满足：(1) 在经典模态逻辑中，Γ 的翻译衍推 Δ 的翻译，并且(2) 在经典模态逻辑中，Δ 的否定的翻译衍推 Γ 的否定的翻译。在四值模态逻辑中这两个条件完全相同。

部分性模态逻辑和经典模态逻辑之间的这种对应关系，使我们能够把经典模态逻辑中的许多熟悉结果迁移至部分性模态逻辑，譬如可判定性和有限模型属性(Muskens,1995)。

A. 2. 1　自反模型

如果要求可通达关系是自反的（这看起来很自然），那么可以强化 M^K 和 M^{--} 这两个系统。在三值模态逻辑的情况下，通过添加如下两个新规则，可以刻画自反模型的类：

$$(\text{Refl1}) \quad (\phi \,\&\, \Box \neg \phi) \vdash \neg \phi$$

$$(\text{Refl2}) \quad \phi \vdash (\Diamond \phi \vee \neg \phi)$$

在四值模态逻辑中,我不相信我们可以刻画在其中 $R^{\downarrow}$ 是自反的模型的类。

后面这个问题的一个解决办法是引入混合逻辑。在这个逻辑的模型中,有一个单独指定的情境 g(直觉上的现实情境)。在 $I(g)$ 给所有原子公式只指派 T、F 或 U,且 $R^{\downarrow}[\{g\}] \subseteq R^{\uparrow}[\{g\}]$ 这个意义上,可以要求 g 是融贯的。另外,可以要求 $R^{\downarrow}[\{g\}]$(即确定地可通达 g 的情境)中的每个情境都同样是融贯的。但是该模型中的其他情境要求使用四值真值函项,可以是逻辑地不融贯的。参照这些特别的世界 g,可以定义这个系统的逻辑后承:Γ 衍推 Δ,当且仅当

1. $\mathscr{M}, g$ 证实 Γ 中每个元素的任意模型 $\mathscr{M}$ 都 $\mathscr{M}, g_u$ 证实 Δ 中某个元素,并且

2. $\mathscr{M}, g$ 证伪 Δ 中每个元素的任意模型 $\mathscr{M}$ 都 $\mathscr{M}, g_u$ 证伪 Δ 中某个元素。

这一系统的逻辑 M^H 由规则(R1)至(R17)构成,但没有规则(K)和(KNec)。另外,可以用规则(Refl1)和(Refl2)刻画自反模型的类。

如果把注意力限于**可能世界**,即融贯且完全的情境-殊型,那么会回到经典二值模态逻辑。譬如 T、S4 或 S5。我的目的不是论证部分性模态逻辑可以**取代**经典模态逻辑。刻画某种有效性时仍然需要经典模态逻辑。例如,从 $\Box \phi$ 推导出 ϕ 不是**局部有效**的,因为有许多情境-殊型证实第一个公式但不证实第二个公式。但是,同样的推理是**整体有效的**。因为任何证实第一个公式的殊型,都嵌于在某种程度上证实第二个公式的可能世界中。相应的 T 公理($\Box \phi \rightarrow \phi$)并不是在任何情境-殊型中都得到证实,但这只是因为许多殊型只包含关于模态的部分信息。随着某个殊型所支持的模态信息变得丰富,我们无限逼近经典模态逻辑。正如在第 7 章所见,表征关于部分殊型之间因果联系的

事实时,部分性模态逻辑是重要的。

A. 3　部分性条件句逻辑

我在第 4、5 章指出,与其说关于我们世界的所有因果定律是"铁的"倒不如说是"橡木的"(用 D. M. 阿姆斯特朗的区分)。也就是说,所有现实的因果定律都承认例外。另外,我论证了原因并非严格必然地产生其结果。我在第 7 章提出了一个非决定论的因果关系模型。在该模型中,原因使其结果极端可几但不绝对确定。

在构造这样的模型时,我使用了迈克尔·莫罗(Morreau,1997)所称的"无决断条件句"。我用 □→ 来符号化这些条件句。它们的逻辑和语义与罗伯特·斯托内克尔和大卫·刘易斯探究的反事实条件句或虚拟条件句的逻辑和语义非常类似。欧内斯特·亚当斯(Adams,1975)第一个研究这样的概率性无决断条件句的属性,注意到它们与斯托内克尔/刘易斯条件句的逻辑相似性。

大卫·刘易斯(Lewis,1973)为虚拟条件句给出了一个"范围系统"语义学。刘易斯想用这些模型的范围表征所包含世界与指定世界的各种不同相似程度。但也可以对这一语义学给出一种不同的概率解释。在有限模型情况下,每个范围都可以被设想为表征概率大于或等于 $1-\in$ 的所有集合的交集,在此 $\in$ 属于无穷小的某个固定次序。正如莱曼和马吉多(Lehman and Magidor,1992)在其论文《条件知识库衍推什么?》("What Does a Conditional Knowledge Base Entail")的附录中所证明的,用定性概率可以解释刘易斯的范围系统语义学:$\phi \ \square\!\!\rightarrow \psi$ 表征条件"$\phi \,\&\, \psi$ 的概率无限大于 $\phi \,\&\, \neg\, \psi$ 的概率"。[Adams,1975 是这一路径常被引证的文献,亦可参见范恩·麦吉(Vann McGee,1994)富有洞见的论文。]

莱曼和马吉多证明,相对于条件句的非标准概率理论解释,条件句

298

逻辑系统 VW^- 既是可靠的又是完全的。在这样一种解释下,我们给模型中的每个世界都指派了一个非标准的概率空间。非标准概率理论是亚伯拉罕·鲁宾逊(Abraham Robinson,1966)关于非标准分析成果的应用。(更多细节请参见 Keisler,1976 和 Cutland,1983。)从模型论可知,存在一些非标准的数论模型,这些模型中有一些非标准的自然数,它们比任何有穷自然数都大。鲁宾逊表明,这些模型论结果可以扩展到实数。例如,数 $\frac{1}{h}$ 是一个非标准的无穷小有理数。在此,h 是一个非标准自然数。

假设我们确定实数的某特定非标准模型 $R^* = \langle R^*, +^*, \times^*, <^*, 0, 1 \rangle$。这一模型由一个有序域加上映射 * 构成。该映射把 R 中的元素射到 R^* 中的元素,把 R 上的关系射到 R^* 上的关系,等等。更精确地,* 是一个从 R 的**超结构**到 R^* 的超结构函数,在此,超结构 $V_\infty(X)$ 递归定义如下:

- $V_0 = X$
- $V_{n+1} = P(V_n) \cup V_n$,在此 $P(Z)$ 是 Z 的幂集。

映射 * 是这样的:对任何 $x \in R, x^* = x$,且对每个有界公式 ϕ,

$$R \models \phi[a_1, \cdots, a_n] \text{ 当且仅当 } R^* \models \phi[a_1^*, \cdots, a_n^*]$$

后面这个对应就是著名的"**莱布尼茨原理**"。莱布尼茨原理保证任何标准概念的非标准对应物都分享其重要的(测度论)属性。集合 N^* 是自然数的对应物。非标准自然数是属于 N^* 但不属于 N 的自然数。

超结构 R^* 中的一个对象 x 被称为**内在的**,如果对任何 $y \in V_\infty(R), x \in y^*$。$R^*$ 的内在对象集是指定的 V_∞^*。内在对象 A 是**超限的**,当且仅当,存在一个函数 $f \in V_\infty^*$ 和一个数 $h \in N^*$,使得 f 是 h 到 A 上的一个一对一映射。换句话说,超限集是在非标准模型中被当作有限的集合。

概率空间 R^* 是一个三元组 $\langle X, F, Pr \rangle$。在此 X 是一个非空集,F 是 $P(X)$ 的布尔子代数,Pr 是一个从 F 到 R^* 的函数,它满足概率函数的一般要求:

- $Pr(A) \geqslant 0$,对所有 $A \in F$。

- $Pr(X) = 1$。

- $Pr(A \cup B) = Pr(A) + Pr(B)$,$A$ 和 B 是 F 中不相交的元素。

条件概率可用通常方式定义如下:

$$Pr(B/A) = \frac{Pr(A \cap B)}{Pr(A)}。$$

条件句逻辑的一个非标准概率模型是这样的:在其中,概率空间 R^* 被指派给每个世界,域 F 包括所有在该语言中可定义的世界集,并且条件句 $\square\!\!\rightarrow$ 真之条件定义如下:

定义 A. 1(非标准概率真之条件) $\mathcal{M}, w \models (\phi \square\!\!\rightarrow \psi)$,当且仅当,$1 - Pr_{\mathcal{M}, w}(\parallel\psi\parallel / \parallel\phi\parallel)$ 无穷小,或者 $Pr_{\mathcal{M}, w}(\parallel\phi\parallel) = 0$。

可以用通常方式定义概率后承 $\models_{Pr}$ 如下:$\Gamma \models_{Pr} \Delta$,当且仅当,证实 Γ 中每个元素的每个非标准概率模型也证实 Δ 中某个元素。莱曼和马吉多证明概率后承关系可以由逻辑系统 VW^- 把握。VW^- 的规则和公理由下述构成:

- (RCEC)从 $\vdash (\phi \leftrightarrow \psi)$ 推出 $\vdash (\chi \square\!\!\rightarrow \phi) \leftrightarrow (\chi \square\!\!\rightarrow \psi)$。

- (RKC)从 $\vdash (\phi_1 \& \cdots \& \phi_n) \rightarrow \psi$ 推出 $\vdash [(\chi \square\!\!\rightarrow \phi_1 \& \cdots \& \chi \square\!\!\rightarrow \phi_n)] \rightarrow (\chi \square\!\!\rightarrow \psi)$。

- (Id) $\vdash (\phi \square\!\!\rightarrow \phi)$。

- (Mod) $\vdash \square \phi \rightarrow (\psi \square\!\!\rightarrow \phi)$。

- (CSO) $\vdash [(\phi \square\!\!\rightarrow \psi) \& (\psi \square\!\!\rightarrow \phi)] \rightarrow (\phi \square\!\!\rightarrow \chi) \leftrightarrow (\psi \square\!\!\rightarrow \chi)$。

- (CV) $\vdash [(\phi \square\!\!\rightarrow \psi) \& \neg(\phi \square\!\!\rightarrow \neg\chi)] \rightarrow [(\phi \& \chi) \square\!\!\rightarrow \psi]$。

定理 A. 1(Lehmann and Magidor,1992) 对可数语言 L,$\Gamma \models_{Pr} \Delta$,当且仅当,$\Gamma \vdash_{VW^-} \Delta$。[①]

---

① 严格说来,莱曼和马吉多为一个不包含嵌套条件句的语言 L 证明了该定理。但是,通过只把 R^* 概率空间指派给该模型中的每个世界,而不是如莱曼和马吉多所做的那样为整个模型构造一个单个空间,他们的结果能容易地扩展到更普遍的情形。

300　　　　在其完全性定理的证明中，莱曼和马吉多表明，给定 VW^- 的一个协调理论 Γ 和一个分析 R^* 的非标准模型，如何构造一个 R^* 概率模型 $\mathcal{M}$，使得 $\mathcal{M} \models \Gamma$。

　　在用定性概率解释范围时，刘易斯在其关于反事实条件句的著作中提出的两个模型条件不再重要。这两个条件是强居中和弱居中。弱居中的意思是，在与世界 w 联系的那个系统中的最小范围必定包含 w。强居中的意思是，在与世界 w 联系的那个系统中的最小范围必定只包含 w。这两个要求对应刘易斯系统的这样两个公理：

$$(\text{CS})\,((\phi\,\&\,\psi) \to (\phi\,\square\!\!\to\,\psi))$$

$$(\text{MP})\,(((\phi\,\square\!\!\to\,\psi)\,\&\,\phi) \to \psi)$$

　　当条件句 $\square\!\!\to$ 被解释为懦弱条件句时，这两个公理都无效。于是，没有什么对应于它们的东西会在我的部分性条件句逻辑中出现。

　　为简单起见，我不会用刘易斯的范围语义学系统。我将用更有弹性的选集函数语义学代替它。在这种情况下，每个模型都包含一个选集函数 f。这个函数有两个变元：世界和世界的集合。该函数的输出总是世界集。在经典条件句逻辑中，我们把 $\|\phi\|$ 定义为模型中证实 ϕ 的世界集。于是，可以非常简单地给出条件句的真之条件：

$$\mathcal{M},w \models (\phi\,\square\!\!\to\,\psi) \Leftrightarrow \forall x \in f(w,\|\phi\|)\,\mathcal{M},x \models \psi\,。$$

　　在极值型概率解释之下，应该把 $f(s,\|\phi\|)$ 设想为所有这样一些命题的交集，即从 s 的角度来看，它们基于条件 ϕ 的概率无穷接近于 1。于是，通过对选择函数 f 施加相应条件，条件句的各种逻辑属性都能得到表达。例如，概率性亚当斯条件句要求下述条件：

1. $f(s,A) \subseteq A$。
2. $f(s,A \cup B) \subseteq f(s,A) \cup f(s,B)$。
3. 如果 $f(s,A) \subseteq B$，且 $f(s,B) \subseteq A$，那么 $f(s,A) = f(s,B)$。
4. 如果 $f(s,A) \cap B \neq \varnothing$，那么 $f(s,A \cap B) \subseteq f(s,A)$。
5. $f(s,A) \subseteq R[\{s\}]$。

第一个条件保证所有正常的 A 世界确实是 A 世界。第二个条件保证,如果 χ 基于 $\phi \vee \psi$ 极度可几,那么或者基于 ϕ 或者基于 ψ（或者基于这两者）它极度可几。第三个条件表明概率等值的命题在条件句的前件中可以相互替换。第四个条件保证,如果 ϕ 基于 ψ 的概率是有限的,那么基于条件 ψ 极其可几的任何条件,基于 $\phi \& \psi$ 时也是极其可几的。最后,第五个条件保证不可能世界的概率为 0。

301

从经典条件句逻辑转到部分性条件句逻辑需做两个改变。第一,必须用情境集取代世界集,对其中的原子公式进行三值或四值解释。第二,必须用两个选择函数 $f^{\uparrow}$ 和 $f^{\downarrow}$ 取代经典模型中的单一选择函数。把 $f^{\uparrow}$ 应用到情境 s 和情境集 A 时,得到的结果是下述情境的集合:它们没被确定地排除在最正常或可几的 A-情境的集合之外。把 $f^{\downarrow}$ 应用到情境 s 和情境集 A 时,我们得到的结果是如下情境的集合:它们被确定地包含在最正常或可几的 A-情境的集合之中。如果 $s \sqsubseteq s'$,那么对每个集合 A,

$$f^{\downarrow}(s,A) \subseteq f^{\downarrow}(s',A)$$
$$f^{\uparrow}(s',A) \subseteq f^{\uparrow}(s,A)$$

这些条件保证条件句的真值是持续的。在部分性逻辑中,可以把集合 $\| \phi \|^{\uparrow}$ 定义为模型中不证伪 ϕ 的情境的集合。在部分性逻辑中,条件句的真假条件如下:

$$\mathcal{M},s \models (\phi \,\square\!\!\rightarrow \psi) \Leftrightarrow \forall x \in f^{\uparrow}(s, \| \phi \|^{\uparrow}) \mathcal{M},x \not\models \neg \psi$$
$$\mathcal{M},s \models \neg (\phi \,\square\!\!\rightarrow \psi) \Leftrightarrow \exists x \in f^{\downarrow}(s, \| \phi \|^{\uparrow}) \mathcal{M},x \models \neg \psi$$

必须对选集函数施加一些标准条件。像它们在经典情况中的类似物一样,这些条件得到了选择函数之定性概率解释的支持。但是,正如在部分性模态逻辑中不能刻画自反性一样,我们不能刻画构成亚当斯逻辑的三个条件。因此,我只施加条件 1 和条件 2 的类似物。另外,需要一个表征条件 4 的特殊情形的第三个条件 P3。在证实 P1 所证实的换质位规则时需要 P3。

- (P1) $f^{\uparrow}(s,A \cup B) \subseteq (f^{\uparrow}(s,A) \cup f^{\uparrow}(s,B))$,并且 $f^{\downarrow}(s,A \cup B)$

$\subseteq (f^{\downarrow}(s,A) \cup f^{\downarrow}(s,B))$。

- (P2)$f^{\uparrow}(s,A) \subseteq R^{\uparrow}[\{s\}]$，并且 $f^{\downarrow}(s,A) \subseteq R^{\downarrow}[\{s\}]$。

- (P3)$f^{\uparrow}(s,A) \subseteq f^{\uparrow}(s,A \cup B)$ 或者 $f^{\uparrow}(s,B) \subseteq f^{\uparrow}(s,A \cup B)$，并且
  $f^{\downarrow}(s,A) \subseteq f^{\downarrow}(s,A \cup B)$ 或者 $f^{\downarrow}(s,B) \subseteq f^{\downarrow}(s,A \cup B)$。

302　　　部分性条件句逻辑的正则模型类似于部分性模态逻辑的模型。在四值逻辑的情况下，部分条件逻辑中的情境类是部分性模态逻辑的饱和理论集。正则模型中的两个选集函数可以定义如下：

- $f^{\uparrow}(s, \| \phi \|^{\uparrow}) = \{\Gamma \in Sit : \text{`}\neg \psi\text{'} : \text{`}\phi \square\!\!\rightarrow \psi\text{'} \in s\} \cap \Gamma = \varnothing\}$

- $f^{\downarrow}(s, \| \phi \|^{\uparrow}) = \{\Gamma \in Sit : \text{`}\psi\text{'} : \text{`}\neg (\phi \square\!\!\rightarrow \neg \psi)\text{'} \in s\} \subseteq \Gamma\}$

对于四值解释，利用下述规则，条件句逻辑可公理化为系统 rC：

- (C1)　$(\phi \square\!\!\rightarrow \chi), (\psi \square\!\!\rightarrow \chi) \vdash ((\phi \vee \psi) \square\!\!\rightarrow \chi)$

- (C2)　$\neg ((\phi \vee \psi) \square\!\!\rightarrow \chi) \vdash \neg (\phi \square\!\!\rightarrow \chi) \vee \neg (\psi \square\!\!\rightarrow \chi)$

- (C3)　$\neg (\phi \square\!\!\rightarrow \chi), \neg (\psi \square\!\!\rightarrow \chi) \vdash \neg ((\phi \vee \psi) \square\!\!\rightarrow \chi)$

- (C4)　$((\phi \vee \psi) \square\!\!\rightarrow \chi) \vdash (\phi \square\!\!\rightarrow \chi) \vee (\psi \square\!\!\rightarrow \chi)$

- (C5)　$\neg (\phi \square\!\!\rightarrow \psi) \vdash \diamondsuit \neg \psi$

- (C6)　$\square \phi \vdash (\psi \square\!\!\rightarrow \phi)$

- (C7)　$(\phi \square\!\!\rightarrow \psi), (\phi \square\!\!\rightarrow \chi) \vdash (\phi \square\!\!\rightarrow (\psi \,\&\, \chi))$

- (C8)　$\neg (\phi \square\!\!\rightarrow (\psi \,\&\, \chi)) \vdash \neg (\phi \square\!\!\rightarrow \psi) \vee \neg (\phi \square\!\!\rightarrow \chi)$

- (C9)　如果 $\psi \vdash \chi$，那么 $(\phi \square\!\!\rightarrow \psi) \vdash (\phi \square\!\!\rightarrow \chi)$

- (C10)　如果 $\psi \vdash \chi$，那么 $\neg (\phi \square\!\!\rightarrow \chi) \vdash \neg (\phi \square\!\!\rightarrow \psi)$

- (C11)　$\diamondsuit \phi \vdash \neg (\phi \square\!\!\rightarrow \neg \phi)$

- (C12)　$(\phi \square\!\!\rightarrow \neg \phi) \vdash \square \neg \phi$

规则(C1)和(C3)对应条件 P1，换质位规则(C2)和(C4)对应条件 P3。规则(C11)和(C12)对应条件 P2。其他规则在任何模型中成立，对选择函数没有特殊要求。

再次可以证明部分性逻辑形式的林登鲍姆引理。利用该引理，可

以证明通常的正则模型定理,并由此可以证明 rC 演算的完全性。

确立逻辑可公理化及可判定性等属性的另一种方式是:把＋和-的翻译从部分性条件句逻辑扩展到经典条件句逻辑。需要做的就是为上一节给出的定义加上下面两个条件:

- $(\phi \,\square\!\!\rightarrow\, \psi)^+ = (\neg\, \phi^- \,\square\!\!\rightarrow\,^\uparrow \neg\, \psi^-)$

- $(\phi \,\square\!\!\rightarrow\, \psi)^- = \neg\, (\neg\, \phi^- \,\square\!\!\rightarrow\,^\downarrow \neg\, \psi^-)$

在(四值)部分性条件句逻辑中,公式集 Γ 衍推 Δ,当且仅当,在经典条件句逻辑中,Γ 的翻译衍推 Δ 的翻译。

A. 3. 1　经典条件句逻辑

303

本节的部分性条件句逻辑是极小概要性逻辑。具体来说,我没有证明论地刻画亚当斯条件句逻辑中的如下三个模型条件:

1. $f(s,A) \subseteq A$。
2. 如果 $f(s,A) \subseteq B$ 且 $f(s,B) \subseteq A$,那么 $f(s,A) = f(s,B)$。
3. 如果 $f(s,A) \cap B \neq \varnothing$,那么 $f(s, A \cap B) \subseteq f(s,A)$。

这三个条件(分别)对应逻辑 VW^- 的下述公理:

- $(\mathrm{Id})(\phi \,\square\!\!\rightarrow\, \phi)$
- $(\mathrm{CSO})(\phi \,\square\!\!\rightarrow\, \psi)\ \&\ (\psi \,\square\!\!\rightarrow\, \phi) \rightarrow [(\phi \,\square\!\!\rightarrow\, \psi) \leftrightarrow (\psi \,\square\!\!\rightarrow\, \phi)]$
- $(\mathrm{CV})(\phi \,\square\!\!\rightarrow\, \chi)\ \&\ \neg\, (\phi \,\square\!\!\rightarrow\, \neg\, \psi) \rightarrow ((\phi \,\&\, \psi) \,\square\!\!\rightarrow\, \chi)$。

这儿的情况类似自反模态逻辑和公理 T 的情况。不要期望(Id)、(CSO)和(CV)这样的公理被每个情境殊型证实,尽管可以期望它们被每个可能**世界**证实,包括现实世界。随着情境的模态信息增加,它们会证实与此类似的经典公理的更多事例。

A. 4　部分性与量化逻辑

部分性模态逻辑和条件句逻辑尽管很重要,但它们自身不足以构述因果关系的适当模型。除了表征必然性和客观概率之外,必须能谈论产生和被产生的情境,还必须能表征作为其他情境的部分的情境。因此,我将在本节提出部分性量化逻辑。

这种量化逻辑与标准的量化模态逻辑不同之处在于,被命名和被量化的个体是符号(情境和世界)而不是(像人或有机体一样的)普通实体。情境的量化使得模态算子多余,因为仅使用全称量词就可以定义必然。但是,用对情境的明确量化取代模态会消除内含在模态算子使用中的关键要素:模态属性的**索引性**。通过给语言增加一个特殊的索引常项,即直觉地挑出"这个情境"的某种东西,我们可以重新引入这一索引性要素。于是,ϕ 的必然性可以定义为 ϕ 在**这个情境**可通达的每个情境中都成立。但是,这种处理会带来另一问题:许多涉及常项**这个情境**的公式是非持存的。我们可以有公式"ψ 在**这个情境**中不成立",它在 s 中成立,但在包含 s 的更大情境 s' 中不成立。

304

因此,我将使用的语言既包含模态算子(具有其内在索引性)又包含(非索引性地)代表情境的术语和变项。除了情境常项、变项和量词以外,还增加两类新原子公式(t 和 t' 是情境常项,ϕ 是任意公式):

- $(t \models \phi)$

- At

用这些要素,可以如下定义部分-整体关系 $\sqsubseteq$:

$$(t \sqsubseteq t') =_{def} (t' \models At)$$

反过来,等于谓词可用 $\sqsubseteq$ 定义为:$(t = t') =_{def} (t \sqsubseteq t' \ \& \ t' \sqsubseteq t)$。

第一种新原子公式是情境殊型和类型之间的证实关系在对象语言中的对应物。为简单起见,我假定这两种公式的逻辑是完全经典的(二值的)。假定如果一个情境是另一个的部分,或一个情境证实一个公式,那么这些事实在该模型的每个情境中都得到支持。基于某些考虑,令情境在其整体-部分或分类信息方面不完整是有用的(例如,在模型化某些命题态度时这可能很重要),但我没发现处理因果关系概念时必需这一附加弹性条件。这些公式的真假条件如下(在此,$\|t\|$ 表示常

项 t 在模型 $\mathcal{M}$ 中的所指）：

- $\mathcal{M}, s \models (t \sqsubseteq t') \Leftrightarrow \| t \| \sqsubseteq \| t' \|$

- $\mathcal{M}, s \models \neg (t \sqsubseteq t') \Leftrightarrow \neg (\| t \| \sqsubseteq \| t' \|)$

- $\mathcal{M}, s \models (t \models \phi) \Leftrightarrow \mathcal{M}, \| t \| \models \phi$

- $\mathcal{M}, s \models \neg (t \models \phi) \Leftrightarrow \mathcal{M}, \| t \| \not\models \phi$

原子公式 At 的意思是，情境 t 绝对是现实世界的部分（从被索引情境的角度看）。这样一个公式被情境 s 证实，当且仅当，情境 $\| t \|$ 是 s 的一个（真或非真）部分。该语言的模型结构必定包括一个二元关系 A^{-}，它给出证伪 A 谓词的条件。

- $\mathcal{M}, s \models At \Leftrightarrow \| t \| \sqsubseteq s$

- $\mathcal{M}, s \models \neg At \Leftrightarrow \langle s, \| t \| \rangle \in A^{-}$

要保证情境逻辑可以公理化，关键是给关系 A^{-} 施加某些条件。第一个条件是固定点条件：一旦两个情境证实任何种类的矛盾公式（包括涉及 A 自身的公式），这两个情境的序偶必定属于 A^{-}。第二，如果情境 s 不支持 $\neg \phi$，那么必定存在一个殊型 s'，它支持 ϕ 并且 $\langle s, s' \rangle$ 不属于关系 A^{-}。第三，如果（根据内在关系 $R^{\uparrow}$ 或者外在关系 $R^{\downarrow}$）不存在一个与情境 s 具有可及关系且既扩充情境 s，又扩充情境 s' 的情境，那么对偶 $\langle s, s' \rangle \in A^{-}$。最后，关系 A^{-} 必须在部分学上持存。

1. （固定点条件）如果 $\mathcal{M}, s \models \phi$ 并且 $\mathcal{M}, s' \models \neg \phi$，那么，$\langle s, s' \rangle \in A^{-}$。

2. 如果 $\mathcal{M}, s \not\models \neg \phi$，那么存在一个 s'，$\mathcal{M}, s' \models \phi$ 且 $\langle s, s' \rangle \notin A^{-}$。

3. （模态条件）如果 $\neg \exists x (x \in R^{\uparrow}[\{s\}] \cup R^{\downarrow}[\{s\}] \,\&\, s \sqsubseteq x \,\&\, s' \sqsubseteq x)$，那么 $\langle s, s' \rangle \in A^{-}$。

4. 如果 $\langle x, y \rangle \in A^{-}$，且 $x \sqsubseteq z$，$y \sqsubseteq w$，那么 $\langle z, w \rangle \in A^{-}$。

对于量词，真假条件反映了邓恩真值表的一般扩充。

- $\mathcal{M}, s \models \forall x\phi \Leftrightarrow$ 对 Sit 中的每个情境 s' 来说，$\mathcal{M}_{s'}, s \models \phi[t/x]$。在此，$\mathcal{M}_{s'}$ 是一个不同于 $\mathcal{M}$ 的模型，不同之处仅在于把 s' 指派给一个新常项 t（不在 ϕ 中出现的常项）。

- $\mathcal{M}, s \models \neg \forall x\phi \Leftrightarrow$ 对 Sit 中的每个情境 s' 来说，$\mathcal{M}_{s'}, s \models \neg \phi[t/x]$。在此，$\mathcal{M}_{s'}$ 是一个不同于 $\mathcal{M}$ 的模型，不同之处仅在于把 s' 指派给一个新常项 t（不在 ϕ 中出现的常项）。

与这一语义系统对应的逻辑可以称作 L_{Sit}。除了部分性命题逻辑系统 rL、部分性模态逻辑系统 $M^{\neg\neg}$ 和部分性条件句逻辑系统 rC 的规则之外，首先需要添加下列量词和等词规则：

- （Q1）　$\forall x\phi \vdash \phi\,[t/x]$

- （Q2）　$\phi[t/x] \vdash \exists x\phi$

- （Q3）　如果 $\Gamma \vdash \phi[t/x]$ 且 t 不在 Γ 或 ϕ 中出现，那么，$\Gamma \vdash \forall x\phi$。

- （Q4）　如果 $\Gamma, \phi[t/x] \vdash \Delta$，且 t 不在 Γ、ϕ 或 Δ 中出现，那么 $\Gamma, \exists x\phi \vdash \Delta$。

- （Q5）　$\vdash \forall x \forall y(x = y \leftrightarrow ((x \models Ay)\ \&\ (y \models Ax))$

- （Q6）　$\vdash \forall x(x \models Ax)$

- （Q7）　$\phi \vdash \forall x(x = t \rightarrow \phi[x//t])$，在此，$\phi[x//t]$ 是用 x 替换 t 在 ϕ 中的一次或多次出现。

306

- （Q8）　$\neg \forall x\phi \dashv\vdash \exists x \neg\, \phi$

- （Q9）　$\neg \exists x\phi \dashv\vdash \forall x \neg\, \phi$

为了把握涉及 $\models$ 的原子公式的经典性，必须加上下述两个规则：

- （Q8*）　如果 Γ 经典衍推 Δ，且 Γ 和 Δ 中的原子公式只涉及 $\models$，那么 $\Gamma \vdash \Delta$。

- （Q9*）　$(t \models \phi), \neg\, (t \models \phi) \vdash \psi$。

规则（Q10）把不可能性和对非现实性的支持联系起来。因为语言中所有公式是持续存在的（相对于部分-整体排序），我们必须增加一些公式。这些公式保证，如果情境 t 是当下索引的部分且 t 支持公式 ϕ，那么当下索引也支持 ϕ。第二，如果当下索引支持 ϕ 且 t 支持 ¬ ϕ，那么当下索引也支持 ¬ At。第三，每个情境证实现实的公式。规则 (Q11)和(Q12)保证现实性有正确种类的固定点特征。

- (Q10)　$At, \square \neg (At \,\&\, At') \vdash \neg At' \vee \diamondsuit (At \,\&\, \neg At')$
- (Q11)　$\phi \dashv\vdash \exists x (Ax \,\&\, (x \models \phi))$
- (Q12)　$\neg \phi \dashv\vdash \forall x ((x \models \phi) \rightarrow \neg Ax)$

支配**支持**关系 $\models$ 的规则保证被某情境支持的公式形成一个饱和理论。

- (Q13)　$\vdash \forall x ((x \models \forall y\phi) \leftrightarrow \forall y (x \models \phi))$
- (Q14)　$\vdash \forall x ((x \models (\phi \,\&\, \psi)) \leftrightarrow (x \models \phi) \,\&\, (x \models \psi))$
- (Q15)　$\vdash \forall x ((x \models \exists y\phi) \leftrightarrow \exists y (x \models \phi))$
- (Q16)　$\vdash \forall x ((x \models (\phi \vee \psi)) \leftrightarrow (x \models \phi) \vee (x \models \psi))$
- (Q17)　如果 $\phi \vdash \psi$，那么 $(t \models \phi) \vdash (t \models \psi)$。

假设整体-部分学上的事实和分类事实被所有殊型支持并且具有必然性：

- (Q18)　$\vdash \forall x \forall y ((x \models (y \models \phi)) \leftrightarrow (y \models \phi))$
- (Q19)　$\vdash \forall x \forall y ((x \models \neg (y \models \phi)) \leftrightarrow \neg (y \models \phi))$
- (Q20)　$\diamondsuit \phi \dashv\vdash \phi \dashv\vdash \square \phi$，在此 ϕ 只包含 $\models$ 原子。

最后，假定与所有情境相联系的量化域是一样的。在每种情况下，我们将量化所有情境，现实的和非现实的，可能的和不可能的。我们当然能够用公式 At 表达一个情境的现实性，用 $\diamondsuit At$ 表达其可能性。由于量化域不变，可以增加两个规则，它们对应于标准量化模态逻辑中的巴坎公式和逆巴坎公式。

- (Q21)　$\forall x \square \phi \dashv\vdash \square \forall x\phi$
- (Q22)　$\exists x \diamondsuit \phi \dashv\vdash \diamondsuit \exists x\phi$

在逻辑 L_{Sit} 的一个正则模型中，情境集由某组超饱和理论构成。一个理论 Γ 是**超饱和的**，当且仅当它满足下列三个条件：

1. 如果 $\forall x\phi \notin \Gamma$，那么对于某个 t，$\phi[t/x] \notin \Gamma$。

2. 如果$\exists x \phi \in \Gamma$，那么对于某个$t$，$\phi[t/x] \in \Gamma$。

3. 如果$(\phi \vee \psi) \in \Gamma$，那么或者$\phi \in \Gamma$或者$\psi \in \Gamma$。

要证明这些逻辑规则的完全性，必须表明如果$\Gamma \nvdash \Delta$，那么$\Gamma \nvDash \Delta$。首先，要增加一个代表当下索引的新常项t^*，即Γ中类型在其中被证实且Δ中类型在其中未被证实的情境殊型。对Γ中每个类型ϕ，我们会增加类型$(t^* \models \phi)$，产生一个新的集合Γ^+。已知t^*不在Γ中出现这一事实，利用规则$(Q4)$和$(Q14)$，我们容易证明这一结果的一个引理，即如果$\Gamma \nvdash \Delta$，那么$\Gamma^+ \nvdash \Delta$。

然后，可以容易地证明部分性形式的林登鲍姆引理的一般化：

引理 A.2(广义林登鲍姆引理) 如果$\Gamma^+ \nvdash \Delta$，那么，Γ^+可以扩充为一个超饱和理论Γ^*，使得$\Gamma^* \cap \Delta = \varnothing$。

通过构造一系列这样的对偶$\langle \Gamma_i, \Delta_i \rangle$，$\Gamma_i \nvdash \Delta_i$，$\Gamma^+ \subseteq \Gamma_i$，$\Delta \subseteq \Delta_i$，且$\Gamma_i \cap \Delta_i = \varnothing$，可以证明该引理。这一构造照常以语言列举为基础，在该语言中每个公式出现无穷多次。我们获得公式ϕ_i遵循的是下述规则：

1. 如果$\Gamma_i \vdash \phi_i$，那么$\phi_i \in \Gamma_{i+1}$。

2. 如果$\phi_i \vdash \Delta_i$，那么$\phi_i \in \Delta_{i+1}$。

3. 否则，如果$\phi_i = \psi[t'/v]$，$\exists v \psi \in \Gamma_i$，$\Gamma_i, \phi_i \nvdash \Delta_i$，且不存在$t$，$\phi[t/v] \in \Gamma_i$，那么$\phi_i \in \Gamma_{i+1}$。

4. 如果$\phi_i = \psi[t'/v]$，$\forall v \psi \in \Delta_i$，$\Gamma_i \nvdash \Delta_i, \phi_i$，且不存在$t$，$\phi[t/v] \in \Delta_i$，那么$\phi_i \in \Delta_{i+1}$。

308　　　于是我们能令$\Gamma^* = \Gamma_\infty$。容易表明$\Gamma \subseteq \Gamma^*$，$\Gamma^* \cap \Delta = \varnothing$，以及$\Gamma^*$是一个超饱和理论。

这个超饱和理论包含**模型库**$B(\Gamma^*)$，它由对整体-部分的原子公式和分类原子公式(那些包含$\sqsubseteq$和$\models$的原子公式)的相容且完全的经典真值指派构成。在逻辑L_{Sit}以Γ^*为基础的正则模型中，情境集由扩充模型库$B(\Gamma^*)$的所有超饱和理论组成。

在这一正则模型中，可以下述方式把每个项t与Sit_M中的一个正

则情境-殊型(一个超饱和理论)联系起来:

$$\|t\| = \{\phi : 't \models \phi' \in B(\Gamma^*)\}$$

Γ^* 的超饱和及公理(Q13)到(Q17)保证每个相联系的集合都是一个超饱和理论。规则(Q18)和(Q19)保证这些理论也扩充 $B(\Gamma^*)$,并且 Sit_M 中所有元素皆如此。

正则模型中的部分-整体关系 $\sqsubseteq$ 由 Sit_M 中理论间的子集关系给出。参照每个理论中的公式及其否定的包含或非包含关系,解释函数 I 给简单原子公式指派真值。

1. $I(s)(\phi) = T \Leftrightarrow '\phi' \in s_\Delta \ \& \ '\neg \phi' \notin s$
2. $I(s)(\phi) = F \Leftrightarrow '\neg \phi' \in s_\Delta \ \& \ '\phi' \notin s$
3. $I(s)(\phi) = U \Leftrightarrow '\phi' \notin s_\Delta \ \& \ '\neg \phi' \notin s$
4. $I(s)(\phi) = B \Leftrightarrow '\phi' \in s_\Delta \ \& \ '\neg \phi' \in s$

于是,可以径直证明正则模型的真定理:一个公式(无论是原子公式还是复合公式)在一个情境理论中至少是真的,当且仅当它被包括在该情境理论中;它至少是假的,当且仅当它的否定被包括在该情境理论中。所构造的对应于特殊常项 t^* 的情境包括 Γ 中每个元素而排除 Δ 中每个元素。从正则模型的真定理可以推得 $\Gamma \nvdash \Delta$。这足以证明推理规则集的完全性(因为都是满足 $\Gamma \nvdash \Delta$ 的任意公式集)。

这一完全性结果的一个备选路径是利用将部分性逻辑翻译成经典逻辑的吉尔摩-费弗曼技术。对于 L_{Sit},+和-的翻译必须扩充如下:

- $(t \sqsubseteq t')^+ = (t \sqsubseteq t')$
- $(t \models \phi)^+ = (t \models \phi)$
- $(At)^+ = A^+ t$
- $(\forall x \phi)^+ = \forall x \phi^+$
- $(t \sqsubseteq t')^+ = (t \sqsubseteq t')$
- $(t \models \phi)^+ = (t \models \phi)$
- $(t \sqsubseteq t')^- = \neg (t \sqsubseteq t')$

309

- $(t \models \phi)^- = \neg \, (t \models \phi)$
- $(At)^- = A^- t$
- $(\forall x \phi)^- = \exists x \phi^-$

穆斯肯斯证明，在部分性谓词逻辑中 Γ 衍推 Δ，当且仅当，在经典谓词逻辑中 Γ^+ 衍推 Δ^+（Muskens，1995，p. 54）。作为这一结果的推论，我们有紧致性定理和勒文海姆-斯科伦定理的部分学形式，以及部分性谓词逻辑可被递归公理化的第二种证明。另外，该翻译使我们能够转化经典谓词逻辑中的其他标准结果，譬如勒文海姆/斯科伦定理。

A. 5　情境-类型的一阶量化

我认为我们语言中的公式对应于世界中的某些东西：巴威斯等情境理论家所指的"情境-类型"。这些情境类型在否定、合取、析取和概括等逻辑运算之下封闭。另外，有些特定的模态和条件情境-类型，它们对应于包含□和□→的公式。

说明某些种类的因果关联，特别是我称为**因果解释**的那种关联，需要情境-类型。不像许多柏拉图主义者而像阿姆斯特朗和霍赫伯格等当代实在论者，我不坚持认为，我们语言中的每个有意义的谓词或开公式必定对应一个情境-类型。有一些纯形式或逻辑的属性与关系，它们可定义但可能不对应世界中的真实类型。由此我可避免涉及属性的罗素悖论，例如，假想的谓它属性（不能真实地谓述自身的某东西的属性）。

尽管我是一个类型实在论者，并且把类型看作共相（可以在世界中被多次例示的东西），但这一关于共相的实在论对于我在本书中的任务来说不是根本性的。如果像大卫·刘易斯（Lewis，1983）那样宁愿把原子情境-类型看作**自然种类**，即由特别紧密的自然的相似性关系捆绑在一起的类，我没有什么深层次的反对意见。我倾向认为，自然的相似性关系必定建立在某共相的同等例示基础之上，而不是相反，但我不确定是否最终澄清了这一古老争论。

本书没有必要对类型进行量化，并且下一本书也很少有这样的需要。但在第 15 章提出自然数的柏拉图理论时，我确实利用了类型的量化。但我并不要求对标准二阶的全部量化。在其中，二阶变项被看作涉及一阶论域的任意类。相反，我可以利用实质上是情境-类型的一阶理论的某种东西。由于区分真实类型和纯逻辑类型，通过假定存在一个类型与该语言中的每个开公式相对应，我的逻辑不包括抽象公理。我不认为 Lambda 抽象必然导致对真实情境-类型的详细说明。因此，我不需要接受将谓它性定义为 $\lambda x : \neg\, (x \models x)$。

我们可以把情境看作在某些逻辑运算下封闭的特殊的实体类。我们不必把逻辑算子和模态算子看作"复合"类型的真实部分。相反，可以把否定看作类型之间的特定关系。如果愿意，（在部分性逻辑中）逻辑等值的类型，譬如 ϕ 和 $\neg\,\neg\,\phi$ 或 $\phi \,\&\, \psi$ 与 $\psi \,\&\, \phi$，可以相互等同。我们也不必把谓词逻辑中的变项具体化为广义类型的部分。相反，可以将代入看作两个类型和一个个体殊型之间的（可递归定义的）三元关系，把存在概括看作可用代入定义的两个类型和一个个体之间的三元关系。

将类型集看作殊型集的一个子集，就可以对类型进行量化。于是，同样的一阶变项可被看作既包括普通殊相又包括抽象类型。

附录 B

因果演算

B. 1 因果关系与可投射统计

因果关系的威力来自它对统计推理的影响。通过形式化著名的"马尔可夫规则",现在可以精确地阐述因果关系对可投射统计有何影响。马尔可夫原理告诉我们,如果事实 a 隔断其结果 b 与其他某个事实 c,那么,给定 a,b 统计独立于 c。在对因果推理的标准处理中,马尔可夫原理被构述为适合原因和结果都是随机变量的特殊情形。我们需要形式化适合一般情形的马尔可夫原理,在这种情形中,原因和结果用任意逻辑复杂度的类型来表征。

形式化马尔可夫原理这一任务依赖表示情境**类型**之间的一种关系,而不只是情境-殊型之间的关系。我在第 4 和第 5 章定义过情境-类型之间的这种关系。在本附录中,我将举例说明这种说明的优点。

为简单起见,我将假定相干模型类中的所有情境-殊型都是模态完全和融贯的。我将利用完全经典的二值条件句逻辑 VW^-,它包括下述公理和规则:

- (RCEC) 从 $\vdash(\phi\leftrightarrow\psi)$ 推出 $\vdash(\chi\,\square\!\!\rightarrow\phi)\leftrightarrow(\chi\,\square\!\!\rightarrow\psi)$。

- (RKC)　从 $\vdash (\phi_1 \,\&\, \cdots \,\&\, \phi_n \rightarrow \psi)$ 推出 $\vdash [(\chi \,\square\!\!\rightarrow\, \phi_1) \,\&\, \cdots \,\&\, (\chi \,\square\!\!\rightarrow\, \phi_n)] \rightarrow (\chi \,\square\!\!\rightarrow\, \psi)$。

- (Id)　$\vdash (\phi \,\square\!\!\rightarrow\, \phi)$。

- (Mod)　$\vdash \square\,\phi \rightarrow (\psi \,\square\!\!\rightarrow\, \phi)$。

- (CSO)　$\vdash [(\phi \,\square\!\!\rightarrow\, \psi) \,\&\, (\psi \,\square\!\!\rightarrow\, \phi)] \rightarrow [(\phi \,\square\!\!\rightarrow\, \chi) \leftrightarrow (\psi \,\square\!\!\rightarrow\, \chi)]$。

- (CV)　$\vdash [(\phi \,\square\!\!\rightarrow\, \psi) \,\&\, \neg\,(\phi \,\square\!\!\rightarrow\, \neg\,\chi)] \rightarrow [(\phi \,\&\, \chi) \,\square\!\!\rightarrow\, \psi]$。

逻辑 VW^- 对应于欧内斯特·亚当斯(Adams,1975)和朱迪亚·珀尔(Pearl,1988)提出的条件句的极值型概率解释(如我在 A.3 讨论的)。(亦可参见 Lehmann and Magidor,1992。)这一逻辑对应于大卫·刘易斯的逻辑 VW 减去 MP 公理[即减去$(\phi \,\&\, (\phi \,\square\!\!\rightarrow\, \psi) \rightarrow \psi)$]。 312

　　一旦形式化广义马尔可夫原理,就可以使我们能够阐明适合动态情境推理的非单调逻辑。例如,考虑汉克斯和麦克德莫特(Hanks and McDermott,1987)提出的声名狼藉的耶鲁射击问题。通过在陈述可击败规则时使用模态统计条件句 $\square\!\!\rightarrow$,我将形式化该问题。从事实集 $\{A,S,L\}$ 开始,它代表受害人开始是活的,枪一开始就装满了弹药,以及(短时间之后)发生了射击事件这一事实。我们有下列三个可击败规则:

- $(A \,\square\!\!\rightarrow\, A')$
- $(L \,\square\!\!\rightarrow\, L')$
- $((A \,\&\, L' \,\&\, S) \,\square\!\!\rightarrow\, \neg\,A')$

　　前两个规则是所谓的惯性律的实例。第三个规则是因果定律,它说的是,用一只装了弹药的枪开火胜过活的惯性,所产生的结果是受害者在接下来的状态中死了。在标准的非单调逻辑中,这一事实集和规则有两个可许扩充。在一个扩充中,枪一直装有弹药且受害人被杀。

在另一个扩充中,射击之前,枪鬼使神差地变得没有弹药且受害人仍活着。每个场景都涉及某种意外情况的出现——或者胜过活的惯性,或者胜过装有弹药的惯性。

通过考虑情境的因果结构,我们可以用马尔可夫规则导出该问题的一个原则性解决方案。考虑下面的因果结构图。

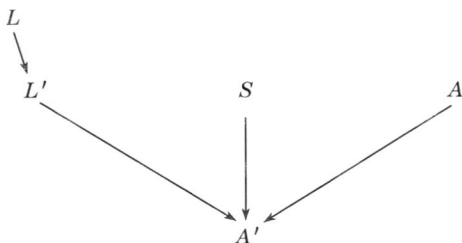

图 B. 1　耶鲁射击问题

注意,L 把 A 和 $\neg A'$ 从 L' 隔断。这意味着,利用马尔可夫原理,可以强化用于 L 的惯性律的前件,结果得到一个新规则:

$$(L \,\&\, A \,\&\, \neg\, A' \,\square\!\!\rightarrow L')$$

现在,在许多非单调逻辑中(比如珀尔的 Z 系统,或者阿舍/莫罗的常识衍推系统),这一规则优先于用于 A 的惯性律。这意味着,我们可以甩开第二个场景,成功地推断受害者不是活着。

相反,假设有下述因果结构。在此,Z 表征对潜在受害人的积极安保。

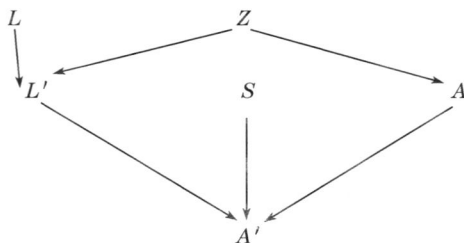

图 B. 2　有警卫的耶鲁射击问题

　　假定积极警卫的出现既因果先于 A（因为这是受害人幸存至目前的一个可能解释），又先于 L'（因为在间歇期间警卫可以使用装有弹药的枪支）。在这种情况下，L 不再把 A 和 ¬ A' 从 L' 隔断，我们不能再用马尔可夫原理。在这种情况下，我们不能推断受害人死了。但直觉上受害人死了似乎是正确结果。

　　当然，原故事并没有告诉我们没有这样的警卫。显然，关于动态情境的非单调推理涉及两个过程：第一，假设当前情境的因果结构最小；第二，用该因果结构（与马尔可夫原理和各种可击败规则一道）推出概然性后承。

313

B. 2　其他一些著名难题

　　朱迪亚·珀尔（Pearl，1988）讨论了一个非常简单的问题，这个问题表明在形式化常识推理时引入因果信息的必要性。考虑洒水车和人行道。有两个可击败规则：（洒水车开过 □→ 地湿）和（地湿 □→ 天下雨）。假设知道洒水车开过，可以合理地得出结论人行道是湿的。但是，如果继续推断在不久之前可能下雨了，就会出错。我们需要利用事实洒水车开过且下雨因果先于人行道湿。

　　另一个著名问题是弗拉迪米尔·利夫席茨（Vladimir Lifschitz，1990）讨论的灯的问题。假设有一盏灯与两副开关连着。如果两副开关都开着或都关着，那么灯亮。否则，灯是熄的。假设第一个开关是关的，第二个开关是开的。灯是熄的。现在假设打开第一个开关。我们打算导出灯变亮这一后承。但是，一个与该可击败规则同等符合的结果是第二个开关关上。我们再次需要考虑灯的状态而非第二个开关的状态，因果后于第一个开关的位置这一事实。

314

　　最后是林和赖特（Lin and Reiter，1994）给出的皇帝的有色积木问题。有两块红色的积木。皇帝命令任何时候两块积木或者都是黄色或都不是黄色。假设试着只把其中一块漆成黄色。正确结论是该行动会失败。我们必须设法避免如下结论：把第一块漆成黄色，会自发自为地导致第二块积木也变成黄色。

B. 3　隔断

　　我将定义 $\sigma(s_1, s_2, s_3)$ 所表征的关系。根据该关系，第三个殊型隔断第一个殊型和第二个殊型。我会用到两个新缩写：P_w 和 N_w。$P_w(s)$ 是这样一些殊型的总和，它们是世界 w 的部分并紧先于殊型 s。$N_w(s)$ 是这样一些殊型的总和，它们是世界 w 的部分并紧后于殊型 s。

　　在这些定义之中，我将自始至终假定我在第 5 章和第 8 章论证过的论点，即一个情境-殊型的存在必然使每个因果先于它的殊型存在。如果不再考虑这一论点，那么必须考虑反事实条件的可能性，即现实殊型事件的非现实原因。所与殊型的因果前件就会包括非现实的先在殊型和现实的先在殊型。为了隔断某结果的概然性，我们不得不具备关于其每个因果前件发生与不发生的完全信息。这看来是错的：考虑现实事件的现实原因的发生就足够了。如果是这样，必须假定现实事件没有非现实的因果前件。并且，反过来，仅当每个事件使其所有因果前件成为必然，这一假定才有意义。

　　定义 B. 1（后向因果链）　相对于 w，殊型序列 c 是一个始于 s 的后向因果锥 $B_w(c, s)$，当且仅当，满足下述条件：

　　1. $c(0) = s$

　　2. $\forall i \leqslant \mathrm{dom}(c)c(i + 1) = P_w(c(i))$

　　定义 B. 2（前向因果链）　相对于 w，殊型序列 c 是一个始于 s 的前向因果锥 $F_w(c, s)$，当且仅当，满足下述条件：

　　1. $c(0) = s$

　　2. $\forall i \leqslant \mathrm{dom}(c)c(i + 1) = N_w(c(i))$

315

定义 B. 3(共同原因)　殊型 s_1 是 s_2 和 s_3 的共同原因 $CC(s_1, s_2, s_3)$，当且仅当，存在序列 c 和 c' 和世界 w，条件 $B_w(c, s_2)$ 和 $B_w(c', s_3)$ 成立，且对任意的 i 和 j，条件 $s_1 \sqsubseteq c(i)$ 和 $s_1 \sqsubseteq c'(j)$ 成立。

定义 B. 4(轨线)　情境 s_1 横穿从 s_2 到 s_3 的轨线 $Tr(s_1, s_2, s_3)$，当且仅当，存在序列 c 和 c' 和世界 w，条件 $F_w(c, s_2)$ 和 $B_w(c', s_3)$ 成立，且对任意的 i 和 j，条件 $s_1 \sqsubseteq c(i)$ 和 $s_1 \sqsubseteq c'(j)$ 成立。

定义 B. 5(因果隔断)　殊型 s_3 隔断 s_1 和 s_2，即 $\sigma(s_1, s_2, s_3)$，当且仅当，$s_3 \prec s_2$ 且 $\forall x CC(x, s_1, s_2) \rightarrow Tr(s_3, x, s_2)$。

换句话说，s_3 因果隔断 s_1 和 s_2，当且仅当，s_3 先于 s_2，并且 s_3 横穿从 s_1 和 s_2 的共同原因到 s_2 自身的轨线。

B. 4　超限概率函数的条件

范围系统语义学对应于条件句 $\square\!\rightarrow$ 的极值型概率解释：

$$A \sqsupseteq B \Leftrightarrow Pr(A/B) \approx 1$$

当范围 A 和 B 属于刘易斯系统 S 且 $A \subseteq B$ 时，$A \sqsupseteq B$ 可以解释为表征一个在其中 A 基于 B 的概率无穷接近于 1 的情境。蒂姆·费尔南多(Tim Fernando, 1998)近来证明，任何带有穷可加的超实数值的概率函数的模型，大体上等于这样一个范围系统模型。

必须对超实数概率函数施加四个附加条件：

1. 米勒原理，即布雷恩·斯基尔姆斯阐述的高阶概率原理。

2. 马尔可夫局部性原理。

3. 赖欣巴哈规则。

4. 奥卡姆剃刀。

B. 4. 1　米勒原理

米勒原理要求，一阶概率权可以通过求积分重新从高阶概率得到。

实际上，我相信，关于模态的事实（包括关于常态和客观机遇的事实）是必然的。在这种情况下，应采纳 $S5$ 的条件句逻辑扩充，它具有下面这两个公理：

$$(\phi \,\square\!\!\rightarrow\, \psi) \rightarrow \square(\phi \,\square\!\!\rightarrow\, \psi)$$

$$(\phi \,\diamondsuit\!\!\rightarrow\, \psi) \rightarrow \square(\phi \,\diamondsuit\!\!\rightarrow\, \psi)$$

类似 $S5$ 的公理可衍推米勒原理。因此，如果要特别谨慎，可以米勒原理作为对一阶模态和高阶模态之间关系的最小限制。

米勒原理可以表述如下：

假设 B.1（米勒原理）   令 $[W]_\mu$ 是对 W 的概率一致性划分，也就是说，$w \approx_\mu w'$，当且仅当 $\forall w'' \mu_w(w'') = \mu_{w'}(w'')$。

如果 $A \subseteq [W]_\mu$，那么：

$$\mu_w(C/B \cap \cup(A)) = \int_{w' \in \cup(A)} \mu_{w'}(C/B) d\mu_w(w')$$

317   在有穷模型情况下，米勒原理的后承可以表示为：

$$\mu_w(C/B \cap \cup(A)) = \sum_{w' \in \cup(A)} \mu_{w'}(C/B) \mu_w(w')$$

下面的公理我称作"斯基尔姆斯公理"，它们是米勒原理的证明论对等物。它们是通常称为吸收公理的限制形式。

$$(S1) \quad (\phi \,\square\!\!\rightarrow\, (\psi \,\square\!\!\rightarrow\, \chi)) \leftrightarrow ((\phi \,\&\, \psi) \,\square\!\!\rightarrow\, \chi)$$

$$(S2) \quad [(\phi \,\square\!\!\rightarrow\, (\psi \,\diamondsuit\!\!\rightarrow\, \chi)) \,\&\, \diamondsuit(\phi \,\&\, \psi)] \leftrightarrow ((\phi \,\&\, \psi) \,\diamondsuit\!\!\rightarrow\, \chi)$$

在此，每种情况下 K 都是 $\top$ 和 $\square\!\!\rightarrow$ 公式的布尔组合。

算子 $\diamondsuit\!\!\rightarrow$ 可用 $\square\!\!\rightarrow$ 以通常的方式定义：

$$(\phi \,\diamondsuit\!\!\rightarrow\, \psi) =_{df} \neg(\phi \,\square\!\!\rightarrow\, \neg\psi)$$

对条件句逻辑，米勒原理有许多有趣的推论。下面的条件句逻辑定理利用了这一点。

定理 B.1（米勒原理的推论）   米勒原理保证下述两个公理有效：

(a) $\models (\top \,\square\!\!\rightarrow\, (\phi \,\square\!\!\rightarrow\, \psi)) \leftrightarrow (\phi \,\square\!\!\rightarrow\, \psi)$

(b) $\models ((\phi \,\&\, (\phi \,\square\!\!\rightarrow\, \psi)) \,\square\!\!\rightarrow\, \psi)$

证明：

（a）根据公理 S1，$(\top \boxright (\phi \boxright \psi))$ 逻辑等价于 $((\top \& \phi) \boxright \psi)$。因为 ϕ（在经典逻辑中）与 $\top \& \phi$ 逻辑等价，于是得到我们想要的结果。

（b）根据幂等性，我们有：

$$\models ((\phi \boxright \psi) \boxright (\phi \boxright \psi))$$

根据公理 S1，我们导出该定理。得证。

第二个定理非常重要。因为它暗示，利用 $\boxright$ 条件句的逻辑属性可以富有成效地定义一种非单调后承关系。

定义 B.6（非单调后承）

$$\phi \mathrel{\mid\approx} \psi \Leftrightarrow \models (\phi \boxright \psi)$$

给定 $\boxright$ 的概率解释，该定义保证某结论可以从一组前提非单调地导出，当且仅当，该结论基于前提的合取的条件概率无穷接近于 1。因此，有一个很有根据的非单调推理规范：可击败推理只是大弃赌论证所辩护的贝叶斯条件化的特例。

再者，如此定义的后承关系是累积的［在加贝（Gabbay）意义上］和偏好的［在克劳斯（Kraus）、莱曼和马吉多意义上］。它服从 Cut，OR 和谨慎单调性原则。

斯基尔姆斯系统的第二个定理提供了一种可击败形式的肯定前件式：

$$\phi \& (\phi \boxright \psi) \mathrel{\mid\approx} \psi$$

要从一个前提集非单调地导出某特定结论，只要证明这些前提逻辑等价于这一可击败的 MP 模式的左边就足够了。这一转换需要支配强化 $\boxright$ 条件句前件的等值保留原理。例如，假设有前提 $\phi, \psi, (\phi \boxright \chi)$。可以根据可击败的 MP 非单调地导出结论 χ，当且仅当，可以证明 $(\phi \boxright \chi)$ 逻辑等价于 $(\phi \& \psi) \boxright \chi$。这一点可以做到，假若 ϕ 逻辑衍推 ψ。若前提逻辑衍推 $\phi \boxright \psi$ 也可以做到这一点。但是，要得到有趣

318

的非单调后承,需要强得多的规则以便找到几个逻辑等价的命题集。在这些命题集中,某个条件句的前件在另一个集合中被强化。马尔可夫局部性原理和奥卡姆剃刀给了我们这样的规则。

B. 4. 2 马尔可夫局部性

在关于因果关系的非决定论模型一章中,我已经介绍了概率局部性原理。这一原理要求,已知其直接原因的现实性,一已知殊型的现实性的概率独立于任何不晚于它的殊型的现实性。(在这一定义中,我用到了整体-部分和算子$\hat{x}\phi$,即所有支持类型ϕ的殊型的整体-部分论之和。)我还会用到表示"因果不晚于"的符号$\succcurlyeq$,将它定义如下:

定义 B. 7(因果不晚于)　$(s \succcurlyeq s' = def \neg \exists s''(s'' \subseteq s \& s' \prec s''))$

假设 B. 2(概率性马尔可夫局部性)

如果$s_1 = \hat{x}(x \prec_0 s_2), (s_3 \succcurlyeq s_1), (s_4 \succcurlyeq s_1)$,并且$s_1, s_3, s_4$可共存,那么对任何世界$w, Pr_w(As_2/A(s_1) \& A(s_3) \& A(s_4)) = Pr_w(As_2/As_1 \& As_4)$。

假设 B. 3(赖欣巴哈规则)　如果s_1和s_2没有共同原因,并且没有任何一个先于(甚至部分地先于)另外一个,且s_3不晚于s_1和s_2,那么,对于任何世界$w, Pr_w(As_1 \& As_2/As_3) = Pr_w(As_1/As_3) \times Pr_w(As_2/As_3)$。

定理 B. 2(从因果隔断到概率隔断)

如果$\sigma(s_1, s_2, s_3)$且$(s_4 \succcurlyeq s_1)$,那么,$Pr_w(As_2/As_1 \& As_3 \& As_4) = Pr_w(As_2/As_3 \& As_4)$。

定理 B. 3(模型推理的可靠性)　已知概率(马尔可夫)局部性和赖欣巴哈规则(在此,Φ是任意模态封闭公式)[①],下述公式逻辑等价:

$$([\Phi \& \sigma(d_1, d_2, d_3) \& Ad_3] \square \rightarrow Ad_2)$$

$$([\Phi \& \sigma(d_1, d_2, d_3) \& Ad_1 \& Ad_3] \square \rightarrow Ad_2)$$

---

① 一个公式是**模态封闭**的,当且仅当,一现实类型At的每次出现都在模态算子的辖域中。

这些定理的证明见 B. 7 节。

B. 4. 3　奥卡姆剃刀

归纳推理是最简单、最经济解释的推理。这种对简单假说的偏爱反映了对概率函数的一种逻辑要求，这种要求体现了奥卡姆剃刀：命题衍涵的殊型、因果关联或划分某所与结构的类型越少，合理的概率函数赋予这样的命题的概率越高。

奥卡姆剃刀这一要求可用三步来形式化。首先，必须定义世界上的偏序关系：

$$w \leq w' \Leftrightarrow$$

$$\exists f : \hat{w} \xrightarrow{1-1} \hat{w}' \ \forall s_1, s_2 \sqsubseteq w [(s_1 \prec s_2 \rightarrow f(s_1) \prec f(s_2)) \ \& $$

$$\forall \varphi (s_1 \models \varphi \rightarrow f(s_1) \models \varphi))$$

世界 w 弱优先世界 w'，当且仅当，存在一个从 w 和 $\hat{W}$ 的部分到 w' 的部分的保结构同态。严格优先 $\prec$ 可以通常方式用弱优先定义。

然后，我们将这种偏序关系扩展到世界集：

$$A \leq B \Leftrightarrow \forall w \in B \ \exists w' A w' \leq w$$

集合 A 弱优先于集合 B，当且仅当，对 B 中每个元素 w 来说，存在 A 中某个元素 w' 弱优先于 w。

定义 B. 8(奥卡姆剃刀)

一个模型满足奥卡姆剃刀，当且仅当，$\forall_w \in W_\mathcal{M} \ \forall A \forall B(A \prec B$ $\& \ B \subseteq dom(Pr_{\mathcal{M},w}) \rightarrow \sum_{w' \in B} Pr_{\mathcal{M},w}(w') \approx \sum_{w' \in B \cup A} Pr_{\mathcal{M},w}(w'))$。

因果最小化的意思是，可以假设，当前提对因果关联的存在或一个殊型对一个类型的支持保持沉默时，该因果关联不存在且该类型没被支持。这最大化了隔断关系的外延，并因此最大化了合法的非单调后承。

定理 B. 4(因果投射的可靠性)　如果每个在任意模型中证实模态封闭公式 Φ 的最大化的优先世界也在同一个模型中证实 $\sigma(d_1, d_2, d_3)$，

320

那么，下述推理是非单调地正确的（在满足奥卡姆剃刀、米勒原理、赖欣巴哈规则和马尔可夫局部性的模型类中）：

$$\Phi, Ad_1, Ad_3, (Ad_3 \,\square\!\!\rightarrow Ad_2) \,\,|\!\!\approx Ad_2$$

这个定理提供了因果投射的范例。首先，通过最大化隔断关系的外延，用奥卡姆剃刀最小化情境-殊型之间的因果关联。然后，用马尔可夫局部性原理和赖欣巴哈规则强化前提集中非单调条件句的前件，直到这些前件包含所有非模态封闭的前提。最后，用斯基尔姆斯公理导出一个非单调条件句，它的前件包含所有前提且后件包含所有想要的结论。这证明该推理非单调地正确，结论基于前提的条件概率无穷接近于 1。

B. 5   例子

B. 5. 1   耶鲁射击问题

用因果最小化，可以假设，装弹药的行为隔断了枪射击前装有弹药的状态和受害人活着的状态。这使我们能够证明前提逻辑等价如下集合：在其中，所有事实都包含在一个 $\square\!\!\rightarrow$ 条件句的前件中，其后件是 N 被装了弹药或者并非 N 活着这一事实。因此，我们导出正确的非单调后承。这一解决方法可以推广到任何类似问题上：我们不必假定所与事实是原子事实或者我们只有关于初始状态的信息。

在耶鲁射击问题的修改版中我们可以不再假设不存在这样一种关联，这个修正版增加了一个状态 Z，它既因果先于 N 被装了弹药这个类型的状态又因果先于活着这个类型的状态。这就阻止了运用马尔可夫局部性原理。结果是，不能表明条件句的前件被强化时仍然保持逻辑等价。因此，不能再导出受害者死了这一结论。而根据共同原因 Z 干扰的可能性，该结论似乎是合理的。

B. 5. 2 珀尔的洒水车问题

朱迪亚·珀尔创造了一个极简版本的耶鲁射击问题。有两个殊型常项 d_1 和 d_2，它们具有固定关系 $d_1 \prec_0 d_2$，也即是说，d_1 在 d_2 之前。我们假定($d_1 \models$ 洒水车开着)和($d_2 \models$ 人行道湿)。我们知道 d_1 是现实的，即 Ad_1。

还有两个可击败规则：

$$\forall x \forall y ([Ax \,\&\, (x \models \text{洒水车开着}) \,\&\, (y \models \text{人行道湿})$$
$$\&\, (x \prec_0 y)] \,\square\!\!\rightarrow Ay)$$

$$\forall x ([x \,\&\, (x \models \text{湿})] \,\square\!\!\rightarrow \exists y [(y \prec_0 x) \,\&\, (y \models \text{下雨})])$$

根据第一个规则，在其中洒水车开着的那些状态通常跟着在其中人行道是湿的的那些状态。根据第二个规则，在其中天下雨的那些状态通常在在其中人行道是湿的的那些状态之前。我们想要能够得出的结论是在 d_1 中人行道是湿的而不是在 d_2 中天在下雨。用马尔可夫局部性原理分析这个例子产生的是正确结果，因为 d_1 没有被 d_2 与其自身隔断，因此，我们不能强化第二个规则的前件来包括洒水车在状态 d_1 中开着这一事实。

B. 5. 3 利夫席茨之灯

在弗拉迪米尔·利夫席茨介绍的一个案例中，有一盏有两个开关的灯。如果在某状态中两个开关都开着或关着，那么在同一时刻灯是亮的。如果一个开关开着而另一个关着，那么灯是灭的。假设灯是灭的，开关一是关的，开关二是开的。假设我们按开关一。有两种可能结果：灯亮或者开关二关着。显然，我们优选第一个。

要考虑 7 个殊型状态，每个要素(两个开关和一盏灯)在开与关之前和之后的殊型状态，加上开关行动-殊型自身。常识告诉我们下述有关因果在先关系的信息。

即使灯的状态与开关的相应位置是同时性的，在它们之间还是有

一种因果在先关系:灯的状态因果依赖于开关,而不是相反。因此,我们可以把相关的可击败规则表述如下:

1. $\forall x \forall y([(x \models 开) \,\&\, (y \models 开) \,\&\, (x \prec_0 y) \,\&\, Ax] \,\square\!\!\rightarrow A y)$

2. $\forall x \forall y([(x \models 关) \,\&\, (y \models 关) \,\&\, (x \prec_0 y) \,\&\, Ax] \,\square\!\!\rightarrow A y)$

3. $\forall x \forall y([(x \models 灭) \,\&\, (y \models 灭) \,\&\, (x \prec_0 y) \,\&\, Ax] \,\square\!\!\rightarrow A y)$

4. $\forall x \forall y \forall z \forall w([(x \models 开) \,\&\, (y \models 关) \,\&\, (z \models 亮) \,\&\, (w \models 灭) \,\&\, ((x \sqcup y \sqcup z) \prec_0 w) \,\&\, Ax \,\&\, Ay \,\&\, Az] \,\square\!\!\rightarrow A w)$

5. $\forall x \forall y \forall z \forall w([(x \models 开) \,\&\, (y \models 开) \,\&\, (z \models 灭) \,\&\, (w \models 亮) \,\&\, ((x \sqcup y \sqcup z) \prec_0 w) \,\&\, Ax \,\&\, Ay \,\&\, Az] \,\square\!\!\rightarrow A w)$

322

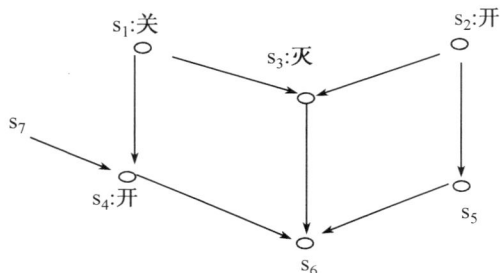

图 B. 3   利夫席茨之灯

前三个是惯性律的事例,后两个表达灯对开关位置的某些依赖性。

在当前案例中,状态 s_3 被 s_2 与 s_6 隔断。因此,可以强化规则 1 的前件来导出结论 As_5。状态 s_1、s_2、s_3 和 s_7 都被 s_3 与 s_4 的和与 s_4 隔断。因此,我们可以强化规则 5 的前件并导出想要的结论 As_6。

B. 5. 4   皇帝的有色积木

在皇帝的有色积木例子中,在表征资格受限(对可以做什么的限制)和分类受限(对必须服从某所与种类行动的限制)之间的区别时,我们遭到了挑战。有两块黄色的积木。把一块黄色的积木漆成红色总会把其颜色变为红色。皇帝命令或者两块积木都是黄色,或者两块都不是。正确结论是,有可能漆两块而不是只漆其中一块。必须避免如下结论:漆一块积木引起另外一块积木也要改变颜色。

在这个例子中,有五个殊型:每块积木有两个殊型(漆前和漆后)和可能的上漆行动的殊型。假设上漆行动可以影响积木的话,也只能影响第一块积木。这一因果结构可以表征如下:

有五个相应的殊型常项 s_1、s_2、s_3、s_4 和 s_5,以及如下假定:$(s_1:Y)$,$(s_2:Y)$,$(s_1 \prec s_3)$,$(s_2 \prec s_4)$,$(s_3:漆)$,$(s_3 \prec s_4)$,$\neg (s_1 = s_2)$,$(s_4 \neq s_5)$。我们有事实 As_1、As_2 和 As_3。我们以积木颜色的惯性律作为可击败规则。有下述形式的硬规则:

323

$$\neg \diamondsuit \exists x \exists y \exists z \exists w((x \prec_0 z) \& (y \prec_0 z) \& (z \neq w) \& (z \models \neg Y) \& (w \models Y))$$

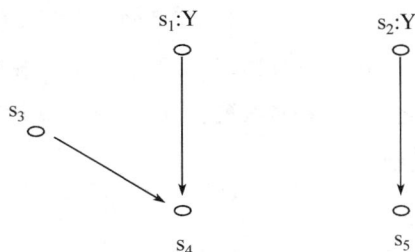

图 B.4　皇帝的积木

另外,或者可以把事实 As_3 和一个可击败规则添加到上漆改变颜色这一结果之中,或者可省略事实 As_3 而把硬规则添加到上漆总是改变积木的颜色这一结果之中。在一种情况下,结论是计划中的上漆行动没有产生通常的结果。在另一种情况下,得出的结论是 s_3 不是现实的。

图中所展示的关键事实是 s_2 将 s_1 和 s_3 与 s_5 隔断。因此,在第二块积木情况下惯性不会被超越,并且我们避免了反直觉结果。

B. 6　溯因与归纳

溯及未知原因,看来要给目前所勾勒的因果演算添加两个附加要素。首先,必须加上某种形式的因果普遍性原理。其次,必须添加某种关于现实的因果定律理论之完全性的假定。给定这些假定和任意事实集,可以演绎出事实的最经济的可能原因的析取。在此,经济以情境-殊型集、因果关联集以及每个殊型所支持的类型集来测度。

至于归纳,显然必须放弃当前的因果定律理论是完全的这一假定。要解决的最困难的问题是,愿意何时给因果因素适于用已知定律解释现象这一假定添加一个因果律。另外,必须对潜在定律的简单性有某种测度。情境-类型是本体中的第一类实体,而且强克林和邓恩赋值使我们能够在事实之间做出极精细的区分,利用这些事实可以避免古德曼的绿蓝/蓝绿问题。

B. 7　定理 B. 2 至 B. 4 的证明

定理 B. 2(从因果隔断到概率隔断)

如果 $\sigma(s_1, s_2, s_3)$ 且 $(s_4 \succeq s_1)$,那么,$Pr(As_2/As_1 \,\&\, As_3 \,\&\, As_4) = Pr(As_2/As_3 \,\&\, As_4)$。

证明: 首先,需要下述来自标准概率理论的引理。

引理 B. 1(概率隔断的对称性)

$Pr(X/YZ) = Pr(X/Y)$,当且仅当,$Pr(Z/XY) = Pr(Z/Y)$。

引理的证明:假设 $Pr(X/YZ) = Pr(X/Y)$。

$$\frac{Pr(XYZ)}{Pr(YZ)} = \frac{Pr(XY)}{Pr(Y)}$$

$$\frac{Pr(XYZ)}{Pr(XY)} = \frac{Pr(YZ)}{Pr(Y)}$$

$$P(Z/XY) = P(Z/Y)$$

证明完毕。

定理 B.2 的证明:为了使证明更易读,引入下述缩写形式。

- $As_1 = A$

- $As_2 = B$

- $As_3 = C$

- $As_4 = D$

证明是对从 s_3 到 s_2(从 C 到 B)的因果链条的最大长度进行归纳。

归纳基始:s_3(C)紧紧先于 s_2(B)。令 s_5 是殊型 $s_3 \sqcup s_5 = Pw(s_2)$,且把 As_5 缩写为 E。根据概率局部性规则,我们知道 $Pr(B/CDE) = Pr(B/ACDE)$。这衍推:

$$\frac{Pr(BCDE)}{Pr(CDE)} = \frac{Pr(ABCDE)}{Pr(ACDE)} \tag{B.1}$$

需要表明 $Pr(B/CD) = Pr(B/ACD)$。

325

因为 A 和 B 被 C 因果隔断,A 和 E 必定没有共同原因,所以,可以用赖欣巴哈规则导出,在 BCD 条件基础上 A 和 E 的概率是独立的。这可衍推 $Pr(ABCDE) = \dfrac{Pr(ABCD) \cdot Pr(BCDE)}{Pr(BCD)}$。置换上面等式(B.1)等号右边有这样一个结果:

$$\frac{Pr(BCDE)}{Pr(CDE)} = \frac{Pr(ABCD) \cdot Pr(BCDE)}{Pr(ACDE) \cdot Pr(BCD)} \tag{B.2}$$

两边都消掉 $Pr(BCDE)$,有

$$\frac{1}{Pr(CDE)} = \frac{Pr(ABCD)}{Pr(ACDE) \cdot Pr(BCD)} \tag{B.3}$$

稍加算术运算,有:

$$\frac{Pr(BCD)}{Pr(ABCD)} = \frac{Pr(CDE)}{Pr(ACDE)} \tag{B.4}$$

等式(B.4)衍推 $Pr(A/BCD) = Pr(A/CDE)$。

赖欣巴哈规则的另一运用告诉我们,在条件 CD 的基础上,A 的概率和 E 的概率是独立的。这可衍推 $Pr(A/CD) = Pr(A/CDE)$。通过置换,有 $Pr(A/BCD) = Pr(A/CD)$。根据独立的对称性引理,我们有 $Pr(B/ACD) = Pr(B/CD)$。**基始情况得证。**

归纳情况:假定从 C 到 B 的因果链条的最大长度为 n。为了归纳假设,我们假定因果链条的长度小于 n 时定理成立。令 F 表示 B 的直接因果前件的总和的现实性。从 C 到 F 的因果链条的最大长度小于 n,因此归纳假设适用。由于 C 隔断 A 和 B,它也必定隔断 A 和 F。因此,根据归纳假设,我们有 $Pr(F/ACD) = Pr(F/CD)$。根据对称性引理,它衍推 $Pr(A/CDF) = Pr(A/CD)$。

根据概率局部性规则,我们有 $Pr(B/CDF) = Pr(B/ACDF)$。根据对称性引理,我们有 $Pr(A/CDF) = Pr(A/BCDF)$。通过置换,我们得出:

$$Pr(A/CD) = Pr(A/BCDF) \tag{B.5}$$

运用归纳假设,因为 B 不晚于 A,我们有 $Pr(F/ABCD) = Pr(F/BCD)$。根据对称性引理,它等于 $Pr(A/BCDF) = Pr(A/BCD)$。通过置换可以得到:

$$Pr(A/CD) = Pr(A/BCD) \tag{B.6}$$

运用对称性引理,得到结果:

$$Pr(B/CD) = Pr(B/ACD) \tag{B.7}$$

证毕。

定理 B.3(模型推理的可靠性)

已知概率(马尔可夫)局部性原理和赖欣巴哈规则,下述公式是逻辑等价的(在此 Φ 是任一模态封闭公式)

$$([\Phi \& \sigma(d_1, d_2, d_3) \& Ad_3] \square\!\!\rightarrow Ad_2)$$

$$([\Phi \& \sigma(d_1, d_2, d_3) \& Ad_1 \& Ad_3] \square\!\!\rightarrow Ad_2)$$

证明:假设某个模型 M 和世界 w 使得上面一个条件句为真。在这种情况下,由于关于隔断的事实是非偶然的,必定有 $\sigma(\parallel d_1 \parallel, \parallel d_2 \parallel,$

$\|d_3\|$）或者不可能或者必然。如果它不可能，那么，两个前件都不可能，并且两个条件句相对于 M 和 w 都为真。如果它是必然的，那么每个可允许的概率函数必定有 Ad_1 和 Ad_2 被 Ad_3 隔断。M 中的条件句集合选择函数 f 必定遵守这些对可允许概率函数的约束。因此，如果一个条件句为真，另一个也必定为真。证毕。

定理 B. 4（因果投射的可靠性）

如果在任一模型中证实模态封闭公式 Φ 的每个极大优先世界也在同一个模型中证实 $\sigma(d_1, d_2, d_3)$，那么下述推理是非单调正确的（在满足奥卡姆剃刀、米勒原理、赖欣巴哈规则和马尔可夫局部性的模型集中）：

$$\Phi, Ad_1, Ad_3, (Ad_3 \,\square\!\!\rightarrow Ad_2) \;\;\mathrel{|\!\approx}\; Ad_2$$

证明： 该非单调推理正确，当且仅当，相应的 $\square\!\!\rightarrow$ 条件句有效。因此，表明该条件句在每个模型中被每个赋值函数证实就足够了。令 M 为一任意模型，w 为一任意世界。考虑两种情况：（1）因为没有可通达 w 的世界 w'，M, w' 证实该前件（该论证的前提），（2）至少有一个可通达 w 的世界 w' 证实该前件。在情况（1）中，$\square\!\!\rightarrow$ 条件句之为真条件保证 M, w 证实该条件句。因此，假设我们处于情况（2）中。

令 A 是这样一个集合——选择函数 f 选择世界 w 和该条件句的前件。令 w' 是 A 中一任意世界。

首先，可以证明 w' 是证实该前提的极大优先世界。为了导出矛盾，假设它不是。在这种情况下，有一个严格优先 w' 的同构世界 w''。由于因果结构更加贫乏，相对于 M，对某个赋值函数 h 来说，w'' 也证实该前提。考虑集合 $A \cup \{w''\} - \{w'\}$。这个集合严格优先 A。M 必定满足奥卡姆剃刀。因此，选择函数 f 指派给世界 w 和该条件句前件（前提的合取）的必定是这个集合而不是 A，这与假设矛盾。

因此，在在 M 中证实前提的所有世界里，w' 极大优先。于是，根据该定理的假设，w' 也证实 $\sigma(\|d_1\|, \|d_2\|, \|d_3\|)$。在这种情况下，根据定理 B. 3，可以得出：由于 M, w' 证实条件句 $(Ad_3 \,\square\!\!\rightarrow Ad_2)$，它们

327

必定也证实$((Ad_1 \,\&\, Ad_3) \,\square\!\!\rightarrow Ad_2')$。由于其他前提是非偶然的，它们也可以添加到前件中，其结果是：

$$M, w' \models ([\Phi(d_1, d_2, d_3) \,\&\, Ad_1 \,\&\, Ad_3] \,\square\!\!\rightarrow Ad_2)$$

因为w'是选择函数f指派给世界w和证实前件的世界集的一个任意元素，有：

$$M, w \models ([\Phi \,\&\, Ad_1 \,\&\, Ad_3] \,\square\!\!\rightarrow$$

$$([\Phi \,\&\, Ad_1 \,\&\, Ad_3] \,\square\!\!\rightarrow Ad_2))$$

最后，运用公理(S1)，我们有：M, w证实一个以这些前提作为前件以该结论为后件的条件句。证毕。

参考文献

Adams, E. W. (1975). *The Logic of Conditionals*. D. Reidel, Dordrecht.

Adams, R. M. (1981). Actualism and thisness. *Synthese*, 49:3–41.

Adams, R. M. (1987). *The Virtue of Faith and Other Essays in Philosophical Theology*. Oxford University Press, New York.

Albert, D. and Loewer, B. (1989). Two no-collapse interpretations of quantum theory. *Nous*, 23:169–186.

Armstrong, D. (1968). *A Materialist Theory of Mind*. Cambridge University Press, London.

Arnhart, L. (1998). *Darwinian Natural Right: The Biological Ethics of Human Nature*. State University of New York Press, Albany, N. Y.

Asher, N. and Vieu, L. (1995). Toward a geometry of common sense. In *Proceedings of the 14th International Joint Conference on Artificial Intelligence*, San Mateo, Calif. Morgan Kaufmann.

Barwise, J. (1989). *The Situation in Logic*. CSLI Lecture Notes. CSLI, Stanford, Calif.

Barwise, J. and Etchemendy, J. (1987). *The Liar: An Essay on Truth and Circularity*. Oxford University Press, Oxford.

Barwise, J. and Perry, J. (1983). *Situations and Attitudes*. MIT Press, Cambridge, Mass.

Barwise, J. and Seligman, J. (1997). *Information Flow: The Logic of Distributed Systems*. Cambridge University Press, Cambridge, United Kingdom.

Bedau, M. (1992). Where's the good in teleology? *Philosophy and Phenomenological Research*, 52:781–801.

Belnap, N. (1987). Branching space-time. *Synthese*, 92:385–434.

Benacerraf, P. (1983a). Mathematical truth. In Benacerraf, P. and Putnam, H., editors, *Philosophy of Mathematics*, pages 403–420. Cambridge University Press, Cambridge.

Benacerraf, P. (1983b). What numbers could not be. In Benacerraf, P. and Putnam, H., editors, *Philosophy of Mathematics*, pages 272–94. Cambridge University Press, Cambridge, United Kingdom.

Bigelow, J. and Pargetter, R. (1987). Functions. *Journal of Philosophy*, 84:181–196.

Birkhoff, G. (1940). *Lattice Theory*. American Mathematical Society, Providence, R. I.

Blamey, S. (1986). Partial logic. In Gabbay, D. M. and Guenthner, F., editors, *Handbook of Philosophical Logic, v. III*, pages 1–70. D. Reidel, Dordrecht.

Block, N. (1990). Inverted Earth. *Philosophical Perspectives*, 4:53–79.

Bohm, D. and Hiley, B. J. (1993). *The Undivided Universe: an ontological interpretation of quantum theory*. Routledge, New York.

Bonhoeffer, D. (1955). *Ethics*. Macmillan, New York.

Boyd, R. (1997). How to be a moral realist. In Darwall, S., Gibbard, A., and Railton, P., editors, *Moral Discourse and Practice: Some Philosophical Approaches*, pages 105–136. Oxford University Press, Oxford.

Brandom, R. (1994). *Making it Explicit: Reasoning, Representing and Discursive Commitment*. Harvard University Press, Cambridge, Mass.

Brandt, R. B. (1979). *A Theory of the Good and the Right*. Clarendon Press, Oxford.

Bratman, M. E. (1987). *Intention, Plans and Practical Reason*. Harvard University Press, Cambridge, Mass.

Burge, T. (1989). Individuation and causation in psychology. *Pacific Philosophical Quarterly*, 70:302–322.

Carnap, R. (1937). *The Logical Syntax of Language*. Routledge and Kegan Paul, London.

Cartwright, N. (1989). *Nature's Capacities and Their Measurement*. Clarendon Press, Oxford.

Charles, D. (1992). Supervenience, composition and physicalism. In Charles, D. and Lennon, K., editors, *Reduction, Explanation and Realism*, pages 265–296. Clarendon Press, Oxford.

Church, A. (1943). Review of *Introduction to Semantics*. *Philosophical Review*, 52:298–305.

Clarke, B. (1981). A calculus of individuals based on 'connection'. *Notre Dame Journal of Formal Logic*, 22:204–218.

Clarke, B. (1985). Individuals and points. *Notre Dame Journal of Formal Logic*, 26:61–75.

Craig, W. L. and Moreland, J. P. (2000). *Naturalism: A Critical Appraisal*. Routledge, London.

Cramer, J. (1986). The transactional interpretation of quantum mechanics. *Review of Modern Physics*, 58:647–687.

Cutland, N. J. (1983). Non standard measure theory and its applications. *Bulletin of the London Mathematical Society*, 15:529–589.

Davey, B. A. and Priestley, H. A. (1990). *Introduction to Lattices and Order*. Cambridge University Press, Cambridge.

Davidson, D. (1967). On saying that. *Synthese*, 17:130–46.

Davidson, D. (1984). *Inquiries into Truth and Interpretation*. Clarendon Press, Oxford.

de Finetti, B. (1980). On the condition of partial exchangeability. In Jeffrey, R., editor, *Studies in Inductive Logic and Probability, II*, page 179. University of California Press, Berkeley.

Dedekind, R. (1888). *Was Sind und Sollen die Zahlen?* Vieweg, Braunschweig.

Dembski, W. A. (1998). *The Design Inference: Eliminating Chance through Small Probabilities*. Cambridge University Press, Cambridge.

Dowe, P. (1992). Process causality and asymmetry. *Erkenntnis*, 37:179–191.

Dowe, P. (1995). Causality and conserved quantities: A reply to Salmon. *Philosophy of Science*, 62:321–333.

Dretske, F. I. (1981). *Knowledge and the Flow of Information*. MIT Press, Cambridge, Mass.

Dretske, F. I. (1988). *Explaining Behavior: Reasons in a World of Causes*. MIT Press, Cambridge, Mass.

Dretske, F. I. (1990). Reply to reviewers. *Philosophy and Phenomenological Research*, 50:819–839.

Dretske, F. I. (1991). Dretske's replies. In McLaughlin, B., editor, *Dretske and His Critics*, pages 180–221. Basil Blackwell, Cambridge, Mass.

Dunn, J. M. (1976). Intuitive semantics for first-degree entailments and 'coupled trees'. *Philosophical Studies*, 29:149–168.

Earman, J. (1984). Laws of nature: The empiricist challenge. In Bodgan, R. J., editor, *D. M. Armstrong*. D. Reidel, Dordrecht.

Earman, J. (1986). *A Primer on Determinism*. D. Reidel, Dordrecht.

Eells, E. (1991). *Probabilistic Causality*. Cambridge University Press, Cambridge.

Ehring, D. (1997). *Causation and Persistence: A Theory of Causation*. Oxford University Press, New York.

Etchemendy, J. (1990). *The Concept of Logical Consequence*. Harvard University Press, Cambridge, Mass.

Fair, D. (1979). Causation and the flow of energy. *Erkenntnis*, 14:219–250.

Feferman, S. (1984). Toward useful type-free theories, I. *Journal of Symbolic Logic*, 49:75–111.

Fernando, T. (1998). In conjunction with qualitative probability. *Annals of Pure and Applied Logic*, 92:217–234.

Field, H. (1980). *Science without Numbers*. Princeton University Press, Princeton.

Field, H. (1990). Reply to Maddy. *Pacific Philosophical Quarterly*, 71:206–222.

Fitch, G. W. (1996). A defense of Aristotelian actualism. *Philosophical Perspectives*, 10:53–72.

Fodor, J. (1990). *A Theory of Content and Other Essays*. MIT Press, Cambridge, Mass.

Forster, M. and Sober, E. (194). How to tell when simpler, more unified, or less *ad hoc* theories will provide more accurate predictions. *British Journal for the Philosophy of Science*, 45:1–35.

Gettier, E. (1963). Is justified true belief knowledge? *Analysis*, 23:121–23.

Gibbard, A. and Harper, W. (1981). Counterfactuals and two kinds of expected utility. In Harper, W. L., Stalnaker, R., and Pearce, G., editors, *Ifs*. D. Reidel, Dordrecht.

Gilmore, P. C. (1974). The consistency of partial set theory without extensionality. In *Axiomatic Set Theory: Proceedings of Symposia in Pure Mathematics 13, part II*, pages 147–153. American Mathematical Society, Providence, R. I.

Gilson, E. (1984). *From Aristotle to Darwin and back again: a journey in final causality, species and evolution*. University of Notre Dame Press, Notre Dame, Indiana.

Goldman, A. (1979). What is justified belief? In Pappas, G., editor, *Justification and Knowledge: New Studies in Epistemology*. D. Reidel, Dordrecht.

Gotts, N. M., Gooday, J. M., and Cohen, A. G. (1996). A connection based approach to common-sense topological description and reasoning. *The Monist*, 79:51–75.

Gupta, A. and Belnap, N. (1993). *The Revision Theory of Truth*. MIT Press, Cambridge, Mass.

Hanks, S. and McDermott, D. (1987). Nonmonotonic logic and temporal projection. *Artificial Intelligence*, 33:379–412.

Hardegree, G. M. (1982). An approach to the logic of natural kinds. *Pacific Philosophical Quarterly*, 63:122–132.

Harman, G. (1990). The intrinsic quality of experience. *Philosophical Perspectives*, 4:31–52.

Hausman, D. M. (1998). *Causal Asymmetry*. Cambridge University Press, Cambridge.

Heim, I. (1990). E-type pronouns and donkey anaphora. *Linguistics and Philosophy*, 2:137–177.

Heisenberg, W. (1958). *Physics and Philosophy: The Revolution in Modern Science*. Harper & Brothers, New York.

Hellman, G. (1989). *Mathematics without Numbers: Towards a Modal-Structural Interpretation*. Clarendon Press, Oxford.

Hitchcock, C. R. (1995). The mishap at Reichenbach Falls: Singular vs. general causation. *Philosophical Studies*, 78:257–291.

Hitchcock, C. R. (1996). A theory of second order causation. *Erkenntnis*, 44:369–77.

Horgan, T. (1989). Mental quausation. *Philosophical Perspectives*, 3:47–76.

Hume, D. (1969). *A Treatise of Human Nature*. Penguin Books, London.

Humphreys, P. (1989). *The Chances of Explanation: Causal Explanation in the Social, Medical and Physical Sciences*. Princeton University Press, Princeton, N. J.

Jackson, F. (1987). *Conditionals*. Basil Blackwell, Oxford.

Jackson, F. (1996). The primary quality view of colours. *Philosophical Perspectives*, 10:199–220.

Johnston, M. (1984). *Particulars and Persistence*. Princeton University Ph.D. thesis, Princeton, New Jersey.

Kamp, H. and Rele, U. (1993). *From Discourse to Logic*. Studies in Linguistics and Philosophy. Kluwer Academic, Dordrecht.

Keisler, H. J. (1976). *Foundations of Infinitesimal Calculus*. Prindley, Weber, and Schmidt, Boston.

Kelsen, H. (1967). *Pure Theory of Law*. University of California Press, Berkeley.

Kierkegaard, S. (1985). *Fear and Trembling*. Penguin Books, London.

Kierkegaard, S. (1989). *The Sickness unto Death*. Penguin Books, London.

Kim, J. (1991). Dretske on how reasons explain behavior. In McLaughlin, B., editor, *Dretske and His Critics*, pages 52–72. Basil Blackwell, Cambridge, Mass.

Kim, J. (1993). *Supervenience and Mind: Selected Philosophical Essays*. Cambridge University Press, Cambridge.

Kim, J. (1997a). The mind-body problem: Taking stock after forty years. *Philosophical Perspectives*, 11:185–207.

Kim, J. (1997b). Non-reductivism and mental causation. In Heil, J. and Mele, A., editors, *Mental Causation*. Clarendon Press, Oxford.

Koons, R. C. (1992). *Paradoxes of Belief and Strategic Rationality*. Cambridge

University Press, Cambridge.

Koons, R. C. (1993). Faith, probability, and infinite passion: Ramseyian decision theory and Kierkegaard's account of Christian faith. *Faith and Philosophy*, 10:145–160.

Koons, R. C. (1994a). Book review: Anil Gupta and Nuel Belnap. *The Revision Theory of Truth. Notre Dame Journal of Formal Logic*, 35:606–631.

Koons, R. C. (1994b). Gauthier and the rationality of justice. *Philosophical Studies*, 76:1–26.

Koons, R. C. (1994c). A new solution to the sorites problem. *Mind*, 103:421–438.

Koons, R. C. (1997). A new look at the cosmological argument. *American Philosophical Quarterly*, 34:193–211.

Koons, R. C. (2000). The incompatibility of naturalism and scientific realism. In Moreland, J. P. and Craig, W. L., editors, *Naturalism: A Critical Appraisal*. Routledge and Kegan Paul, London.

Kripke, S. A. (1980). *Naming and Necessity*. Harvard University Press, Cambridge, Mass.

Kripke, S. A. (1982). *Wittgenstein on Rules and Private Language: An Elementary Exposition*. Harvard University Press, Cambridge, Mass.

Lehmann, D. and Magidor, M. (1992). What does a conditional data base entail? *Artificial Intelligence*, 55:1–60.

Leonard, H. S. and Goodman, N. (1940). The calculus of individuals. *Journal of Symbolic Logic*, 5:45–55.

LePore, E. and Loewer, B. (1989). More on making mind matter. *Philosophical Topics*, 17:175–91.

Lewis, D. (1973). *Counterfactuals*. Blackwell, Oxford.

Lewis, D. (1981). Causal decision theory. *Australasian Journal of Philosophy*, 59:5–30.

Lewis, D. (1983). New work for a theory of universals. *Australasian Journal of Philosophy*, 61:343–77.

Lewis, D. (1986a). *On the Plurality of Worlds*. Blackwell, Oxford.

Lewis, D. (1986b). *Philosophical Papers, v. II*. Oxford University Press, New York.

Lewis, D. (1994). Humean supervenience debugged. *Mind*, 103:473–90.

Lifschitz, V. (1990). Frames in the space of situations. *Artificial Intelligence*, 46:365–376.

Lin, F. and Reiter, R. (1994). State constraints revisited. *Journal of Logic and Computation*, 4:655–678.

Lycan, W. G. (1996). *Consciousness and Experience*. MIT Press, Cambridge,

Mackie, J. L. (1965). Causes and conditions. *American Philosophical Quarterly*, 2:245–264.

Mackie, J. L. (1974). *The Cement of the Universe: A Study of Causation*. Clarendon Press, Oxford.

Mackie, J. L. (1977). *Ethics: Inventing Right and Wrong*. Penguin Books, London.

Maddy, P. (1990). *Realism in Mathematics*. Clarendon Press, Oxford.

McCall, S. (1976). Objective time flow. *Philosophy of Science*, 43:337–362.

McDermott, M. (1995). Redundant causation. *British Journal for the Philosophy of Science*, 46:523–544.

McGee, V. (1994). Learning the impossible. In Eells, E. and Skyrms, B., editors, *Probability and conditionals: belief revision and rational decision*, pages 179–199. Cambridge University Press, Cambridge.

Mellor, D. H. (1995). *The Facts of Causation*. Routledge, London.

Menzel, C. (1991). The true modal logic. *Journal of Philosophical Logic*, 20:331–374.

Menzies, P. (1996). Probabilistic causation and the pre-emption problem. *Mind*, 105:85–96.

Mermin, N. D. (1981). Quantum mysteries for anyone. *Journal of Philosophy*, 78:397–408.

Millikan, R. G. (1984). *Language, Thought and Other Biological Categories*. MIT Press, Cambridge, Mass.

Millikan, R. G. (1989a). Biosemantics. *Journal of Philosophy*, 86:281–297.

Millikan, R. G. (1989b). In defense of proper functions. *Philosophy of Science*, 56:288–307.

Moore, G. E. (1922). *Principia Ethica*. Cambridge University Press, Cambridge.

Morreau, M. (1997). Fainthearted conditionals. *Journal of Philosophy*, 94:187–211.

Muskens, R. (1995). *Meaning and Partiality*. Center for the Study of Language and Information, Stanford, Calif.

Neander, K. (1991). Functions as selected effects: The conceptual analyst's defense. *Philosophy of Science*, 58:168–184.

Noordhof, P. (1997). Probabilistic causation, preemption, and counterfactuals. *Mind*, 108:95–125.

Papineau, D. (1992). Can we reduce causal direction to probabilities? In Hull, D., Forbes, M., and Okruhlik, K., editors, *PSA 1992, vol. 2*, pages 238–52. Philosophy of Science Association, East Lansing, Mich.

Papineau, D. (1993). *Philosophical Naturalism.* Blackwell, Oxford.

Pearl, J. (1988). *Probabilistic Reasoning in Intelligent Systems: Networks of Plausible Inference.* Morgan Kaufmann, San Mateo, Calif.

Pearl, J. and Verma, T. S. (1991). A theory of inferred causation. In Allen, J. A., Fikes, R., and Sandewall, E., editors, *Principles of Knowledge Representation and Reasoning: Proceedings of the Second International Conference*, pages 441–452. Morgan Kaufmann, San Mateo, Calif.

Plantinga, A. (1993). *Warrant and Proper Function.* Oxford University Press, Oxford.

Pollock, J. (1986). *Contemporary Theories of Knowledge.* Rowman and Littlefield, Savage, Md.

Price, H. (1992). Agency and causal asymmetry. *Mind*, 101:501–20.

Price, H. (1996). *Time's Arrow and Archimedes' Point: New Directions for the Physics of Time.* Oxford University Press, Oxford.

Putnam, H. (1975). *Mind, Language and Reality.* Harvard University Press, Cambridge, Mass.

Quine, W. V. (1949). Truth by convention. In Feigl, H. and Sellars, W., editors, *Readings in Philosophical Analysis*, pages 250–273. Appleton-Century-Crofts, New York.

Quine, W. V. (1976). *Ways of Paradox.* Harvard University Press, Cambridge, Mass.

Railton, P. (1986a). Facts and values. *Philosophical Topics*, 14:5–29.

Railton, P. (1986b). Moral realism. *Philosophical Review*, 95:163–207.

Ramachandran, M. (1997). A counterfactual analysis of causation. *Mind*, 106:263–277.

Ramsey, F. P. (1990). *Philosophical Papers.* Cambridge University Press, Cambridge.

Reichenbach, H. (1956). *The Direction of Time.* University of California Press, Berkeley, Calif.

Robb, A. A. (1914). *A Theory of Time and Space.* Cambridge University Press, Cambridge.

Robinson, A. (1966). *Non-standard Analysis.* North Holland, Amsterdam.

Ross, J. F. (1969). *Philosophical Theology.* Bobbs-Merrill, Indianapolis.

Rowe, W. L. (1975). *The Cosmological Argument.* Princeton University Press, Princeton, N.J.

Salmon, W. (1984). *Scientific Explanation and the Causal Structure of the World.* Princeton University Press, Princeton, N.J.

Salmon, W. (1998). *Causality and Explanation.* Oxford University Press, New York.

Sartre, J.-P. (1956). *Being and Nothingness.* Philosophical Library, New York.

Schaffer, J. (2000). Trumping preemption. *Journal of Philosophy*, 97:165–181.

Schaffer, J. (2001). Causation by disconnection. *Philosophy of Science.*

Searle, J. (1995). Consciousness, the brain, and the connection principle: A reply. *Philosophy and Phenomenological Research*, 55:217–232.

Seung, T. K. (1993). *Intuition and Construction: The Foundation of Normative Theory.* Yale University Press, New Haven.

Seung, T. K. (1996). *Plato Rediscovered: human value and social order.* Rowman and Littlefield, Lanham, Md.

Seung, T. K. and Koons, R. C. (1997). Nonmonotonic reasoning and moral dilemmas: the divorce of ethics from classical logic. In Nute, D., editor, *Defeasible Deontic Logic: Nonmonotonic Normative Reasoning*, pages 205–222. Kluwer Academic, Dordrecht.

Simons, P. (1991). On being spread out in time: Temporal parts and the problem of change. In Spohn, W., editor, *Existence and Explanation*, pages 131–147. Kluwer, The Hague.

Skyrms, B. (1994). Sex and justice. *Journal of Philosophy*, 91:305–320.

Smith, C. (1989). *Energy and Empire: a biographical study of Lord Kelvin.* Cambridge University Press, Cambridge.

Sober, E. (1984). *The Nature of Selection.* MIT Press, Cambridge, Mass.

Sorabji, R. (1964). Biological functions. *Philosophical Quarterly*, 14:289–302.

Spirtes, P., Glymour, C., and Scheines, R. (1993). *Causation, Prediction, and Search.* Springer-Verlag, Berlin.

Stalnaker, R. (1986). A theory of conditionals. In *Studies in Logical Theory*, American Philosophical Quarterly Monograph Series, No. 2. Blackwell, Oxford.

Suppes, P. (1984). *Probabilistic Metaphysics.* Blackwell, Oxford.

Swinburne, R. (1979). *The Existence of God.* Clarendon Press, Oxford.

Taylor, C. (1964). *The Explanation of Behavior.* Routledge and Kegan Paul, London.

Thijsse, E. G. C. (1992). *Partial Logic and Knowledge Representation.* Eburon, Delft.

Tooley, M. (1987). *Causation: A Realist Approach.* Clarendon Press, Oxford.

Turney, P. (1990). The curve fitting problem — a solution. *British Journal for the Philosophy of Science*, 41:509–530.

Tye, M. (1995). *Ten Problems of Consciousness: A Representational Theory of the Phenomenal Mind.* MIT Press, Cambridge, Mass.

van Fraassen, B. (1982). The Charybdis of realism: Epistemological implications of Bell's inequality. *Synthese*, 52:25–38.

van Fraassen, B. (1987). *Laws and Symmetry*. Oxford University Press, Oxford.

van Inwagen, P. (1990). *Material Beings*. Cornell University Press, Ithaca.

von Kutschera, F. (1993). Causation. *Journal of Philosophical Logic*, 22:563–588.

Weaver, R. M. (1948). *Ideas Have Consequences*. University of Chicago Press, Chicago.

Weinberg, S. (1993). *Dreams of a Final Theory: The Scientist's Search for the Ultimate Laws of Nature*. Vintage Books, New York.

Wittgenstein, L. (1953). *Philosophical Investigations*. Macmillan, New York.

Wittgenstein, L. (1978). *Remarks on the Foundations of Mathematics*. MIT Press, Cambridge, Mass.

Woodfield, A. (1976). *Teleology*. Cambridge University Press, Cambridge.

Wright, L. (1976). *Teleological Explanations*. University of California, Berkeley.

Yablo, S. (1992). Mental causation. *The Philosophical Review*, 101:245–280.

索　引

《当代学术棱镜译丛》
已出书目

媒介文化系列

第二媒介时代 ［美］马克·波斯特

电视与社会 ［英］尼古拉斯·阿伯克龙比

思想无羁 ［美］保罗·莱文森

媒介建构：流行文化中的大众媒介 ［美］劳伦斯·格罗斯伯格 等

揣测与媒介：媒介现象学 ［德］鲍里斯·格罗伊斯

媒介学宣言 ［法］雷吉斯·德布雷

媒介研究批评术语集 ［美］W. J. T. 米歇尔 马克·B. N. 汉森

解码广告：广告的意识形态与含义 ［英］朱迪斯·威廉森

全球文化系列

认同的空间——全球媒介、电子世界景观与文化边界 ［英］戴维·莫利

全球化的文化 ［美］弗雷德里克·杰姆逊 三好将夫

全球化与文化 ［英］约翰·汤姆林森

后现代转向 ［美］斯蒂芬·贝斯特 道格拉斯·科尔纳

文化地理学 ［英］迈克·克朗

文化的观念 ［英］特瑞·伊格尔顿

主体的退隐 ［德］彼得·毕尔格

反"日语论" ［日］莲实重彦

酷的征服——商业文化、反主流文化与嬉皮消费主义的兴起 ［美］托马斯·弗兰克

超越文化转向 ［美］理查德·比尔纳其 等

全球现代性：全球资本主义时代的现代性 [美]阿里夫·德里克

文化政策 [澳]托比·米勒 [美]乔治·尤迪思

通俗文化系列

解读大众文化 [美]约翰·菲斯克

文化理论与通俗文化导论（第二版） [英]约翰·斯道雷

通俗文化、媒介和日常生活中的叙事 [美]阿瑟·阿萨·伯格

文化民粹主义 [英]吉姆·麦克盖根

詹姆斯·邦德：时代精神的特工 [德]维尔纳·格雷夫

消费文化系列

消费社会 [法]让·鲍德里亚

消费文化——20世纪后期英国男性气质和社会空间 [英]弗兰克·莫特

消费文化 [英]西莉娅·卢瑞

大师精粹系列

麦克卢汉精粹 [加]埃里克·麦克卢汉 弗兰克·秦格龙

卡尔·曼海姆精粹 [德]卡尔·曼海姆

沃勒斯坦精粹 [美]伊曼纽尔·沃勒斯坦

哈贝马斯精粹 [德]尤尔根·哈贝马斯

赫斯精粹 [德]莫泽斯·赫斯

九鬼周造著作精粹 [日]九鬼周造

社会学系列

孤独的人群 [美]大卫·理斯曼

世界风险社会 [德]乌尔里希·贝克

权力精英 [美]查尔斯·赖特·米尔斯

科学的社会用途——写给科学场的临床社会学 [法]皮埃尔·布尔迪厄

文化社会学——浮现中的理论视野 [美]戴安娜·克兰

白领：美国的中产阶级 [美]C. 莱特·米尔斯

论文明、权力与知识 [德]诺贝特·埃利亚斯

解析社会：分析社会学原理 [瑞典]彼得·赫斯特洛姆

局外人：越轨的社会学研究 [美]霍华德·S. 贝克尔

社会的构建 [美]爱德华·希尔斯

新学科系列

后殖民理论——语境 实践 政治 [英]巴特·穆尔-吉尔伯特

趣味社会学 [芬]尤卡·格罗瑙

跨越边界——知识学科 学科互涉 [美]朱丽·汤普森·克莱恩

人文地理学导论：21 世纪的议题 [英]彼得·丹尼尔斯 等

文化学研究导论：理论基础·方法思路·研究视角 [德]安斯加·纽宁
[德]维拉·纽宁主编

世纪学术论争系列

"索卡尔事件"与科学大战 [美]艾伦·索卡尔 [法]雅克·德里达 等

沙滩上的房子 [美]诺里塔·克瑞杰

被困的普罗米修斯 [美]诺曼·列维特

科学知识：一种社会学的分析 [英]巴里·巴恩斯 大卫·布鲁尔 约翰·亨利

实践的冲撞——时间、力量与科学 [美]安德鲁·皮克林

爱因斯坦、历史与其他激情——20 世纪末对科学的反叛 [美]杰拉尔德·
霍尔顿

真理的代价：金钱如何影响科学规范 [美]戴维·雷斯尼克

科学的转型：有关"跨时代断裂论题"的争论 [德]艾尔弗拉德·诺德曼
[荷]汉斯·拉德 [德]格雷戈·希尔曼

广松哲学系列

物象化论的构图 [日]广松涉

事的世界观的前哨 [日]广松涉

文献学语境中的《德意志意识形态》[日]广松涉

存在与意义（第一卷）[日]广松涉

存在与意义（第二卷）[日]广松涉

唯物史观的原像 [日]广松涉

哲学家广松涉的自白式回忆录 [日]广松涉

资本论的哲学 [日]广松涉

马克思主义的哲学 [日]广松涉

世界交互主体的存在结构 [日]广松涉

国外马克思主义与后马克思思潮系列

图绘意识形态 [斯洛文尼亚]斯拉沃热·齐泽克 等

自然的理由——生态学马克思主义研究 [美]詹姆斯·奥康纳

希望的空间 [美]大卫·哈维

甜蜜的暴力——悲剧的观念 [英]特里·伊格尔顿

晚期马克思主义 [美]弗雷德里克·杰姆逊

符号政治经济学批判 [法]让·鲍德里亚

世纪 [法]阿兰·巴迪欧

列宁、黑格尔和西方马克思主义：一种批判性研究 [美]凯文·安德森

列宁主义 [英]尼尔·哈丁

福柯、马克思主义与历史：生产方式与信息方式 [美]马克·波斯特

战后法国的存在主义马克思主义：从萨特到阿尔都塞 [美]马克·波斯特

反映 [德]汉斯·海因茨·霍尔茨

为什么是阿甘本？[英]亚历克斯·默里

未来思想导论:关于马克思和海德格尔 [法]科斯塔斯·阿克塞洛斯

无尽的焦虑之梦:梦的记录(1941—1967)附《一桩两人共谋的凶杀案》

(1985)[法]路易·阿尔都塞

经典补遗系列

卢卡奇早期文选 [匈]格奥尔格·卢卡奇

胡塞尔《几何学的起源》引论 [法]雅克·德里达

黑格尔的幽灵——政治哲学论文集[Ⅰ] [法]路易·阿尔都塞

语言与生命 [法]沙尔·巴依

意识的奥秘 [美]约翰·塞尔

论现象学流派 [法]保罗·利科

脑力劳动与体力劳动:西方历史的认识论 [德]阿尔弗雷德·索恩-雷特尔

黑格尔 [德]马丁·海德格尔

黑格尔的精神现象学 [德]马丁·海德格尔

生产运动:从历史统计学方面论国家和社会的一种新科学的基础的建

立 [德]弗里德里希·威廉·舒尔茨

先锋派系列

先锋派散论——现代主义、表现主义和后现代性问题 [英]理查德·墨菲

诗歌的先锋派:博尔赫斯、奥登和布列东团体 [美]贝雷泰·E.斯特朗

情境主义国际系列

日常生活实践 1.实践的艺术 [法]米歇尔·德·塞托

日常生活实践 2.居住与烹饪 [法]米歇尔·德·塞托 吕斯·贾尔 皮埃尔·

梅约尔

日常生活的革命 [法]鲁尔·瓦纳格姆

居伊·德波——诗歌革命 [法]樊尚·考夫曼

景观社会 [法]居伊·德波

当代文学理论系列

怎样做理论 [德]沃尔夫冈·尹瑟尔

21 世纪批评述介 [英]朱利安·沃尔弗雷斯

后现代主义诗学：历史·理论·小说 [加]琳达·哈琴

大分野之后：现代主义、大众文化、后现代主义 [美]安德列亚斯·胡伊森

理论的幽灵：文学与常识 [法]安托万·孔帕尼翁

反抗的文化：拒绝表征 [美]贝尔·胡克斯

戏仿：古代、现代与后现代 [英]玛格丽特·A. 罗斯

理论入门 [英]彼得·巴里

现代主义 [英]蒂姆·阿姆斯特朗

叙事的本质 [美]罗伯特·斯科尔斯　詹姆斯·费伦　罗伯特·凯洛格

文学制度 [美]杰弗里·J. 威廉斯

新批评之后 [美]弗兰克·伦特里奇亚

文学批评史：从柏拉图到现在 [美]M. A. R. 哈比布

德国浪漫主义文学理论 [美]恩斯特·贝勒尔

萌在他乡：米勒中国演讲集 [美]J. 希利斯·米勒

文学的类别：文类和模态理论导论 [英]阿拉斯泰尔·福勒

思想絮语：文学批评自选集(1958—2002) [英]弗兰克·克默德

叙事的虚构性：有关历史、文学和理论的论文(1957—2007) [美]海登·怀特

21 世纪的文学批评：理论的复兴 [美]文森特·B. 里奇

核心概念系列

文化 [英]弗雷德·英格利斯

风险 [澳大利亚]狄波拉·勒普顿

学术研究指南系列

美学指南 [美]彼得·基维

文化研究指南 [美]托比·米勒

文化社会学指南 [美]马克·D.雅各布斯　南希·韦斯·汉拉恩

艺术理论指南 [英]保罗·史密斯　卡罗琳·瓦尔德

《德意志意识形态》与文献学系列

梁赞诺夫版《德意志意识形态·费尔巴哈》[苏]大卫·鲍里索维奇·梁赞诺夫

《德意志意识形态》与 MEGA 文献研究 [韩]郑文吉

巴加图利亚版《德意志意识形态·费尔巴哈》[俄]巴加图利亚

MEGA:陶伯特版《德意志意识形态·费尔巴哈》 [德]英格·陶伯特

当代美学理论系列

今日艺术理论 [美]诺埃尔·卡罗尔

艺术与社会理论——美学中的社会学论争 [英]奥斯汀·哈灵顿

艺术哲学:当代分析美学导论 [美]诺埃尔·卡罗尔

美的六种命名 [美]克里斯平·萨特韦尔

文化的政治及其他 [英]罗杰·斯克鲁顿

现代日本学术系列

带你踏上知识之旅 [日]中村雄二郎　山口昌男

反·哲学入门 [日]高桥哲哉

作为事件的阅读 [日]小森阳一

超越民族与历史 [日]小森阳一　高桥哲哉

现代思想史系列

现代化的先驱——20世纪思潮里的群英谱 [美]威廉·R.埃弗德尔

现代哲学简史 [英]罗杰·斯克拉顿

美国人对哲学的逃避:实用主义的谱系 [美]康乃尔·韦斯特

视觉文化与艺术史系列

可见的签名 [美]弗雷德里克·詹姆逊

摄影与电影 [英]戴维·卡帕尼

艺术史向导 [意]朱利奥·卡洛·阿尔甘　毛里齐奥·法焦洛

电影的虚拟生命 [美]D. N. 罗德维克

绘画中的世界观 [美]迈耶·夏皮罗

缪斯之艺:泛美学研究 [美]丹尼尔·奥尔布赖特

视觉艺术的现象学 [英]保罗·克劳瑟

当代逻辑理论与应用研究系列

重塑实在论:关于因果、目的和心智的精密理论 [美]罗伯特·C. 孔斯

情境与态度 [美]乔恩·巴威斯　约翰·佩里

逻辑与社会:矛盾与可能世界 [美]乔恩·埃尔斯特

指称与意向性 [挪威]奥拉夫·阿斯海姆

说谎者悖论:真与循环 [美]乔恩·巴威斯　约翰·埃切曼迪

波兰尼意会哲学系列

认知与存在:迈克尔·波兰尼文集 [英]迈克尔·波兰尼

科学、信仰与社会 [英]迈克尔·波兰尼

现象学系列

伦理与无限:与菲利普·尼莫的对话 [法]伊曼努尔·列维纳斯

新马克思阅读系列

政治经济学批判:马克思《资本论》导论 [德]米夏埃尔·海因里希

图书在版编目(CIP)数据

重塑实在论：关于因果、目的和心智的精密理论 /
（美）罗伯特·C. 孔斯著；顿新国，张建军译. — 2 版
. — 南京：南京大学出版社，2021. 12
（当代学术棱镜译丛 / 张一兵主编）
书名原文：Realism Regained：An Exact Theory of
Causation，Teleology，and the Mind
ISBN 978-7-305-24706-4

Ⅰ. ①重… Ⅱ. ①罗… ②顿… ③张… Ⅲ. ①因果论
②目的论 Ⅳ. ①B025

中国版本图书馆 CIP 数据核字(2021)第 227908 号

Realism Regained：An Exact Theory of Causation，*Teleology*，*and the Mind*
as originally published in English in 2000.
This translation is published by arrangement with Oxford University Press
Copyright © 2000 by Robert C. Koons
This Simplified Chinese edition published in 2014 by NJUP
All rights reserved

江苏省版权局著作权合同登记　图字：10-2010-348 号

出版发行　南京大学出版社
社　　址　南京市汉口路 22 号　　　　邮　编　210093
出 版 人　金鑫荣
丛 书 名　当代学术棱镜译丛
书　　名　重塑实在论：关于因果、目的和心智的精密理论
著　　者　[美]罗伯特·C. 孔斯
译　　者　顿新国　张建军
责任编辑　张　静
照　　排　南京南琳图文制作有限公司
印　　刷　南京玉河印刷厂
开　　本　635 mm×965 mm　1/16　印张 27.25　字数 396 千
版　　次　2021 年 12 月第 2 版　2021 年 12 月第 1 次印刷
ISBN 978-7-305-24706-4
定　　价　85.00 元

网址：http://www.njupco.com
官方微博：http://weibo.com/njupco
官方微信号：njupress
销售咨询热线：(025)83594756